한국 정치의 이념과 사상

보수주의·자유주의·민족주의·급진주의

한국 정치의 이념과 사상

보수주의·자유주의·민족주의·급진주의

1판 1쇄 | 2009년 3월 23일
1판 4쇄 | 2013년 10월 15일

지은이 | 강정인·김수자·문지영·정승현·하상복

펴낸이 | 박상훈
주간 | 정민용
편집장 | 안중철
책임편집 | 최미정
편집 | 윤상훈, 이진실, 장윤미(영업 담당)
업무지원 | 김재선

펴낸 곳 | 후마니타스(주)
등록 | 2002년 2월 19일 제300-2003-108호
주소 | 서울 마포구 합정동 413-7번지 1층 (121-883)
전화 | 편집_02.739.9929 제작·영업_02.722.9960 팩스_02.733.9910
홈페이지 | www.humanitasbook.co.kr

인쇄 | 천일_031.955.8083 제본 | 일진_031.908.1407

값 17,000원

ⓒ 강정인·김수자·문지영·정승현·하상복, 2009

ISBN 978-89-90106-83-4 04300
       978-89-90106-64-3 (세트)

이 도서의 국립중앙도서관 출판시도서목록(CIP)은 e-CIP 홈페이지(http://www.nl.go.kr/ecip)에서
이용하실 수 있습니다(CIP제어번호: CIP2009000808).

한국 정치의 이념과 사상

보수주의·자유주의·민족주의·급진주의

강정인·김수자·문지영·정승현·하상복 지음

후마니타스

차례

한국 현대 정치사상의 흐름[*]

1

1948년 남한 정부 수립 이후 지난 60년 동안 한민족이 걸어온 역정을 돌이켜 볼 때, 한국은 일본에 의한 식민 통치로부터의 해방, 미소의 분할 점령과 건국 주도 세력의 분열에 의한 남북 분단과 상호 적대적인 분단 정부의 병립, 6·25 전쟁, 장기간 권위주의적 통치와 산업화, 1980년 광주 민주 항쟁, 1987년 6월 항쟁과 민주화의 태동, 1997년 외환위기(IMF 사태), 1998년 최초의 평화적 정권 교체와 연이은 개혁적 민주 정부의 출현, 2000년 남북 정상회담, 2004년 대통령 탄핵 사태, 신자유주의적 개혁으로 인한 사회적 양극화의 심화, 선진국 경제로의 진입을 기치로 내세우면서 이른바 '진보 정

● 이 책의 '서문' 집필 및 전체적인 편집은 2008년도 서강대학교 특별 연구비 지원에 의한 연구의 일환으로 수행되었다.

권' 10년을 교체한 이명박 보수 정부의 출범 등 파란만장한 역사적 시련과 정치적 변동을 겪어 왔다. 이 과정에서 한국은 근대국가 건설을 위한 핵심 과제였던 '민족국가의 수립' '민주주의의 형성' 및 산업화를 포함한 '사회경제적 근대화'를 둘러싸고 격렬한 이념적·실천적 갈등과 대립을 경험해 왔지만, 다른 한편 다른 비서구 후발 국가들에 비해, 1987년까지 집권 보수 세력의 주도에 의한 산업화, 1987년 이후 지난 20년 동안 민주화 세력의 주도에 의한 민주화를 비교적 성공적으로 수행해 왔다. 그러나 남북한이 '통합'¹된 민족국가의 형성이라는 과제는 민주화 이후 과거보다 개선된 조짐을 보이고 있기는 하지만, 여전히 만족스러운 성과를 가시화하지 못하고 있다.

현대 한국이 겪어 온 이런 총체적 변화를 염두에 두면서 해방 이후 현재까지 한국 현대 정치사상의 주된 흐름을 구성하는 보수주의·자유주의·민족주의·급진주의의 전개 과정을 민주화를 중심으로 살펴보는 것이 이 책의 일차적 목적이다. 이 책의 핵심 주제인 민주화와 민주주의를 중심으로 말한다면, 해방 이후 한국 정치는 근대화(민족국가, 민주국가, 산업국가의 건설)의 과제를 놓고 4대 이념이 각축하면서 이후 형성될 정치적 민주주의의 모습을 조형했다고 할 수 있다. 다시 말해 한국 정치는 권위주의 정권과 민주화 세력

---

1 필자는 민족국가의 수립을 위한 남북한 관계의 문제를 '통일' 패러다임보다는 '통합' 패러다임의 시각에서 접근해야 한다고 믿는다. 이승만과 김일성에 의해 각각 추진된 단정 노선은 비타협적으로 좌우 이데올로기를 고수하면서 국가 건설을 추진한 결과, 남북한에 별개의 분단 정부가 수립되는 것으로 귀결되었다. 그 후에도 이는 남북한 관계에서는 물론 남한과 북한 사회 내부에서도 이데올로기적으로 상이한 정치 세력들을 타자화해 철저히 배제하거나 아니면 강제로 흡수하려는 획일성과 강압성을 띤 '통일' 패러다임으로 전개되었다. 이와 달리 건국기에 여운형, 김규식 등이 추진했던 좌우합작 노선은 비록 현실화되지 못했지만, 이데올로기적으로 상이한 정치 세력들 간의 타협과 협력이 필요하다는 점을 인식하고 이를 실천에 옮기고자 했다는 점에서 '통합' 패러다임이라 할 수 있다.

의 대립, 민족주의에 대한 상이한 입장들의 대치, 급진 이념과의 갈등, 대결 및 수용을 겪으면서 민주화되었던 것이다. 나아가 1987년 민주화 이후에도 이 4대 이념은 민주주의의 공고화 및 심화 과정을 겪고 있는 한국 민주주의의 모습을 조형하는 데 지대한 영향을 미치고 있다.

2

제2차 세계대전 종전 이래 민주주의는 정치 세계에서 마치 인류의 보편적 종교인 것처럼 군림해 왔다. 서구의 민주주의자들은 물론 소련 및 동유럽의 공산주의자나 제3세계의 정치 지도자들 모두, 그 구체적인 내용에서 편차가 있기는 하지만, 민주주의가 바람직한 정부 형태라는 데 일치된 목소리를 내왔기 때문이다. 미국의 정치학자 헌팅턴Samuel P. Huntington이 민주화의 '제3의 물결'이라 부른 것처럼, 20세기 말 구舊사회주의권과 한국을 비롯한 많은 제3세계 권위주의 국가들이 민주화를 경험하게 됨으로써 (민주주의는 보편적인 정치체제로서 역사상) 그 어느 때보다 더 커다란 적실성을 확보하게 되었다. 그렇지만 종래 비서구 국가들이 민주화되기 이전에 수행된 이 국가들에서의 민주주의 또는 민주화에 대한 연구의 일반적 추세는 민주주의를 둘러싼 서구 근대의 경험 — 그것도 대개의 경우, 영국이나 프랑스의 경험 — 을 (민주주의의) 보편적·일반적 형태로 상정하면서 비서구 국가들의 역사적 경험을 왜곡 또는 일탈로 규정하는 것이었다. 러스토우W. W. Rostow, 알몬드·버바G. Almond & S. Verba, 헌팅턴S. P. Huntington 등의 논의는 서구의 민주주의 모델을 보편적 기준으로 이념화하면서 그 기준에 비추어 제3세계의 정치와 민주주의를 설명하는 전형에 해당한다. 그런데 문제는, 이처럼 서구의 민주주의 경험이 보편적·일반적인 모델로서 제시될 때 흔히 그것에 대한 이상화理想化를 동반한다는 데 있다. 그리고 이 같은 이상화가 공개적 혹은 암묵적으로 비서구 사회의 민주화 경험과 민주주의를 일탈이나 왜곡으로 비하하게 되는 계기로 작용하게 된다.

하지만 실제로 민주주의를 둘러싼 서구 근대의 경험은 일반화가 상당히 곤란하며 거기서 어떤 보편적 모델을 추출해 내기란 대단히 어렵다. 예컨대 영국의 경우 선거권 확대가 이루어지는 과정에서 보수주의와 자유주의 및 급진주의가 갈등과 경합을 벌인 끝에 비교적 순조롭게 자유민주주의로의 타협을 이루었다면, 프랑스에서는 1789년의 대혁명 이래 자유주의, 보수주의, 공화주의 및 사회주의가 공세와 반전을 거듭하는 형태로 민주화가 진행되었고 무엇보다 공화주의의 강한 영향력을 경험했다. 한편 독일의 경우는 독일 통일의 주역인 프로이센의 절대왕정의 유산과 폐쇄적 민족주의, 전체주의의 기묘한 결합 속에 나치즘의 형태로 국가사회주의가 득세하면서 민주주의의 실패를 경험했고, 제2차 세계대전에서 패전의 결과 민주주의 체제가 승리한 연합군에 의해 부과되었다. 게다가 이탈리아나 스페인의 경험으로까지 눈길을 돌려본다면 서구에서도 민주화는 어떤 이념형에 수렴하면서 이루어진 것이 아니라 개별 국가의 고유한 역사적 상황이나 문화적 배경 속에서 상이한 이념적 전선戰線의 형성과 확대 및 해소를 겪으며 진행되었다는 사실을 확인할 수 있다.

서구의 민주화 경험을 보편적 잣대로 한국 등 비서구 국가들의 역사적 경험을 재단할 수 없는 또 다른 중요한 이유는, 그런 저울질이 거시 역사적으로 보았을 때 서구에서 민주화가 내적 동인과 자생적 동력에 따라 추진된 인과론적 변화였던 반면, 비서구 지역에서 민주화는 상당 부분 목적론적 변화였다는 차이를 간과 내지 은폐하기 때문이다. 예컨대 한국에서 민주화에 대한 요구는 사회의 내부적 동력이나 발전에 비해 조숙하게 또는 그와 무관하게 출현했다. 즉, 민주화라는 변화의 필요성이 한국 사회가 발전하면서 나온 내재적 역동성에 의해 규정되기보다 외부로부터 설정되고 부과된 목적에 부응하는 — 또는 후발 국가로서 선진국을 모델로 삼은 — 목적론적 성격을 강하게 지니고 있었다. 돌이켜 보건대, 한국 현대 정치사에서 관심의 초점은 '어떻게' 민주주의를 이룰 것인가에 있었으며, '왜' 민주주의를 이루어야 하는가는 관심의 대상이 아니었다. 민주화를 위한 열렬한 투쟁이 있었지만, 정작 민주주의의 정당성에 대한 고민과 옹호에는 그만큼의 열정이 바쳐지지 않았다. 어떤 의미에서 한국의 민주주의는 주로 '빌려 온 정당성'borrowed legitimacy에 의존하고 있었던 것이다.

이에 반해 서구 근대의 경험에서 민주화는 처음부터 일정한 형태로 의도된 목표가 아니라 서로 다른 원리와 가치, 이상을 지향하는 여러 이념들의 각축과 대결, 우연적인 결합과 타협을 통해 나타난 산물이었다. 예를 들어, 근대 민주주의가 일찍이 그리고 성공적으로 이루어진 나라로 평가되는 영국에서 19세기 중반에 이르기까지 민주주의는 우중愚衆정치를 의미하는 것으로 폄하되었으며, 토리당과 휘그당으로 대변되는 보수주의 및 자유주의와 구별되는 하나의 분파적 이념에 불과했다는 점을 상기할 필요가 있다. 17~18세기 영국에서 일어났던 주요 정치 변화 내지 혁명은 사실상 '민주화'라고 부르기 어려우며, 이런 혁명적 변화로 인해 야기된 정치 질서도 민주주의와는 거리가 멀었다. 프랑스 대혁명을 통해 분출된 인민의 힘을 목도한 이후 영국을 향해, 개혁의 방향이 프랑스혁명의 경우처럼 무지몽매한 인민에 의해 주도되어서는 안 된다고 역설한 보수주의 정치가 버크Edmund Burke의 메시지는, 당시 영국 정치의 현주소를 명시할 뿐만 아니라 향후 영국에서 이루어져야 할 민주화라는 과제를 시사하는 것이기도 했다. 그 외 프랑스나 독일의 경우에 있어서도 민주주의는 처음부터 정당하고 이상적인 목표로서 의도되거나 추구되지 않았다. 오히려 19세기에 이르기까지 민주주의는 자유주의, 보수주의, 사회주의, 민족주의 등 다른 근대적 이념들에 비해 열등한 위치에서 갈등·경쟁해야 했던 하나의 이념일 뿐이었다. 여기서 민주화란 그런 여러 이념들이 각기 해당 국가의 역사적·현실적 맥락에서 벌인 각축과 경합 및 수용의 과정을 의미하며, 오늘날 우리가 보는 서구의 민주주의 체제는 그 과정에서 이루어 낸 여러 이념들의 수렴 혹은 타협의 결과인 것이다. 그러나 해방 이후 정부 수립 과정에서 민주주의가 한국에 수용되었을 때, 모든 정치 세력이 (물론 다양한 해석을 수반하는) 민주주의를 표방하지 않을 수 없을 정도로 민주주의는 모든 정치 이념 위에 군림하면서 출현했다.

이렇게 볼 때, 서구의 민주화 경험 또는 민주화에 대한 서구의 이론이나 해석이 한국의 사례에 자동적으로 적용되어도 무방할 만큼 보편적이지 않다는 점은 쉽게 납득될 수 있을 것이다. 따라서 한국의 민주화 경험을 그 자체로 인정하고, 나아가 서구의 민주화와 구별되는 한국 민주화 고유의 내용과 성격을 세계 체제의 시공간 안에서 맥락적으로 위치 지어 설명할 필요성 또한 자명하다. 따라서 서구의 민주주의를 보편적 모델로 상정해 한국의 민주화 경험을 재단하거나 심지어 한국 현실을 자의적으로 취사선택 또는 왜곡해 서구의 민주화 이론 틀에 억지로 꿰맞추는 등의 시도는 '근대'와 '근대성'에 내재해 있는 서구 중심적 편향을 단적으로 드러내 주는 것에 다름 아니다. 민주주의를 포함한 한국적 근대의 형성과 근대성의 의미에 관한 연구는 한국 사회의 고유성이나 특수성을 소홀히 해서는 안 될 것이다.

필자들은 이 책에서 민주화를 중심으로 한국 현대 정치사상의 흐름을 정리하고자 했다. 민주화는 1948년 정부 수립 후 지난 60년간의 한국 현대 정치사를 역동적으로 움직인 최대의 쟁점이었으며, 한국이 겪은 민주화 경험은 민주화 이후의 한국 정치에도 지대한 영향을 미치고 있다. 그런 만큼 민주화는 한국 현대 정치사를 점철한 이념들의 동학이 적나라하게 드러나는 과정이자, 민주화 이후 한국 정치에서도 이념적 지형 변화를 초래하는 중대한 분기점으로 작용해 왔다. 이런 의미에서 한국의 민주화 경험과 그에 수반된 사상적 집적물은 한국 현대 정치사상사를 서술하고자 할 때 활용할 수 있는 가장 적절한 자료라고 하겠다. 따라서 이 책은 민주화를 중심축으로 한국 현대 정치사상의 흐름을 보수주의·자유주의·민족주의·급진주의의 상호 각축 및 타협이라는 관점에서 정리한 것이다.

그간 국내 학계에서는 한국 현대 정치사상의 불모성과 정치사상 연구의 빈곤성을 질타하는 목소리가 적지 않았다. 사실 좌우의 격렬한 이념 대립 속에 진행되었던 근대국가 형성기 이래 한국 현대사는 이른바 '근대화의 충격'과 함께 유입된 서구 근대 이념들 — 자유주의, 민족주의, 사회주의, 민주주의 등 — 이 첨예하게 맞부딪친 격전장이었다. 하지만 민주화 이전 한국 사회에서 '이념' 문제는 금기시되거나 또는 백안시되는 사안이었다. 1987년 이후는 물론이거니와 그 이전 시기에도 이념들 간의 구체적인 갈등 양상 및 대결의 방식에 초점을 맞추거나 이념적 동학에 주목해 한국 현대 정치사를 설명한 논의는 극히 찾아보기 힘들다. 대체로 보수주의·자유주의·민족주의·사회주의 등은 서양 정치사상의 맥락에서 연구되는 주제였고 한국 정치와 관련해 논의될 경우에도 개별 이데올로기별로 그 부분적인 영향력이 가늠되는 수준을 넘어서지 못했던 것이다. 이런 상황은 '한국 정치' 분야에서 '사상 연구의 빈곤'이라는 특징을 산출해 왔다. 1948년 이후의 한국 현대 정치사 연구는, 시기별로 다소간의 차이는 있지만, 다양한 주제들이 다양한 관점에서 다루어지며 괄목할 만한 연구 성과들을 내고 있고, 연구자 층도 상대적으로 두터운 편이다. 그러나 '정치사상'의 측면에서 전개된 한국 정치 연구는 대단히 드물다. 정치학계에서 '한국 정치사상'을 주제로 한 연구는 아직도 조선시대의 통치 이념 연구를 뜻하는 경우가 많으며, 기껏해야 해방 전후 시기를 포괄할 뿐이다. 이런 상황에서 한국 사회의 이념적 지형이 보수 일변도라는 거친 지적이나 '무사상의 사상' 또는 '자유주의 및 사회주의의 빈곤'으로 한국 현대 정치사상사의 특징을 규정하는 자조적인 논의들이, 역설적이게도 공감을 얻어 왔다.

그러나 종래 이념 논쟁 또는 이념 문제를 중심으로 한 한국 정치 연구가 활발하지 못했던 이유는, 한국 사회가 실상 이념적으로 정적인 상태에 있어서이거나 일찍이 '이데올로기 종언'의 시대를 맞이했기 때문이라기보다, 다분히 정치사회적 특수성을 반영한 것이었다. 해방 후 한국의 정치사상 영역은 다른 어떤 분야보다 분단 조건의 규정을 강하게 받아 왔다. 전쟁의 경험과 정권에 의해 반복해서 강조되는 전쟁 위협은 '반공' 아니면 곧 '친공·용공'을 의미하게 되는 사상적 이분법을 국민 사이에 일반화시켰고, 그에 따라 한국 사회에서 반공주의는 감히 저항하기 힘든 억압 구조로 고착되었다. 그리고 그렇게 두터워진 반공주의의 벽은 다시 외부로부터 다양한, 특히 진보적인 사상의 유입을 철저히 통제하면서 내부적으로 사상의 획일화를 진행시켜 나갔다. 이런 현실에서 다양한 사상적 실험이나 자유로운 이념 논쟁이란 지적 사치로 여겨질 만했다. 반공주의의 위력은 일체의 이념적 문제 제기와 심지어 실제적인 이념적 지형을 밝히는 작업까지 '색깔시비'화하면서 이념 연구, 정치사상 연구의 부진을 초래해 왔던 것이다.

그러나 한국 현대 정치사상에 대한 연구가 부진한 이유를 단순히 이념 논쟁을 금기시하게 만든 한국 사회의 분단 변수로만 환원할 수는 없다. 편자가 보기에 한국 현대 정치사상의 체계적이고 일관된 저술이 미완의 영역으로 남아 있게 된 이유로는 세 가지를 더 추가할 수 있을 듯하다.

첫째, 한국 현대 정치사상사의 전개는 — 전통 사상의 현대화라는 중요한 영역을 일단 논외로 한다면 — 사실상 서구의 사상을 한국적으로 수용해 전개·변용해 가는 과정이 될 텐데, 이에 대한 서술이 지연되고 있는 이유로 우리는 한국의 근대화가 단절적으로, 심지어 일정 기간 동안은 일본 제국주의라는 외세의 주도에 의해 타율적으로 수행되었으며, 나아가 최근까지도 근대화의 과제를 완전히 마무리하지 못했다는 사실에 주목하지 않을 수 없다. 이는 식민지 통치에 의해 근대화를 지속적이고 자율적으로 수행하지 못한 비서구 국가들의 일반적 속성이라 할 수 있다. 한국의 경우에는 주체적인 근대화가 19세기 말, 서세동점을 계기로 추진되기는 했지만, 일제의 식민지로 전락함에 따라 한동안 제국주의 일본의 주도에 의해 근대화가 수동적으로 수행될 수밖에 없었다. 그리고 그 결과 한국은 전통의 급격한 단절과 상실을 겪게 되었다. 이와 달리 일본은 서구 문물의 강압적 수용이라는 역사적 상황에서도 주체적으로 근대화를 수행했고, '전통의 근대화'를 통해 전통과 근대를 수미일관하게 엮어 낼 수 있는 사상사적 전통을 발명하거나 구성해 낼 수 있었다. 하지만 식민지 경험으로 인해 한국은 그 가능성이 차단되었던 것이다. 달리 표현하면, 이는 한국 현대 정치사상사를 서술하기 위한 지적 자원을 개발할 수 있는 여지가 현저하게 축소되었음을 의미한다. 또한 일관된 정치사상사를 엮어 내기 위해서는 근대화의 과제가 어느 정도 완성되는 것이 필요하다. 이 점에서 우리는 서구 문명권에서도 통사적인 정치사상사의 체계적 서술이 대체로 20세기 중반(예를 들어, 1930년대 나온 세바인G. Sabine의『정치사상사』, 1950년대 나온 스트라우스L. Strauss의『서양 정치철학사』등)에 들어와 비로소 출간되었다는 점을 상기할 필요가 있다. 또한 프랑스혁명사에 대한 체계적인 연구와 저술이 프랑스혁명이 발발한 지 거의 100년이 지나 1875년 제3공화국이 수립된 이후에야 본격화되었다는 점과, 일본의 근대 정치사상사 저술에 해당하는 마루야마 마사오丸山眞男의『일본정치사상사연구』日本政治思想史硏究 역시 근대화가 어느 정도 마무리된 1950년대 초에 출간되었다는 점에 주목할 필요가 있다. 이렇게 볼 때, 현재까지 한국 현대 정치사상사에 대한 체계적인 서술이 미완의 영역으로 남아 있는 주된 이유는 전통의 급격한 붕괴와 단절에 의해 근대화(또는 근대 사상)의 기원origin을 설정할 수 있는 시점始點이 불완전한 상태에 머물러 있었고, 또 비록 해방과 분단 이후 근대화를 급속하게 추진했지만, 근대화의 과제가 마무리되지 않은 격변의 와중에 한국 정치가 놓여 있었기 때문이라고 풀이할 수 있다. 비록 근대화의 시점을 언제부터 설정할 것인가를 둘러싼 문제에 해당하는 근대화의 기원이 불완전하고 모호하다 할지라도 과거를 돌이켜 볼 수 있는 현재가 어느 정도 완성되고 안정된 종점end으로 설정될 수 있다면, 목적론적 관점에서 기원의 모호성을 보완할 수 있을 것이기 때문이다. 다시 말해 과거는 현재의 시점에서 재구성되거나 재발견될 수 있다.

둘째, 해방과 정부 수립 이후 한국 정치에서 사상의 발전과 누적이 주로 내재적인 계기보다는 외재적인 개입에 의해 또는 대외 의존적으로 일어났다는 점을 들 수 있다. 예를 들어 1980년대 한국의 자유주의자나 급진주의자는 국내 사상가가 과거 한국의 정치적 경험이나 사상을 정제한 문헌을 통해 자신의 사상을 학습하기보다는 서양 문헌에 서술된 것을 학습함으로써 자신의 사상을 형성해 온 것이 다반사였다. 그리고 그런 형태로 지속된 사상의 전개나 발전은 선진적인 사상을 용이하게 수입해 습득하는 이점을 누릴 수 있었는지 모르지만, 동시에 과거 한국의 정치적 경험이나 사상과 단절된 상태에서 이루어지는 것이기 때문에 자생적 순환 사이클의 형성과 내재적 진보성의 확보에 어려움을 겪어 왔다. 나아가 이런 상황은 일국적으로 자족적인 사상사의 서술을 매우 어렵게 하는 원인이 되었다. 사상의 생산과 발전의 순환 사이클에서 중요한 요소들이 해외에 있고, 그런 요소들이 적절히 자기화되지 못할 때, 일국사적 차원에서 사상사의 서술은 일관성을 결여하고 단절적이 될 가능성이 높다. 물론 최근 지구화와 더불어 지식과 사상의 보급 및 확산이 주권국가의 경계를 넘어 급속히 이루어지기 때문에, 이는 비단 비서구 후발 국가뿐만 아니라 모든 국가에 적용되는 일반적인 현실이라고도 할 수 있다. 하지만 그렇다 하더라도 사상사의 전개 과정에서 비서구 후발 국가가 경험하는 대외 의존성은 서구의 선발국보다 그 정도가 훨씬 심각하며, 이로 인해 일국사 중심의 연속적이고 누적적인 사상사의 서술이 매우 어려운 상황에 직면하게 된다. 게다가 한국 현대 정치사상에 대한 기존의 연구는 한편으로 한국 정치사상 발전이 외생적 계기와 떨어질 수 없었다는 역사적 경로를 무시하고 일국적인 시각만을 견지하거나, 다른 한편으로 서구 정치사상의 한국적 변용을 무시하고 도식적이고 정형화된 해석에 안주함으로써 이런 어려움을 가중시켜 왔다.[2]

셋째, 한반도가 남북한으로 분단되어 남한 정부가 수립된 이후 지난 60년 동안, 민족국가 수립, 민주주의 형성, 사회경제적 근대화를 둘러싼 이념 논쟁이 합의점에 이르지 못한 채 갈등과 대립의 양상을 빚고 있다는 점을 지

---

[2] 단순화의 위험이 있지만, 편자는 전자의 폐해를 주로 국내에만 초점을 맞추는 '국내주의자', 후자의 폐해를 주로 해외(=서구)에만 초점을 맞추는 '해외주의자'의 폐해로 규정하고 싶다.

적하지 않을 수 없다. 예컨대 이런 시대적 과제를 응축하고 있는 이른바 '대한민국의 정통성 또는 정체성' 논쟁도, '결손 국가'의 상태를 극복하기 위한 통합의 비전과 시나리오는 고사하고, 정부 수립 후 60년이 지난 이 시점에서 조차 격렬한 이념 대립의 틀에서 벗어나지 못하고 있다. 최근 뉴라이트가 주도한 역사 교과서의 출간으로 촉발된 논쟁에서 확인된 것처럼, 남한 건국의 주도 세력을 민족주의자로 해석할 것인가 아니면 친일파로 해석할 것인가, 이승만의 분단 정부 수립과 뒤이은 통치를 어떻게 볼 것인가(북한 공산주의에 맞서 자유민주주의를 정착시키려는 시도와 그 수호인가 아니면 독재의 관철인가), 5·16 군사 쿠데타를 통해 정권을 잡은 박정희의 권위주의적 장기 집권을 어떻게 볼 것인가 등의 문제를 놓고 보수 세력과 진보 세력은 '과거사 긍정(또는 찬양)'과 '과거사 청산'으로 맞서면서 이해의 간극을 좁히지 못하는 해묵은 논쟁을 계속하고 있다. 금기시되었던 이념 논쟁이 민주화 이후 개방된 지평에서 과거의 억압에 대한 반작용으로 과잉·과열되어 보수·진보 세력의 한국 현대사에 대한 평가가 첨예하게 대립하기 때문에, 한국 현대 정치에 명멸한 중요한 정치적 인물의 행적이나 정치사상에 대한 평가 역시 극단적으로 엇갈릴 수밖에 없고, 이로 인해 사상(보수주의·자유주의·민족주의·급진주의)을 중심으로 보든, 아니면 개별 정치적 인물을 중심으로 보든, 한국 현대 정치사상사에 대한 체계적이고 합의 가능한 서술과 평가는 매우 어려운 과제로 남아 있다.

그렇다 하더라도, 한국 현대 정치사를 사상의 공백으로 볼 수 없다는 점은 자명하다. 식민 지배와 해방, 분단이라는 역사적 굴곡을 경험하는 동안 한국 현대 정치사에서, 전통 사상의 유지·계승이 이루어지거나 또는 해방과 독립을 맞이한 신생 대한민국의 정치를 이끌 새로운 정치 이념이 내재적으로 형성·발전되지 못했다는 점에서 '무사상의 사상'에 대한 반성은 절실하다. 하지만 그것이 한국 현대사가 사상적 공백 상태에서 이념들의 각축 없이 전개되어 왔다는 의미이거나, 따라서 정치 이념들의 갈등적 상호 과정에 대한 사상사적 고찰이 불필요하다는 의미는 아니다. 식민지 청산 과업과 반공 보루로서의 역할, 권위주의 통치의 지속, 민주화를 향한 폭발적 열망, 통일된 민족국가 건설의 과제가 한데 뒤엉켜 소용돌이를 이룬 한국 현대사는 오히려 서구 근대가 300여 년에 걸쳐 발전시킨 여러 이념들의 압축적이고도 필사적인 투쟁을 경험했다. 그러므로 한국 현대사에서 보수주의·자유주의·민족주의·사회주의는 단지 학문의 대상인 '서구적' 이념을 의미하는 것일 수 없다. 한편으로 권위주의 정권이 지배의 정당성을 확보하고 기득권의 유지를 꾀하는 과정에서, 다른 한편 민주화 세력들이 사회 변혁과 통일의 실현을 추구하는 과정에서 그 이념들은 한국의 정치 현실과 그 담당 세력들을 추동·견인·정당화해 왔고, 나름대로 '한국적' 의미와 역할을 획득해 왔다고 이해해야 할 것이다.

이렇게 본다면, 서구의 역사적 맥락에서 도출된 특정 이념의 성격과 기능을 그 배경의 차이에 대한 고려 없이 그대로 적용해 한국의 정치 현실을 설명·재단해 온 기존의 시도들도 문제지만, 그 이념들의 발생론적 기원에 집착해 자유주의·민족주의·보수주의·사회주의의 '한국화' 가능성을 부인하는 시각이나 한국 정치적 맥락에서 그 이념들이 보이는 동학과 특성에 적절한 의미를 부여하기보다 '일탈' '모순' 혹은 '의사적'疑似的이라는 등의 폄하적 평가를 내리는 해석론도 문제가 아닐 수 없다. 따라서 이 책에서 시도된 연구는 이처럼 편향된 연구 성향을 극복하고 한국의 민주화 경험을 정당하게 평가하며 나아가 한국 현대 정치사상사 서술의 단초를 마련하고자 하는 의도에서 출발했다.

더불어 1987년 민주화 이후 진행된 지난 20년 동안의 변화는 이제 한국 현대 정치사상사를 서술하는 작업이 어느 정도 가능하고도 필요한 시점에 이르렀음을 시사하는 듯하다. 정부 수립 이후 지난 60년을 회고할 때, 한국 정치는 비록 남북 관계에서는 더딘 행보를 보여 왔지만, 경제발전은 물론 민주주의의 수립과 관련해 괄목한 만한 성과를 거두었다. 특히 지난 20년 동안 견실하게 진행된 민주주의는 한국 민주주의를 적어도 아시아권에서는 모범적인 수준으로 올려놓았다. 나아가 21세기 한국 정치는 과거의 성과를 기반으로 남북 상호 간의 평화와 번영을 통한 통합 국가의 모색, 민주주의의 심화·확장, 사회경제적 근대화의 전략을 독점해 온 '발전 패러다임'의 극복과 지속 가능한 경제발전이라는 과제를 안고 있다. 이처럼 역사적으로 한 단계가 마무리되고, 새로운 전환이 모색될 필요가 있는 시점에서 지난 60년을 성찰하고 정리하는 것은 다음 단계의 전망적 비전을 제시하기 위해 반드시 요청되는 작업이라 할 수 있다. 특히 남북한 인민이 열망하는 남북 통합을 염두에 둘 때, 1948년 정부 수립 이후 전개된 한국 현대 정치사상에 대한 역사적 성찰과 정리는 좌우의 편향을 넘어 남한 내에서의 국민적 통합을 위해 필수적임은 물론, 다가오는 남북 통합을 대비하는 성격도 지닐 것이다.

4

이 책에서 해방 이후 한국 현대 정치사상사의 흐름을 정리하는 중요한 이념 축인 보수주의·자유주의·민족주의·급진주의라는 4대 사상은, 근대 서구의 민주화 과정에서 민주화를 이끌거나 반대하며 상호 각축하면서 종국적으로 민주주의로 수렴되는 한편, 현대 서구 민주정치의 주된 이념적 틀을 조형했다. 그리고 나아가 이 4대 이념은 서구를 넘어 전 세계적으로 확산되어 오늘날 보편적인 범주를 형성하고 있다. 곧 서구적 근대에 편입된 한국 정치의 구조적 속성상, 4대 사상은 민주화 과정이나 민주화 이후의 한국 정치에서도 심대한 영향력을 행사해 왔던 것이다. 동시에 4대 이념은 한국 정치의 동학을 일정하게 반영하면서 서구와 다른 양상으로 전개되었다. 4대 이념의 원산지인 서구와 이를 뒤늦게 수용한 한국의 정치적 상황이 다르기 때문에 4대 이념의 한국적 전개 과정은 한편으로 한국 정치의 특수성을 반영하고, 다른 한편으로는 4대 이념의 서구적 특수성을 확인하는 과정이었던 것이다. 따라서 이 책의 필자들은 서구 사상과의 '호환성' 및 한국 정치사상의 '고유성'을 확보할 수 있는 이론적 공간을 열어 놓으면서 현대 한국에서 보수주의·자유주의·민족주의·급진주의의 전개 과정을 고찰하고자 했다.

이 연구를 통해 발견된 한국과 유럽의 가장 주목할 만한 사상사적 차이로, 제2차 세계대전 후에 비로소 근대국가 형성의 과제에 직면한 신생 독립국인 한국 정치의 특성상 이른바 '비동시성의 동시성'이 이념적 전개 과정에서 두드러지게 나타났다는 점을 지적하지 않을 수 없다. 이는 곧 한국 정치에 자유주의의 보수적 전개 및 사회주의의 조숙한 출현, 권위주의와 자유민주주의라는 '이중적 질서의 중첩적 병존'이라는 이념적 특성을 각인시켰다. 또한 후발국에 현저한 목적론적 변화의 특성상 '부르주아 없는 자유주의'나 '노동계급에 앞서는 사회주의' 등의 현상도 초래되었다. 나아가 분단을 구조적 조건으로 안고 출발한 한국 특유의 정치 현실은 자유주의가 독재의 명분으로 통용되고 사회주의가 과잉 억압되며 민족주의에 대한 신성화가 진행되는 이념적 전개 양상을 초래했다. 하지만 이런 차이들은 서구 근대의 '정상적인' 경험에 대한 일탈 내지 파행이라기보다 이념의 작동·전개 공간으로서 한국 정치사회가 갖는 고유성과 특수성을 반영한 결과라고 풀이할 수 있다.

따라서 이 책의 필자들은 한국 현대 정치사상이 지니고 있는 거시적인 특성들을 인지하고 그러한 특성들의 원인과 그것이 초래한 결과들을 해명하고자 하는 문제의식을 염두에 두면서, 각각 보수주의·자유주의·민족주의·급진주의의 전개 과정을 서술했다.

이제 집필이 완성된 시점에서 편자는 이 책에 서술된 4대 이념의 주요 내용을 개관함으로써 이 책에 대한 소개를 마치고자 한다.[3] 먼저 이 책은 한국 '보수주의'에 대한 글을 제일 처음에 배치했다. 그 이유는 1987년 민주화 이전 40년 동안 집권 세력의 보수주의가 한국 정치에서 압도적인 영향력을 행사했고, 사회주의 등 급진주의 사상을 억압하는 한편, 민족주의와 (심지어) 자유민주주의에 대한 담론을 독점하거나 보수적으로 조형해 왔으며, 민주화 이후의 한국 정치에서도 여전히 강력한 영향력을 행사하고 있기 때문이다.

1장 "보수주의"를 집필한 강정인(이하 저자)의 글의 특징을 간략히 살펴보면 다음과 같다. 먼저 저자는 이 책의 다른 저자들과 달리 1987년을 기점으로 한국 현대 정치사를 민주화 '이전'과 '이후'로 구분하지 않고, 1987년을 전후하는 대전환기(또는 과도기)를 설정해 '민주화 이전'(1948~79년), '대전환기'(1980~92년), '민주화 이후'(1993년 이후)라는 세 시기로 구분해 한국 보수주의를 서술하고 있다. 저자는 1987년의 민주화라는 정치적 사건보다 사상의 흐름을 중시하는 입장에서 1980년 광주 민주 항쟁의 유혈 진압과 전두환 정권의 등장으로 초래된 1980년대 한국 정치의 이념적 지각 변동에 주목하기 때문에 그런 '대전환기'를 설정했다. 둘째, 저자는 블로흐Ernst Bloch의 '비동시성의 동시성'Ungleichzeitigkeit, non-simultaneity이라는 개념에 착안해 민주화 이전 한

---

3 아래에서 소개되는 논문들의 내용 요약은 본문의 문장을 그대로 따온 경우가 많기 때문에 따옴표가 필요하겠지만, 편의상 대부분 생략했음을 밝혀 둔다. 이 점에 대한 독자들의 양해를 구한다.

국의 정치 질서를 '권위주의'와 '자유민주주의'라는 '이중적 질서의 중첩적 병존'으로 규정하면서, 이런 구조 속에서 한국 보수주의의 특유한 전개 과정 및 성격을 파악할 것을 주장한다. 셋째, 저자는 민주화 이전 시기를 서술하면서 한국 보수주의가 서구의 보수주의와 다르게 전개된 양상 및 그 원인을 추적함으로써 한국 보수주의의 고유성 및 특수성을 탐색하고 있다. 넷째 '대전환기'에 대한 서술에서 저자는 1980년 광주 민주 항쟁의 유혈 진압과 이를 통해 권력을 장악한 전두환 정권의 철권통치로 인해 민주화 운동이 급진화·혁명화되고, 한국의 경제발전이 일정한 수준에 도달하는 한편 냉전의 종언 등 세계사적 조건이 변함에 따라 종래 권위주의 체제를 정당화해 온 보수주의의 주요 이념적 요소들이 정치적 설득력을 잃고 퇴조해 가는 과정을 검토하고 있다. 마지막으로 민주화 이후의 한국 정치에서 저자는 민주주의의 정착(공고화)을 상징하는 개혁적인 김대중-노무현 정부의 출범과 함께 종래의 보수적 집권 세력이 국정 운영의 주도권을 상실하게 된 상황에서, 온건 자유주의 세력, 뉴라이트 세력, 전통적인 반북·우익 세력 등을 망라하는 범보수 진영이 시민사회를 거점으로 해 자유민주주의와 시장경제를 옹호하며 조직적·이념적으로 보수주의의 자기 쇄신을 추구하는 과정을 추적하면서, 쇄신된(?) 보수주의가 지닌 한계를 검토하고 있다. 전체적으로 볼 때, 저자의 한국 현대 정치사상사에 대한 '시기 구분'이나 '이중적 질서의 중첩적 병존'이라는 주장은 나름대로 신선하고 독특한 면이 있지만, 동시에 기존 학계의 입장과 다르기 때문에 학문적인 논쟁의 소지가 있다.

2장 "자유주의"에서 저자 문지영은 한국 자유주의의 전개 과정상의 특징을 여러 면에서 고찰하고 있다. 무엇보다 저자는 전체적으로 한국 자유주의의 파생적·이차적 성격에 주목한다. 저자는 서구에서는 자유주의가 절대왕정과 봉건적 신분 질서, 교권 개입 정치clerical politics 등에 저항하기 위해 자생적으로 형성되었던 데 반해 한국에서 자유주의는 개화 지식인들에 의해 조선 근대화의 대안으로 그 수용이 모색된 이후 반봉건, 반제국주의, 근대국가 수립, 반독재, 반권위주의의 과제에 직면하게 되었고, 그 과정에서 '한국의 자유주의화'와 '자유주의의 한국화'가 동시에 진행되었다는 것이다. 둘째, 해방 후 제도화된 한국의 자유(민주)주의에 대해 저자는 자유주의의 제도화 자체가 미국의 영향 아래에서 추진된 것은 사실이나, '어떤' 자유민주주의를 제도화할 것인가 하는 결정 과정에서는 미국식 자유주의를 내세운 미군정의 입장과 다양한 편차를 보이는 국내 정치 세력들의 지향이 서로 각축·타협하고 있었다는 점을 강조한다. 특히 제헌국회 내 소장파의 역할에 주목해 '해방이 몰고 온 민족사적 진보성'을 배경으로 한 건국헌법이 그 자체로 국가 형성기 한국 자유주의의 진보적 성격을 보여 준다고 해석한다. 셋째, 저자는 비서구 후발국의 특성에 따른 한국 자유주의 전개 과정의 이중적 성격을 부각한다. 저자는 먼저 건국헌법의 제정을 통해 자유주의가 공식적인 '지배 이념'으로서의 지위를 부여받았다고 해석한다. 그러나 권위주의적 집권 세력이 건국헌법으로 제도화된 자유민주주의를 훼손하게 됨에 따라 한국에서 자유주의는, 그것이 '지배 이념'으로 표방되었을 뿐만 아니라 곧이어 그 '지배'와 '제도'에 맞서는 '저항 이념'으로 발전하기 시작했다는 점에서 독특한 성격과 역할을 부여받는다. 저자는 이 점에 착안해 한국 자유주의의 이중적 성격을 식별해 낸 후 양자의 역동적인 상호 작용에 주목하면서 1987년 이전까지 한국의 민주화 과정을 분석한다. 여기서 저자는 저항적 자유주의 세력과 그 이념을 해방 공간에서부터 찾아내 독자적인 존재로 부각시키는 작업을 수행하는데, 이 과정에서 (권위주의적 보수 세력과 급진주의적 혁명 세력의 협공에 의해 그들의 민주화에 대한 기여는 물론 그 존재마저 부정당할 뻔했던) 저항적 자유주의 세력과 이념의 민주화에 대한 기여를 체계적으로 서술하면서 한국 자유주의의 독특한 특징을 고찰하고 있다. 기존 국내 학계의 연구에서 저항적 자유주의의 존재와 기여가 전적으로 무시된 것은 아니지만, 정치적 목소리가 큰 보수 세력에 의해서든 급진 세력에 의해서든 주변화되어 있었는데, 저자의 연구는 이 점을 명료하게 밝혔다는 점에서 한국 자유주의 연구에 중대한 기여를 한 것으로 평가할 수 있다. 지금까지 학계의 주류적 태도는 자유주의 사상은 서구와 관련해 논의되어야 할 주제, 자유주의를 표방하는 보수주의를 비판하는 주제, 또는 이제 한국에 제대로 소개되어야 할 주제로 취급해 왔는데, 저자는 한국의 이념적 지형에서 한국화된 형태로 그 존재를 지속해 온 자유주의를 저항적 자유주의라는 이름으로 호명한 것이다.

다음으로 민주화 이후 한국 자유주의의 전개 과정을 논하면서 저자는 시장 자유주의와 복지(개혁적·사회적) 자유주의로의 분화 현상을 논하고 있다. 그리고 이런 분화가 반공주의 및 북한에 대한 태도와도 연결되어 있음을 추적하고 있다. 이어서 저자는 민주화 이후 헌정 체제가 어느 정도 완비됨에 따라 자유주의가 헌정주의에 따른 법치를 강조하는 보수적 자유주의와 다수 지배라는 민주주의를 강조하는 입장으로 분화되는 과정을 밝혀낸다. 그리하여 보수적인 자유주의는 시장 자유주의, 반북적 자유주의, 헌정주의를 강조하는 입장으로, 개혁적인 자유주의는 복지 자유주의, 북한 포용적 자유주의, 민주주의를 역설하는 입장으로 연결된다. 이 과정에서 저자는 보수적인 자유주의와 권위주의적인 보수주의 사이에 일정한 수렴과 연대가 형성된다는 점에도 주목하고 있다. 그리고 마지막으로 한국 자유민주주의의 발전 과제로서, 민주주의적인 절차와 토의 문화 및 개인주의적 가치관의 성숙이 공화주의적 덕목과 조화하는 가운데 이루어질 수 있도록 하는 자유주의적 개인 주체의 교육을 강조하면서 글을 맺고 있다.

3장 "민족주의"에 대한 집필은 연구 수행 과정에서 연구 역할이 분담됨에 따라 1987년 민주화 이전까지는 하상복이, 1987년 민주화 이후는 김수자가 담당했다. 먼저 전반부를 집필한 하상복은 한국 정치에서 발현된 자유(민주)주의의 양면성과 마찬가지로 민족주의의 양면성에 주목한다. 곧 집권 세력은 기존의 권위주의적 정치 질서를 유지하기 위한 정당화의 이념으로서 민족주의를 끌어들였고, 저항 세력 역시 권위주의 정권에 대한 도전을 전개해 나가는 데 민족주의의 이념을 활용했다는 것이다. 이 점에서 저자 역시 문지영과 마찬가지로 지배 이념으로서의 민족주의와 저항 이념으로서의 민족주의를 구분하고 있는 셈이다. 저자는 한국 현대 정치에서 민족주의의 전개 과정을 검토함에 있어서 서구의 근대 정치사는 민족 건설nation-building과 국가 건설state-building이 동시적으로 진행되는 근대국가 수립 과정이었는데, 한국은 이와 달리 민족의 기반이 오래 전에 형성되어 있었기 때문에 민족을 만들어 낼 필요가 없었으며, 오히려 '일민족 일국가'의 원리를 근대국가 수립 과정에 적용하는 것이 중요한 문제였다는 점을 강조한다. 나아가 저자는 남북 분단에 의해 한 민족이 두 개의 적대적인 국가로 분열됨에 따라, 분단 지향적인 권위주의적 보수 집권 세력에 대한 저항 세력의 반정부 운동이 통일 운동과 민주화 운동이라는 이중적 성격을 갖게 된 역사적 특수성을 지적한다.

민주화와 민족주의의 관계에 관해 저자가 강조하는 흥미로운 사실은, 자유주의에 대한 문지영의 글에서도 어느 정도 시사된 것이지만, 현대 한국 정치에서 권위주의 정권은 반민주적이라는 비판에 직면하는 동시에 '반민주적'이기 때문에 그 자체로 '반민족적'이라는 비난에도 시달려 왔다는 점이다. 여기에 깔려 있는 전제는 남북통일 못지않게 한국 민주화가 한국 민족주의의 중대한 시대적 과제라는 광범위한 인식이다. 다만 이승만은 독립 운동에 대한 기여로 인해, 박정희는 경제적 민족주의의 일환으로 근대화와 경제발전을 추진한 업적으로 인해, 각각 정권의 '반민주성'에도 불구하고 '반민족적'

이라는 비판을 어느 정도 비켜 가거나 상쇄할 수 있었다. 그러나 1980년에 광주 민주 항쟁을 짓밟고 출범한 전두환 정부는 그 정부가 반민주적이기 때문에 바로 '반민족적'이라는 비판을 상쇄할 수 있는 이념적 자원을 태생적으로 결여할 수밖에 없었고, 그 결과 이후의 통치 과정에서도 민주주의는 물론 민족주의의 관점에서도 정당성의 결함을 메울 수 없었다. 이런 상황에서 전두환 정부는 급진화된 저항 세력의 민주주의와 민족주의를 내세운 연합 공세에 적절히 대처할 수 없었으며, 궁극적으로 1987년의 6월 항쟁에서 무릎을 꿇을 수밖에 없었던 것이다.

하상복에 이어 김수자 역시 1987년 민주화 이후 시행된 선거를 통해 집권한 노태우 정부가 과거와 달리 절차적 정당성을 확보함으로써 정당성을 제고했지만, 실질적으로 과거 군부 권위주의 세력의 집권 연장이라는 결함을 안고 있었기 때문에, 저항 세력의 민족주의를 수동 혁명을 통해 수렴해 북방 외교 및 남북 관계 개선을 위한 노력을 함으로써 정당성을 어느 정도 보충한 사실을 지적한다. 그리고 이를 중심으로 민주화 이후 전개된 노태우 정부에서의 민족주의를 서술하고 있다. 저자는 이렇게 이루어진 아래로부터의 민족주의와 위로부터의 민족주의의 일정한 수렴이 김영삼 정부에 들어와서도 계승되는 조짐을 보였지만, 북핵 문제와 김일성 조문 파동을 계기로 반전했다가, 김대중 정부에 들어와 지속적인 햇볕정책 및 2000년 남북정상회담을 통해 강화된 것으로 분석한다. 나아가 저자는 민주화 이후 한국 민족주의가 세계화의 추진과 2002년 월드컵을 계기로 '외부 세계'에 대해 점차적으로 '문'을 여는 개방적이며 포용적인 성격의 '열린 민족주의'로 전환해 가고 있다는 낙관적 전망을 내리면서 글을 마무리하고 있다.

이 연구를 수행하면서 가장 고심했던 사안 가운데 하나는 한국 현대 정치에서 한국 사회를 총체적·급진적·사회주의적으로 변혁시키고자 했던 운동과 이념을 어떤 명칭으로 부를 것인가였다. '변혁 이념' '사회주의' '급진주의' '진보 사상' 등이 대안으로 거론되었는데, 혁명적 사회주의는 물론 사회민주주의마저 '좌파' 또는 '좌경' 사상으로 탄압해 온 현대 한국 정치의 경험을 고려해, '급진주의'라는 명칭을 붙이기로 했다. 따라서 4장 "급진주의"를 집필한 정승현은 급진 이념을 "반공·자본주의·친미 질서를 근간으로 하는 한국의 사회구조를 변혁하고자 하는 이념"으로 규정하면서, "기본적으로 좌파 성향을 갖고 한국 사회의 기본 구도를 사회주의적 방향으로 변혁시키려는 이념이나 운동 세력이 여기에" 포함된다고 서술한다. 저자는 한국의 급진주의가 신봉한 민주주의는 혁명적 변혁을 통한 '인민민주주의'였는데, 급진주의자들은 대체로 집권 세력이 주장한 자유민주주의를 '부르주아 독재'의 관철을 위한 형식적 외피, 또는 이른바 '절차적 민주주의'에 불과한 것으로 폄하하고, 사회경제적 민주주의를 민주주의의 본령으로 파악했다고 지적한다. 따라서 저자는 정치적 민주주의에 대한 상대적 무관심이나 무지, 곧 종래 서양의 마르크스주의자들을 괴롭혀 온 문제로부터 한국의 급진주의자들 역시 자유롭지 못했다는 점을 강조한다.

저자는 한국 현대 정치사에서 민주화에 대한 급진주의의 공로를 '제한적 성공'이라는 개념으로 파악한다. 해방 공간에서부터 1987년 민주화 시기까지 급진주의자들은 권위주의 정권의 반민주성은 물론 사회경제적 모순을 가장 치열하게 지적했고 또 정권에 격렬하게 맞서면서 민주화를 위한 투쟁과 희생의 가장 커다란 몫을 감당했다. 따라서 한국 사회를 혁명적으로 견인하고자 하는 본래의 의도에서 보자면 급진주의는 분명 실패했지만, 그들의 주장이 일정 부분 수용되었다는 점에서 제한적 성공이라는 것이다. 저자는 이런 제한적 성공의 성과를 해방 정국, 1960~70년대, 1980년대로 나누어 고찰하고 있다. 그리고 이 가운데 급진주의가 지배 블록으로 하여금 넘어서는 안 될 권력의 일탈 한계를 설정하는 영향력을 행사했다는 점을 중시한다. 이는 급진주의자들의 '직접적인 투쟁'을 통해서는 물론 급진주의를 경원하는 자유주의자들의 반정부 운동을 통한 '간접적인 위협(또는 영향)'으로도 현실화되었다. 즉, 권위주의 정권에 반대하는 자유주의 세력들은 북한 공산주의의 위협을 강조하는 정권의 '양치기' 논리에 맞서 '민주주의가 실현되지 않으면 공산주의를 부른다' '사회 불평등과 부정부패가 심화되면 공산주의의 온상이 된다'는 또 다른 '양치기'의 역설적인 논리를 내세움으로써 집권 세력을 공격할 때 급진주의를 활용했으며, 이런 논리는 일반 국민은 물론 심지어 집권 보수 세력 사이에서도 광범위한 공감대를 형성했다. 예를 들어 자유주의자들이 이런 주장을 전개해 박정희 정권의 폭압성과 사회 불평등을 비판함으로써 권력의 일탈 범위를 설정하고자 했을 때, 거기에는 급진 이념의 그림자가 깔려 있었던 것이다. 이런 맥락에서 저자는 1987년의 민주화 역시, 지배 블록이 자유주의적 민주화 세력의 압박에 일정 부분 양보하는 한편 급진 세력의 주도에 의한 혁명적 국면으로의 전환을 예방하기 위해 취한, 타협적·예방적 조치의 산물로 평가한다.

저자는 과거 권위주의적 집권 보수 세력과 마찬가지로 혁명 지향적인 급진 세력 역시 1987년 민주화 이후 점차 공고화되는 정치적 민주주의에 적응할 필요성에 직면했다는 점에 주목한다. 구사회주의권의 붕괴 및 이에 따른 냉전 체제의 종언이라는 세계사적 상황, 북한 체제의 장기 침체와 쇠퇴 조짐 역시 그러한 필요성을 강화시켰다. 저자는 이런 현실에 직면해 급진 세력이 선택할 수 있는 대안을 세 가지로 파악한다. 첫째는 정치적 상황을 자신들의 급진적 이론에 맞게 재해석함으로써 기존 주장의 유효성을 계속 고수하는 입장인데, 저자는 이런 입장이 신념의 일관성과 의지의 치열함이라는 점에서는 돋보이지만, 이론적 자폐증에 걸려 현실에서 도태될 우려가 있다고 지적한다. 둘째는 이론의 한계를 인정하고 그 본래의 뜻을 살리는 가운데 현실과 적절하게 조화시키는 입장인데, 이런 입장은 본래 의도하던 목표나 결론에서 벗어날 뿐만 아니라 잘못하면 이론의 가장 중요한 부분까지 훼손할 염려는 있지만, 그나마 변화된 현실 속에서 이론의 생명력을 유지하고 의미 있는 실천 세력으로 남을 수 있는 현실적 방법이라는 점에서 양면적 성격을 지니고 있다고 평가한다. 셋째는 급진 이론의 한계를 절감하고 이론 자체를 청산·폐기·결별하는 입장인데, 저자는 이런 입장의 경우 그런 선택의 당·부당을 떠나서 더는 급진주의로 규정할 수 없다고 파악한다. 민주화 이후 한국정치에서 급진주의자들은 대체로 이런 세 가지 선택 가운데 어느 하나를 취했다고 할 수 있다. 저자는 민주화 이후 급진 이념이 사회주의 실현이라는 스스로의 정체성을 유지하는 가운데 혁명이나 무장봉기를 통한 변혁이 아니라 체제 '내'에서 합법적이고 공개적인 사회·정치 세력으로서 자신을 정립하는 작업, '부르주아 민주주의'의 성과를 인정하는 가운데 그것을 한 차원 높은 사회주의적 전망으로 지양하려는 자기 변모의 과정을 중심으로 급진주의의 전개 과정을 추적하고 있다.

전체적으로 볼 때 편자는, 이 책에 실린 글들은 제각기 나름대로 결함과 미흡한 점이 있지만, 보수주의·자유주의·민족주의·급진주의라는 4대 이념을 중심으로 한국 현대 정치사상의 흐름을 정리했다는 점에서 하나의 출발점으로서 적지 않은 학문적 의미를 지닌다고 믿는다. (서구에서 출간되어 국내에 소개된 저술은 물론) 국내학자들이 집필한 정치 이데올로기나 정치 이념에 대한 교과서들의 대부분이 서구 근·현대 정치를 이끌어 온 보수주의·자유주의·민족주의·급진주의(사회주의)를 다루고 있는 데 반해 정작 한국의 보수주의, 한국의 자유주의, 한국의 민족주의, 한국의 급진주의에 관해서는 침묵을 지켜 왔다고 해도 지나친 말이 아니다. 그렇다고 해서 그런 침묵이 4대 이념의 '한국적 전개 과정'을 다룬 종합적이고 체계적인 단행본들이 별도로 출간되어 있다는 사실에서 기인한 것도 아니었다. 한국 현대 정치에서 4대 이념의 '한국적 전개 과정'을 본격적으로 다룬 이 책은 바로 그러한 '침묵'과 '부재'의 빈자리를 메우는 것이다. 다른 시각에서 보면, 이 책은 또한 서구의 근·현대 정치사상을 한국 현대 정치에 본격적으로 적용해 얻은 학문적 결실로서 서구 정치사상과 한국 현대 정치를 연결하는 가교架橋라 할 수 있다. 따라서 미흡한 점이 적지 않지만, 이 책은 오랫동안 방치되어 온 학문상의 '잃어버린 고리'missing link를 찾는다는 의미도 지니고 있다.

5

마지막으로 이 책이 탄생하게 된 배경과 감사의 말 등을 남김으로써 소개의 글을 마치고자 한다.

이 책은 "'민주화'를 중심으로 본 한국 현대 정치사상의 전개 : 한국 현대와 서구 근대의 만남"이라는 제목으로 2003년부터 2006년까지 3년 동안 한국학술진흥재단의 지원을 받아 서강대학교 사회과학연구소의 민주화 연구팀이 수행한 기초 연구 결과 가운데 한국의 민주화와 관련된 연구 성과를 단행본으로 펴낸 것이다. 연구가 진행된 3년 동안 취업 등의 사유로 연구원의 교체와 변동이 있었기 때문에, 종국적으로 한국과 관련된 연구에는 강정인·문지영·하상복·김수자·정승현·안외순이 참여했고, 유럽과 관련된 연구에는 이화용·오향미·홍태영·공진성이 참여했다. 아울러 개별 연구원들은 소

정의 기간 내에 연구 결과를 전문 학술지에 발표함으로써 학술진흥재단의 요구 사항을 충족시켰다.[4]

그런데 전문 학술지에 발표된 개별 연구자들의 연구 결과는 여러 가지 이유로 일반 대중이 쉽게 접하거나 이해하기 어려운 것이 현실이다. 따라서 연구자들은 학술 연구 결과의 사회적 환원이라는 취지에서 개별 연구 결과를 모아서 좀 더 체계적이고 일반적인 학술서 형태로 출간하기로 합의하고, 이를 위해 각자 맡은 연구 주제를 학술지에 발표된 원고를 토대로 해 좀 더 평이하고 일관된 문체로 다듬으면서 전체적인 체계성 및 역사적 일관성을 확보하기 위해 필요한 부분을 수정·보완하기로 했다. 그리고 이와 동시에 한국 관련 단행본의 편집은 강정인과 문지영이, 유럽 관련 단행본의 편집은 강정인과 홍태영이 맡기로 했다. 이 책의 집필 구상은 상당히 오래되었지만,

---

4 참고로 각 필자들이 전문 학술지에 발표한 논문들로서 재서술의 토대로 삼은 것들을 전체적으로 밝히면 다음과 같다.

- 강정인(1장 "보수주의") : "제8장 한국 보수주의의 이념적 위상," 『서구중심주의를 넘어서』(아카넷, 2004); "개혁적 민주정부 출범 이후(1998~) 한국의 보수주의 : 보수주의의 자기쇄신?" 『사회과학연구』16:2(서강대학교 사회과학연구소, 2008); "민주화를 중심으로 본 한국 현대 정치사상의 흐름과 변화," 『신아세아』 여름호(신아시아연구소, 2008).
- 문지영(2장 "자유주의") : "한국의 근대국가 형성과 자유주의 : 민주화의 기원과 전망에 대한 재고찰," 『한국정치학회보』39:1(한국정치학회, 2005); "한국의 민주화와 자유주의 : 자유주의적 민주화 전망의 의미와 한계," 『사회연구』11(한국사회조사연구소, 2006); "민주화 이후 한국의 '자유'민주주의 : 의미와 과제," 『사회과학연구』15:2(서강대학교 사회과학연구소, 2007).
- 하상복·김수자(3장 "민족주의") : 하상복, "한국의 민주화와 민족주의 이념의 정치(1945~1987)," 『동아연구』49(서강대학교 동아연구소, 2005); 김수자, "현대 한국 민족주의의 전개 양상: 월드컵과 '열린민족주의'의 가능성을 중심으로," 『동양정치사상사』4:2(한국동양정치사상사학회, 2005); "민주화 이후 한국 민족주의 담론의 전개 : 6월항쟁-김대중 정권," 『사회과학연구』14:2(서강대학교 사회과학연구소, 2006).
- 정승현(4장 "급진주의") : "한국 급진 민주주의론의 내재적 문제점에 대한 비판(1945-1987)," 『사회과학연구』13:1(서강대학교 사회과학연구소, 2005); "한국 진보진영의 사회민주주의 논쟁 : 1987년 이후," 『사회과학연구』15:1(서강대학교 사회과학연구소, 2007).

연구자들이 직면한 여러 가지 바쁜 사정으로 인해 출간이 지연되었다. 그러다가 2008년 5월 말에 이르러 비로소 한국 관련 원고들이 수합되었기 때문에, 한국 관련 단행본을 유럽 관련 단행본보다 먼저 출간하게 되었다. 따라서 이 책에 뒤이어 유럽의 민주화와 관련된 연구 결과 역시 별도의 단행본으로 출간될 예정이다.

이 책의 출판을 위해 분담한 역할을 제시해 보면, 우선 강정인이 한국의 보수주의를, 문지영이 자유주의를, 하상복과 김수자가 민족주의를, 정승현이 급진주의를 집필했다. 학술진흥재단의 지원으로 현재 영국 케임브리지대학에서 박사 후 연수 과정을 밟고 있는 문지영은 이 책의 공동 편집자로서, 한국을 떠나기 전까지 이 책의 집필을 위한 여러 차례의 준비 모임에서 집필 단계의 초고들에 대해 매우 엄정하고 치밀한 비판을 가하면서 집필자들을 독려했다. 마지막으로 안외순은 완성한 원고를 꼼꼼히 검토하면서 상세한 논평을 해주었으며, 개별 집필자들은 그의 논평을 참조해 원고를 최종적으로 수정했다.

이 책에 대한 엄정한 평가는 궁극적으로 학계와 독자의 판단에 맡겨질 수밖에 없을 것이다. 그렇지만 편자는 출판을 위한 최종 원고를 출판사에 넘기면서 후련함과 아쉬움이라는 이중적 감회에 젖었다. 한편으로는 국민의 세금으로 지원받아 수행한 연구 성과를 일반 대중에게 돌려주지 못하고 있다는 점에서 무거운 부담감을 느끼고 있었는데, 이제 그 중압감을 덜게 되었다는 점에서 해방감을 느꼈다. 그러나 다른 한편으로는 연구 책임자로서 연구 진행 당시는 물론 최종 편집을 하는 과정에서도 개별 글들에 대해 조언을 하기는 했지만, 집필된 개별 원고들 간의 상호 일관성을 만족스러운 차원에서 조율하지 못했다는 점에서 자괴감을 느끼지 않을 수 없었다. 그렇다 하더라도 3년 동안 함께 연구를 수행하면서 집필자들이 많은 토론과 협의를 거듭했기 때문에, 문제의식의 일관성이라는 점에서는 어느 정도 체계성을 갖추고 있다고 믿는다. 또한 공동 연구자들이 이 연구를 수행하면서 얻은 가장 값진 성과는 연구 기간 동안 상호 간에 깊은 학문적 유대를 쌓게 되었다는 사실일 것이다. 그리고 서양 정치사상을 전공으로 해 학문 생활을 시작한 편자는, 개인적으로 이 공동 연구를 통해 비교 사상적 차원에서 유럽 정치사상은 물론 한국 현대 정치사상의 흐름에 관해 과거보다 훨씬 폭넓은 이해와 심화된 통찰을 얻게 되었다는 점을 중요한 성과로 꼽고 싶다.

연구 및 출판과 관련해 마지막으로 감사의 마음을 표현하고 싶다. 먼저 이 연구 수행에 적극 참여해 학문적 우정을 쌓게 된 공동 연구원들 및 연구 수행과 관련된 행정적 업무를 묵묵히 감당해 준 서강대학교 정치외교학과 대학원생들, 특히 이 책에 실린 서문과 보수주의 부분을 꼼꼼하게 교정해 준 이지윤·김현아에게 감사의 말을 남기고 싶다. 또한 출판계가 유례없는 불황에 시달리는데도 이 책의 출판을 쾌히 맡아 준 후마니타스 출판사에도 깊이 감사를 드린다.

2009년 2월, 지은이들을 대신하여
강정인

제1장

보수주의

비동시성의 동시성 그리고 모호한 정상화

이 글의 목적은 민주주의와 관련해 한국 보수주의의 이념적 위상과 그 전개 과정을 총괄적으로 검토하는 것이다. 그런데 이 글은 이 책에 실린 다른 글들과는 시기 구분을 달리 한다. 즉, 한국 현대 정치사를 1987년을 기점으로 민주화 '이전'과 '이후'로 구분하지 않고, 1987년을 전후하는 대전환기(또는 과도기)로 설정해, '민주화 이전'(1948~1979년), '대전환기'(1980~1992년), '민주화 이후'(1993년 이후)라는 세 시기로 구분해 서술할 것이다. 그렇다고 해서 필자가 1987년이 민주화의 분수령으로서 갖는 역사적 중요성을 부정하는 것은 아니다. 다만 필자는 한국 현대 정치사상의 흐름에서 민주주의로의 이행이 어느 날 갑자기 일어난 사건이 아니라 1980년부터 역사의 수면 아래서 진행되어 1987년에 절정에 달했고, 1992년에 이르러 거의 마무리되는 국면에 이르렀다고 상정한다. 이를 통해 필자는 한편으로 '1987년의 민주화'를 역사적으로 좀 더 입체적으로 조망함으로써 이 책의 다른 필자들이 취하는 관점을 보완하기를 기대하며, 다른 한편으로 한국 민주화의 과정에서 그리고 한국 현대 정치사상의 흐름에서 1980년 광주 민주 항쟁이 차지하는 심대한 역사적 의미를 부각하고자 했다. 독자들은 이런 구분의 타당성을 본문 전체 서술의 적실성에 비추어 음미할 수 있을 것이다.

이 글의 구성은 다음과 같다. 먼저 1절에서는 '보수주의란 무엇인가'를 이해하기 위해 서구의 보수주의를 간략히 서술하고, (민주화 이전에 군림했던) 한국의 보수주의를 서구의 보수주의와 비교함으로써 한국 보수주의의 특성(정체성)을 살펴볼 것이다. 2절에서는 민주화 이전 시기의 보수주의와 민주주의의 관계를 검토할 것이다. 여기서는 주로 한국 보수주의가 헌법에서 선언된 자유민주주의의 현실적 작동을 제한하는 것을 정당화해 온 이념적 역할, 곧 보수적인 집권 세력이 권위주의 체제를 정당화하는 과정에서 한국 보수주의가 차지하는 사상적 역할을 검토할 것이다. 그렇기 때문에 집권 세력, 특히 최고 정치 지도자의 사상을 중심으로 보수주의에 접근할 것이다. 3절의 대전환기의 보수주의에 관한 서술은 1980년 광주 민주 항쟁의 유혈 진압과 이를 통해 권력을 장악한 전두환 정권의 철권통치로 인해 민주화 운동이 급진화·혁명화되고, 한국의 경제발전이 일정한 수준에 도달하며, 냉전의 종언 등 세계사적 조건이 변함에 따라 종래 권위주의 체제를 정당화해 온 보수주의의 주요 이념적 요소들이 정치적 설득력을 잃고 퇴조해 가는 과정을 서술할 것이다. 4절에서는 민주화 이후의 한국 정치에서 보수주의와 민주주의의 관계를 살펴볼 것이다. 특히 민주주의의 정착(공고화)을 상징하는 개혁적인 김대중-노무현 정부의 출범과 함께 종래의 보수적 집권 세력이 국정 운영의 주도권을 상실하게 된 상황에서, 온건 자유주의 세력, 뉴라이트 세력, 전통적인 반북·우익 세력 등을 망라하는 범보수 진영이 자유민주주의와 시장경제에 적응하면서 시민사회를 거점으로 해 조직적·이념적으로 보수주의의 자기 쇄신을 추구하는 과정을 추적할 것이다. 5절 '맺는말'에서는 민주화 이후 '쇄신된' 보수주의에 대한 평가를 시도하면서 이 글을 마무리할 것이다.

1. 보수주의란 무엇인가

1) 근대 서구의 보수주의

(1) 보수주의의 이중적 성격 : 실체적 성격과 위상적 성격

현대 정치와 정치학의 거의 모든 주요 개념들이 근대 서구의 정치적 경험과 이론에서 유래하는 만큼, 한국 보수주의를 이해하기 위해서도 우리는 먼저 서구에서 발전된 보수주의와 그 개념을 살펴보지 않을 수 없다. 보수주의란 일반적으로 "권위를 받아들이고, 미지의 것에 비해 이미 알려진 것을 선호하며, 현재와 미래를 과거와 결부시키는 경향이 있는 기질, 정치적 입장 및 [정치철학상-인용재 일련의 가치 체계"를 지칭하는 말이다(Klemperer 1972, 164). 보수주의라는 개념은 현대 한국 정치에서도 대단히 모호한 개념이지만, 원산지인 유럽과 미국에서도 논란이 많은 개념이다(Rossiter 1968, 290). 보수주의를 정의하고자 할 때 우리가 직면하게 되는 혼란의 주된 원인은 다른 이데올로기와 달리 보수주의가 갖는 이중적 성격 — 곧 보수주의를 개념화함에 있어서 그것이 신봉하는 이념의 구체적 내용에 따라 실체적으로 규정할 것인가 아니면 구체적인 역사적 맥락 및 다른 이데올로기와 관련해 위상적positional으로 규정할 것인가 — 과 결부되어 있다.

그러므로 보수주의의 이념적 모호성을 이해하기 위해서는 보수주의의 이중적 성격을 고찰할 필요가 있다. 먼저 우리는 실체적인 이념의 내용을 중심으로 보수주의를 정의할 수 있다. 이 경우 프랑스대혁명에 의해 발산된 자유주의(의 평등 이념)에 대한 격렬한 비판과 반발로 영국의 정치가 버크Edmund Burke가 1790년에 출간한 『프랑스혁명에 관한 성찰』Reflections on the Revolution in France에 담긴 정치철학의 주요 내용이 이후 역사적으로 전개된 근대 서구 보수주의의 핵심을 구성한다.[1] 따라서 우리가 버크의 정치철학의 기본 내용을 중심으로 보수주의를 정의한다면, 이는 보수주의를 개념화함에 있어서 실체적인 접근법을 취한 것이다. 그러나 보수주의를 정치적으로 중립적인

---

1 버크의 보수주의 정치철학에 관한 비교적 상세한 해설로는 강정인(2007, 474-506)을 참조할 것.

의미에서, 곧 구체적인 역사적 상황 아래서 기존 질서가 무엇이든, 그 기존 질서에 도전하는 이데올로기에 대항해 그 질서를 옹호하려는 정치적 입장으로 정의한다면(Michels 1954, 230), 이는 위상적인 접근법을 적용한 것이다.[2] 헌팅턴 역시 보수주의의 위상적 성격을 강조한다. 그 이유로 자유주의나 사회주의와 같은 비#보수주의적 이데올로기들은 그것들이 성취하고자 하는 일련의 이상이나 목표를 가지고 있다는 점에서 이상주의적인 데 반해 보수주의 이데올로기는 근본적인 도전에 반발해 기존의 제도와 질서를 옹호하고자 하는 방어적 입장을 취한다는 점을 든다(Huntington 1957, 456-458, 468). 롯시터Clinton Rossiter는 정치적으로 유의미한 보수주의를 '정치적 보수주의'political conservatism와 '철학적 보수주의'conservatism as philosophy로 구분하고 있는데, 전자는 위상적(관계적) 개념에 가까우며 후자는 실체적 개념에 해당한다.[3] 여기서 보수주의의 위상성을 강조하게 되면 보수주의는 '급진주의'radicalism와 대립하게 되며, 그 실체적 내용을 강조하게 되면 보수주의는 역사적으로 자유주의 및 사회주의와 대립해 온 것으로 파악된다.

(2) 정치적 보수주의의 개념화 : 실체적 성격과 위상적 성격의 절충

그런데 보수주의를 개념화함에 있어 위상적인 접근을 극단으로 몰고 가면, 북한의 노동당, 남한 제3공화국의 민주공화당, 독일의 기독교민주연합, 미국의 공화당이 모두 동일한 보수주의 정당으로 분류되는 등 그 이념적 내

---

2 롯시터는 이를 상황적 보수주의로 분류한다.
3 롯시터(1968)는 보수주의를 기질적·상황적·정치적·철학적 보수주의로 구분해 논하고 있다.

용이 일관성을 잃기 십상이다. 이 때문에 대부분의 학자들은 위상적인 접근과 실체적인 접근을 절충하는 경향이 있다. 예컨대 롯시터는 정치적 보수주의의 개념을 '온건 우파'와 동의어로 쓸 것을 제안하면서, 정치적 보수주의를 "전래된 도덕 그리고 오랜 시험을 통해 입증된 제도를 찬양하고, 민중적 정부의 효율성에 회의적이며, 온건 좌파의 개혁안이나 극좌의 혼란스러운 기도에 반대하고, 그 지지자의 대부분이 기존 질서의 유지에 물질적·심리적 이해관계를 갖는 정당이나 운동의 정치적 입장"으로 정의한다(Rossiter 1968, 291). 헌팅턴 역시 위상적 성격에 대한 강조를 극단으로 몰고 가지 않으며, 보수주의를 온건 우파의 입장으로 정리하고, 현대의 보수주의가 버크의 정치철학으로부터 유래하는 핵심적인 입장 — 예를 들어, 평등에 대한 회의, 엘리트의 중요성, 역사·전통·권위·종교의 강조, 자유와 재산의 중요성 등 — 을 공유한다는 점을 받아들인다(Huntington 1957, 456). 현대의 정치적 보수주의를 이렇게 개념화하는 것은 유럽의 근대화 — 자유주의와 계몽주의, 중앙집권적 국민국가의 형성 및 자본주의적 산업혁명 — 에 대한 19세기 근대 보수주의의 반대를 부분적으로 철회하고 그 역사적 성과를 수용하는 현대 보수주의의 위상적 성격을 반영하는 것이라고 할 수 있다.

(3) 근대 서구 보수주의의 다양성

보수주의의 위상적 성격 때문에 19세기 영국의 보수주의자, 유럽 대륙의 보수주의자 및 미국의 보수주의자, 또는 19세기 서구의 보수주의자와 20세기 서구의 보수주의자가 각각 보수하고자 하는 현존 질서의 구체적인 내용은 서로 다를 수밖에 없다. 물론 역사적으로 유럽의 보수주의는 계몽주의,

자유주의, 프랑스혁명, 산업화, 중앙집권적인 국민국가 등에 대한 반발로서 출현했고, 봉건시대의 농업 경제를 옹호하고자 했으며(이 점에서 버크의 보수주의는 예외다), 귀족계급에 의해 주도되었고, 가족·교회·길드·지방 공동체를 옹호하고자 했다는 점에서 공통적인 속성을 가지고 있었다. 그렇다 하더라도 역사적으로 유럽 국가의 보수주의는 나라마다 기존 질서와 전통의 구체적인 내용과, 이에 도전하는 급진 세력의 성격이 상이함에 따라 주목할 만한 편차를 가지고 출현했음을 부정할 수 없다.[4]

이를 좀 더 구체적으로 살펴보자면, 먼저 영국은 프랑스대혁명과 나폴레옹전쟁의 직접적인 영향권에 놓여 있지 않았고, 자유주의적 정치 질서와 자본주의적 산업화가 상대적으로 과거와의 급격한 단절 없이 점진적으로 진화했기 때문에 버크에서 비롯된 영국의 보수주의는 점진적인 개혁을 수용하는 온건한 보수주의로 발전했다. 그러나 프랑스의 보수주의는 구체제의 제도들을 일거에 전복시킨 혁명을 통해 과거와의 급격한 단절을 경험했기 때문에, 메스트르de Maistre나 보날드de Bonald에서 볼 수 있는 것처럼 구체제의 수호에 대한 집념이 강하고 일체의 변화에 반대하는 반동적 성격을 강하게 지니고 있었다. 이에 비해 독일의 보수주의는 나폴레옹전쟁에서의 패배 및 통일된 민족국가를 수립하면서 겪은 어려움 때문에 유기체적인 국가관과 강한 민족주의적 성향을 갖게 되었으며, 이로 인해 국가를 반자유주의적으로 이상화하게 되었다. 그리고 보수주의가 토지 귀족의 이해관계와 결부되면서 반부르주아적·반자본주의적 성향을 강하게 지니게 되었다. 반면에, 역사적으로

---

4 이 점에서 19세기 이데올로기 가운데 자유주의와 사회주의는 보편적 이데올로기로서 좀 더 국제주의적이었는데 반해 보수주의와 민족주의는 특수주의적 이데올로기로서 개별 국가적 현상의 측면을 좀 더 강하게 지니고 있었다. 그러나 나폴레옹의 패전 이후 유럽 대륙에서 왕정복고로 특징지어지는 비인 체제의 등장은 보수주의자의 국제적 연대를 보여 주기도 했다.

봉건제의 유산 및 중세적 전통을 결여한 미국에서 보수주의는 산업혁명과 자본주의를 수용하고, 개인의 자유와 자유 시장경제를 강조하는 성향을 지녔다(이봉희 1996, 50-51). 그리하여 미국의 현대 보수주의는 뉴딜식 자유주의에 반대하는 고전적 자유주의의 입장을 고수해 왔다(이봉희 1996, 30).

(4) 현대 서구 보수주의의 수렴

마지막으로 우리는 근대 초 서구 각국의 보수주의가 상당한 편차를 가지고 출현했지만 현대 서구 각국의 현존 질서가 자본주의-자유민주주의 체제로 수렴하고 사회주의와 공산주의를 그 질서에 대한 주된 위협으로 설정함에 따라, 서구의 보수주의가 실체적·위상적으로 일정하게 수렴하는 현상을 지적할 수 있다. 물론 이런 현상은 19세기 중엽 유럽에서 사회주의가 강력하게 부상함에 따라 발생한 자유주의의 상대적 보수화 과정에 그 연원을 두고 있다. 19세기 이래 자유주의는 유럽의 지배적인 정치 이념으로 정치 질서를 주조하는 한편, 1848년 이후 상대적으로 더 진보적인 사회주의·공산주의 이데올로기의 대두와 더불어 보수화 과정을 겪게 되었다. 20세기에 들어와 자유주의는 러시아혁명의 발발 및 제2차 세계대전 후 미소 냉전 체제의 확립과 더불어 결정적으로 보수화되었다. 그리고 전통적인 보수주의자 역시 자유주의보다는 사회주의를 현존 질서를 위협하는 가장 강력한 적으로 규정함에 따라, 자유주의가 이미 변화시킨 정치 질서를 수용하면서 자유주의를 받아들이게 되었다. 그 결과 보수화된 자유주의와 과거에 비해 상대적으로 진보화된 보수주의가 수렴하게 되었고, 이들은 사회주의에 대립해 자유주의-자본주의적 질서를 옹호하고자 하는 현대 서구의 보수주의를 형성하게 되었다.[5] 민주화 이후 자기 쇄신을 시도하고 있는 한국의 보수주의 역시 현대 서구의 보수주의에 수렴하는 양상을 보이고 있다. 이에 대해서는 나중에 살펴보기로 하고, 아래에서는 현대 한국 보수주의의 원형을 이루고 있는 민주화 이전 현대 한국의 보수주의를 서구 보수주의와의 비교를 통해 검토하도록 하겠다.

2) (민주화 이전) 현대 한국의 보수주의 : 서구 보수주의와의 비교를 중심으로[6]

(1) 이중적 질서의 중첩적 병존 : '비동시성의 동시성'

그런데 보수주의에 대한 서구의 이런 개념 규정을 '민주화 이전' 한국의 보수주의에 적용하고자 할 때, 우리는 몇 가지 이론적인 문제에 부딪히게 된다. 첫째, 제1공화국에 참여한 이승만과 한국민주당(약칭 한민당) 등 주요 정치 세력 대부분이 좌파는 물론 중도우파에도 반대한 우익이라는 점에서 제1공화국 정권을 보수주의로 규정하는 것은 일견 설득력을 갖는다. 그렇다 하더라도 보수주의자로서 그들이 유지 또는 보존하고자 한 기존 질서가 무엇

---

5 그렇기 때문에 앞에서 논의한 학자들이 현대 서구의 정치적 보수주의를 비교적 일관되게 온건 우파의 입장으로 정리할 수 있었던 것이다.

6 한국 보수주의를 동남아, 서남아, 라틴아메리카 또는 아프리카 국가들의 보수주의와 비교하면 그 특성은 이하 본문에서 논의된 것과 매우 다르게 나타날 것이다. '정체성'은 실체적인 동시에 관계적인 개념이다.

인가라는 의문을 제기한다면 우리는 당혹스러움에 봉착하게 된다. 우리는 그 기존 질서를 통상 우익 세력이 주장해 온 바에 따라 또한 제헌 헌법에 따라 자본주의-자유민주주의 질서라고 전제할 수 있을 것이다. 하지만 그 전제를 약간의 주의만 기울여 검토해 보아도, 자유민주주의는 물론 자본주의 체제 역시 기존 질서라기보다는 혁신적 또는 개혁적으로 장차 실현되어야 할 체제라는 점이 드러난다. 다시 말해 당시 한국이 일제 식민지로부터 물려받은 정치적·경제적 상태를 고려할 때, 지주-소작제가 광범위하게 온존된 전근대적 경제 질서는 자본주의적으로 장차 개조되어야 할 질서였고, 일본의 파시즘적인 식민지 정치 질서 역시 자유민주주의적으로 혁파되어야 할 질서였다. 이 점에서 한국의 보수주의자들에게 당대의 역사적 과제는 자본주의와 자유민주주의를 좀 더 온전히 실현하기 위해 한국 사회를 혁신적으로 개조하는 것이었다. 다시 말해 자본주의와 자유민주주의 체제는 완성된 체제로서 보수되어야 할 기존 질서가 아니라 미래의 과제로서 장차 실현되어야 할 질서의 성격이 더 강했던 것이다. 보수주의와 관련된 이런 문제는 (이 글에서는 자세히 설명할 수 없지만) 서구와 다른 한국과 같은 후발 국가에서 흔히 목격되는 과거 질서와 미래 질서의 중첩적 병존, 곧 블로흐Ernst Bloch가 개념화한 '비동시성의 동시성'에서 빚어진 것이다.

그렇다 하더라도, 냉전 체제의 본격화에 따른 세계사적 보수-진보 규정이 한반도의 지역사적 보수-진보 규정을 압도했다는 점, 보수주의의 위상적 성격에 따라 본래 혁신적인 이데올로기도 그보다 더 혁신적인 이데올로기와 대립하는 과정에서 후자에 의해 역규정당함으로써 보수주의로 자리 매김될 수 있다는 점을 고려한다면, 남한의 보수 세력이 방어하고자 한 자본주의-자유민주주의 질서가 장차 실현되어야 할 질서일지라도 그 질서를 보수保守 또는 보완補完하고자 하는 입장을 보수주의로 규정할 수 있는 이론적 공간은 확보된다.[7] 문제는 이중적 질서의 중첩적 병존이라는 구조 속에서 나타나는 한국 보수주의의 특유한 전개 과정 및 성격을 파악하는 것이다.

(2) 예방적 보수주의 : '자유민주주의=반공'의 등식이 성립된 배경

둘째, 이처럼 자유민주주의-자본주의 체제가 한국에서도 보수 세력이 보수해야 할 질서로 규정됨에 따라, '기존 질서'를 지키고자 하는 남한의 보수 세력에게 '기존 질서'가 현재완료로 이미 실현된 것이 아니라 미래에 실현되어야 할 당위로 설정된 모순은, 한국 보수주의에 서구의 보수주의와는 현격하게 다른 특성을 부과하지 않을 수 없었다. 게다가 그 특성은 아직 실현되지 않은 '기존 질서'를 마치 실현된 것인 양 대내적으로 좀 더 혁신적이고 급진적인 이데올로기인 사회주의의 위협으로부터 지켜야 하는 추가적인 모순으로 연결되었다. 이 모순은 대외적으로도 확대되었는바, 남북 분단 및 뒤이은 6·25전쟁으로 인한 남북한의 적대적 대립으로 인해 남한의 보수 세력은 자유민주주의를 실현하기 이전에 북한의 위협에 맞서 그것을 수호해야 하는 역사적 임무를 부여받았던 것이다.[8] 그리하여 남한의 보수 세력은 자유민주주의를 실현하는 임무를 국내외 공산주의의 위협으로부터 그것을 지키는 임무로 대체하고, 나아가 빈번히 전자를 후자와, 곧 자유민주주의를 반공과 동일시하게 되었다. 미군정에 의해서든 남한의 보수 세력에 의해서든, 자유민

---

7 이에 대한 상세한 논의로는 강정인(2004, 320-324)을 참조할 것.
8 6·25전쟁의 경험으로 인해 비록 불충분한 질서지만, 자유민주주의-자본주의 질서를 공산주의의 위협으로부터 방어하고자 하는 보수주의는 어느 정도 적실성을 확보하게 되었다는 해석도 가능할 것이다.

주주의는 전근대적인 전제군주제나 일제의 식민 통치에 대항해 그것들을 혁파하기 위해 실시된 것이라기보다는 사회주의에 대항해 이를 저지하기 위해 도입된 셈이 되었다.

이처럼 위상적으로 보수화된 자유민주주의의 지지 세력은, 유럽 근대사에서 자유주의 세력이 사회주의 세력에 직면해 보수화되었던 것처럼, 실질적으로도 보수화되는 과정을 겪게 되었다. 이런 상황이 남한 정치에 초래한 결과를 최장집·이성형은 다음과 같이 지적한 바 있다. "우리는 '자유민주주의'라는 기표signifiant 속에서, 과거 유럽의 역사 속에서 자유주의 이념이 지녔던 절대 권력에 대한 대항 의식과 반봉건적 투쟁 의식은 찾아볼 수 없고, 오히려 [사회주의혁명의 위협에 직면해 단순히 반동적인 – 인용자] 독재 정권을 유지하고자 하는 권력의 논리만 읽을 수 있을 뿐이다"(최장집·이성형 1991, 217). 물론 후대의 시각에서 당대 한국이 물려받은 전통 유산과 역사적 상황을 고려할 때, 우익 세력이 자유민주주의를 온전히 실현할 것이라고 기대하는 것은 나무 위에 올라가 물고기를 찾는 격이었다. 이렇게 볼 때, 사회주의혁명의 위협에 직면해 자유민주주의를 표방한 한국의 우익 세력이 반동의 길을 걷도록 예정되어 있었다고 해석하는 것도 어느 정도 가능할 것이다.

(3) '근대화 보수주의'라는 형용모순? :
근대화를 추진한 보수 세력(한국)과 근대화에 저항한 보수 세력(유럽)

셋째, 자본주의(산업화)의 완성 및 자유민주주의의 성립이라는 면에서 세계사적 시간대와 지역사적 시간대의 괴리로 말미암아 '근대화'라는 과제와 관련해 한국과 같은 후발국의 보수주의는 서구의 보수주의와는 또 다른 특성을 갖게 되었다. 서구의 선발 국가들과 비서구 지역의 후발 국가들은 근대화를 수행하는 역사적 상황, 방식 및 주체에서 근본적인 차이를 경험해 왔다. 기본적으로 서유럽 국가들은 근대화를 자율적이고 내생적으로 그리고 세계의 여타 지역보다 선발적으로 추진했다. 그러나 한국에서의 근대화는 그 발단에 있어서 타율적이고 외생적으로 시작되었다. 게다가 영국과 프랑스에서는 부르주아계급 등 진보적인 자유주의 세력이 근대화를 추진한 반면, 한국에서는 근대화가 구한말에는 왕실과 개화 엘리트에 의해서, 일제강점기에는 외세에 의해서, 그리고 해방 후 남한에서는 집권 보수 세력에 의해서 수행되었다.

따라서 유럽에서는 대체로 보수 세력이 근대화에 저항하고 반발하는 과정에서 전근대적 질서를 체계적이고 이론적으로 옹호하려는 노력의 결실로 보수주의 철학이 출현한 반면, 해방 후 남한에서는 근대화를 위해 과거의 전통과 역사로부터 '철저한' 단절을 추구하는 보수 세력이 근대화를 앞장서서 추진했고, 그 결과 그들은 의식화된 전통주의로 해석될 수 있는 서구와 같은 철학적 보수주의를 발전시킬 수 없었다. 바로 이런 이유로 말미암아, 민주화 이전 시기에 한국의 보수주의 연구자들은 한국 보수주의의 이념적 빈곤을 즐겨 지적하곤 했다. '근대화'는 후발 국가에 사실상 선택의 여지가 없는 '세계사적인 사명'으로 주어졌으며 또한 민족주의적 추동력을 얻어 부과되고 추진되었기 때문에 집권 보수 세력에 반대하는 세력들 역시 근대화의 방법이나 폐해에 대해 이의를 제기할 수는 있었지만, 근대화 자체를 서구의 보수주의자들처럼 전통 질서를 옹호하고 유지하고자 하는 입장에서 유효적절하게 반대할 수는 없었다. 그 결과 지배의 철학으로서든 반대(반동)의 철학으로서든 서구에서와 같은 풍성한 보수주의 정치철학이 성립할 수 있는 역사적 기반이 한국과 같은 후발국에서는 형성되기 어려웠다.

(4) 자신의 전통과 역사로부터의 단절을 추구한 보수주의 : 보수주의 철학의 빈곤

돌이켜 보건대 해방 후 60년간 한국 사회가 겪은 변화의 총체성과 급진성은 서구의 보수주의자로서는 결코 상상하거나 승인할 수 없는 규모의 것이었다. 특히 박정희 정권 이래 근대화 과정에서 남한 사회가 겪은 사회경제적 변화 — 경제발전, 도시화, 산업화 등의 규모 — 의 폭은 실로 엄청난 규모의 것으로서, 유럽이 과거 300년에 걸쳐 달성한 변화를 불과 30년 만에 달성한 것이었다. 요컨대 전통적인 지배 세력이 근대화에 실패한 후 출현한 한국의 보수 세력은 자신들의 전통과 역사로부터 단절을 추구하면서 근대화라는 급격한 변화를 추진해야 했던 것이다.[9] 따라서 한국의 경우에는 기존의 정치 질서를 유지하고자 한다는 점에서 위상적 이데올로기로서의 정치적 보수주의가 일정한 지향 및 형태로 존재했으나, 그 내용을 충실히 채워 줄 철학적 기반을 마련할 수 있는 조건은 근본적으로 결여되어 있었다.

한국의 보수 세력은 애초부터 과거로부터 물려받은 전통, 종교 및 권위가 아니라 그들이 미래에 도달하고자 하는 근대화의 목표 — 국민국가의 형성, 풍요로운 자본주의 사회 및 성숙한 민주주의 — 에 의해서만 스스로를 정당화할 수밖에 없는 모순적인 입장에서 출발했다. 이 점에서 한국의 보수주의를 제2차 세계대전 이후 출현한 후발적인 신생 독립국의 독특한 유형인 '근대화 보수주의'라고 규정할 수 있을 것이다.[10] 그 결과 한국의 보수 세력은

---

9 이와 달리 일본의 경우에는 근대화를 추진하는 과정에 주권을 박탈당한 경험이 없었고, 또 보수 세력이 근대화를 비교적 성공적으로 추진하면서 주권을 수호·신장했고, 천황제(권위)·신도(종교)·전통문화를 서구의 근대 문명과 적절히 배합했기 때문에, (서구의 그것과는 다르지만) 서구와 유사한 보수주의가 성립할 수 있는 토양이 온존되었던 것으로 생각된다.

10 또한 이 점에서 우리는 경제발전을 성공적으로 수행한 권위주의 정권이 성공에 의해 또는 성공에 도 불구하고 민주주의로 이행할 수밖에 없는 민주화의 역사적·논리적인 필연성을 발견하게 된다.

영광스럽지 않은 현재 앞에서 그 현재를 지속적이고 이음새 없이 성장해 온 과거가 도달해 온 정점이라고 보는 보수주의자의 관점에서 정당화할 수 없었으며, 진보주의자와 마찬가지로 현재를 바람직한 미래에 도달하기 위한 출발점으로 제시함으로써만 자신들의 정당성을 확보할 수 있었다(니스벳 1997, 100 참조).

(5) 한국 보수주의의 개념 : '비동시성의 동시성'과 연관하여

이렇게 볼 때, 민주화 이전 한국의 보수주의는 집권 우익 세력이 위로부터의 근대화를 추진하기 위해 권력이 집중된 권위주의적 정치 질서를, 자유민주주의를 방어하고 국가 안보(반공)와 경제발전에 필요한 정치적 안정을 유지한다는 명분으로 옹호하기 위해 제시한 이념으로 정의하는 것이 온당할 것이다. 보수주의를 그 이념적 내용이나 위상이 아니라 행위자(주체)를 중심으로 정의할 때, 한국의 보수주의는 국가권력을 장악한 권위주의적 집권 세력이 부과하고 일반 국민이 '수용한' 지배 이데올로기였다. 이런 '근대화 보수주의'의 면모에는 장차 실현되어야 할 자본주의-자유민주주의 체제와 이를 위로부터의 근대화를 통해 추진하는 권위주의적 정치 질서가 공존하며, 목표로서의 '근대'와 추진 주체가 스스로 부정해야 할 현실적 터전인 '전근대'가 공존하고 있었다. 곧 '비동시성의 동시성'이 '근대화 보수주의'의 전개 양상을 빚어내고 있었던 것이다. 그러나 뒤에서 설명할 것처럼, 민주화 이후 한국의 보수주의는 이제 비교적 명실상부하게 자유민주주의와 시장경제를 옹호하는 이념으로 발돋움하고 있으며, 이를 통해 서구의 보수주의에 근접한 입장을 좀 더 분명하게 표출하고 있다.

2. 민주화 이전(1948~79년) 한국의 보수주의와 민주주의

이 절에서는 민주화 이전 한국 보수주의의 이념적 특성을 파악하고 그 역사적 전개 과정을 분단 정부 수립 이후 박정희 집권기까지 정권별로 살펴볼 것이다. 필자는 앞에서 한국 보수주의가 처한 세계사적이고 일국사적인 조건을 논하면서 자유민주주의(또는 이의 부정태인 권위주의), 반공 및 근대화를 언급했다. 넓은 의미의 근대화는 당연히 민주주의의 수립, 근대 국민국가의 완성, 산업화(=경제발전)의 수행을 포함한다. 그런데 분단의 극복과 국민국가의 완성은 이 책의 민족주의에 관한 부분에서 주로 다루어지기 때문에, 보수주의와 관련해서는 냉전 및 분단으로 초래된 '반공'을 중심으로 논할 것이다. 또한 세계사적으로 볼 때, 산업화를 자본주의적으로 추진할 것인가 아니면 사회주의적으로 추진할 것인가, 정치체제로서 자유민주주의를 추구할 것인가 아니면 대안적인 급진적 민주주의를 추구할 것인가를 놓고 (종래 냉전 시대에는) 보수와 진보가 대립했기 때문에, 한국 정치에서 보수와 진보를 논한다면 이 문제를 당연히 검토해야 할 것이다. 그러나 분단 이후 남한의 집권세력은 자본주의 시장경제와 자유민주주의를 국가의 헌정 질서로 설정했고 권위주의 정부에 저항한 민주화 세력이 대체로 이 질서에 동의했기 때문에, 보수주의를 주로 민주주의와 관련해 논하는 이 글에서는 급진주의가 추구했던 사회주의적 대안에 대해서는 검토하지 않을 것이며, 그런 주제는 이 책의 다른 글에서 중점적으로 다루어질 것이다. 따라서 아래에서 필자가 보수주의와 관련해 논하는 '근대화'는 좁은 의미의 근대화로서 자본주의적 경제발전을 지칭하며, 필자는 이를 주로 '발전주의'라는 개념으로 다룰 것이다.

1) 민주화 이전 한국 보수주의의 이념적 특성

(1) 보수하고자 하는 기존 질서의 모호성 : 자유민주주의와 권위주의의 이중성

앞에서도 언급한 것처럼 한국 정치의 보수주의를 그 정치적 측면에서 논할 때, 우리는 보수주의의 개념에 충실하고자 하는 한, '보수 세력이 지키고자 하는 이른바 '기존 질서' 또는 '현상'現狀: the status quo이 과연 무엇인가?'라는 문제에 직면한다. 이 문제는 단명에 그친 제2공화국을 제외한다면 1987년 이전까지 한국의 헌법과 역대 정권이 자유민주주의를 표방했음에도 불구하고, 실상은 그와 반대되는 권위주의 정권에 의한 통치였다는 점에서 비롯된다. 이 점에서 한국 보수주의의 핵심은 권위주의다. 권위주의란 개인의 사상과 행동에 있어서 권위에 대한 맹목적인 복종을 기대하고 수용하는 원리를 말하며, 이 점에서 개인의 자유를 중시하는 자유주의와 대비된다. 정부 형태로서 권위주의란 권력이 국민에게 책임을 지지 않는 1인의 지도자 또는 소수의 집단에 집중된 정부를 지칭한다. 권위주의 정권의 지도자는 정치권력을 빈번히 그리고 자의적恣意的으로 기존의 법과 제도에 구애받지 않고 행사하며, 시민들은 자유롭고 공정한 선거를 통해 그 정권을 교체할 수 없다. 이 점에서 권위주의 정권은 민주주의와 대척점에 서 있다.[11] 그렇지만 제2차 세계대전 이후 권위주의 정권이 민주주의의 이름으로 통치한 것 — 이는 비

---

11 필자는 한국 정치에서 권위주의의 문화적 구성 요소로 가부장적 권위주의에 따른 '수직적 인간관', 개인주의적 인간관에 대비되는 '집단주의적 인간관', 법치주의가 아닌 '인치주의'를 제시한 바 있다(강정인 1997). 권위주의 정권의 개념, 발생원인 및 필요조건에 관한 개괄적인 논의로는 한배호(1994, 15-64), 한국 정치 문화의 권위주의적 성격에 관해서는 어수영·한배호(1996, 81-104)를 참조할 것.

동시성의 동시성이 빚어낸 결과라 할 수 있다 — 은 단순히 한국에만 특유한 현상이 아니라 비서구 국가들 대부분에 통용된 현실이었다. 따라서 우리는 한국 정치에서 보수 세력이 보수하고자 하는 질서를 체제가 내세우는 명분 또는 헌정 질서(자유민주주의)를 기준으로 판단할 것인가 아니면 명분과 상관 없이 정치적 실천 또는 현실 정치(권위주의)를 기준으로 판단할 것인가라는 문제를 좀 더 진지하게 고민해야 할 필요성에 부딪힌다. 그리고 이 문제는 어느 한쪽의 답변이 절대적인 타당성을 갖는 것이 아니라, 오히려 우리를 그 이중성에 주목하도록 이끈다.

한 예로 한상진은 민주화 이전인 1986년에 발표된 글에서 '중산층의 보수성' 명제를 논박하고자 하면서 이런 문제의식을 정면으로 제기한 바 있다. 그는 보수와 진보를 규정하는 기준에 관련된 체제 개념을 명확히 할 필요성을 다음과 같이 강조했다. "중산층이 체제 동조적이라고 할 때 그 체제는 과연 어떤 체제를 가리키는 것일까? 다르게 묻는다면, 체제를 변혁시킨다고 할 때 대안으로서의 체제는 어떠한 성격을 갖는 것인가?" 이어서 그는 체제의 정치적 성격을 규정하는 데 따르는 혼란이 "우리가 명분으로 내걸고 있는 정치제도의 이념과 현실적으로 작용하고 있는 제도가 현저히 괴리되어 있기 때문"에 야기된다고 지적하고 있다. 곧 우리 사회는 이른바 "자유민주주의를 표방"하면서도 실제로는 정치 부문을 포함해 거의 모든 부문에 "권위주의적 구조가 정착"되어 있다는 것이다(한상진 1986, 121에서 인용).[12]

앞에서 인용된 논의를 바탕으로 한상진은 정치적 측면에서 '기존 질서'를

---

[12] 한상진은 이처럼 체제의 명분과 현실이 심각하게 괴리를 보일 때는 객관적 현실에 근거해 보수와 진보를 판단해야 한다고 주장한 후, 남한 체제를 "종속 발전으로 특징되는 자본주의와 관료적 권위주의의 결합"으로 규정한다(한상진 1986, 121).

일단 '관료적 권위주의'로 규정할 것을 제안하면서 자유민주주의를 지향하는 중산층의 진보성을 긍정한다(한상진 1986). 그러나 제3세계 권위주의 정권 대부분은 자유민주주의로 정향된 세계사적 시간대에 따라 이념적으로 이미 서구 자유민주주의의 헤게모니적 영향력 아래에 놓여 있기 때문에 항상적인 정당성의 위기에 직면해 있으며, 민주화의 압력을 받고 있다. 따라서 역사를 목적론적으로 해석한다면, 해방 후 적어도 1987년에 이르기까지 남한 사회의 기본적인 정치 질서는 다양한 종류의 권위주의 정권과 일시적인 민주 정권을 경험하면서 민주화 과정에서 체제의 민주성이 상승과 하강을 거듭했지만, 그렇다 하더라도 넓은 의미에서 자유민주주의로 규정할 수 있을 것이다. 이런 관점에서 볼 경우, 권위주의적 정권마저도 스스로 인민주권론이라는 대의 아래 자유민주주의를 표방·자처하고 있었고, 과거의 군주제에 비해 민주적 요소(선거제도, 의회제도 및 기본권의 일정한 보장 등)를 상당히 많이 구비하고 있었으며, 자유민주주의의 이념적 잣대에 따라 그 정당성이 시험·비판받고 있었기 때문에 '비록 타락된 형태이지만 여전히 자유민주주의'라 규정할 수 있는 것이다. 그렇기 때문에 보수와 진보를 논하는 데 있어서 자유민주주의와 권위주의의 이중성은 쉽게 무시될 수 없다.[13]

(2) 반공주의와 발전주의 : 한국 보수주의의 이차적 속성

윌슨Francis G. Wilson은 버크 이래 시대와 장소에 따라 다르게 나타나는 서구 보수주의의 연속성과 다양성을 구분하기 위해 보수주의의 속성을 일차적

---

13 이 주제에 대한 좀 더 상세한 논의로는 강정인(2004, 325-332)을 참조할 것.

속성과 이차적 속성으로 나누어 고찰한다.[14] 전자가 시대와 장소의 변화에 관계없이 보수주의자들이 반복해서 강조하고 있는 지속적이고 핵심적인 개념과 원칙을 말한다면, 후자는 보수주의가 특수한 역사적 사건에 대한 반동이나 특수한 사회경제적 질서를 보수하려는 사명감에 의해서 표출하는 부수적이고 주변적인 개념과 원칙을 지칭한다.[15] 이런 구분의 유용성을 일단 긍정하면서 필자는 미국의 자유민주주의가 제2차 세계대전 이후 냉전 체제에 대한 반응으로 보여 준 반공주의와 '발전주의'developmentalism16를 현대 미국 보수주의의 이차적 속성으로 규정하고자 한다. 반공주의와 발전주의는 전후 미국의 보수주의가 미국과 서유럽의 안보를 지키기 위해 공산주의의 팽창을 저지하고 서구 제국주의의 굴레에서 벗어난 제3세계 국가들을 서구의 영향권 안에 묶어 두기 위해 대내외적으로 채택한 정책이었다. 따라서 인간의 불평등 및 불완전성에 대한 신념이나 대중의 직접적인 정치 참여가 갖는 민주적 잠재력에 대한 회의 등을 서구 보수주의의 일차적 속성이라고 본다면 반공주의와 발전주의는 제2차 세계대전 후 특수한 세계사적 상황에서 미국의 냉전 자유주의가 지니게 된 현대 보수주의의 이차적 속성이라 하겠다.

---

14 윌슨의 이런 구분에 대한 필자의 이해는 이봉희(1996, 20-25)에 의존하고 있다.

15 이봉희와 윌슨은 보수주의의 대내적 속성을 지칭하기 위해 '이차적 속성'이라는 개념을 사용하는 것 같은데, 필자는 이차적 속성을 보수주의의 대외적이며 국제적인 속성이나 정책까지 포함하도록 확대·적용하고자 한다.

16 미국 대통령 트루먼(Harry S. Truman)은 2차 대전 직후 경제 불안으로 인한 공산주의 혁명의 발발을 우려한 나머지, 유럽에 대해서는 전후 경제 부흥을 지원하기 위해 마셜 플랜을 세웠고, '저개발지역'에서는 빈곤 타파와 산업화를 위한 경제발전 지원을 구상하면서 '발전'(또는 '개발', development)이라는 용어를 사용했다. 1960년대 후반부터는 '발전'보다는 '근대화'(modernization)라는 용어가 본격적으로 사용되었으며, 미국 사회과학의 제3세계 연구의 패러다임으로 정착하게 되었다. '발전주의'가 트루먼에 의해 제안된 배경에 대한 논의로는 강정인(2004, 332-334)을 참조할 것.

따라서 미군정의 직접적인 지원 아래 분단 정부를 수립한 남한이 미국 진영으로 편입됨에 따라 남한의 집권 세력은 패권 국가인 미국으로부터 '기존 질서'인 자유민주주의의 '실현'과 '유지'라는 보수주의의 일차적 사명보다 보수주의의 이차적 속성인 반공주의와 발전주의의 실천이라는 세계사적 임무를 우선적으로 떠맡게 되었다고 해석할 수 있다. 어떤 의미에서 남한은 전 세계적인 냉전 질서에서 미국 중심적인 자본주의-자유민주주의 진영의 변경, 이른바 '자유 진영의 동방 초소'에 위치하면서 적의 공격을 방어하는 요새로서의 지위를 지정받았고, 그 결과 핵심적 가치의 실현보다는 부차적 가치의 실현을 우선적으로 요구받았기 때문이다. 이렇게 볼 때, 최장집·이성형이 "반공주의가 '팍스 아메리카나'의 정치철학이라면 발전주의는 그것의 경제철학이다"(최장집·이성형 1991, 218)라고 언급했을 때, 그들은 제2차 세계대전 이후 미국에 의해 추진·보급된 반공주의와 발전주의의 정곡을 찌른 셈이다. 대내직으로도 민주화 이선 한국 정치사에서 남한의 권위주의적 보수 세력은, 스스로 민주 헌정을 침해해 허구화된 자유민주주의가 남긴 빈 공간을 외곽에서 반공주의와 발전주의라는 요새로 둘러쌈으로써, 정당성의 결함을 한편으로는 은폐하고 다른 한편으로 보완할 필요가 있었다.

그런데 이승만 정권은 6·25전쟁을 겪은 후 복구 사업에 주력했고, 또 그 경제 재건의 과정은 미국의 경제 원조에만 의존하는 의타성을 벗어나지 못했다. 그리고 이승만 정권이 주로 의존한 반공주의는 그 자체로는 단순히 소극적인 이데올로기에 불과했기 때문에 정권의 정당성 결여를 보완하는 데 상당한 한계가 있었다(박광주 1988, 40). 발전주의의 본격적인 추진은 제3공화국 박정희 정권의 출범을 기다려야 했다. 5·16 이후 집권하게 된 군사 권위주의 정권은 한편으로 '근대화'라는 이름으로 발전주의를 수용함으로써 경제발전을 통해 실현될 풍요로운 삶의 청사진을 적극적으로 선전하고, 다른 한편으로 중앙정보부 등 물리적 강제력의 행사 기구를 정비·강화함으로써 정권 유지에 필요한 당근과 채찍을 보강했다(박광주 1988, 40-42).[17] 따라서 최장집·이성형은 "반공주의와 권위주의는 발전주의와 접목됨으로써 비로소 소극적·방어적 내용으로부터 적극적·공격적인 내용을 갖게 되었다"라고 언급한다(최장집·이성형 1991, 219). 그 당근과 채찍은 1980년대 중반까지는 남한 보수주의의 이념적 허구성 — 자유민주주의의 형해화 — 이라는 결함을 어느 정도 성공적으로 보완할 수 있었던 것으로 평가받고 있다(최장집·이성형 1991, 219; 김용서 1992, 16). 이런 평가는 냉전·분단과 남한 보수주의의 상관관계라는 진부하지만 중요한 주제에 대한 논의를 요구한다.

(3) 냉전·분단 및 6·25전쟁으로 인한 한국 보수주의의 이념적 빈곤

보수와 진보 : 평화적 경쟁과 적대적 대립

19세기 유럽에서 보수주의, 자유주의 및 사회주의는 주로 일국 내에서 바람직한 사회의 비전을 놓고 상호 경쟁·대립하는 정치 이념으로 출발했다. 하지만 1917년 러시아에서의 볼셰비키 혁명의 성공과 그에 대한 반동 그리고 제2차 세계대전 이후 냉전 체제의 성립으로 인해 자유주의와 공산주의 간의 이데올로기적 대립은 단순히 일국 내에서 경쟁하는 '정치 이념'의 차원

---

17 박정희 집권기에 이르면 전 세계적으로 '발전'보다는 '근대화'라는 개념이 널리 쓰이게 되었다. 미국의 케네디(John F. Kennedy) 행정부 역시 리더십이 허약한 장면 정권보다는 강력한 리더십을 갖춘 정권이 근대화를 위해 필요하다는 판단에서 군부 쿠데타를 승인했다. 케네디 행정부는 근대화 이론에 따라 제3세계 국가에서 근대화의 성공적인 완수가 민주주의의 필요조건이라고 상정하고 근대화를 위한 강력한 리더십과 정치적 안정을 우선시했던 것이다(마상윤 2002, 225-246).

을 넘어 국제적인 차원에서도 배타적이고 적대적인 '국가 이념' 간의 대립으로 전개되기 시작했다(박광주 1988, 36-37). 이런 세계사적 시간대에서 분단으로 인해 남과 북에 각각 자유민주주의를 표방하는 친미 정권과 공산주의를 표방하는 친소 정권이 들어서게 된 사실은 한반도 전체는 물론 남한 정치 내에서의 보수 세력과 진보 세력의 정치적 위상에 엄청난 영향을 미쳤다. 미소의 냉전에 편승해 수립된 남과 북의 대립적인 정권은 그 후 3년 동안 지속된 동족상잔의 6·25전쟁과 결합해 보수 세력과 진보 세력 간의 대립을 철저한 적대 관계로 각인했다.[18]

서구 자유민주주의 국가에서는 냉전에도 불구하고 민주적 전통에 따라 사회주의 세력의 존재가 용인되어 보수 세력과 진보 세력이 선거를 통해 평화적으로 경쟁했고, 이에 따라 민주주의를 심화시키고 다양한 복지 정책을 통해 경제적인 불평등을 완화시킬 수 있었다. 그러나 한반도에서는 분단과 6·25전쟁으로 인해 보수─혁신의 대립이 적대화되었고, 남의 보수와 북의 혁신만이 존재하게 되었다(신승철 1986, 59). 곧 보수와 혁신의 경쟁과 대립이 '체제 내화'하지 못하고 철저히 '체제 외화'함으로써, 양자의 평화적 경쟁을 통한 정치발전이 봉인되었던 것이다. 그 결과 남한 정치는 자유민주주의를 표방하는 보수 세력의 독무대가 되었으며, 이들 보수 세력에 비판적인 일체의 움직임은 자유민주주의에 대한 반대로, 곧 체제의 적으로 규정되어 철저한 탄압의 대상이 되었다. 그런 상황에서 본래 온건한 입장에서 출발했던 정부 비판 세력이나 진보 세력 역시 급진화되지 않을 수 없었고, 정당한 민주적 반대를 포함해 일체의 비판을 용인하지 않는 권위주의 정권을 거의 항상

---

18 물론 좌우의 적대적 대립의 역사적 연원은 일제강점기의 독립운동 시기까지 거슬러 올라간다.

타도의 대상으로 삼지 않을 수 없게 되었다.

6·25전쟁의 영향 : '반공＝자유민주주의' 등식의 형성

남한에서 자유민주주의는 6·25전쟁을 거치면서 비로소 확고한 이념적 우위를 누리게 되었지만, 동시에 6·25전쟁은 자유민주주의를 반공과 동일시하게 할 수 있는 역사적 경험과 정치적 정당성을 제공함으로써 자유민주주의의 발전에 중대한 장애물로 작용했다(박광주 1988, 38). 곧 남한의 보수세력은 6·25전쟁을 통해 강화된 반공주의를 적극적으로 이용해 자신들의 정치적 입지를 강화시킬 수 있었다. 그들은 자신들의 정치적 입장에 도전하는 일체의 반정부 세력 또는 진보 세력들을 반국가 사범 또는 좌경용공으로 매도함으로써 자신들의 정권을 쉽게 유지할 수 있었던 것이다. 또한 이런 사실은 남한 보수 세력의 자기 모순성 또는 위선성을 심화시켰다. 그들은 '공산주의의 위협으로부터의 자유'를 지키기 위해 '국민들의 자유'를 희생시킬 수밖에 없다는 논리를 개발했던 것이다(김동춘 1996, 286). 그 결과 (실현되지도 않은) "자유민주주의를 지키기 위해 반공을 해야 한다"는 논리가 "반공을 위하여[실현되지도 않은 – 인용자] 자유민주주의를 제한할 수밖에 없다"는 논리로 전도되었다가, 급기야는 권위주의적 정치권력에 의해 "반공이 곧 자유민주주의라는 억설"로 둔갑하고 말았다(박광주 1988, 34, 38). 곧 목적과 수단이 전도되고 나아가 양자가 동일시되는 현상이 초래되었다.

보수주의의 이념적 빈곤

이런 목적과 수단의 전도 및 동일화는 동시에 한국 보수주의의 이론적 퇴영을 가속화하는 계기가 되었다. 왜냐하면 그들은 반공주의를 동원해 일체의 사상적 자유를 억압하고 진보 세력의 성장을 봉쇄할 수 있었기에, 진보세력과의 사상적·이론적·정책적 대결을 통해 자신들의 정치적 입장을 체계화된 이론과 정교한 논리를 통해 정당화할 필요가 없었기 때문이다. 정권이 요구하는 것과 다른 생각이나 의견을 가진 사람들을 반공법이나 국가보안법을 동원해 보통명사인 '사상범'으로 탄압할 수 있을 때, 진보적 사상과의 이론적 대결을 통한 보수주의 이념의 체질 강화는 애당초 기대할 수 없었다. 다시 말해 진보 세력을 물리적으로 탄압해 정치의 장이 아니라 지하로 몰아낸 결과 보수 세력과 진보 세력은 구체적인 쟁점, 정책 및 비전을 포함한 이념 경쟁을 평화적이고 공개적으로 전개할 수 없었고, 보수 세력은 제한된 이념 공간에서 자신들 사이의 권력투쟁에 몰두하는 것 이외에 기존 질서의 무엇을, 왜, 어떻게 보수해야 하는지에 관한 이론적 전략과 논리를 개발할 필요를 느낄 수 없었다. 그 결과, 민주화 이전 1980년대 상황에서 확연해진 것처럼, 좌파 (또는 진보적인) 사상이나 이념을 보통명사화한 '사상'(범)이나 '이념 써클'이라는 단어에서 알 수 있듯이, 보수 세력은 권력·조직·돈·강제력을 독점하는 한편 자신을 지킬 수 있는 '사상'과 '이념'을 진보 세력에게 넘겨주고, 대신 내용이 텅 빈 '반공주의'만을 움켜쥐고 있었다(최정호 1989, 10-15). 이로 인해 초래된 남한 보수주의의 이념적 빈곤에 대해 1989년의 시점에서 최정호는 '대한민국에 자본주의와 자유민주주의를 적극 지지하고 그것을 수호하는 사상 체계가 있는가?'라고 반문하면서 그런 이념적 빈곤을 "사상과 무無사상의 대립"이라는 말로 질타한 바 있다(최정호 1989, 15-16).

2) 민주화 이전 한국 보수주의의 전개

(1) 분단 정부의 수립

　1945년의 해방은 그동안 일제가 장악하고 있던 정치 공간을 해방시켰다. 그러나 남북한의 정치적 상황은 일차적으로 미소의 분할 점령 그리고 1945년 12월 모스크바 삼상회의에서 결정된 통일 임시정부 수립안과 신탁통치안에 의해 일차적으로 외세의 규정을 받고 있었다. 이런 상황에서 국내의 다양한 정치 세력들은 통일된 민주주의 독립국가 건설의 구상을 놓고 격렬하게 대립했다. 당시 한국 정치의 과제는 '독립'된 '통일' '민주' 국가를 건설하는 것으로 요약될 수 있으며, 이는 논리적으로 독립·통일·민주주의라는 세 요소로 분해된다. 조속한 독립과 신탁통치 후 독립의 문제를 놓고는 이승만·김구·한민당이 주도하는 우파 진영의 반탁과 조선공산당이 주도하는 좌파 진영의 찬탁이 격돌했다. 분단 극복을 통한 통일 정부의 수립 문제를 놓고는 이념적으로 중도적인 김규식·여운형이 주도한 좌우합작파(나중에는 김구·김규식·조소앙 등이 주도한 남북협상파)와 이승만·한민당이 주도하는 단독정부 수립파가 대립했다. 마지막으로 해방 정국에서 각축한 여러 정파들은 민주주의에 대해 다양한 주장을 내놓았는데, 이런 주장은 크게 두 가지로 대별된다. 먼저 '부르주아 민주주의 혁명' '진보적 민주주의' '연합성 신민주주의' 등은 프롤레타리아 독재로 이행하기 위한 과도기에서 실현되는 통일전선에 의한 인민민주주의로서 프롤레타리아 또는 공산당이 주도하는 민주주의이기 때문에 자유민주주의와는 성격을 달리한다. 이와 달리 중도좌파인 여운형, 중도우파인 김규식, 우파인 한민당, 한국독립당(약칭 한독당) 및 이승만이 내세운 민주주의는 적어도 그 정치적 구상에 있어서는 광의의 자유민주주의로 파악할 수 있다.[19] 토지와 대생산 기관의 국유화 및 계획경제의 채택 여부 등 경제체제에 관한 훨씬 더 다양한 입장의 대립을 일단 무시한다면, 정치체제로서의 민주주의에 관한 한, 급진적인 인민민주주의와 온건한 자유민주주의가 대치對峙했던 것이다.

종국적으로 남한의 정부 수립은 찬탁 세력, 통일 정부 수립 세력, 급진 민주주의 세력이 거세되면서, 곧 조선공산당으로 대표되는 공산주의 세력, 김규식·여운형으로 대표되는 중도 우파와 좌파 세력이 탈락되는 가운데, 반탁과 단정 수립 및 자유민주주의를 주장했던 이승만 및 한민당의 주도하에 진행되었다.[20] 그 결과 남한에서 1948년 5·10총선거를 통한 정부의 수립 과정은 당시 사실상 굳어지고 있던 남북의 분단을 공식적으로 확정짓는다는 부정적인 역사적 의미와 비록 제한된 영토에서지만 일제 식민지에서 해방된 후 독립된 민주공화국을 건설한다는 긍정적인 역사적 의미를 동시에 지니고 있었다. 제헌의회를 구성하기 위한 5·10총선거에는 대한독립촉성국민회, 한국민주당, 대동청년단, 조선민족청년단, 대한노동총연맹 등 우익 계통의 43개 정당 및 사회단체 그리고 무소속 후보자들이 참여했으며, 선거 결과 당선자는 대한독립촉성국민회 55명, 한국민주당 29명, 대동청년단 12명, 조선민족청년단 6명, 기타 11명, 무소속 85명이었다(김도현 1981, 58). 게다가 단독정부 수립에 반대해 남로당 등 좌익 진영, 근로인민당 등 중도 진영, 김구의 한독당, 김규식의 민족자주연맹이 선거참여를 거부했기 때문에, 예상되

---

19 해방 공간에서 진행된 민주주의를 둘러싼 다양한 논의에 대해서는 여현덕(1987, 23-75)을 참조할 것.

20 물론 주류는 아니지만, 조소앙·조봉암·안재홍·장준하 및 제헌국회의 '소장파' 등 이른바 '통일을 위한 단정 세력의 존재에 주목하는 입장으로는 이 책의 2장 "자유주의"를 참조할 것.

었던 것처럼 5·10총선거는 이승만을 수반으로 하는 보수·우익 세력의 집권을 정당화하는 절차로 귀결되었다. 왜냐하면 독촉국민회는 이승만이 총재였으며, 한민당은 군정하의 실질적 여당으로서 이승만과 함께 단독정부 수립을 주도했고, 대동청년단(단장 이청천)과 조선민족청년단(단장 이범석)은 원래 임정 계통이었으나 김구 노선을 이탈해 이승만을 따르고 있었으며, 대한노동총연맹 역시 이승만을 지지하고 있었기 때문이다(김도현 1981, 59). 결국 제헌의회는 이승만의 완강한 주장에 따라 대통령제를 골자로 한 헌법을 제정했고, 이승만을 초대 대통령으로 선출했다. 이처럼 역사적 명암을 동시에 지니고 1948년 8월 15일 제1공화국이 출범했다.

이하에서는 민주화 이전 한국의 권위주의적인 집권 보수 세력이 민주주의보다 반공주의와 발전주의(경제성장, 경제 제일주의 또는 근대화)를 더 중요시했고, 그리하여 권위주의를 반공주의와 발전주의를 통해서 정당화하고자 했다는 점을 밝힘으로써 민주화 이전 보수주의와 민주주의의 상호관계를 살펴볼 것이다. 이에 앞서 한국 보수 세력의 정치적 뿌리라고 할 수 있는 한민당의 구성과 이념을 살펴볼 필요가 있다.

(2) 한국 보수 세력의 정치적 뿌리 : 한국민주당의 구성과 정치 이념

한국민주당의 인적 구성

건국 초 한국 보수주의의 이념적 지향을 알기 위해서는 이승만과 함께 정부 수립을 주도한 한민당에 참여한 인물들의 계급 기반, 출신 성분 및 이념적 성향을 살펴볼 필요가 있다. 한민당 세력은 김성수·송진우를 중심으로 한 우익 세력으로 구성되어 있었다. 한민당에 참여한 인사들의 출신 성분은 대체로 지주, 자본가, 상인, 금융가, 해외에서 유학한 지식인, 기독교 세력의 일부, 『동아일보』를 중심으로 한 언론계와 일제강점기의 관료 및 고등 관리 출신 등이었다(김태일 1990, 317; 서희경 2005, 355).[21] 서희경은 식민 당국에 의해 기술·행정 관료로 육성된 하급 관료들의 광범한 존속에서 한국 보수 우익정당의 견고한 지지 기반(하부구조)을 확인한 바 있다(서희경 2005). 한민당에 참여한 인물들은 정부 수립 후 정계의 중심에서 보수적 입장을 대변했고, 하급 관료 출신들과 지방에 포진된 인사들이 기층 집단으로서 이들을 지지하면서 한국 보수 세력의 근간을 형성했다.

뿌리 깊은 반공 의식

잘 알려진 것처럼 한민당에 참여한 보수 우익 세력의 지도층은 일제강점기에 온건한 민족주의적 문화 운동에 종사하기도 했지만, 상당수는 자의든 타의든 일제에 협력한 경력을 가지고 있었으며, 일부는 미국이나 일본 등에 해외 유학한 경험을 가지고 있었다. 이들은 해방 후 미군정에 적극적으로 협력해 군정의 요직에 대거 진출했다. 동시에 이들의 이념적 성향에서 주목할 점은 이들이 강한 반공 의식을 해방 전부터 가지고 있었다는 사실이다. 그렇기 때문에 이들은 임시정부 요인들의 환국을 기다린다는 명분으로 여운형이 조직한 건국준비위원회에 참여하지 않았고, 인민공화국 수립 선포를 비판했다. 또한 미군 진주를 앞두고 좌파나 중도 세력과 별도로 우익 인사들을 결집해 한민당의 창당 대회를 개최했다(심지연 1982, 48). 나아가 모스크바 삼상

---

21 이승만 집권기에 한민당은 민주국민당(약칭 민국당)을 거쳐 통합 야당인 민주당으로 발전하면서 보수주의의 한 축을 담당했다.

회의의 신탁통치 결정이 국내에 알려졌을 때에는 적극적으로 반탁운동을 주도함으로써 찬탁으로 돌아선 좌익 세력들을 반민족주의로 몰아붙이며 민족주의자로서 정통성을 거머쥐게 되는 결정적인 발판을 마련했다.

이렇게 볼 때, 해방 이전에도 한국의 정치 지도자들 사이에서 좌우의 반목과 대립은 이미 상당히 심각한 상태에 있었다. 따라서 한국 보수 세력의 반공주의적 태도는 해방 정국에서 비로소 형성된 것이 아니라 이미 일제 때부터 내면화되어 있다가 해방 정국에서 더욱 강하게 표출된 뿌리 깊은 것임을 알 수 있다. 마찬가지로 일제 시기 동안 중앙정부, 지방행정기관, 경찰 및 사법 기구, 경제계획 기구, 은행 같은 곳에서 행정 경험을 쌓으면서 식민 당국에 의해 기술 관료로 육성된 세력들 역시 강한 반공 의식을 내면화하고 있었다(서희경 2005, 380-383).

한민당의 보수적 정치 성향

정책적 입장을 살펴볼 때, 한민당은 "수정자본주의의 이념을 표방"하기는 했지만, 경제개혁에 대한 실질적인 의지는 거의 없었다(심지연 1982, 63). 한민당의 정강 가운데 주요 산업의 국유화 관련 조항이 있기는 했지만 이는 다른 정당과의 관계에서 구색을 맞추기 위한 것이었다. 그리고 많은 농민들이 염원하던 토지개혁에 대해서도 다른 정당들은 민족 반역자나 친일파의 토지 몰수 및 농민 분배 등 확고한 입장을 취하고 있었던 데 반해 한민당은, 단지 '토지제도의 합리적 재편성'이라는 조항만을 내세운 것을 통해 알 수 있듯이 매우 모호한 입장을 취하고 있었다. 이처럼 다른 정당들과 달리 한민당은 민족 반역자와 친일파에 대한 명확한 언급을 하지 않았기 때문에 "부일 협력자의 대변인"이라는 비난을 받기도 했다(심지연 1982, 63). 한민당은 미소 공위가 결렬되자 이승만과 함께 단독정부의 수립을 주장하기 시작했으며(심지연 1982, 87), 좌우합작이 추진되었을 때도 미군정의 좌우합작 추진을 과오라고 지적하면서 공산당에 대한 유화책보다는 적극적인 반공 정책을 취할 것을 요청했다(심지연 1982, 95).[22] 나중에 5·10총선거를 위한 선거법을 제정할 때 한민당 대표들은 선거권과 피선거권의 반민주적 제한을 시도하기도 했다. 정부 수립 이후에 반민법 처리 과정에서도 해방 공간의 진보적 기류에 밀려 공개적으로 반대하지는 못했지만, 소극적이고 미온적인 자세로 일관했다.

이승만 정권의 보수성 : 자본주의, 친미 반공, 자유민주주의(?)

남한에서 이렇게 수립된 이승만 정권을 우리는 보수·우파 세력의 주도에 의한 보수주의 정권으로 규정하는 데 대해 아무런 이의를 제기하지 않는다. 그렇다면 어떤 의미에서 국내 우익 세력들의 입장을 보수 세력, 나아가 보수주의를 신봉하는 것으로 개념화할 수 있는가? 남한 정국에서 한민당을 비롯한 보수 세력들이 방어하고자 한 '기존 질서'가 무엇이었는가? 무엇보다도 이들은 해방 공간에서 북과 남의 공산주의자 등 급진주의자들의 위협에 대항해 일제가 남겨 준 자본주의적 질서를 방어하고자 했다는 점에서 반공을 가

---

22 해방 정국에서 우파 인사들만이 일방적으로 좌파 인사들을 배척한 것은 아니었다. 좌파 세력 역시 대체로 우파 세력을 배격하는 입장을 취했다. 예를 들어 이승만이 귀국 후 대한독립촉성 국민회를 결성하려 했을 때 조선공산당의 박헌영은 참가를 거부했고, 김구 역시 임시정부의 국무위원회를 개최한 후 좌·우 각 정당 대표를 소집해 비상정치회의를 조직하고자 했지만, 막상 비상정치회의를 소집했을 때, 좌파 정당·단체의 대표자는 한 명도 참석하지 않음으로써 난처한 처지에 몰리기도 했다(심지연 1982, 52). 좌파 세력이 이승만 및 김구와 제휴를 거부한 것에 대해서 그들 스스로는 원칙적 입장을 지키면서 제휴를 시도했다고 하지만, 결국 그 정치적 제휴가 결렬된 데에 우파 세력을 배격하는 입장이 깔려 있음을 부정할 수는 없다.

장 중요시했다. 미군정 역시 일차적으로 미국에 우호적인 반공 정권의 수립을 원했기 때문에, 남한의 보수주의자들이 자신들의 이익을 보존하기 위해 미군정에 의존한 것은 당연한 것으로 보인다. 이들이 보여 준 친미·반공의 성향은 그 정당성의 진지한 고민 이전에 그들의 정치적 생존을 보장해 주는 것이었다. 그 후 보수 세력의 정치적 역정을 볼 때 이들의 자유민주주의에 대한 신념은 매우 허약한 것이었음이 판명된다. 다만 이들은 사유재산권을 존중한 자유민주주의 체제가 상대적으로 사회주의자들이 주장한 인민민주주의나 다른 급진적 정치체제보다 자신들의 정치경제적 이익을 좀 더 잘 보호할 가능성이 있었기 때문에, 민주주의에 대한 확고한 신념이 없었지만, 자유민주주의 체제를 받아들였다. 곧 남한의 보수 세력은 자신들이 방어해야 할 기존 질서와 그 질서에 대한 정치적 신념이 확고하게 자리 잡기 이전에 그 질서를 심각하게 위협하는 좌파 세력과 치열한 대결을 벌이게 되었고, 그 결과 기존 질서의 장점 등을 적극적으로 이론화하는 보수주의 이데올로기를 발전시키기에 앞서서 적에 대한 강한 적대감을 표출하는 위상적 보수주의로 성장해 왔던 것이다. 다시 말해 지켜야 할 기존 질서와 제도가 제대로 정착되지 않은 상태에서 그들이 전개한 보수주의가 이념적으로 숙성된 보수주의로 발전하기에는 어려운 상황이 정부 수립 초기부터 존재해 왔다고 말할 수 있다.

(3) 이승만 집권기(1948~60년) : 반공주의 대 민주주의

보수주의와 민주주의의 상호관계와 관련해 우리가 제1공화국에서 주목하는 점은 크게 두 가지다. 첫째, 앞에서 설명한 것처럼 이승만과 한민당 등

'반공적 우파'에 의해 정부 수립이 주도되었기 때문에, 주요 정치 세력은 반공을 민주주의보다 우선시했다. 둘째, 이승만을 중심으로 한 집권 세력은 이승만 1인에게 권력을 집중하고 장기 집권을 도모하기 위해 일관되게 대통령 중심제를 주장하고, 대통령 직선제 개헌(이른바 '발췌개헌') 및 초대 대통령의 중임 제한을 폐지하는 개헌(이른바 '사사오입개헌')을 편법과 강압을 동원해 관철시켰으며, 야당인 민국당과 민주당은 자유당의 독재와 장기 집권에 반대하고, 대통령을 중심으로 한 권력의 집중과 전횡을 방지하기 위한 대안으로 내각 책임제 개헌을 주장했다. 제1공화국 시기 대통령제와 내각 책임제를 둘러싼 논쟁은 대체로 보수 세력 내에서 분화된 집권 세력과 야당 세력이 자신들에게 유리한 권력 구도를 선점하기 위한 것이었기 때문에, 실체적인 측면에서 민주당이 더 민주적이었다고 말하기는 어려울 것이다. 그러나 이승만의 장기 독재 정권에 맞서 투쟁한 민주당이 부분적으로 저항 이념으로서의 자유민주주의를 주장했기 때문에 위상적인 면에서 좀 더 민주적이라 할수는 있었다.

반공=민주주의

이승만 정권은 세계의 냉전 질서를 민주주의와 공산주의 진영의 대립으로 강조했으며, 특히 북한의 공산주의는 반민족적이고 반민주적이기 때문에 이에 대항하는 남한의 정권은 반사적으로 민족적이고 민주적인 정부라고 주장했다. 이런 논리 구도에서 공산주의에 반대하는 반공이 민주주의의 핵심적 가치로 규정된 것은 당연했다. 이승만의 이런 생각은 1950년 6월 20일에 발표한 "정부 지지를 요망"이라는 담화에 다음과 같이 잘 표현되어 있다. "⋯⋯ 공산주의에 빠져서 남의 속국으로 국가의 독립과 인민의 자유를 다

포기하고 노예로 지내게 되든지 그렇지 않으면 민주주의를 사수하고 공산주의를 저지해서 민주 제도하에 국가의 독립과 인민의 자유를 보호하든지 이 두 가지로 결말이 나고 말 것이니 ……"(공보처 1953, 35; 전재호 1998, 31-32에서 재인용).

북진통일론 대 평화통일론

특히 6·25전쟁의 발발과 함께 이승만이 적극적으로 주장한 북진통일론은 전쟁이 끝난 후에도 준전시적인 긴장 상태를 조성했고, 국민과 비국민을 준별하는 극우 반공 체제 강화의 주된 무기가 되었다. 북진 통일에 대한 비판은 물론 이승만 체제에 대한 비판도 빨갱이나 용공 분자로 처벌되었다. 이런 자유당 체제에서는 심지어 장면이나 조병옥 같은 보수적인 야당 정치인들조차 용공 분자로 몰리고 테러를 당했다. 그렇기 때문에 진보당의 조봉암이 1956년 대통령 선거에서 남북의 평화공존을 전제로 한 평화 통일론을 주장했을 때, 그 주장은 그 자체의 실현 가능성보다는 전쟁으로 공고화된 극우 반공 체제를 뿌리째 흔들 수 있는 정치적 위력을 가졌다는 점에서 이승만과 자유당 정권에 위협적이었다. 1950년대의 상황에서 민족 자주 노선에 서 있는 평화 통일론을 방치한다면, 그것은 통일에 대한 열망을 폭발시켜 피해 대중을 결집시키고 역으로 분단 세력을 포위할 수 있을 것이었기 때문이다(서중석 1992, 26, 30).

야당인 민주당의 강한 반공주의

이 점에서 제1공화국 당시 여당인 자유당이나 야당인 한민당과 민주당 모두에게 반공은 민주주의보다 우선시되는 이념이었다. 다만 민주당은 이승만 정권의 독재 및 장기 집권에 대항하는 과정에서 민주주의를 이승만과 자유당을 공격하기 위한 정치적 무기로 삼았을 뿐이었다. 민주당이 반공주의에 얼마나 충실했는가는 민주당의 전신인 한민당의 이념과 정책 기조에서도 잘 나타난다. 예를 들어 한민당은 1948년 11월 초대 내각에서 배제되었음에도 불구하고 반공적인 국가보안법의 통과를 주도했고, 1949년에는 소장파의 평화통일론 주장에 반대했다. 그 후 한민당을 승계한 민주당이 민주주의보다 반공을 우선시했다는 점은 다음과 같은 사실에서 명확히 드러났다. 첫째, 이승만 정권에 대항하기 위해 모든 야당 세력이 결집해 민주당을 창당할 때에도 그들은 조봉암만은 과거 공산주의자였다는 이유로 배제했다. 둘째, 1956년 제3대 대통령 선거 유세 과정에서 민주당 후보 신익희가 급서하자 그들은 같은 야당 후보인 진보당의 조봉암이 당선되는 것을 저지하기 위해 "용공적 노선을 지지하는 대통령 후보에 대해서는 한 표라도 고 신익희 씨를 지지하던 유권자가 투표하는 것을 희망하지 않는다"고 언명했다(백운선 1981, 110에서 재인용). 곧 민주당은 민주주의보다 반공을 우선시했기 때문에 자신들이 민주주의를 파괴했다고 비난한 바 있는 이승만의 당선을 지원했던 것이다. 셋째, 민주당은 제3대 대통령 선거에서 드러난 조봉암에 대한 국민들의 지지에 경계심을 품은 이승만 정권이 (대공 투쟁을 주장하면서 스스로를 공산주의자와 구별했던) 조봉암을 사회주의자로 몰아붙여 진보당을 탄압하고 조봉암을 사형시켰을 때에도 묵시적으로 동조했다(고성국 1990, 343-372).

일민주의 : 민족주의이자 보수주의

한편 이승만은 좀 더 적극적인 민족주의를 내세울 필요성에 의해 '일민주의'-民主義를 제창했다. 일민주의는 단일 민족으로서 귀천 계급의 철폐, 빈부 차등의 철폐, 파벌과 지방색의 타파, 남녀동등을 주장했다. 일민주의는 민족주의와 보수주의의 측면을 모두 포함하고 있었다. 즉, 일민주의는 단일민족의 혈통을 강조한다는 점에서 '민족주의'의 측면을 그리고 "나뉘어지는 데서 죽고 일-에서 산다"고 주장함으로써 이승만과 집권 세력에 대한 반대를 무력화시키고자 했다는 점에서 정권을 유지하려는 '보수주의'의 측면을 내포하고 있었다(김혜수 1995, 338). 일민주의는 안호상 등에 의해 체계화되었고, 이승만은 자신을 지지하는 세력으로 하여금 일민주의를 당시黨是로 하는 정당(대한국민당, 일민구락부, 자유당 등)을 결성하도록 함으로써 지지 세력을 정치적으로 조직화하고자 했으며, 일민주의 보급회 및 안호상의 교육정책 등을 통해 학생 및 전 국민에게 널리 보급했다(김혜수 1995, 317-352; 김수자 2004, 437-469).

반공은 국가 안보, 민주주의는 정부 형태

앞에서 설명한 것처럼 제1공화국 기간 동안 이승만과 집권 세력(대한국민회, 자유당)은 물론 야당(한민당 → 민국당 → 민주당) 역시 반공을 민주주의보다 우선적 가치로 주장했기 때문에 반공에 비해 민주주의는 사실상 부차적인 가치에 불과했다. 그들의 논리에 따르면, 특히 6·25전쟁 이후에 반공은 북한 공산주의의 위협으로부터 국가의 생존을 지키는 국가 안보와 직결된 문제였고, 민주주의는 단순히 정부 형태에 불과한 문제였기 때문에, 반공이 민주주의보다 우선한 것은 당연했다.

민주주의 논쟁 : 대통령제와 내각 책임제

이런 이념적 제약을 공유한 채로 이승만 및 여당 세력과 야당 세력은 민주주의를 놓고 논쟁을 벌였다. 예를 들어 1956년 5·15 정부통령 선거를 앞두고 자유당과 민주당은 대통령 중심제와 내각 책임제를 놓고 본격적인 공방을 벌였다. 민주당은 "내각 책임제의 민주당이냐 대통령제의 자유당이냐"를 선거 표어로 내세웠다(서중석 1994, 74). 민주당은 내각 책임제의 이점으로 ① 자유로운 선거의 실시, ② 행정부에서 입법부로 정치 중심의 이동, ③ 책임 정치의 구현, ④ 국정의 종합적이고 유기적인 운영을 제시했다(서중석 1994, 74). 특히 민주당 대통령 후보인 신익희는 내각 책임제에서는 의회의 내각 불신임권과 내각의 의회 해산권을 통해 '책임 정치'가 실현된다는 점을 강조했다. 이에 대응해 자유당은 정국의 안정을 기하고 정부의 조직 체계를 존중하기 위해 대통령 중심제를 유지해야 한다고 주장했다(백운선 1981, 113). 당시 이승만 정권이 경찰 선거, 관권 강화, 독재화 경향 및 정치의 무책임성을 보여주고 있었기 때문에 대통령의 권력을 약화시키거나 권력을 분산시키기 위해 내각 책임제를 실시해야 한다는 주장은 일정한 설득력을 확보하고 있었다.

독재와 부정부패를 통한 민주주의 교육

지금까지 제1공화국에서의 민주주의와 관련된 이념 논쟁을 간략히 살펴보았다. 이념 논쟁은 강압적인 반공 이데올로기의 획일적인 지배하에서 우익 보수정당들 사이에 전개되었기 때문에 그 내용에서 빈곤성을 면치 못했고, 형식에서도 의회정치의 경험이 성숙하지 못했기 때문에 타협과 협상을 통해 민주적으로 수렴되지 못했다. 게다가 이승만과 집권 세력은 식민 통치의 유산으로 물려받은 경찰 등 물리적 강제력을 독점적으로 행사하고, 수시로 관제화된 대중조직을 동원해 정치적 논쟁을 강압적으로 해결하려고 했기 때문에, 그나마 제한된 정치적 논쟁마저도 좀 더 성숙된 민주주의로의 진화를 엮어 내지 못했다. 어떤 의미에서 당시 민주주의란 정당과 정치인들이 자신들의 정치적 입장과 이익을 합리화하고 상대방을 공격하기 위해 동원된 선전과 구호에 불과했다. 그럼에도 불구하고 민주당이 민주주의를 적극적으로 내세울 수 있었고, 그것이 국민들에게 일정한 설득력을 얻게 된 이유는 이승만 체제의 독재와 장기 집권 때문이었다. 더욱이 이승만 정권의 독재와 부정부패는 집권 세력이 표방한 자유민주주의의 허구성을 더욱 적나라하게 폭로했고, 이로 인해 민주당이 내세운 '민주주의의 회복'이라는 구호는 교육 및 도시화를 통해 점차 민주적으로 각성해 가는 일반 국민들에게 설득력을 얻게 되었다.

(4) 박정희 집권기(1961~79년) : 반공주의, 발전주의 대 민주주의

1960년 4·19혁명 이후 출범한 제2공화국의 장면 정권은 1950년대 말부터 지속된 경제 침체, 무상원조에서 차관으로 전환하는 미국의 대외원조 정책의 변화 등에 대처하기 위해 국민경제의 안정과 발전을 최우선으로 하는 "경제 제일주의"를 주장했다. 당시 자유로운 민주적 분위기에 편승해 혁신계 정당과 학생들을 중심으로 남북 협상론, 남북 교류론, 중립화 통일론 등 급진적인 통일 논의가 봇물처럼 쏟아져 나왔지만, 장면 정부는 사실상 '선건설 후통일론'을 지향하면서 반공적 입장을 고수했다. 다만 장면 정권은 반공 이데올로기를 동원해 급진적인 통일 논의를 반민주적으로 탄압하지 않았다는 점에서 비록 경제발전이나 반공을 우선시했지만, 이를 위해 자유민주주의를 근본적으로 훼손하지는 않았다.[23] 그러나 이런 급진적 통일 논의에 가장 크게 위협을 느낀 세력이자 반공의 보루인 군이 마침내 박정희 소장을 중심으로 1961년 5월 16일 쿠데타를 감행함으로써 장면 정권의 민주주의에 대한 실험은 단명으로 그치고 말았다.

해방 이후 남한에 들어선 정권 가운데 박정희 정권은 1961년 5·16 군사 쿠데타로 정권을 장악한 후 1979년 10월 26일 박정희의 암살까지 무려 18년 동안 가장 오래 지속된 정권이다. 박정희 정권은 한국 근대화의 시동을 걸었고, 세계에서 유례없는 고도 경제성장을 실현했지만, 자유민주주의의 제도적 기반과 그 원활한 작동을 무력화한 가장 강력한 권위주의 정권이었다. 그러나 앞에서도 언급한 것처럼, 박정희는 이승만 집권기의 반공주의에 '발전주의'를 접목시킴으로써 정치적 안정을 강조하는 권위주의 체제에 '당근'을 보강했다. 박정희 정권은 경제발전·도시화·산업화를 포함한 광범위하고 급속한 '근대화'를 통해 한국 사회 전반을 돌이킬 수 없을 정도로 변화시키고 근대국가의 기본 골격을 조형했다. 이 때문에, 좋든 싫든 오늘날 모든 한국인들은 박정희 정권의 빛과 그림자가 빚어낸 후손임을 부정할 수 없다. 아래에서는 박정희 정권하에서 민주주의와 관련된 보수주의적 담론을 군정기, 제3공화국, 유신체제로 나누어 고찰하겠다.

---

23 민주당 정권은 민간의 급진적인 통일 논의가 고조되자 데모 규제법과 반공 임시 특별법을 제정하려고 시도했다가 실패했는데, 그 와중에 현석호 국방부 장관이 군을 동원하겠다는 기자회견(1961년 3월 24일)을 갖기도 했지만 실현되지는 않았다.

① 군정기(1961~63년) : 반공, 경제발전, 민정 이양과 행정적 민주주의

군정기 박정희를 비롯한 쿠데타 세력은 주로 세 가지 이데올로기를 주장했다. 곧 반공 체제와 국방력 강화를 강조하는 '반공주의', 자립경제의 건설을 강조하는 '발전주의', 그리고 민간으로의 정권 이양과 민주주의 재건을 내세운 '민주주의'를 표방했다.

박정희는 5·16 쿠데타 직후 발표한 혁명 공약 제1항에서 반공을 국시로 강조했다. "반공을 국시의 제일의로 삼고 지금까지 형식적이고 구호에만 그친 반공 태세를 재정비 강화한다"(김삼웅 편 1997, 258). 박정희는 1962년 국가재건최고회의의 시정방침을 밝히면서도 진정한 자유민주주의 체제를 확립하는 데 반공 이념을 수호하고 실천하는 것이 우선적인 과제임을 재차 강조했다(전재호 1998, 60-67). 박정희는 또한 조국 근대화의 핵심으로 경제발전을 내세웠다. 쿠데타 세력은 자신들의 행위를 정당화하는 근거로 혁명 공약을 통해 "절망과 기아선상에서 허덕이는 민생고를 시급히 해결하고 국가 자주 경제 재건에 총력을 경주"할 것임을 역설했다(김삼웅 편 1997, 258). 따라서 그들은 이전 정권의 경제 실정失政을 '예속 경제'나 '원조 경제'로 비판하면서 자립경제를 건설해 국민의 생활고를 덜고, 식량 부족을 극복하며, 실업을 해결하겠다고 공언했다. 그리고 자립경제의 건설이야말로 "승공 통일을 위한 실력 배양의 길"이라고 강조함으로써 자립경제의 건설을 반공과 통일에 연결시켰다(전재호 1998, 68에서 재인용).

박정희는 이와 더불어 민주주의를 내세우지 않을 수 없었다. 왜냐하면 쿠데타 세력은 민주적으로 선출된 민주당 정권을 무력으로 전복시켰으므로 그 명분이 무엇이든 '민주주의의 파괴자'라는 정통성의 문제에 직면했기 때문이다. 그렇기 때문에 박정희는 혁명 공약에서부터 '민간에로의 정권 이양'을 내걸었다. 다른 한편 그들은 민주당 체제의 무능과 부패를 4·19혁명의 배신

이라고 비난하면서 5·16 군사 쿠데타가 반민주적인 이승만 정권을 타도한 4·19의 민주주의 정신을 계승하고 있다고 역설했다(전재호 1998, 76). 나아가 이처럼 원론적인 민주주의의 주장에서 벗어나 1962년『우리 민족의 나갈 길』에서 박정희는 "혁명 단계[군정 단계-인용재]에 있어서 완전한 정치적인 자유민주주의를 향유할 수 없다 하더라도 최소한 행정적 '레벨'에 있어서는" 민주주의를 실천하는 "행정적 민주주의"를 제창했다(박정희 1962, 229-230). 그러나 행정적 민주주의가 정치인의 선출이나 정책 결정에 있어서 아무런 민주적 요소를 포함하지 않았으며, 기껏해야 정책 집행 과정인 행정 단계에서 국민의 의견을 수렴한다는 의미를 지닌 데 불과했음은 물론이다. 또한 군정 기간 동안 민주주의의 문제는 이른바 '민정 이양'이라는 쟁점에 집중되어 있었다. 당시 민정 복귀 또는 군정 연장 문제를 둘러싸고 박정희, 구정치인, 군부, 미국 대사관 사이에 갈등이 심했는데, 박정희는 번의를 거듭하다가 결국 민정 이양을 받아들였다. 그리하여 1963년 10월 15일에 실시된 대통령 선거에서 박정희는 야당 후보인 윤보선에게 15만 표라는 근소한 차이로 승리해 대통령에 당선되었다. 그 결과 민정 이양은 애당초 국민이 기대했던 군정의 종식과 민간 정치인들에게로의 정권 이양이 아니라 군복을 벗은 박정희와 쿠데타 세력의 정권 연장으로 귀결되었다.

② 제3공화국(1963~72년 10월) : 발전주의의 본격화, 민족적 민주주의

경제발전, 민족적 민주주의

1962년 12월에 대통령 직선제, 정당 제도의 강화, 비교적 엄격한 삼권분립, 대통령의 중임 제한을 골자로 하는 제3공화국 헌법이 제정·공포되었다. 따라서 1972년 10월 유신 선포 이전의 제3공화국 기간에는 민주적 절차와

제도가 기본적으로 유지되고 있었다. 이 기간 동안 박정희의 대통령 취임사 또는 연두 기자회견을 분석한 연구에 따르면, 1963~67년까지는 경제발전의 담론(자립경제, 경제 건설, 근대화, 증산·수출·건설 등)이 지배적인 데 반해 1968년부터는 자주국방 또는 국방력 강화가 경제발전에 대한 강조와 병행해 나타났다. 그러나 이 시기 민주주의에 대한 언급은 거의 나타나지 않았다(전재호 1998, 55-56). 박정희는 민주주의를 강조하는 대신 "비협조와 파쟁으로 인한 정치적 사회적 불안정"을 제거하고 경제개발 5개년 계획과 같은 조국 근대화 작업에 매진할 것을 호소했다. 즉, 박정희는 민주주의보다는 경제발전을 위한 정치적 협조와 행정의 능률을 강조했던 것이다(전재호 1998, 78). 그리고 1967년 제6대 대통령 선거에서는 민족적 민주주의의 일차적 목표가 경제적 자립임을 다음과 같이 재차 강조했다. "민족적 민주주의의 제1차적 목표는 자립에 있습니다. 자립이야말로 민족 주체성이 세워질 기반이며 민주주의가 기착 영생할 안주지인 것입니다. …… 자립에 기반을 두지 않는 민족 주체성이나 민주주의는 한갓 가식에 불과하다는 것이 나의 변함없는 신조입니다"(전재호 1998, 78에서 재인용). 박정희 정권은 자신들이 추진하는 경제발전이 민주주의의 기반을 조성하는 것이라고 주장함으로써 절차적 민주주의의 훼손을 보충하고자 했던 것이다.

경제발전의 우선성에 대한 국민적 지지

박정희의 이런 사고는 점차 정치에 대한 경제의 우월성, 즉 민주주의에 대한 발전주의의 우월성이라는 논리로 비약하게 된다.[24] 그런데 박정희 정권이 민주주의에 비해 경제발전을 우선시한 것은 일반적인 지지를 받았던

---

24 10월 유신은 바로 이런 논리의 극단화된 형태에 의해 정당화되었다.

것으로 보인다. 널리 인용되는 한 여론조사에 따르면, 1966년 당시 조사 대상인 지식인들의 67퍼센트가 근대화의 가장 중요한 측면으로 경제성장과 그에 따른 효과(생활수준 향상 등)를 강조했으며, 정치제도의 민주화를 강조한 지식인은 겨우 6퍼센트에 불과했다. 1971년 일반 대중과 국회의원을 대상으로 실시된 여론조사에서도 가장 시급한 일로 경제성장이 압도적인 지지를 받았다(정천구 1992, 152). 따라서 1960년대 중후반 대다수의 지식인들은 반공을 위한 자유의 제한, 경제발전을 위한 국가 개입과 자유의 제한을 받아들일 태세가 되어 있었다(김동춘 1994, 236). 다시 말해, 앞에서 언급했던 것처럼 발전주의가 민주주의의 제약과 제한을 정당화하는 권위주의적 보수주의 이념의 주된 구성 요소로서 효력을 발휘하고 있었던 것이다. 따라서 연평균 8.5퍼센트의 성장을 기록한 제1차 5개년 계획의 성공적인 성과에 힘입어 박정희는 1967년 대통령 선거에서 야당 후보인 윤보선에 압승을 거둘 수 있었다(한배호 1994, 220-221). 나아가 이를 발판으로 박정희는 1969년 9월 대통령 임기를 3선까지 허용하는 헌법개정안을 국회에서 통과시켰다.

경제발전의 양면성 : 사회경제적 갈등의 구조화

박정희 정권이 추진한 경제발전의 성과는 박정희 정권이 가진 민주성의 결여를 일시적으로 보완해 주었다고 할 수 있다. 하지만 그것은 종국적으로 박정희 정권의 정당성을 위협하는 측면을 내포하고 있었다. 박정희 정권의 산업화 정책이 성과를 거두기 시작하면서 정권과 반대 세력 간의 양상은 1950년대 이승만 정권 시기와는 대조적인 면을 드러냈다. 이승만 정권 시기에 정치적 경쟁은 국민의 대다수가 정치에서 배제된 상태에서 소수의 유력한 인물들과 그들을 따르는 추종 세력들 간에 전개되었다. 사실상 자유당과 민주당 간의 다툼은 비슷한 정치 이데올로기와 유사한 사회경제적 배경을 가진 정치인들 간의 권력투쟁에 불과했다. 권력 구도에서 차지한 위상이 상이했기 때문에 민주당은 이승만의 독재정치를 비난하고 민주주의의 회복을 주장한 반면, 자유당은 반공 논리로 이승만의 장기 집권을 정당화하고자 했을 뿐이었다. 그러나 1960년대 후반부터 박정희 정권과 반대 세력의 관계는 박정희 정권이 추진했던 발전이 가져온 가시적인 결과와 그 사회적인 파장으로 인해 이승만 정권 시기와 비교해 어느 정도 구조적인 성격을 띠게 되었다. 산업화 과정이 진척되면서 한편으로는 여당을 중심으로 한 재계, 언론, 지식인, 관료 집단으로 구성된 근대화 추진 세력이라 부를 수 있는 범여 세력과, 다른 한편으로는 정치권력의 독점에 반대해 정치 참여를 개방할 것을 촉구하고 박정희 정권의 개발 정책이 단지 소수 재벌의 이익을 중시한다는 점에 대해 비판적인 야당과 지식인 및 학생으로 구성된 반대 세력 사이에 정치경제적 갈등과 전선이 형성되기 시작했다(한배호 1994, 240-241).[25]

특히 산업화로 인한 노동 계층의 증가는 계급 간의 갈등 및 나아가 정치적 갈등을 초래할 가능성을 높였다. 일부 비판적인 지식인과 학생들에 의해 한국 정치를 국가와 자본가가 합세한 지배 세력과 피착취 계급으로서의 노동 세력 간의 계급적 갈등으로 규정하려는 시도가 대두하기도 했다(김동춘 1994, 238-240). 그렇다 하더라도 1960년대 말까지는 6·25전쟁의 사회적 평준화 효과로 인해 가진 자와 못 가진 자의 소득 격차가 상대적으로 크지 않았으며, 분단 및 한국전쟁으로 인해 노동운동을 반공을 명분으로 해 쉽게 탄압할 수 있었고, 노동자들 자신이 상당히 보수적인 정치 성향을 내면화하고

---

25 1971년 대통령 선거 기간에 야당 후보였던 김대중이 "대중 경제론"이라는 표현으로 박정희 정권의 경제 정책이 일부 부유층에게 편중된 정책이었다는 점을 비판하면서 높은 지지를 획득한 것은 이런 정치경제적 갈등이 구조화되고 있었음을 보여 준다.

있었기 때문에 정권과 반대 세력 사이의 정치적 갈등이 계급적인 노선을 따라 구조화되지는 않았다(한배호 1994, 243-246).

3선개헌 후 민주적 정당성의 약화

따라서 박정희 정권에 대한 가장 치명적인 비판이나 반대론은 역시 자유민주주의라는 이념에 근거한 비판이었다. 박정희 정권이 실제 내용은 어떻든 선거라는 민주주의의 절차적 요건을 어느 정도 만족시킴으로써 정권의 절차적인 정당성을 주장하는 한, 정권의 경제적 업적은 정치적 정당성을 보완하고 지지 기반을 확충하는 데 기여할 수 있었다. 하지만 절차적인 정당성이 무너지기 시작한 3선개헌 파동을 겪은 후 박정희 정권이 가진 정당성의 기반은 근저에서부터 흔들리기 시작했다. 따라서 반대 세력은 박정희 정권의 권력 행사가 지닌 비민주성을 공격했고, 나아가 그런 비민주성이 경제발전 과정에서 소수의 특권층에게만 혜택을 주는 권력형 부정부패를 양산했으며, 결과적으로 빈익빈 부익부 현상을 가져왔다고 정권의 경제발전 정책을 비판했다(한배호 1994, 246-247).

③ 유신체제(1972년 10월~79년) : 한국적 민주주의, 국민총화, 안보 제일주의로의 복귀

유신헌법의 반민주성

박정희는 1972년 10월 17일 국가비상사태를 선포해 헌법을 중단시키고, 국회를 해산한 후 비상국무회의를 구성해 국회의 기능을 대행하도록 했다. 이것이 이른바 '10월 유신'이었다. 그리고 박정희는 11월 21일 국민투표를 통해 유신헌법을 확정지은 후 그 헌법에 의해 신설된 통일주체국민회의의 간접 선거를 통해 제8대 대통령으로 선출되었다. 이로써 1972년 12월 27일

에 제4공화국이 출범했다. 유신헌법은 박정희 개인에게 간접 선거를 통해 임기의 제한 없이 사실상의 종신 집권을 보장하고, 국회의원 정수의 3분의 1에 대한 임명권을 부여함으로써 삼권분립의 원칙을 근본적으로 파괴한 반민주적 헌법이었다. 이렇게 시작된 유신체제는 1979년 10월 26일 박정희가 당시 중앙정보부장이던 김재규에 의해 암살됨으로써 종언되었다.

총력안보, 한국적 민주주의, 국가주의의 전면화

유신체제의 성립 이후에 나타난 박정희의 연두 기자회견을 살펴보면, 박정희 정권은 총력안보, 국민 총화, 안보 제일주의 등 안보와 반공을 전면적으로 강조했다(전재호 1998, 56-58). 경제의 안정과 성장은 우선순위에서 두 번째로 밀려나 있었으며, 민주주의는 거의 언급되지 않았다. 그러나 박정희는 10월 유신을 선포한 직후 한민족의 고유한 전통과 문화, 북한 공산주의의 직접적 위협 등 한국의 특수한 상황을 들어 '한국적 민주주의'라는 구호를 내세웠다. 그러나 한국적 민주주의는 그것이 "국력 배양의 가속화와 조직화에 기여해 국민 총화를 구축하는" 것을 목표로 하는 이상 본래적 의미의 민주주의가 아니었다. 게다가 박정희는 유신헌법을 통해 제8대 대통령으로 취임한 다음 해인 1973년 1월 12일 행한 연두 기자회견에서 '국가는 민족의 후견인'이라고 규정하고 "나라와 나는 별개의 것이 아니라 하나인 것"이라고 역설함으로써 국가주의 사상을 전면화하는 한편, 유신헌법 체제에서도 복수정당제가 보장되고 있다는 점을 지적하면서 유신헌법의 민주성을 강변하기도 했다(대통령비서실 1976, 20, 23).

정당정치의 약화

유신 정권은 과거 한국의 권위주의 정권하에서 제한적 차원으로나마 존재하던 대의정치의 핵심인 정당정치를 현저히 약화시켰다. 그 결과 과거 여야 정당 사이에 정치성을 띤 법안을 놓고 종종 격렬한 논쟁을 벌이는 모습을 보이기도 했던 의회정치의 양상은 사라졌다. 비록 한국의 정당이 인물 및 파벌 중심의 정당으로서 정책 대결에서도 대화와 타협보다는 표면적인 명분의 차이를 내걸고 극한적인 정쟁을 벌이거나 이합집산하는 양상을 보이기는 했지만, 그렇다 하더라도 여당과 야당이 공식 및 비공식적인 통로를 통해 대화와 타협을 추구하는 정치 게임의 규칙은 어느 정도 존속하고 있었다. 그러나 대통령이 임명한, 국회의원 정원의 3분의 1을 차지하는 유정회가 국회 내의 주도권을 장악하고, 이들이 박정희의 친위 부대로 활약함에 따라 여당인 공화당의 역할도 현저히 위축되고 말았다. 야당 역시 유정회를 포함한 여당의 세력이 너무나 압도적인 데다가 유신 정권의 강압적인 분위기 속에서 원내 활동을 적극적으로 전개할 수 없었다. 게다가 유신체제는 긴급 조치나 정보 기구 및 기타 공작 정치 등을 통해 야당의 분열을 조장하고 정권에 도전하는 야당의 원외 활동을 봉쇄하고 차단했기 때문에 제도권 내에서 민주주의를 수용할 수 있는 정치의 공간 그 자체가 사실상 거의 소멸되고 말았다(한배호 1994, 331-334).

장밋빛 경제 전망

유신체제는 이처럼 정치의 공간을 거의 소멸시킨 후 행정과 경제의 능률을 극대화해 경제성장을 계속 추진하고 가속화함으로써 상실된 정통성을 메우고자 했다. 그리하여 박정희 정권은 유신 선포 한 달 후인 1972년 12월 경제기획원을 통해 경제성장에 대한 장기 전망을 내놓았다. 그것은 고도 경제성장의 지속을 통해 1980년에는 수출이 100억 달러, 1인당 국민소득이 1,000달러에 도달하며 '마이카' 시대가 실현될 것이라는 장밋빛 전망이었다.

사실상 유신 정권이 1972년부터 1977년 사이에 이룩한 연평균 성장률은 11.0퍼센트로 이전 5년간의 연평균 성장률인 9.5퍼센트보다 1.5퍼센트나 더 높은 것이었다(한배호 1994, 338).

장외 민주화 투쟁의 전개

유신체제가 제도권 내에서 민주주의의 공간을 폐쇄함에 따라, 반대 세력의 민주화 운동은 민주주의를 원천 봉쇄하고 있는 유신헌법의 개폐 문제를 둘러싸고 '장외'에서 전개될 수밖에 없었다. 장외의 반대 세력은 정치인·지식인·종교인·언론인·학생을 중심으로 유신헌법의 개정 또는 폐지를 촉구하는 '시국 선언' '민주주의 회복을 위한 건의서' '민주 구국 선언' 등 성명서를 발표하거나, '개헌 요구 지지 백만 인 서명운동' 등 대중 시위나 농성 데모를 주도했다. 이런 반대를 유신 정권은 물리적 강제력을 동원해 무자비하게 억압했으며 긴급조치를 발동해 (개헌 청원을 포함한) 유신헌법에 대한 일체의 비판적 논의마저 금압했다. 1974년 유신에 반대하는 학생들의 총궐기를 촉구하던 '민주청년학생연맹' 사건의 경우, 박정희 정권은 '북괴'의 사주를 받은 '빨갱이' 학생들의 국가 전복 기도로 조작했다. 유신 말기인 1979년에 '선명 야당론'을 주장하며 유신 정권에 도전한 신민당의 김영삼은 당수직을 박탈당하고 심지어 국회에서 제명당했으며, 그를 추종하던 야당 인사들은 중앙정보부에 끌려가 고문을 받기도 했다(한배호 1994, 368-373).

3. 사상적 대전환기(1980~92년)

1979년 10월 박정희 대통령의 암살과 뒤이은 유신체제의 해체 과정에서 민주화에 대한 국민적 열기는 한껏 고조되었고 한국 정치는 20년 만에 민주화의 호기를 맞이한 것처럼 보였다. 그러나 전두환을 우두머리로 하는 신군부는 정치적 혼란을 틈타 다단계 쿠데타와 1980년 광주 민주 항쟁의 유혈 진압을 통해 권력을 장악했으며, 나아가 불법적인 개헌을 통해 제5공화국을 출범시키고 전두환이 대통령에 취임했다. 처음부터 정당성을 결여한 전두한 정권은 그 후 7년 내내 물리적 강제력을 통해 권력을 유지했고, 한국 정치의 역사적 시간표를 동결시키면서 유신체제를 7년 더 연장한 셈이었다. 그러나 이 기간 동안 일어난 세계사적 조건의 변화, 남한의 경제성장으로 인한 남북한 역학 관계의 변화, 근대화로 인한 국민의 물질적 조건의 개선과 민주 의식의 상승, 민주화 운동의 급진화 등의 변수들은 한국의 권위주의적 보수주의의 헤게모니를 지탱해 오던 반공주의와 발전주의를 결정적으로 약화시킴으로써 장차 진행될 민주주의로의 이행을 위한 물질적·이념적 기초를 닦았다.

1) 1980년 신군부의 집권, 광주 민주 항쟁의 역사적 의미

(1) 신군부의 집권과 광주 민주 항쟁

1979년 10월 26일 박정희 대통령의 암살로 해방 후 한국에서 가장 강고

했던 권위주의 정권은 종언을 고했다. 그 이후 정치적 혼란 과정에서 전두환 소장을 중심으로 하는 신군부는 12·12 쿠데타, 5·17 비상계엄령 선포, 5·18 광주 민주 항쟁의 유혈 진압을 통해 실권을 장악했다. 신군부 세력은 1980년 8월 16일 최규하 대통령을 하야시키고, 8월 27일 통일주체국민회의를 소집해 전두환을 11대 대통령으로 선출했다. 그 후 신군부 세력은 '국가보위입법회의'라는 초법적 입법기관을 만들어 헌법을 개정하고 선거인단제를 도입해 1981년 3월 3일 7년 임기의 단임제 대통령으로 전두환을 선출했다. 이로써 제5공화국이 출범했다. 제5공화국은 기본 골격에 있어서 박정희의 후계자에 의한 유신체제의 무력적 연장에 불과했다.

그런데 1980년 초 민주화 세력의 좌절의 이면에는 장차 1987년을 분수령으로 한 민주주의로의 폭발적 이행을 가능케 한 사상적 대격동이 예비되어 있었다. 이와 관련해서 1980년 5월에 일어난 광주 민주 항쟁이 민주화를 향한 대전환의 출발점으로서 갖는 역사적 의미를 간략하게나마 검토하지 않을 수 없다. 집권 기간 내내 정당성의 태생적 결함을 치유할 수 없었고 정권 유지를 물리적 강제력의 행사에만 의존했던 전두환 집권기에 민주화 세력은 심각한 좌절감과 패배감을 경험하지 않을 수 없었다. 다른 한편 광주 민주 항쟁에 대한 해석, 전두환 정권의 성격 규명 및 이에 대한 대항 전략을 놓고 저항 세력 사이에서 격렬한 이념 논쟁이 야기되었고, 이는 장차 전개될 보수주의·자유주의·민족주의·급진주의의 이념적 지형에 심대한 변화를 초래할 것이었다.

(2) 사상적 대격동

먼저 저항 이념으로서의 자유주의는 전두환의 철권통치에 대항하는 민주화 운동이 급진화함에 따라 한계를 드러내고, 민주화 운동 진영에서 한동안 고립되었다. 반면에, 급진주의는 전두환 정권에 의한 물리적 탄압과 미국의 비호에 반발해 계급과 민족의 해방 이데올로기로서 혁명적 성향을 강렬하게 띠면서 점차 확산 과정을 밟게 되었다. 한편 박정희 정권 때까지 권위주의 통치를 정당화하던 경제발전과 반공을 위주로 한 보수주의는 그 대중적 설득력을 상실했다. 그리고 신군부가 같은 민족인 광주 시민들을 북한의 사주를 받은 '폭도'라는 명분으로 학살했을 때, 곧 정권의 반민족적 성향이 백일하에 드러났을 때, 6·25전쟁 이후 북한을 '반민족'으로 규정하면서 일정한 설득력을 유지해 오던 분단 지향적이고 반공주의적인 민족주의 역시 점차 퇴조하고 통일 지향적 민족주의가 강렬히 분출하게 되었다. 나아가 한국의 독재 체제가 제국주의 미국의 비호와 분단에 그 근본적인 원인이 있다고 인식됨으로써, 이제 통일 지향적인 민족주의는 반미·친북적인 성격을 띠게 되었다. 이처럼 광주 민주 항쟁은 지배 이데올로기로서 정권의 정당성 확보에 기여하던 보수주의·자유주의·민족주의의 전격적 퇴조 그리고 저항 이데올로기로서 민족주의 및 급진주의의 전면적 확산을 초래한 이념적 분수령이 되어 1987년에서 절정에 달한 6월 민주 항쟁에 강인한 추동력을 제공했던 연원이었다. 때문에 사상사적 흐름을 중시하는 이 글은 1980년을 민주화를 위한 사상적 대전환기의 기점으로 상정한다. 그러나 이 글의 목적은 보수주의를 주로 살펴보는 것이기 때문에 이하에서는 1980년대 이후 대전환기에 집권 세력의 보수주의가 겪은 변화를 서술하고자 한다.

2) 물리적 강제력에 의해 부축된 전두환 집권기

(1) 권위주의적 보수주의의 해체

전두환은 1981년 제12대 대통령 취임사에서 국정 지표로 '민주주의의 토착화' '복지사회의 건설' '정의사회의 구현' '교육 혁신과 문화 창달'을 제시했고, '전쟁 위협' '빈곤' '정치적 탄압과 권력 남용' 등 세 가지 고통으로부터의 해방을 다짐했다(김삼웅 편 1997, 363-365). 그러나 폭력적인 유혈 사태와 반민주적인 강압에 의한 집권 과정을 목격한 일반 국민에게 이런 구호는 별로 설득력이 없었다. 전두환 정권은 경제적 재도약의 발판을 마련하는 데 어느 정도 성공했으나, 박정희 정권과 달리 그 성과를 정치적 안정을 강조하는 보수주의로 연결시킬 수 없었으며, 북한의 위협을 환기시키는 국가 안보에 대한 강조도 스스로 드러낸 폭력적인 반민족성으로 인해 상당 부분 설득력을 잃었다. 이에 따라 전두환 정권은 박정희 정권에서 경험했던 대통령 1인 장기 집권에 대한 국민들의 저항감을 누그러뜨리기 위해 '7년 단임제'라는 정권의 한시성을 강조함으로써 이전 정권보다 우월한 절차적 민주성을 가지고 있음을 과시하려 했지만, 이는 '7년만 참으면 된다'는 식으로 국민적 인내심을 유도하는 것으로 비쳐졌으며, 권위주의적 보수주의의 정당화에는 못 미치는 것이었다. 박정희 집권기에 경제개발, 반공 및 국가 안보를 보수주의로 연결시켰던 공고했던 고리가 와해되면서 전두환 집권기에는 권위주의적 보수주의의 쇠퇴와 해체가 급속하게 진행되었다.

(2) 1987년 6월 민주 항쟁

마침내 1987년 초 민주화 세력이 결집해 민주헌법쟁취국민운동본부를 결성하고, 최대 민주화 연합을 구성하기 위해 최소 민주주의적 의제인 대통령 직선제 개헌의 쟁취를 운동의 목표로 내걸어 전 국민의 민주화 투쟁을 선도했으며, 이는 6월 항쟁에서 절정에 달했다. 이런 국민적 요구에 굴복해 1987년 당시 민정당 대통령 후보인 노태우는 대통령 직선제 개헌을 골자로 한 6·29선언을 발표했다. 선언은 한국 정치의 시간표를 1980년 광주 민주 항쟁 이전의 시점으로 되돌림으로써 전두환 정부가 물리력으로 힘겹게 부축했던 권위주의적 보수주의의 종언을 예고하는 것이었다.

3) 보수주의 헤게모니의 종언 : 반공주의와 발전주의의 퇴조

(1) 반공주의와 발전주의의 역설

앞에서도 서술한 것처럼, 권위주의적 보수주의의 이차적 속성인 반공주의와 발전주의라는 채찍과 당근은 적어도 박정희 집권 시기까지는 한국 보수주의의 이념적 허구성(위선성) — 자유민주주의의 형해화 — 이라는 결함을 보완하는 데 어느 정도 성공적이었다. 한국 보수주의의 이런 이중적 구조가 빚어낸 역설은 역사적으로 반공주의와 발전주의가 자유민주주의를 실현하기 위한 전제 조건이면서 동시에 그 실현을 방해하는 강력한 장애물이었다는 사실이다. 반공은 그것이 권위주의 정권을 옹호하기 위한 용도로 활용되면서 단순히 공산주의자들을 억압하는 데 그치지 않고, 권위주의 정권에 대한 정치적 반대자들을 탄압하기 위해 남용됨으로써 민주화를 저지하는 이념적 장치로 작동했다. 다른 한편 반공은 남한 내에서 공산주의자 등 급진 세력에 의한 체제 전복적 활동을 저지함으로써, 자유민주주의의 요소를 어느 정도 갖춘 권위주의 정권이 장기적으로 민주주의로 이행하는 동안 일정한 보호막의 역할을 수행했다고 해석할 수도 있다. 마찬가지로 발전주의 역시 권위주의 정권으로 하여금 경제발전을 위한 정치적 안정의 확보라는 명분으로 노동운동은 물론 민주적 반대를 탄압하는 것을 정당화해 왔다는 점에서 민주화에 역기능적으로 작용했지만, 다른 한편 권위주의 정권하에서 높은 경제성장에 필요한 인적·물적 자원의 효율적인 동원을 가능케 함으로써 장차 자유민주주의의 지속 가능한 실천을 위한 물질적 토대를 마련해 왔다고 해석할 수도 있다. 권위주의 시기에 민주화 운동에 헌신한 세력이 주로 전자의 주장을 개진해 왔다면, 보수 세력은 민주주의의 제한 또는 지연을 옹호하기 위해 후자의 주장을 전개해 왔다. 그러나 어느 경우든 보수 세력이 주도한 경제발전이 1990년대에 들어와 민주주의의 안정된 전개를 위한 물질적 토대를 제공했다는 점을 부정하기란 어려울 것이다.

(2) 반공주의의 약화

이 점을 이해하기 위해서는 민주주의로의 이행이 일어난 시기의 정치적 상황에 대한 어느 정도의 설명이 필요하다. 앞에서 제시된 것처럼, 권위주의 정권의 형성과 유지를 가능케 한 한국 보수주의에 대한 설명은 1987년 이후 한국 정치의 정치적 민주화를 설명하는 데도 일정한 설득력을 확보하고 있다. 곧 한국의 민주화 상황은 종래 보수주의를 지탱해 오던 이차적 속성, 곧 반공주의 및 발전주의의 약화와 결부되어 있었다. 우선 1980년대 후반부터 1990년 초에 걸쳐 급격하게 진행된 소련 및 동유럽 지역 사회주의권의 붕괴 ─ 그리고 중국에서 일어난 개혁 개방을 통한 공산주의 체제의 포기와 자본주의 시장경제로의 점진적 전환 ─ 와 이로 인한 냉전 체제의 종언에 따라 공산주의의 위협은 범세계적으로 퇴조했다. 그리고 이는 한반도에서도 구소련과 중국에 대한 남한의 수교, 북한에 대한 러시아와 중국의 군사적 지원 능력 및 결의의 약화로 나타났다. 게다가 북한이 1980년대 후반 이후 만성적인 경제난에 시달리고, 상대적으로 남한 체제가 북한 체제에 비해 월등한 경제적 우위를 확보함으로써 북한이 제기하는 안보 위협 역시 현저히 약화되었다. 따라서 남한 정치에서 과거와 같이 반공 이데올로기와 안보 지상주의라는 명분으로 체제 비판적인 세력이나 운동의 탄압을 정당화하는 것이 갈수록 어렵게 되는 상황이 전개되었다.

(3) 발전주의의 퇴조

나아가 한국 경제가 1980년대 중반까지 지속적인 성장을 거듭해 이른바 선진국 클럽인 경제개발협력기구OECD에 가입할 수 있는 수준에 이를 정도로 세계경제에서의 위상이 제고되어 과거와 같은 따라 잡기식의 경제발전 단계가 사실상 완료됨에 따라, 이제는 경제성장에 필요한 정치적 안정을 명분으로 한 권위주의 체제의 정당화 역시 현저히 그 약효를 상실했다. 박정희 정권은 근대화 이론을 수용해 경제성장을 민주화의 필요조건으로 내걸어 권위주의 정권을 정당화했지만, 이제 경제발전이 일정한 수준에 도달한 이상 동일한 근거로 민주주의의 지연을 정당화할 수 없게 된 상황이 도래한 것이다. 이 점에서 우리는 1987년을 전후한 민주화 이행기에 전두환 정권이 북한의 위협에 대처하고 경제성장을 추진하기 위한 정치적 안정을 명분으로 비민주적인 제5공화국 헌법이나 권위주의 체제를 옹호할 수 없었다는 사실에 주목하게 된다. 다시 말해 반공주의와 발전주의, 곧 북한 공산주의의 위협과 경제성장의 당위성에 호소하는 한국 보수주의의 이차적 속성은 민주화의 지연을 더는 정당화할 수 없는 것으로 판명되었다는 점을 우리는 1987년을 전후한 민주화 이행기에 확인한 것이다.

4) 개헌과 노태우 정부의 출범 : 군부 정권의 퇴장

6월 항쟁의 결실로 새롭게 개정된 제6공화국 헌법은 대통령 직선제를 포함해 권력 창출 과정의 민주적 정당성 확보, 대통령에 대한 권력 집중의 방지와 삼권분립의 강화, 국민의 기본권 보장의 강화, 경제의 균형 발전과 복지 제도의 확충을 주된 특징으로 했다. 새 헌법하에서 야당 후보의 분열을 틈타 집권하게 된 노태우 대통령은 민주화를 추진한다는 공약을 내세웠지만, 사실상 군부 정권의 안전한 철수를 위해 마지막 퇴로를 지키던 정부로서 민주적 개혁 의지가 불분명한 정부였다. 노태우 정부는 대통령 직선제에 의해 출범했을 뿐, 군부 정권의 권력 기반과 기구를 그대로 물려받고 유지했기 때문이다. 여소야대 정국에서 정치적 위기를 느낀 노태우는 3당 통합을 통해 민자당을 창당하고 정국 운영의 주도권을 확보했지만, 권위주의적 잔재와 민주적 요소가 혼재한 노태우 정부에서 지속가능한 민주화의 전망은 밝지 않았다. 게다가 3당 통합 과정에서 과거 야당으로서 민주화 투쟁에 기여했던 저항적 자유주의 세력의 일부 — 김영삼과 민주당 — 를 끌어안아 후계구도를 설정해야 했다는 사실은 이제 한국의 보수 세력이 자기 재생산을 통한 권력 유지를 기대할 수 없고 자유주의 세력의 수혈을 통해서만 정권을 재창출할 수 있다는 점을 상징적으로 보여 줌으로써, 권위주의적인 보수주의의 파산을 최종적으로 선언한 것이었다.

4. 민주화 이후(1993~현재) 한국의 보수주의 : 자유민주주의로의 수렴?

민주화 이후 한국 보수주의의 재정비와 자기 쇄신은 연이은 김대중-노무현 개혁 정부의 출범과 함께, 정부 수립 이후 김영삼 정부에 이르기까지 50년 동안 한국 정치를 장악해 온 집권 보수 세력이 야당으로 내몰리는 등 국정 운영의 주도권을 상실하면서 본격화되었다. 이런 자기 쇄신은 보수 세력 역시 민주화된 정치 현실과 게임을 수용하고, 이에 적응하는 과정을 수반했다. 자기 쇄신은 제도 정치권에서 보수 세력을 대변해 온 한나라당에도 강요되었지만, 종래 제도 정치권의 보호 속에서 안주해 오던 시민사회의 보수 세력 역시 강한 위기의식을 느끼면서 자신들의 정치적 입장을 데모와 시위를 통해 거리에서 표현하는 보수 행동주의에 호소하고, 자신들의 이념과 세력을 재결집하기 위해 뉴라이트 운동을 결성하는 등 본격적인 자기 쇄신의 과정을 밟기 시작했다. 한편 보수 언론과 지식인들은 시민 참여의 확산과 사회경제적 불평등의 완화를 위한, 곧 '더 많은' 민주주의를 위한 민주 정부의 개혁 정책을 '포퓰리즘'이라는 담론 공세를 통해 비판하기 시작했다. 이 과정에서 보수 세력들은 민주화의 산물인 언론, 출판, 집회, 결사 등 표현의 자유, 법치주의, 헌법재판 제도 등이 자신들에게도 매우 유용한 제도임을 발견하게 되었다.

이전에 다른 글에서 필자는 민주화 이후 한국 보수주의의 생존 가능성을 전망하면서, 한국 보수주의의 생존 전략으로 두 가지 대안을 제시했다. 하나는 한국의 보수주의를 자유민주주의 및 시장경제에 대한 지지와 더욱 탄탄히 연계시키는 전략이고, 다른 하나는 유교 등 전통적인 사상적 자원을 긍정적으로 활용하는 전략이었다(강정인 2001, 73-100). 따라서 민주화 이후 한국의 보수주의를 논하기 위해 필자는 이제 김대중 정부에서 노무현 정부에 이르기까지 시민사회를 중심으로 활발하게 진행되어 온 보수 세력의 재결집과 자기 쇄신 현상이 자유민주주의 및 시장경제에 대한 지지와 탄탄히 연계되어 있는지, 곧 필자가 제시했던 첫 번째 대안을 적절히 실천하고 있는가를 검토하고자 한다.

1) 개혁적 민주 정부의 출범 : 시민사회에서 보수의 분출과 자기 쇄신

(1) 개혁적 민주 정부의 출범 : 김영삼·김대중·노무현 정부

1993년 김영삼 문민정부의 출범과 함께 민주화는 안정적으로 마무리되는 국면에 진입했다. 김영삼 정부는 과거 권위주의 정권이 남긴 잔재의 과감한 청산, 정치 자금법·선거법·정당법을 포함한 정치 관계법의 개정을 통한 공정한 선거제도의 정착, 광역 지방자치 단체장 선거의 실시 등 일련의 민주적인 개혁과 조치를 단행함으로써 정치적 민주주의의 기초를 닦았다. 그러나 임기 말에 불어 닥친 외환 위기로 인해 차기 정부는 국제통화기금이 부과한 신자유주의적 개혁을 받아들이지 않을 수 없는 운명을 안고 출범해야 했다.

뒤이은 김대중 정부의 출범은 현대 한국 정치사에서 선거에 의한 최초의 평화적인 정권 교체를 기록함으로써 민주주의의 정착을 알리는 신호탄이 되었다. 시장경제와 민주주의의 병행 발전을 주장한 김대중 정부는 집권기간 동안 경제 위기를 성공적으로 수습하는 한편, 지속적인 햇볕정책을 통해 2000년에는 6·15 남북정상회담을 성사시킴으로써 적대적인 남북 관계를 평화적인 남북 관계로 전환시키는 결정적인 기틀을 마련했다. 또한 국가인권위원회와 여성부의 신설, 복지 정책의 체계적 도입, 과거사 청산 등을 통해 정치적 민주주의를 좀 더 심화시켰다. 하지만 경제 위기를 성급하게 수습하는 과정에서 신자유주의적 개혁 조치를 무분별하게 도입함에 따라 사회적 양극화가 진행되었다.

노무현 정부는 깨끗한 정부를 자임하고 과거 김영삼·김대중 정부의 치적을 어둡게 했던 권력형 비리 등 정치적 부정부패를 청산하고자 노력함으로써 정치의 투명화에 기여했고, 김대중 정부의 대북 정책의 기조를 이어받아 남북의 화해와 평화를 위한 기반을 다졌다. 노무현 집권 기간 동안 주목할 만한 현상은 2004년 4월 17대 총선에서 개혁 지향적 여당인 열린우리당이 과반수 의석을 확보함으로써 전통적 보수 세력인 한나라당이 처음으로 다수당의 지위를 상실하고, 사회민주주의 세력인 민주노동당이 비록 의석수는 많지 않지만 일약 제3당으로 부상해 제도권 정치에 당당하게 진입함으로써 온건화된 급진 세력이 제도권 정치에 거점을 마련했다는 사실이었다. 따라서 2004년 현재 한국 정치의 민주화는 권위주의적 보수 세력의 쇠퇴와 위축,

자유민주주의 세력의 성장과 확충, 민주노동당으로 상징되는 사회민주주의 세력의 약진으로 요약될 수 있었다.

물론 한국 정치의 민주화는 세계사적 변화로부터 고립된 채 진행된 것이 아니며, 그와 맞물려 진행되었다. 먼저 한국의 민주화는 1970년대 후반부터 전 세계에 걸쳐 진행되어 온 이른바 민주화의 '제3의 물결'에 편승해 이루어 졌으며, 또한 1989년 이후 본격화된 사회주의권의 붕괴 및 구소련과 동유럽 의 자유화·민주화와 함께 진척되었다. 나아가 전 세계에 걸쳐 진행된 이 같은 경제의 자유화 및 정치의 민주화는 한편으로 1980년대부터 본격화된 시간과 공간의 벽을 허무는 초국경적 운동인 정보화 및 세계화에 의해 촉발되었지만 동시에 이를 더욱 가속화시키는 계기가 되었다. 한편 경제적 세계화에 편승해 진행되어 온 신자유주의는 20세기 말부터 더욱 위세를 떨치며, 전세계의 경제를 시장 자유주의의 입장에서 재편해 오고 있다. 이런 세계사적 흐름으로 인해 선진국에서는 '사회적 시민권'으로 상징되는 사회경제적 민주주의가 후퇴하고 있으며, 한국과 같은 신생 민주국가에서는 그 도입이 지체되는 것은 물론 오히려 사회적 양극화가 심화되어 왔다.

(2) 정국 운영의 주도권을 상실한 보수 세력

김대중-노무현 정부의 출범과 함께 과거의 권위주의적 집권 보수 세력은 분단 정부 수립 이후 처음으로 정국 운영의 주도권을 상실하게 되었다. 특히 '진보'를 표방한 노무현 정부가 여당의 과반수 의석 확보를 배경으로 대북 관계, 대미 관계, 언론 정책, 복지 정책, 경제 정책, 교육 정책 등의 분야에서 개혁 정책을 전격적으로 추진함에 따라, 보수 세력의 정치적 상실감과 위기의식은 더욱 고조되었다. 그들은 집권 세력으로서의 지위를 상실하는 정치적 반전反轉을 경험하게 되었고, 이와 함께 그들이 내세운 보수주의 역시 부분적이고 위상적인 차원에서지만 저항 이데올로기로서의 지위로 전환을 강요받게 되었다. 그 결과 그들은 민주주의의 기본 틀에 적응하되, 개혁 정부의 '급진적' 또는 '전격적' 개혁에 반대하는 야당(정치적 소수파)의 입장에서 보수적인 세계관, 사상, 논리, 정서를 법치주의와 헌정주의를 통해 방어하면서 보수주의를 쇄신해야 하는 처지에 내몰리게 되었다. 이런 정치적 반전은 보수주의의 민주적 자기 쇄신을 강제하는 계기로 작용했다.

(3) 보수 세력의 자기 쇄신

보수주의가 제도 정치권을 넘어 시민사회 일반에서 명시적이고 적극적으로 주장되기 시작한 것은 1990년대 후반, 특히 김대중 정부에 의한 역사상 최초의 평화적 정권 교체로 인해 군정권 이래 집권을 계속해 온 보수 세력이 민주화 이후 제도 정치권에서 퇴장을 강요당하기 시작하면서부터였다고 할 수 있다. 김영삼 정부 시기까지만 해도 보수 세력은 정치적 권력은 물론 사회경제적 권력을 거의 독점하고 있었기 때문에 이념적인 자기 무장을 할 필요가 없었다. 또한 보수 세력의 이념적 자기 무장 시도는 냉전의 종언이라는 세계사적 변화와 함께 김대중 정부가 북한과의 관계 개선을 위한 '햇볕정책'을 적극적으로 추진하고, 남북정상회담의 개최 등으로 남북 관계가 획기적으로 개선됨에 따라 한국 보수주의 이념을 뒷받침하던 핵심 이데올로기인 반공·반북주의가 그 뿌리부터 위협받게 되었다는 이념적 현상과도 직접 연관되어 있었다. 1990년대 말부터 단순히 정당이나 정권 차원이 아니라 시민사회 영역에서 보수주의 담론이 활발하게 전개된 것은 바로 민주화 이후 이런 정세 변화를 배경으로 하고 있었으며, 이나미의 언급처럼 "보수 세력의 불안과 두려움의 징표"로 읽힐 수 있었다(이나미 2003, 37).

따라서 김대중 정부 말부터 김대중–노무현 정부의 개혁 정책에 불만과 불안을 느낀 보수 세력의 재결집이 시민사회의 다양한 영역에 걸쳐 활발하게 일어나면서 보수주의의 자기 쇄신이 모색되기 시작했다. 아래에서 필자는 이런 움직임을 전통적인 우익 보수 집단들에 의한 보수 행동주의 그리고 지식인·종교인·교사 등 시민사회의 광범위한 영역에 걸쳐 과거와는 다른 새로운 보수 집단들이 뉴라이트로 결집되는 현상을 중심으로 검토하고자 한다. 이어서 김대중–노무현 정부에 대해 보수 언론이 주도한 포퓰리즘 담론 공세를 살펴볼 것이다. 마지막으로 이런 보수 세력의 재결집과 자기 쇄신의 결과로 나타난 보수주의와 자유주의의 부분적 수렴을 검토하고자 한다.

2) 보수 행동주의의 출현 : 전통 보수 세력의 반발

(1) 보수 행동주의의 출현

김대중 정부 말기부터 노무현 정부 초기에 걸쳐 시민사회 영역에서 강한 우익 성향을 지닌 전통적 보수 집단들의 '행동주의'가 점차 거세게 분출되기 시작했다. 이런 보수 행동주의는 개혁적인 김대중 정부의 출범 이후 일어난 정치·사회적 변화에 대한 보수 세력의 반발에서 비롯된 것으로 해석된다. 보수 행동주의는 보수 단체들이 연합해 2003년에 '반핵반김 국민대회'라는 이름으로 일련의 대규모 대중 집회를 성공적으로 개최함으로써 그 절정에 이르렀다. 보수 단체들은 2003년 3·1절에는 10만여 명이 모여 '반핵반김 자유통일 3·1절 국민대회'를, 6월 21일에는 '반핵반김 한미동맹 강화 6·25 국민대회'를, 8월 15일에는 '건국 55주년 반핵반김 8·15 국민대회'를 잇달아 개최해 자신들의 위세를 과시했다.[26] 아울러 2003년 4월 19일에는 "인류와 참교육을 짓밟는 전교조를 교단에서 축출하자!"는 슬로건을 내걸고 시청 앞에서 '반핵반김 자유통일 4·19 청년대회'를 개최하기도 했다. 이런 대규모 집회를 이끈 보수 단체들은 '밝고 힘찬 나라 운동본부' '대령연합회' '한반도 전쟁 방지 국민협의회' 등 행동력 있는 단체였는데, 대회의 홍보는 주로 『독립신문』이 담당했다. 특히 대령연합회(1990년 3월 창립)는 진성 회원 5천 명을 기반으로 일련의 집회에 수백 명씩 참가하기도 했다(엄한진 2004, 85-86).

보수 단체들이 주관한 대중 집회들이 성황리에 거행될 수 있었던 데는 개신교 보수 교단들의 역할이 컸다. 일련의 친미 반북 집회의 시발점이 된 3·1절 국민대회는 2003년 1월에 두 차례 열린 구국기도회, 즉 '나라와 민족을 위한 기도회'(2003년 1월 1일과 19일)가 모태가 되었다. 기도회가 성공적으로 개최된 이후 이를 국민대회로 승화시켜야 한다는 의견이 제기되어 결국 3·1절 국민대회가 성사되었던 것이다. 이 과정에서 기독교계는 재정적 지원뿐만 아니라 교인들의 적극적인 참여를 호소함으로써 물심양면의 지원을 아끼지 않았다(엄한진 2004, 85-86). 역으로 개신교의 보수 세력들도 대규모의 대중 집회에 대한 지원을 매개로 정치적인 행동에 본격적으로 나서게 되었다.[27]

---

26 이에 맞서 2003년 8월 15일에는 진보 단체 역시 통일연대, 민중연대, 여중생범대위 주최로 '반전평화 자주통일 8·15 범국민대행진'을 개최하기도 했다.

27 물론 이 기독교 단체들 가운데 한국기독교총연합회는 2004년 4월 3일 동숭동 대학로에서 구

이런 추세는 사이버 공간으로도 확대되었다. 2004년 11월 11일에는 한국자유총연맹, 해병전우회, 재향군인회 인터넷 동우회 등 54개의 보수 우익 단체와 무한전진, 독립신문, 코나스, 자유북한방송 등 39개의 인터넷 사이트가 참가한 '인터넷 범국민 구국협의회'가 출범했다. 이에 대해 당시 신문들은 진보와 보수 세력 간의 전선이 온라인으로 확대되어, 오프라인뿐만 아니라 온라인에서도 치열한 대결이 벌어지게 되었다고 보도했다.[28] 이런 보도가 확인한 것처럼, 이들 90여 개의 단체, 사이트들은 모두 명시적으로 보수를 표방하거나 이에 동조하는 입장을 지니고 있었다.

물론 공적 영역이라고 할 수 있는 '광장'에서 연출된 보수 세력의 화려한 데뷔가 하루아침에 이루어진 것은 아니었다. 앞에서도 언급한 것처럼, 보수 단체들의 행동주의는 김대중 정부 이후 나타난 일련의 정치 변화에 대한 대응의 성격을 띠었다. 이들은 "최초의 대북 비적대적 정부"인 김대중 정부의 등장과 그 이후 지속된 북한에 대한 일련의 전향적 정책 — 2000년 6·15 남북정상회담에서 절정에 이른 햇볕정책 — 으로 인해 조성된 남북 화해 분위기에 직면해 이를 "6·25 이후 최대의 안보 위기"로 해석하면서, "이제는 가만히 있으면 안 된다"는 위기감을 느꼈던 것이다. 나아가 "2002년 말에는 북핵 문제와 주한미군 철수론 대두를 계기로 '보수 대결집'이 모색되었다. 2003년에 성공적으로 개최된 '대중적인 반북 집회'는 바로 "이러한 일련의 흐름의

국 기도회(경찰 집계 7만 명)와 4월 10일 광화문 사거리 부활절 비상 구국 기도회를 독자적으로 개최하기도 했다. 민주화 이후 개신교 교단의 전반적인 보수화 및 보수적인 개신교 교단의 움직임에 관한 최근의 글로는 강인철(2002, 25-57; 2005, 40-63), 류대영(2004, 54-79), 엄한진(2004) 등을 참조할 것.

28 "보수 진영 '사이버 사상전(思想戰)' 나서,"("조선일보』 04/11/11: 12); "인터넷 보수 연합 출범,"("중앙일보』 04/11/11: 14); "보수 성향 네티즌 5만 명 '사이버 사상전 펼친다,"("동아일보』 04/11/11: 4).

산물"이었다(엄한진 2004, 84에서 인용).

(2) 보수 행동주의의 출현 배경

지금까지의 설명에서 시사되었듯이, 보수 단체들이 행동주의로 나선 데는 무엇보다도 먼저 김대중 정부의 출범과 더불어 진행된 "탈냉전화, 민주화, 다원화"라는 한국 사회의 주요 변화에 대한 정치적 위기의식이 작용하고 있었다. 다시 말해 이들의 조직화된 움직임은 "북한에 대한 전향적인 이해를 바탕으로 한 남북화해와 통일, 개인 및 집단적 삶의 다양성에 대한 인정, 그리고 정치·경제를 포함한 사회 전체의 비권위주의적·평등주의적 방향으로의 재편 등의 변화에 반대하는 것"으로서 정치적 보수주의의 행동주의적 분출이라 할 수 있었다(류대영 2004, 60). 류대영은 이들 정치적 보수주의자들이 행동주의로 나서게 된 가장 큰 변화로 "탈냉전의 진행으로 인한 반공주의의 약화, 그리고 남한을 만들어 주었고 공산주의의 침략으로부터 지켜 주고 있다고 생각하는 미국에 대한 반감의 확산"을 지적한다(류대영 2004, 60). "이 두 가지 상호 연관된 변화는 정치적 보수주의자들의 세계관을 근본적으로 뒤흔들어 놓는 성격의 것이라서 거기에 저항하지 않을 수 없도록 만들고 있다"는 것이다(류대영 2004, 60). 이들은 남북정상회담 이후 전 세계적인 탈냉전적 변화의 한국적 전개가 초래하고 있는 변화, 곧 남북화해와 미국에 대한 재평가 작업에 위기감을 느끼는 자들로서 이들의 움직임은 결국 "반공주의와 친미주의를 보수하려는 노력"이라 할 수 있었다(류대영 2004, 60).

물론 이런 보수 행동주의는 근본적으로 한국 정치 역학 관계의 민주적 변화에 의해 초래된 것이었다. 진보적인 김대중-노무현 정부의 연이은 출현과 함께 보수 세력은 국가의 행정부를 비롯한 핵심적 권력기관에 대한 통제를 상실하게 되었고, 나아가 2004년 총선에서는 진보적인 열린우리당과 민노당 등이 국회의 과반수 의석을 확보하게 됨에 따라 국회에 대한 통제력마저 잃게 되었다. 곧 보수 세력은 더는 제도 정치권(국가와 정치사회 영역)을 온전히 통제할 수 없게 되었다. 또 다른 이유로는 시민사회 내 보수 진영 내부의 역학 관계의 변화를 들 수 있다. 김대중—노무현 정부의 출범 이후 보수 세력은 점차적으로 정치사회에 대한 통제를 상실하게 되었을 뿐만 아니라, 그동안 보수 세력의 가장 강력한 거점이 되어 온 라디오는 물론 텔레비전 방송 등 주요 대중 언론에 대한 통제력을 잃게 되거나 그들이 장악한 언론의 위력이 현저히 약화되는 상황에 직면하게 되었다. 물론 김대중 정부에서도 보수 세력은 '조·중·동'으로 상징되는 거대 신문사를 거점으로 집중적인 반격을 시도했고, 일정한 성과를 거두기도 했다(김갑식 2003, 185-214; 이우영 2004, 101-131). 그러나 노무현 후보의 당선으로 귀결된 2002년 대통령 선거는 인터넷 매체 등 진보적인 대안 언론의 등장으로 인해 거대 신문사들의 정치적 영향력이 퇴조하고 있음을 보여 준 극적인 사건이었다. 이런 사태는 이제 보수 진영의 주도권이 보수 언론에서 보수적인 시민단체 및 종교단체로 어느 정도 이동한 것으로 풀이될 수 있다(엄한진 2004, 84-85).

(3) 민주화의 부산물

다른 한편 시민사회 내 보수 세력의 행동주의는 넓은 의미에서 민주화의 부산물이라고 할 수 있다. 민주화 이후 시민사회에 대한 국가의 통제가 약화됨에 따라 시민운동과 진보적인 민중운동이 활성화되었고, 그 결과 한국 사회는 이른바 비정부단체NGO의 황금기를 구가하는 듯했다. 특히 1989년에 창립된 '경제정의실천연합'을 필두로 해 '환경운동연합' '참여연대' 등 많은 시민단체가 등장했고, 이들에 의해 조직된 시민운동은 공명선거감시운동부터 의정감시운동, 국정감사감시운동, 낙천낙선운동에 이르기까지 정치사회를 개혁하기 위한 다양한 활동을 전개해 왔고, 이 점에서 민주화 이후의 민주화를 견인해 왔다. 마찬가지로 2002년 대선에서도 시민사회단체는 대선 유권자연대를 통해서 선거 비용 감시, 정책 선거 제고, 유권자 참여라는 구호를 내걸고 활발한 활동을 벌였다. 아울러 2002년 대선을 전후해서는 정치적 중립성을 표방하는 시민단체운동의 한계를 넘어 직접적으로 정치에 개입하고자 하는 노력의 일환으로 적극적인 행동주의를 개시함으로써 '노사모'를 비롯한 온라인-오프라인 운동들을 통해 사실상 노무현의 대통령 당선에 결정적인 공헌을 했다.

이처럼 민주화 이후 진보적인 시민단체에 의해 전개된 다양한 시민운동, 노사모와 같은 온라인-오프라인 단체의 행동주의, 그리고 2002년 미군 장갑차에 의한 여중생 사망 사건을 발단으로 일어난 촛불 시위 등은 반사적으로 보수 세력의 행동주의를 촉발하는 계기가 되었다. 곧 보수 세력의 정치적 행동주의는 이른바 시민운동이나 진보 세력의 행동주의를 모방한 것이라 할 수 있었다. 이 점에서 보수 세력의 행동주의는 노무현 현상이나 반미 촛불 시위에 상응하는 동시대적 현상으로 보아야 한다(엄한진 2004, 99). 2002년 12월 대선 당시 반미 촛불 시위의 영향을 보고 자극을 받아 "우리도 행동을 해야 한다고 결심"했다는 한 보수 인사의 언급은 이 점을 잘 보여 준다(엄한진 2004, 99에서 재인용). 그리하여 보수 세력 역시 보수적인 정부에 묵종하던 과거의 태도에서 벗어나, 이제는 진보적인 정부의 정책에 반대하는 대규모의 대중 집회를 기획하고 조직하게 되었던 것이다. 그렇기 때문에 한 보수

인사는 보수 세력의 대규모 군중집회는 종래 정부의 지원하에 개최되어 왔는데, "이번 집회들은 관에 의존함이 없이, 관에 대항할 수도 있음을 보여 주었다"는 의의를 지닌다고 자평했다(엄한진 2004, 100에서 재인용). 나아가 이런 보수 행동주의의 분출에 호응해 2004년 후반기부터는 보수적인 지식인·종교인·시민단체가 적극적으로 조직·연대하는 뉴라이트라는 새로운 운동이 범보수 진영의 결속을 다지면서 출현하기 시작했다.

3) 뉴라이트의 출범과 결집 : 보수주의의 진정한 자기 쇄신?

김대중 정부 말기부터 시민사회 내부에 있는 전통적인 보수 세력의 활동이 보수 행동주의로 분출했다면, 노무현 정부에 들어와서는 2004년 이래 '뉴라이트'new right라는 새로운 보수 운동이 출현했다. 보수 행동주의가 대체로 김대중 정부 이래 추진된 남북 화해 정책에 초점을 맞추고 그것에 반대하는 일시적인 반정부적 활동이었다면, 뉴라이트 운동은 '잃어버린 10년'이라는 구호 아래 이른바 '친북 좌파' 세력의 재집권을 저지하기 위해 나름대로 체계적인 사상과 조직적인 운동을 전개한 본격적인 보수주의 운동이라 할 수 있다.

(1) 뉴라이트 운동의 발단 : 자유주의연대의 창립

'신新우파'라는 뜻을 지닌 '뉴라이트' 운동은 2004년 11월 23일 '자유주의연대'의 창립을 기점으로 지식인 집단과 시민사회단체들이 잇달아 출범 선언을 하고, 그에 발맞추어『동아일보』,『조선일보』등 주요 언론들이 이를 비중 있게 다루면서 한국 사회에 급속하게 확산되었다. 자유주의연대는 '창립선언문'에서 "자유민주주의와 시장경제라는 이념적 정당성과 대한민국 건국의 역사적 정통성이 집권 세력에 의해 의문시되면서 국가 정체성이 훼손되고 있다"는 말로 보수 세력의 위기의식을 표출했다. 나아가 이런 위기를 조성한 원인 제공자로 기존의 정치 세력을 비판하면서, 집권 세력을 "낡은 이념과 대중 선동형 포퓰리즘"에 몰입하고 있는 "수구 좌파"로, 야당인 한나라당을 환골탈태해 대안을 제시하기는커녕 "기득권 유지에 전전긍긍하는 기회주의적" 세력으로 몰아붙였다. 자유주의연대는 스스로를 "21세기 대한민국을 이끌 새로운 주체 세력의 형성에 기여"하는 세력으로 자임하고, 새로운 정치를 이끌 이념으로 "21세기형 자유주의"를 주장하면서 자유를 핵심 가치로 내세웠다. 이런 이념에 따라 10개 항에 달하는 자유주의적 개혁 방안을 제시했는데, 이 글의 목적과 관련해 특히 주목할 만한 부분은 "국가 주도형 방식에서 시장 주도형 방식(작은 정부-큰 시장)으로의 경제 시스템 전환을 통해 선진경제를 개척한다"는 2항과 "북한 대량살상무기 문제의 근원적 해결"과 "북한 인권 개선 및 민주화"를 추구한다는 7~8항이라 할 수 있다. 자유민주주의, 시장경제의 가치에 대한 재확인 및 핵무기와 인권 문제 등을 소재로 한 북한에 대한 다소 절제된 공세적 표현을 특징으로 한 '창립 선언'은 자유주의연대 등 뉴라이트의 태동이 보수 세력 내부의 위기감에서 출발했으며, 2000년 6·15 남북공동선언 이후 보수 내부에서 전통적인 극우·반북적 분파의 주도권이 퇴조하고 민주화와 합리화를 추구하는 보수 세력이 힘을 얻게된 상황을 반영하는 것으로 해석되기도 했다.

(2) 뉴라이트 운동의 확산과 연대

자유주의연대의 출범에 뒤이어 2005년 1월에는 '교과서포럼'이, 3월에는 '뉴라이트 싱크넷'이, 10월에는 '뉴라이트 네트워크'가, 11월에는 '뉴라이트 전국연합'이, 2006년 1월에는 '뉴라이트 교사연합', 4월에는 '뉴라이트 문화체육연합'과 '뉴라이트재단'이, 6월에는 '기독교 뉴라이트' 등이 속속 창립되었다. 이 과정에서 '기독교 사회책임' '한국기독교 개혁운동' '바른 교육권 실천운동 본부' '바른 사회를 위한 시민회의' 등 기존의 범보수 진영의 단체들이 뉴라이트 운동에 합류하면서, 학계·종교계·교육계·법조계·의료계·문화계 등에 걸쳐 광범위하고 급속하게 뉴라이트 진영이 형성되었다. 인터넷 공간에서도 뉴라이트의 결집이 이루어졌는데, 〈업코리아〉, 〈데일리안〉 등 기존의 보수 성향의 인터넷 신문에 2005년 4월에는 인터넷 웹진 〈뉴라이트 닷컴〉이 가세했다. 이처럼 범보수 진영을 망라해 결집된 뉴라이트 운동에는 다양한 정치적·이념적 성향을 가진 우파들이 참여함으로써, 과거의 보수 세력과는 다른 새로운 인적 구성을 보여 주었다. 그 결과 과거 386 운동권의 일부, 반독재 민주화 운동에 참여했던 김진홍 목사 등 나름대로 도덕성을 가진 인물들, 이석연 변호사와 같은 자유주의적 보수 세력들이 뉴라이트 운동에 주도적으로 참여하면서, 실제 구성에 있어서 전통적인 반북·강경 보수 세력과 자유주의적 보수 세력이 혼재하는 양상을 나타냈다.[29]

---

29 이 단락의 내용은 이윤희(2005)와 정해구(2006)에서 재구성한 것이다.

(3) 뉴라이트 운동의 출현 배경

이처럼 뉴라이트 운동이 2004년 후반기에 점화되어 급속하고 광범위하게 확산된 배경에 대해서는 다음과 같은 이유를 생각해 볼 수 있다(이윤희 2005, 20; 정해구 2006, 219).

첫째, 당시 개혁-진보 진영이 두 차례에 걸친 대선에서 승리함으로써 보수 진영은 '잃어버린 10년'으로 표상되는 위기의식과 상실감을 강렬하게 느꼈다. 더욱이 2004년 총선에서 탄핵 정국을 계기로 개혁적 여당인 열린우리당이 다수석을 확보함으로써 1987년 이후 줄곧 다수석을 차지해 보수 세력을 대변해 온 한나라당이 소수당으로 내몰리게 되자, 노무현 정부가 추진하는 4대 개혁 입법과 각종 경제정책이 자유주의와 시장경제를 훼손한다는 비판 의식이 고조되었고, 보수와 혁신의 갈등이 정치권은 물론 시민사회로 광범위하게 확산되었다.

둘째, 범보수 진영은 국가보안법 폐지, 사립학교법 개정 등 4대 개혁 입법 및 행정 수도 이전 등을 둘러싸고 전통 보수 세력인 한나라당이 일관되게 대처하지 못한 데 대한 실망감은 물론 한나라당의 재집권 가능성에 심각한 회의를 느끼면서, 2007년 대선에서 개혁-진보 세력이 다시 집권하게 되면, 한국 사회의 주도 세력이 완전히 뒤바뀌는 것이 아니냐는 위기의식을 강렬하게 느끼게 되었다.

셋째, 이처럼 보수와 혁신의 갈등이 격렬화되는 한편, 노무현 정부가 경기 침체, 사회적 양극화, 북한의 핵과 미사일 개발 등에 제대로 대처하지 못함으로써 정부의 국정 운영 지지율이 30퍼센트를 밑돌게 되었다. 따라서 불안과 위기의식을 느끼던 범보수 진영은 노무현 정부의 지지도 하락을 반격의 기회로 삼아 뉴라이트 운동으로 결집되었다.

(4) 뉴라이트의 핵심 주장

이렇게 하여 결집된 뉴라이트 운동은 노무현 정부에 대해 성장보다 분배, 경쟁보다 평등을 앞세우는 정책을 추진함으로써 자유민주주의와 시장경제의 근간을 뒤흔드는 좌파 정부라고 비판했으며, 대안으로 신자유주의의 모토인 '작은 정부와 큰 시장'을 주장했다. 게다가 북한에 대한 무조건적인 포용 정책에 불만을 제기하면서 북한의 인권 개선과 대량살상무기의 근원적 해결을 주장했다. 나아가 노무현 정부의 '과거사 청산' 작업이 대한민국 건국의 정통성과 성공한 산업화 및 민주화를 정면으로 부인하는 자기 비하적 역사관이라 비판하면서, 『해방전후사의 재인식』과 한국 근현대사에 대한 대안 교과서의 출간을 추진했다(이윤희 2005, 218).

(5) 보수 언론의 집중적 지원

그런데 '자유주의 이념을 기초로 386세대를 결집하자'는 기치 아래 뉴라이트의 기수인 자유주의 연대가 출범했을 때, 이 단체가 보수 언론과 일반 국민들의 비상한 관심을 받게 된 이유는 신지호, 홍진표, 최홍재 등 이 단체의 중심적인 인물들이 종래의 전통적인 보수 세력 출신이 아니라 1980년대 운동권 출신으로서 우파로 전향했다는 사실이었다. 나아가 신지호 등 중심 인물들은 보수 언론의 적극적인 지원을 받아 유력한 일간지의 칼럼과 '오피니언 지면'의 단골 논객으로 초대받았고, 보수 언론을 대신해 노무현 정부의 이념적 색깔과 무능력함을 집중적으로 비판하면서 보수 여론을 조성하고 확산시키는 선봉장으로 급부상했다.

(6) 노무현 정부 비판

출범하면서부터 뉴라이트의 핵심적인 인물들은 노무현 정부와 집권 여당에 포진하고 있는 이른바 386세대를 대상으로 공격의 포문을 열면서 노무현 정부를 '친북 좌파' 정권으로 몰아붙였다. '친북'이란 노무현 정부가 (북한 인민에게 유례없는 인권 탄압을 하는) 김정일 독재 정권을 상대로 북한의 인권 문제에는 침묵하면서 화해와 협력을 추구하는 정책을 취하는 것을 비판하기 위한 명칭이었지만, 동시에 노무현 정부에 포진해 있는 386세대들이 과거 운동권 시절에 주체사상을 신봉한 이른바 '주사파'였다는 과거의 행적과 대북 정책을 연관시켜 대중의 불안감을 선동하는 색깔 공세도 내포하고 있었다. '좌파'란 노무현 정부가 추진하는 분배와 복지를 위한 정책이 시장경제를 부정하는 '좌파'적 정책이라는 점을 지칭하는 것이었다. 이처럼 노무현 정부의 경제정책이 좌파적이고 대북 관계가 친북적이라는 논거로 이들은 노무현 정부를 친북 좌파 정부로 규정하면서, 민노당은 물론 노무현 정부에 '올드레프트'(낡은 좌파)라는 딱지를 붙였다.

이들은 특히 신자유주의적 경제 논리를 통해 자유방임적 시장경제를 옹호한다. 예를 들어, 자유주의연대의 핵심 인물인 이재교 변호사는 2005년 말에 월간 『말』지와 가진 인터뷰에서 부를 가진 사람에게 세금을 많이 거두어서 가난한 사람들에게 나눠 주는 분배 정책을 실시한다고 해서 빈부 격차가 감소되지 않으며, 오히려 이로 인해 가진 자들이 투자를 더 꺼리게 되고, 그 결과 일자리가 줄어들어 결국 손해를 보는 쪽은 서민 계층이라는 논리를 전개한다. 따라서 정부가 시장에 개입하지 않고, 또 세금도 감면하는 등 가진 자들의 활발한 투자를 보장해 경제를 활성화시킴으로써 일자리를 많이 만들게 하는 것이 "진짜 복지고 분배"라고 주장한다(『말』 2005년 12월, 86). 그렇기 때문에 뉴라이트는, 경제성장은 시장에 맡기고 정부는 경찰 역할만 하라는 고전적인 자유방임주의적 자유주의를 주장한다(『말』 2005년 12월, 88). 곧 작은 정부와 큰 시장을 옹호하는 것이다.

(7) 올드라이트와의 차이

뉴라이트는 자신들을 '올드라이트'와 구분하기 위해 다음과 같은 주장을 전개한다. 올드라이트, 즉 과거의 보수 세력 또는 산업화 세력은 국가 주도의 경제개발을 수행했기 때문에, 경제에 국가가 적극적으로 개입하는 입장을 취한데 반해 뉴라이트는 경제와 시장에 대한 국가의 적극적인 개입에 반대한다는 것이다. 뉴라이트가 보기에 정부의 적극적인 개입 또는 '큰 국가'를 지향한다는 점에서 올드라이트와 올드레프트 사이에는 차이가 없다. 다만 양자 사이에는 정부 개입의 목표가 경제개발이냐 분배와 복지의 추구냐의 차이가 있을 뿐이다(김일영 2006, 373-401). 뉴라이트는 북한의 김정일에 대해 적대적이라기보다는 북한 인민의 인권 탄압을 주로 문제 삼으며, 따라서 과거의 보수 세력이 북한 체제의 붕괴를 원했다면, 자신들은 북한의 변화, 정상 국가화를 원한다고 주장한다. 다시 말해, 북한을 타도의 대상이라기보다는 대화의 파트너로 인정한다는 것이다(『말』 2005년 12월, 89).[30] 이 점에서 뉴라이트는 노무현 정부 등 집권 세력이 스스로 민주화 세력을 자처하면서도 북한의 인권 문제를 방치하고 있다고 비판한다. 비슷한 논리에 따라 뉴라이

---

30 그러나 뉴라이트가 북한 체제의 민주화 또는 정상 국가화를 통해 사실상 김정일 정권의 붕괴를 기도하고 있다면, 뉴라이트와 올드라이트의 차이는 표면적인 수사학의 차이로 판명될 수도 있다.

트는 북한에 대한 인도적인 식량 지원에는 반대하지 않지만, 지원 식량에 대한 투명한 감시는 필요하다고 주장한다(『말』 2005년 12월, 89).

4) 보수 세력의 담론 공세 : 포퓰리즘

(1) 포퓰리즘 : 역사적 실례와 한국 언론에서의 사용

보수 세력이 보수 행동주의와 뉴라이트 운동을 통해 김대중-노무현 개혁 정부를 '친북 좌파' 정권으로 몰아붙이는 동안, 보수 언론과 지식인들은 개혁 정부를 '포퓰리즘'populism이라는 담론 공세를 통해 압박했다. 전자가 일반 국민으로부터 개혁 정부를 고립시키려는 공세였다면, 후자는 개혁 정부는 물론 이를 지지하는 국민들을 싸잡아서 '인기 영합주의'의 산물로, 민주주의의 타락된 형태인 '중우衆愚정치'의 표본으로 몰아세우는 담론 전략이었다. 여기서 보수 세력이 염두에 두고 있는 포퓰리즘은 1940년대에 등장했던 아르헨티나의 페론 정부 등 라틴아메리카 국가들의 포퓰리즘이었다. 포퓰리즘은 라틴아메리카 국가들이 수입대체산업을 중심으로 한 산업화를 수행하고 대중적 정치 참여의 확산이라는 민주화를 겪는 과도기적 상황에서 도시 노동자 계층의 이익을 옹호하기 위해 출현한 사회정치적 운동을 지칭하며, 포퓰리스트적 지도자는 노동자계급과 중하층계급의 정치적 지지를 획득해 권력을 장악하고, 농촌의 과두적 지주계급, 외국기업, 국내 대기업 엘리트를 고립시키는 한편, 노동자계급과 중하층계급의 경제적 이익을 위해 복지와 소득재분배 정책 등을 실시했다. 그러나 결과적으로 포퓰리즘적 정부는 경

제 실정失政을 거듭했고, 종국에는 군부 쿠데타에 의해 전복되었다.

국내의 보수 언론과 지식인은 라틴아메리카에서 등장했던 포퓰리즘을 김대중-노무현 정부를 공격하기 위해 사용했는데, 20세기 중반 라틴아메리카의 정치경제적 맥락과 민주화 이후 한국의 정치경제적 맥락이 판이하게 다름에도 불구하고, 라틴아메리카의 포퓰리즘에서 대중 영합적 측면과 경제적 실정을 단단한 연결 고리로 삼아 김대중-노무현 정부를 공격했던 것이다. 홍윤기의 검토에 따르면, 보수 언론은 포퓰리즘이라는 용어를 사용하면서 괄호 속에 '대중 영합주의'라는 한글 번역어를 빈번히 첨가하곤 했다. 본래 포퓰리즘이라는 개념이 대중 영합주의와는 차이가 있는 개념임에도 불구하고, 보수 언론은 한글 번역어를 병기함으로써, 포퓰리즘의 역사적 경험과 기억 속에서 라틴아메리카 포퓰리즘 정권의 '중하층계급에 대한 분배위주의 정책으로 인한 경제적 실정'을 선택적으로 추려 내어 한글 번역어의 '대중 영합주의' 또는 '대중 선동 정치'와 연관시킴으로써 김대중-노무현 정부가 제도권 정치, 특히 의회정치를 우회해 국민에게 직접 호소하고 국민을 동원함으로써 자신들의 정치 개혁을 정당화하고, 경제정책에 대한 지지를 이끌어 낸다고 비판했다. 그런 과정 속에서 보수 언론은 '포퓰리즘=다수의 지배=중우정치'라는 공식을 이끌어 내고자 했다(홍윤기 2006, 22).

(2) 보수 언론과 지식인의 포퓰리즘 담론 공세 실상

홍윤기의 조사에 따르면, 김대중-노무현 정부 이래 서울 지역 발간 열 개 종합 일간지 언론에서 포퓰리즘을 언급하는 빈도가 급증한 것으로 나타났다. 예를 들어 노태우와 김영삼 정부에서는 각각 3건, 14건에 불과했던 언급이 김대중 정부에서는 총 432건, 노무현 정부에서는 2006년 4월까지 총 1,158건에 달했다(홍윤기 2006, 10-11). 김대중 정부 당시 '국민과의 대화' 프로그램이나 '제2건국위원회' 추진, '생산적 복지' 정책, '노사정 위원회'의 신설 등을 두고도 포퓰리즘이라는 비판이 쏟아졌는데, '제2건국운동'은 인민주의에 입각한 정치적 포퓰리즘으로, 생산적 복지 정책과 노사정위원회는 경제적 포퓰리즘으로 비난을 받았다(이원태 2006, 94-95). 2000년 16대 총선에서 총선시민연대가 열화와 같은 국민의 성원을 등에 업고 전개한 낙천·낙선 운동 역시 김대중 정부가 직간접적으로 개입한 포퓰리즘적 정치의 일환으로 비판받았다. 그리하여 대표적인 보수 논객인 복거일은 "포퓰리즘(민중주의)의 득세가 '한국 사회의 좌경화'와 밀접히 관련된다면서, 햇볕정책에서부터 기업의 구조조정에 이르기까지 DJ정권의 모든 개혁 정책이 자유주의와 시장경제에 적대적인 '민중주의적'" 정책이라고 비난했다(이원태 2006, 95에서 재인용).

포퓰리즘에 대한 비판은 노무현 정부에 들어와서 더욱 강화되었는데, "보수적 지식인들은 노무현 대통령이 사상 최초의 '온라인 대통령'이라는 점과 참여정부가 인터넷 여론을 매우 중시한다는 점에 주목해 '인터넷 포퓰리즘' 또는 '디지털 포퓰리즘'이라는 새로운 형태의 이데올로기적 담론"을 전개했다(이원태 2006, 95). 한나라당 정책 위원회 의장을 지낸 바 있는 박세일은 2006년 펴낸 『대한민국 선진화 전략』이라는 책에서 선진화에 걸림돌이 되는 5대 사상 가운데 하나로 포퓰리즘을 지목하면서 포퓰리즘을 "대중 인기 영합주의," "대중 조작주의"로 정의한 후, 포퓰리즘의 대표적인 사례 가운데 하나로 노무현 정부의 수도 이전 정책과 행정 복합 도시(수도 분할) 정책을 거론했다(박세일 2006, 207-208).

(3) 포퓰리즘 : 또 하나의 색깔 공세?

그렇다면 이처럼 주요 보수 신문과 보수 학자들이 포퓰리즘을 비판하면서 지키고자 했던 입장 또는 가치는 무엇인가? 그것은 대체로 시장경제와 대의제 민주주의(=자유민주주의)라고 할 수 있다. 곧 권력을 잡았지만, 제도 정치권에서는 소수파의 입장에 있는 김대중-노무현 정부가 정치적 반대 세력이 다수로 있는 의회정치를 우회해 일반 국민에게 무매개적이고 직접적으로 호소하는 대중 선동적·대중 영합적 담론을 통해 국민의 지지를 동원하고, 이에 의거해 자신들의 개혁 정책을 관철시키고자 했으며, 그 대가로 대중 영합적이고 인위적인(반시장적인) 분배나 복지 정책 등을 추진함으로써 시장과 경제의 활력을 떨어뜨렸다는 것이다. 나아가 포퓰리즘에 대한 보수 진영의 공격은 '인민민주주의' '민중민주주의' 등의 용어를 섞어 사용함으로써 김대중-노무현 정부가 이념적으로 자유주의와 시장경제에 적대적인 좌파 정부라는 색깔 논쟁을 머금고 있기도 했다.

그러나 이 과정에서 보수 진영의 정치적 방어선이 자유민주주의라는 점은 민주화 이후 변화된 한국 정치의 이념적 지형을 반영하고 있다는 점에서 주목할 만하다. 첫째, 물론 민주화된 정부의 외곽에서 비판하는 것이기 때문이기도 하겠지만, 보수 진영은 이제 과거처럼 경제발전의 필요성에 따라 권위주의를 옹호하고 자유민주주의를 비판하는 것이 아니라 자유민주주의의 '수호'라는 차원에서 포퓰리즘을 비판하는 논변을 구사했다. 둘째, 보수 진영의 이런 비판은 한국 민주주의가 이제 거의 완성된 것이나 다름없는 적정 수준에 도달했기 때문에, 더 이상의 추가적인 민주화는 필요하지 않으며, 따라서 김대중-노무현 정부가 추구하는 '더 많은' 민주주의는 다만 민주주의의 타락된 형태인 중우정치나 포퓰리즘에 불과하다는 논리를 함축하고 있다.[31]

5) 보수주의와 자유주의의 부분적 수렴

민주화 이후 한국 정치에서 이제 자유민주주의는 명실상부한 지배 이념으로서의 지위를 확보했다. 동성애자, 양심적 병역 거부자, 장애인, 이주노동자 등 소수자의 인권을 확보하기 위한 투쟁에서 자유주의가 호명되고 있고, 여성의 지위 역시 주로 자유민주주의의 틀 내에서 향상되어 왔다. 또한 민주화와 함께 야당으로 변신한 과거의 보수 세력 역시 민주 정부의 개혁 정책에 반대하기 위해 법치주의와 헌정주의에 호소함으로써 자유민주주의의 입지는 더욱 강화되었다.

이 책에 실린 자유주의에 관한 글에서도 문지영이 지적한 것처럼, 경제정책 및 대북 정책과 관련해 민주화 이후 한국 자유주의는 두 가지 변화에 의

---

31 한국 정치에서 포퓰리즘 논의는 한국과 맥락이 다르지만 1970년대 중반 서구의 신보수주의자들이 제기한 바 있는 '민주주의의 위기' 논쟁과 유사한 면이 있다. 미국의 경우 1960년대 중반부터 민권운동, 반전운동, 신좌파 운동 등 운동의 정치가 활성화되어 주류 사회와 보수적인 정계를 압박했다. 하지만 정치적 분위기가 반전해 1970년대 중반에 이르러 운동의 정치가 퇴조하고 미국 정치가 일상적인 평온을 되찾게 됨에 따라, 신보수주의자들은 — 예컨대 삼각 위원회(Trilateral Commission)의 학자들은 — 1960년대의 정치를 '민주주의의 과잉'(excesses in democracy)이라 규정하면서 '민주주의의 위기'를 진단했다. 그리하여 프랑스의 크로지에(M. Crozier), 미국의 헌팅턴 및 일본의 와타누키(J. Watanuki)에 의해 대표되는 삼각 위원회 학자들은 자신들의 공저인 『민주주의의 위기』(The Crisis of Democracy, 1975)에서 '민주주의의 절제'(moderation in democracy)를 촉구했다. 그들이 보기에 뉴레프트 등 운동의 정치는 대의민주제를 우회해 데모·시위 등 직접행동을 통해 (권력과 부의 근본적인 재분배 없이는 충족될 수 없는) 근본적인 개혁을 요구했기 때문이다(강정인 1998, 19-20). 오늘날 민주주의는 일종의 보편적인 정치 종교로서 긍정적인 의미로 사용되기 때문에 서구의 신보수주의자들 역시 민주주의를 공개적으로나 정면으로 공격하지 않고, 대신 '민주주의의 위기' 또는 '통치 가능성의 위기'(the crisis of governability), '민주주의의 과잉' 등의 표현을 통해 '보다 많은' 민주주의의 요구에 대한 자신들의 불만을 우회적으로 표현해 왔다.

해 분화의 계기를 맞이하게 되었다. 하나는 세계화 및 신자유주의의 파고에 의해 초래된 결과로서 신자유주의를 지지하는 흐름과 "세계화와 신자유주의에 맞서 그 폐해를 저지·완화"시키고자 하는 "사회적 자유주의"의 흐름으로의 분화다(문지영 2007, 100). 다른 또 하나의 분화는 김대중 정부 시기에 평화 공존형 남북 관계의 추진으로 인해 초래된 것으로서 이런 상황 변화에 위기의식을 느끼고 "북한 정권에 대한 불신과 반공적 태도를 고수하면서 섣부른 화해 추구를 경계하는" 반공-자유주의적 입장과 "반공주의의 반자유주의적 폐해를 지적하며 평화 공존적 남북 관계"를 지지하는 평화 공존형 자유주의로의 분화다(문지영 2007, 101). 이 두 가지 분화에서 전자의 흐름은 민주화 이후 쇄신된 보수주의의 입장과 중첩되는 면이 많은 것으로 생각된다. 특히 신자유주의는 그 명칭과 달리 서구에서도 자유주의가 아니라 보수주의의 새로운 흐름으로 이해되고 있는바, 민주화 이후 한국 정치에서도 대기업, 일부 관료와 학자, 정치인 등 과거의 보수 세력이 이를 적극적으로 수용함으로써 한국 보수주의의 새로운 흐름을 구성하게 되었다.[32]

앞에서도 설명한 것처럼, 민주화 이후 보수주의의 자기 쇄신은 일부 보수 세력이 다원주의와 자유주의를 적극적으로 수용하는 한편 온건한 자유주의자들과 연대해 법치주의 원리와 헌법재판 제도를 적극적으로 활용함으로써 민주 정부의 개혁과 조치에 반대하는 행동으로 표출되었다. 특히 정국의 주도권을 상실한 야당의 입장에서 이들은 법치주의와 헌법재판 제도를 정치적

---

[32] 한국 정치의 맥락에서 '신자유주의'라는 명칭과 관련해 흥미로운 현상은 종래 권위주의적 보수 세력은 그 명칭의 구성 요소인 '자유주의'에 편승해 (부정적인 권위주의와 대비되는) 자유주의의 긍정적 효과를 누리고자 하는 반면, 좌편향의 진보 세력은 종래 자신들이 유지해 온 '자유주의'에 대한 혐오를 '신'자유주의의 부정적 효과(분배와 복지의 철회로 인한 사회적 양극화의 심화)를 이유로 더욱더 정당화하고 이런 입장을 확산시키고자 한다는 것이다.

무기로 활용해 민주개혁을 저지하거나 봉쇄하고자 했으며, 또 상당한 성과를 거두기도 했다. 이 점에서 이들 역시 민주화의 결실로 인정받고 있는 법치주의와 헌정주의의 적극적인 수혜자의 대열에 편승한 셈이다. 대표적인 예로, 2000년 총선연대의 낙천낙선 운동을 두둔하는 김대중 대통령의 언급을 불법행위를 조장하는 발언으로 비판한 사실, 또 노무현 대통령의 선거 관련 발언을 불법으로 규정하고 국회 내에서의 다수의 지위를 이용해 탄핵소추를 결정한 사건, 행정 수도 이전 계획에 관해 헌법재판을 청구해 위헌판결을 받은 사건 등을 들 수 있을 것이다.[33]

이렇게 볼 때, 민주화 이후 한국 보수주의 역시 분화 과정을 보이는 것 같다. 한국의 보수주의자들은 대체로 시장 자유주의와 친미적 입장을 옹호하고, 정부의 적극적 개입을 통한 평등한 분배를 지향하는 사회보장제도의 확충에 반대하는 데는 의견을 같이 한다. 다만 대북 관계에서는 강경한 입장과 온건한 입장이 대립하고 있다. 전자는 미국의 네오콘과 비슷한 입장에서 김정일의 북한 체제를 사실상 '악의 축'으로 규정하고 적극적인 대화나 타협을

---

33 한편 이들 보수 세력이 법치주의와 헌정주의를 정치적 무기로 이용한 일련의 사태 전개는 법치주의의 남용에 의한 민주주의의 공격이라는 성격을 노정하고 있었다. 따라서 이 사건들은 민주화 이후 한국 민주주의의 미래와 관련해 헌법재판소의 비민주적 구성이나 법리상 문제가 있는 판결, 민주주의와 법치주의의 충돌에서 빚어지는 갈등의 문제보다 법치주의를 빙자한 탄핵소추 제도의 정치적 남용 그리고 이로 인해 법치주의와 민주주의의 위상이 동반 추락할 위험성 등의 문제를 제기했다고 할 수 있다. 한편 당시 한나라당을 비롯한 야당이 법치주의를 정쟁의 도구로 남용한 결과, 지난 대통령 선거에서 압도적인 지지로 당선되어 취임한 지 얼마 안 되는 이명박 대통령 역시 탄핵소추의 사유가 될 만큼 중대한 위법행위가 없음에도 불구하고, 일련의 실정(失政)에 더해 미국산 쇠고기 수입을 허용한 조치가 기폭제가 되어 최근 사이버 공간에서 탄핵 청원 서명의 대상이 되었고, 네티즌의 열화와 같은 호응 및 이에 대한 미숙한 대응 등으로 인해 대통령 및 집권 여당에 대한 지지율이 폭락하는 등 집권 세력이 현실 정치에서 심각한 정치적 타격을 입고 있다. 이 점에서 보수 세력은 자신들이 탄핵소추를 무분별하게 남용한 결과가 빚어낸 부메랑 효과를 톡톡히 누리고 있는 셈이다.

추진하기보다는 체제 변화regime change나 체제 붕괴를 선호한다. 반면에, 온건한 입장은 북한과의 대화나 협상을 거부하지는 않지만 적극적이기보다는 소극적이며, 또 '퍼 주기'식의 경제협력을 거부하고 '주고받는' 식의 경제협력과 인도적 원조에 대한 투명성 감시를 주장한다. 여기서 온건한 보수주의 분파는 사실상, 앞에서 언급한 자유주의의 보수적 분파와 이념적으로 강한 친화력이 있으며 양자는 수렴하는 경향이 있다.

5. 맺는말 : 민주화 이후 쇄신된 한국 보수주의에 대한 평가

민주화 이전은 물론 민주화 이후에도 수평적 정권 교체에 의한 김대중 정부의 출범 이전까지 집권 세력의 교체가 사실상 거의 없었기 때문에 한국 정치에서 보수주의는 우선적으로 국가권력을 장악한 집권 세력의 지배 이데올로기로 군림했다. 그러나 개혁적인 김대중-노무현 정부에 들어와 집권 세력의 교체가 상당한 수준에서 이루어짐에 따라, 과거 집권 세력의 비호하에서 보수주의적 입장을 적극적으로 표명할 필요가 없었던 시민사회의 보수 세력은 보수 행동주의, 뉴라이트 운동 및 포퓰리즘 공세를 통해 조직적·이념적으로 보수 세력을 결집·동원해 시장경제와 자유민주주의의 옹호를 명분으로 내세우면서 (이전 정권에 비해 상대적으로) 복지와 분배를 강조하고 시민의 정치 참여를 활성화하고자 한 김대중-노무현 정부를 '친북 좌파' 정권 또는 '포퓰리즘'(=중우정치) 정권이라 압박하면서 강하게 비판했다.

과연 민주화 이후 재결집된 한국의 보수주의는 스스로 내세운 자유민주주의와 시장경제의 원칙에 충실한가? 지금까지의 검토에서 드러난 것처럼 뉴라이트 운동 및 '포퓰리즘'에 대한 담론 공세는 한국의 보수 세력이 시장경제와 자유를 중시하면서 평등을 지향하는 분배와 복지에 반대한다는 점을 보여 준다. 또 시민의 정치 참여의 활성화가 대의 민주주의를 위협하는 포퓰리즘과 중우정치를 조장한다는 논거에 따라 사실상 슘페터가 주장한 바 있는 엘리트주의적 민주주의를 옹호하는 것으로 보인다. 그렇다 하더라도 국가보안법의 폐지나 대체 입법의 추진에서 보여 주는 소극적 태도, 대북 정책에서 여전히 관찰되는 남북 대결형 자세[34] 등은 이들의 자기 모순성을 보여 준다. 따라서 현재 우리가 목격하는 보수 세력의 자유주의화는 여러 가지 모순과 혼란을 겪으면서 일어나고 있는 '현재진행형'이라 할 수 있다. 하지만 전반적으로 민주화 이후 한국 보수주의가 반공주의와 발전주의만을 내세웠던 과거에 비해 진일보한 측면이 있다는 점은 부정할 수 없다.

달리 볼 때, 뉴라이트 등 보수 세력이 내세우는 민주주의는 어떤 의미에서 김영삼 정부에서 도달했던 민주주의의 수준을 옹호하는 정도에 그치고 있다고 풀이할 수도 있다. 김영삼 정부 역시 '세계화'를 국정의 목표로 제시하면서 금융·외환·투자·무역 및 여타 기업 활동에 대한 정부의 각종 규제의 축소 및 철폐를 통한 시장 자유의 확대, 공기업의 민영화, 노동시장의 유연화 등 신자유주의적 개혁을 적극적으로 추진했고, '신보수주의'를 내세우면서 '작은 정부'를 주장했으며, 노태우 정부에서 미진하게 남아 있던 민주적인 정치 개혁을 추진함으로써 정치적 민주주의의 기본 틀을 마련했기 때문이

---

34 비록 뉴라이트 운동은 북한을 대화의 파트너로 인정한다고 주장하는 점에서 과거의 극우 반공 세력의 보수와 구분되는 일견 의미심장한 차이를 보이는 듯하지만, 김대중–노무현 정부를 비난하기 위해서 '친북'이라는 용어를 쓴다는 사실 자체가, 의식적이든 무의식적이든, 여전히 그들이 북한에 대한 적대적이고 대결적인 자세를 버리지 않고 있다는 점을 시사한다.

다.[35] 이렇게 볼 때, 뉴라이트 등이 시도한 보수주의의 자기 쇄신은 이념적인 측면에서 새롭게 혁신된 요소가 추가된 것이라기보다는, 기존의 주장을 좀 더 일관되고 체계적인 논리를 통해 신발전주의 담론이라 할 수 있는 '선진화' 담론으로 엮어 내고, 동시에 과거처럼 국가에 기대지 않고 시민사회의 다양한 보수 세력을 자발적으로 동원·조직하는 데 성공했다는 점에 있다.[36]

마지막으로 뉴라이트 운동 등 최근의 보수 세력이 시장경제와 자유민주주의를 중심으로 자신들의 입장을 방어한다는 사실은 한국 민주주의의 장래와 관련해 두 가지 점을 시사한다. 첫째, 과거 민주화 이전 시기에 자유민주주의는 권위주의적인 집권 보수 세력에 의해 가식적인 수사학으로 남용·남발되어 왔는데, 이제는 시민사회를 거점으로 자발적으로 조직해 출현한 뉴라이트 운동이 자유민주주의를 옹호·방어하고자 하기 때문에, 국가보안법

---

35 보수 세력의 이런 입장은, 앞에서 문지영이 민주화 이후 자유주의의 분화를 설명하면서 제시한 것처럼, 신자유주의를 옹호하는 시장 자유주의 세력과 적극적인 대북 화해 정책에 위기의식을 느끼는 반공–자유주의적 입장에 상응한다. 현대 서구 사회에서 신자유주의는 넓은 의미에서 신보수주의의 흐름으로 파악되지만, 한국 사회에서는 신자유주의자들이 마치 '개혁적'인 자유주의 세력인 것처럼 행세하고, 나아가 '진보적'인 것으로 인식되기도 한다. 이는 한국 등 비서구권 국가들의 정치에서 목격되는 '비동시성의 동시성' 때문에 빚어지는 현상이기도 하다. 한국의 신자유주의 세력은 과거의 국가 주도적 경제발전 모델을 타파하고 '선진화'를 위한 시장 주도적 경제 운영이라는 '선진적 개혁'을 주장하는 입장으로 비치기도 하기 때문이다.

36 이와 관련해 2002년 대선에서 보수 세력의 패배를 이념적 차원에서의 패배가 아니라 조직과 동원의 영역에서의 패배로 해석한 한 보수적 지식인의 예리한 지적은 2007년의 대선 결과와 관련해 깊이 음미할 만한 가치가 있다. 그의 해석에 따르면, 당시까지 보수 세력은 "국제적 냉전"과 "분단 체제" 및 "국가 주도 경제성장"의 성과에 안주하면서 스스로를 조직화·세력화하는 노력을 게을리 해온 데 반해 진보 세력은 "척박한 정치사회적 환경과 물리적 탄압에 맞서 나름대로 이념적 정체성"을 부단히 형성·확장해 왔고, "생존과 세력화"를 위한 전략과 조직을 능동적으로 개발해 왔기 때문에 종국적으로 2002년 대선에서 승리를 거두었다는 것이다. 다시 말해, "결국, 고유한 이념적 정체성도 선명하지 않은 채, 자생적 조직화마저 무심했던 보수 세력이 이념적 차별화를 꾀하며, 전략적 동원화에 박차를 가한 진보 세력에게 정치적 일격을 당한 것이 지난 대선이었던 것이다"(전상인 2003, 58).

의 개폐와 대북 화해 정책에 대한 미온적인 태도로 말미암아 일부 문제가 없는 것은 아니지만, 정치적 민주주의의 기본 틀은 비교적 견실하게 유지될 것이라는 전망이다. 둘째, 필자는 민주화 과정을 논하면서 "민주주의의 내포적 심화"라는 개념을 제시하고 이를 "(정치적 평등의 전제 조건인) 사회경제적 평등"의 확보와 "참여 민주주의"의 확산으로 요약한 바 있다(강정인 1998, 69-71). 그러나 현재 한국의 보수 세력은 자유와 시장경제를 강조하면서 복지와 분배에 반대하고, 시민 참여의 활성화를 포퓰리즘과 중우정치라는 논거로 비판하고 있다. 이 점에서 이들은 민주주의의 내포적 심화에 반대하는 것이다. 복지와 분배 그리고 시민 참여의 활성화가 사회적 약자의 경제적 이익 및 정치적 자율성의 증진에 도움이 되는 것이라면, 한국의 보수주의는 이제 한국 정치의 '정상화'(=민주화)와 함께, 앞에서 언급한 바 있는 보수주의에 대한 서구의 고전적 정의, 곧 "민중적 정부의 효율성에 회의적이며, 온건 좌파의 개혁안이나 극좌의 혼란스러운 기도에 반대하고, 그 지지자의 대부분이 기존 질서의 유지에 물질적·심리적 이해관계를 갖는" 사회적 강자 또는 기득권 세력의 정치적 입장을 좀 더 분명하게 표명함으로써 보수주의에 대한 서구의 고전적 정의에 수렴하는 과정에 있는 것처럼 보인다. 그러나 서구와 달리 복지와 분배 정책이 미비한 신생 민주국가인 한국의 경우 경제 영역에서 자유와 시장경제에 대한 강조가 사회적 약자의 경제적 지위를 악화시킴으로써 사회적 양극화를 더욱더 심화시킨다면, 현재 성취한 정치적 민주주의의 존립마저 위태로울 수도 있다.

제2장

자유주의

체제 수호와 민주화의 이중 과제 사이에서

1. 들어가는 말 : '자유주의' 그리고 '한국' 자유주의

오늘날 이미 잘 알려져 있듯이, 자유주의는 16세기 이래 서양에서 발전한 사상이다. 자유주의가 무엇인지를 한마디로 정의하기는 어렵지만, 지금까지 서양의 자유주의 발전사를 통해 볼 때 "개인의 자유를 최고의 정치적 가치로 설정하며 어떤 제도나 정치적 실천의 평가 기준이 개인의 자유를 촉진·조장하는 데 성공적인가의 여부에 있다고 믿는 신념 체계"(Ryan 1999, 292)라는 것이 자유주의에 대한 가장 무난한 개념 정의라고 할 수 있다. 그런데 어떤 사상이나 제도의 특정한 성격이란 대개 그 기원과 밀접한 관련이 있는 것처럼 자유주의의 이런 일반적 정의 역시 그것이 형성된 기원의 특수한 맥락을 반영한다. 다시 말해, 오늘날 우리가 알고 있는 자유주의의 내용은 그것이 시작된 서양의 어떤 특정한 시점, 그 시기 서양의 역사적 문제와 무관하지 않다. 서양의 자유주의 연구자들이 자유주의를 "[서양의] 구체적인 역사적 문제들을 해결하기 위한 특정한 제안"(Holmes 1993, 189) 혹은 "르네상스 및 종교개혁과 더불어 시작된 [서양] 근대의 특정한 역사적 이념 운동"(Arblaster 1984, 14)으로 이해할 것을 제안하는 것은 이런 연유다.

흔히 자유주의의 시조로 일컬어지는 존 로크John Locke에서 아담 스미스Adam Smith, 존 스튜어트 밀John Stuart Mill, 로버트 노직Robert Nozick, 존 롤스John Rawls에 이르는 자유주의 사상가들의 주장이 더러 상충하는 듯이 보일 정도로 다양하게 제시되는 것도 이러한 맥락에서 이해할 수 있다. 그들 각각이 처한 시대의 특성상 개인의 자유를 보호하고 촉진하기 위한 수단이나 방법이 다를 수밖에 없었던 만큼 자유주의적 제안이나 운동의 내용도 상이하게 나타나지 않을 수 없었던 것이다. 이렇듯 자유주의가 서양의 특정한 시점에서 그 시기 역사적 문제들을 해결하기 위한 일련의 제안으로 형성되었고, 역사의 진전과 함께 상이한 형태로 전개되어 온 이념 운동이라면, 한국에서 자유주의의 의미나 전망에 대한 이해 역시 그것이 발전한 역사적 맥락과 정치·사회적 조건을 고려하는 가운데 이루어져야 할 것이다. 과연 한국에서 자유주의는 어떤 계기로 등장했고, 어떤 역사적 과제 해결에 헌신했을까?

잘 알려져 있다시피 한국에서 자유주의는 자유민주주의의 형태로 1948년 정부 수립과 함께 제도화되었다.[1] 그리고 그 과정에 해방 공간을 점령하고 있던 미국의 영향력이 깊숙이 개입했다. 해방 후 대한민국 정부가 수립될 때까지 3년 동안 미군정하에 있었고 그 이전에 자유민주주의를 실현했던 역사적 경험이 없었다는 사실을 감안한다면, 한국에서 자유민주주의의 제도화를 미국의 대한 정책, 넓게는 극동 전략과 관련지어 보는 것은 일견 당연하다. 지금까지 한국의 자유민주주의를 주제로 한 많은 연구들이 대개 그 도입 시점을, 명시적으로든 암묵적으로든, 미군정기로 간주해 온 것도 이러한 이유에서다.

그런데 한국에서 자유민주주의의 제도화에 끼친 미국의 압도적 영향력을 강조하는 입장은 한국 자유주의의 '기원'과 관련해 의미심장한 문제를 제기한다. 그 입장에 따르자면 한국에서 자유주의의 기원은 '정부 수립 시점, 미군정에 의한 이식'으로 설명된다. 하지만 이러한 입장은 적어도 두 가지

---

1 자유주의와 자유민주주의는 정치사상적으로 일정하게 구별될 수 있으며, 서양의 경우 역사적 전개과정에서도 차이를 보였다. 다시 말해, 자유주의와 자유민주주의는 단순히 동일시될 수 있는 개념이 아니다. 그런데 이하의 논의에서 필자는 종종 그 두 개념을 혼용하게 될 것이다. 이는 역사적으로 한국에서 자유주의가 자유민주주의의 형태로 수용·제도화되었고, 따라서 비교적 최근에 이르기까지 개념 사용에 있어 그 둘이 의식적으로 구분되기보다 통상 '자유민주주의'로 불려 왔다는 점에서 불가피하다. 한국에서 자유주의와 민주주의, 자유민주주의 간의 용어 사용에서 빚어지는 혼란과 그 배경 및 문제점에 대한 논의로는 문지영(2004)을 참조할 것.

문제를 안고 있다. 첫째, 그런 입장에 설 경우 자유주의가, 단순히 제도가 아니라 일정한 사상의 흐름으로서, 한국의 역사적 맥락에서 전개되는 가운데 서양과는 구별되는 특성을 드러낸다는 점을 간과하기 쉽다. 정부 수립 시점에서 미국에 의해 도입된 것이라고 하더라도 자유주의가 그 자체로 고정되고 완결적인 체계는 아닌 만큼 한국의 역사적 특성이나 현실적 조건과 무관하게 발전할 수는 없다. 그런데 한국에서 자유주의의 기원을 자유민주주의 제도화 시점으로 보고 그것에 미친 미국의 압도적인 영향력을 강조하는 입장은 긍정적이든 부정적이든 자유주의가 한국 사회에 미친 영향을 드러내려 할 뿐 한국의 역사적 맥락에서 전개되는 가운데 그것이 새로이 획득하게 된 특성에 대해서는 고려하지 않는다. 서양에서 건너온 자유주의가 한국 사회에 변화를 초래하는 과정은 동시에 한국의 역동적인 역사적 맥락이 자유주의의 전개 양상과 성격에 새로운 면모를 부여하는 과정이기도 한데, 한국에서 자유주의의 기원을 정부 수립 시점에서의 미군정에 의한 이식으로 보는 관점은 후자의 과정을 간과한다는 문제점이 있다.

둘째로, 그런 입장은 미국의 '압도적인' 영향력을 지나치게 강조함으로써 근대국가 수립 과정의 역동성을 단순화하고 나아가 개화기 이래 자유민주주의적 근대국가 수립을 목표로 운동했던 주체적인 노력들을 간과하는 경향이 있다. 이 주제에 관한 선행 연구들이 보여 주듯이, 한국에 제도화된 자유민주주의의 내용과 성격은 미국에 의해 일방적으로 규정된 것이라기보다 당시의 국내 정치 상황과 그 속에서 분투한 정치 세력들의 이해가 일정하게 반영된 것이다. 제도화 자체가 미국의 영향하에 추진된 것은 사실이나, '어떤' 민주주의를 제도화할 것인가 하는 결정 과정에 있어서는 미국식 자유주의를 내세운 미군정의 입장과 함께 저마다 편차를 보이는 국내 정치 세력들의 지향이 서로 각축·타협하고 있었던 것이다. 그리고 그 같은 각축과 타협의 과정은 근대국가 건설에 참여한 국내 정치 세력들이 자유민주주의에 대한 일정한 견해 혹은 신념을 지니고 있었음을 보여 주는데, 이는 해방 시점에서의 제도화 이전에 이미 국내에 자유주의적 역량이 상당히 축적되어 있었음을 의미한다.

이렇게 볼 때, 한국 자유주의의 기원은 역사적으로 좀 더 거슬러 올라가 조명될 필요가 있다. 한국에서 자유주의의 수용을 위한 최초의 이론적·실천적 모색은 19세기 중반 조선의 근대화와 부국강병을 목표로 일단의 개화 지식인들에 의해 이루어졌다. 개항 이래 자유주의 수용론은 다음과 같은 특성을 보이면서 진행되었다. 우선 『한성순보』·『건백서』·『서유견문』 같은 당대의 자료들을 통해 볼 때, 당시 자유주의는 하나의 철학 내지 관념 체계로서보다 민주정 혹은 입헌정이라는 정체政體 내지 제도의 차원에서 이해되었음을 알 수 있다. 이렇듯 자유주의가 그 제도적 형태에 주로 초점을 맞추어 이해되었던 까닭은 19세기 후반 조선에서 서양 자유주의에 대한 관심이 당시의 정치적 위기 상황 속에서 '새로운' 정치제도를 배우고 도입하려는 문제의식과 맞물리며 싹텄기 때문이다. 즉, 서양이 누리는 부강함의 원천이 조선에는 낯선 그들의 제도에 있다고 보고, 그것을 도입함으로써 조선의 근대화와 부국강병을 이루고자 했던 것이 자유주의 수용의 배경이었기 때문에 그것에 대한 이해가 이념적·철학적으로보다는 의회제나 삼권분립 혹은 보통선거권 같은 제도적 형태에 초점을 맞춰 이루어졌던 것이다.

다음으로, 자유주의 수용을 위한 개화 지식인들의 노력은 역사적 맥락이나 정치사회적 상황과 무관하게 서양 자유주의를 곧이곧대로 '모방'하고자 했던 것이 아니라 그 실천적 목표에 맞게 재해석 내지 재구성되는 '선택적 과정'을 보이고 있다는 점에서 특징적이다. 개화 지식인들이 조선에 자유주의를 소개했을 때, 그것은 특정한 유형의 자유주의를 지향한 것도 어떤 특정

국가의 자유주의 전통을 따른 것도 아니었다. 오히려 그것은 자유주의가 발전한 서양의 역사적 맥락이나 정치사회적 특수성들을 가로질러 현실적 필요에 따라 취사선택된 형태로 나타났다. 예컨대 권리를 통의通義와 연관지어 설명하면서 동시에 불가침의 천부인권 및 제한 정부 관념을 강조하는가 하면 자유방임적 자유주의의 이상을 공유하며 경쟁과 이익 추구 활동, 자조를 긍정하는 모습도 보인다. 이는 얼핏 자유주의에 대한 그들의 이해가 모순적이거나 적어도 철저하지 않았음을 보여 주는 것으로 해석될 수 있다. 물론 자유주의가 동양에 소개될 때 그 주요 개념들이 번역되는 과정을 동반해야 했고, 그나마 조선의 지식인들로서는 그처럼 번역된 서양의 사고 체계를 중국이나 일본을 통해 간접적으로 수용할 수밖에 없었다는 점에서 개화 지식인들이 자유주의 사상에 대한 근본적이고 치밀하며 주체적인 인식에 도달하기에는 처음부터 한계가 있는 것이 당연했다. 하지만 19세기 말의 개화 지식인들에게 있어 자유주의 수용은, 일방적인 과정이었다기보다 수용자의 문화적·심리적 호불호好不好 관념과 필요에 따라 특정 관념이나 행태의 파급이 저지되기도 하고 쉽게 소통되기도 하는 '선택적 과정'이었다(정용화 2002). 즉, 그들은 자신들이 이해한 한도 내에서나마 어떤 것은 거부하고 어떤 것은 받아들이며 또 어떤 것은 적당히 변용하기도 하면서 그 수용 의도에 맞게 자유주의를 재구성할 수 있었다. 이렇게 본다면, 그들의 자유주의 수용 논의에서 나타나는 일견 상충하는 면들을 동양 지성의 한계 내지 이해 수준의 문제로 선불리 귀결 지을 수는 없을 것이다.

이렇듯 최초로 그 유입이 이루어졌을 때 자유주의는 서양의 특정한 역사적 맥락에서 획득된 이념적 성격을 고스란히 내재한 것이기보다 당시 조선의 역사적·정치사회적 조건에 맞게 변용·재구성되는 가운데 고유한 속성을 확보해 간 것이었다. 개화 지식인들의 자유주의 수용 노력은 자생적 근대화의 길로 이어지지 못하고 일제 강점에 의해 좌절되었다는 점에서 실패했다. 따라서 그렇듯 '선택적 과정'을 거친 자유주의가 서양과는 다른 조선의 자유주의로서 전개되며 그 역사적 전통을 형성할 수 있었을지, 또 과연 그것이 바람직했을지는 장담할 수 없다. 그러나 자유주의 수용의 이 실천적 성격은 근대국가 건설이 마침내 이루어지는 1948년 시기까지 한국에서 자유주의의 역할을 일정하게 조율, 규정하게 된다.[2]

서양의 경험에서도 그러했듯, 한국에서 자유주의를 출현시킨 역사적 맥락의 특수성은 이후 자유주의의 전개에 중요한 영향을 끼쳤다. 서양에서 자유주의가 절대왕정과 봉건적 신분 질서, 교권 개입 정치clerical politics 전통에 저항하기 위해 자생적으로 형성된 이념이었다면 한국에서 자유주의는 서양 근대의 충격과 함께 유입된 파생적·이차적 이념이었다. 개화 지식인들에 의해 조선 근대화의 대안으로 그 수용이 모색된 이후 한국에서 자유주의는 반봉건, 반제국주의, 근대국가 수립, 반독재, 반권위주의의 과제에 직면하게 되었고, 그 과정에서 한국의 자유주의화와 자유주의의 한국화가 동시에 진행되어 갔다.

---

2 이에 대한 좀 더 상세한 논의는 문지영(2005)을 참조할 것.

2. 민주화와 자유주의

1) 대한민국의 수립 : 자유민주주의 이념·체제의 형성

(1) 해방 공간에서의 자유주의 : 민족주의로부터 분화

1945년 8월 15일의 '해방'은 일제에 의해 억눌려 있던 국내 정치 공간을 그야말로 해방시켰다. 일제하에서 독립 투쟁 노선을 둘러싸고 이미 분열과 갈등을 경험한 바 있던 여러 정치 세력들은 이제 다양한 근대국가 건설의 전망을 놓고 서로 경쟁하며 이합집산했다. 해방 정국에서 출몰했던 대표적인 정치 세력들로는 조선건국준비위원회, 조선공산당, 한국민주당, 한국독립당, 조선인민당, 남조선신민당, 남조선로동당, 신한민족당 등을 들 수 있는데, "이 시기에 한국에 살았던 어느 미국인의 관찰에 의하면, 8·15 직후 한국에는 무정부주의에서부터 전제주의에 이르기까지 다양한 정치사상들이 난무했고 그런 와중에 농촌 개혁주의자, 자유방임적 자유주의자, 교조적 공산주의자, 독점론자, 정부 규제론자, 집산주의자, 그 밖의 정치경제학적 이론들을 신봉하는 사람들이 서로 뒤엉켜 있었다고 한다"(정윤재 1992, 8). 게다가 미국과 소련의 한반도 진주에 따른 38선 획정과 국토 분단, 선진국들에 의한 신탁통치안 등의 요인은 해방이 열어젖힌 정치적·사상적 자유에 더해 건국 구상을 더욱 복잡하고 어렵게 만들었다.

다양한 정치 세력과 정치 이념들이 혼란스럽게 얽혀 있었다고 하나, 그래도 근대국가의 성격과 형태가 '민주주의'일 것을 요구한다는 점에 있어서는 일치했다. 그런데 문제는 '어떤' 민주주의냐였다.[3] 다시 말해, 민주주의적 민족국가를 건설한다는 데는 이견이 없었으나 어떤 민주주의를 어떻게 실현할 것인가의 문제를 두고 이념적·정책적 대립이 치열하게 전개되었던 것이다. 해방 정국의 다양한 논쟁은 결국 여러 정치 세력들의 민주주의에 대한 이해, 신념 및 헌신의 정도와 밀접한 관련이 있다고 볼 수 있다. 지금까지 해방 공간에서 각 정파의 이합집산이나 이념, 노선 대결은 신탁통치 찬성 대 반대, 단정 대 좌우합작 등의 의제를 중심으로 조명되어 왔다. 그리고 그 결과는 주로 친미親美냐 친소親蘇냐 혹은 민족적이냐 반민족적이냐의 관점에서 평가되는 경향이 있다. 예컨대 반탁 입장은 친미요 찬탁 입장은 친소이며, 단정 노선은 반민족적이고 좌우합작 노선은 민족적이라는 식의 규정이 익숙하게 내려져 온 것이다. 물론 당시의 정국 구도나 세력 관계, 또 해방의 민족사적 의미를 고려할 때 그런 평가 기준은 나름대로 타당성을 지닌다고 할 수 있다. 그러나 문제는 그와 같은 이분법적 평가가 해방 정국을 지나치게 단순화하고, 무엇보다 핵심 의제로서의 '민주주의'를 부각시키지 않는다는 것이다.

이렇게 볼 때, 해방 정국의 주된 이념·세력 갈등은 '민족 통일'과 '민주주의 국가 건설'이라는 이중 과제의 중첩 구도 속에서 조명해 볼 필요가 있다. 해방과 함께 제기된 민족사적 과제, 곧 '통일된 민주주 독립국가' 건설의 과제[4]는 '8·15'의 성격상[5] 상호 긴밀히 연결되면서도 단계론적 관계에 있는

---

3 여현덕은 8·15 직후 각 정파들이 사용한 다양한 민주주의 주장을 다음과 같이 정리한다(여현덕 1987, 23). "'진보적 민주주의'(조공), '부르주아 민주주의' '신민주주의'(안재홍, 엄우룡), '연합성 신민주주의'(백남운), '자본 민주주의'(이석보, 조허림), '일민주의'(이승만), '신형 민주주의'(배성룡), '진정 민주주의'(안지홍), '프롤레타리아 민주주의' 등등 민주주의라는 말 앞에는 실로 갖가지 수사가 다 동원되었다."

4 예컨대 여운형의 경우 "(민족 내부의 통일에 의한) 완전한 독립과 진정한 민주주의의 확립"을 해방 정국의 당면 임무로 내세웠고, 김구는 "통일된 독립 자주의 민주국가 건설"로 그것을 요약했다. 이기형(1984, 209); 백범김구선생전집편찬위원회(1999, 263) 참조.

두 개의 과제 — '민족 통일 국가' 건설과 '민주주의국가' 건설 — 로 구분되어 인식되었던 것으로 보인다. '8·15'가 한국 민족의 주체적 투쟁에 의해 직접 획득된 것이 아니라 연합군의 승리에 의해 실현된 것이고, 그 결과 해방 공간이 미소 양국에 의해 분할 점령된 상태였기 때문에, 당시 정치 지도자들 사이에 분단 극복과 근대적 민주국가 형성이 동시에 달성되기 어려울 수 있다는 인식이 확산되고 있었으며, 그런 만큼 민족사적 과제 해결의 우선순위나 방식에 있어 입장 차이가 존재하지 않을 수 없었던 것이다.

그런 입장 차이는 특히 한국 문제의 진전 과정이 단독 선거 및 단독정부 수립으로 치닫고 있을 때 가장 적극적으로 드러났다. '민족 통일'이 전제되지 않는 한 완전한 자주독립 국가의 건설이란 불가능하다고 본 세력들의 경우 단선 반대를 주장하며 남북 협상 노선을 추구했던 반면, 당면 현실에서 '민주주의 확립'을 더욱 시급한 과제로 인식한 세력들은 남북에서 각각 민주주의·민족주의 역량을 강화한 후 그것을 바탕으로 통일을 성취한다는 전략에서 5·10총선거 참여 움직임을 보인 것이다. 전자의 대표적인 경우가 김구, 김규식이라고 한다면 후자의 예는 조소앙, 조봉암, 안재홍, 장준하 등에서 찾을 수 있다.

김구, 김규식, 조소앙, 안재홍, 장준하 등은 자유민주적 독립국가 수립을 목표로 항일 투쟁에 헌신했던 이른바 우파 민족주의 세력의 대표적 인물들이라고 할 수 있다.[6] 일제로부터의 독립이라는 민족 문제 해결이 과제였을

---

5 여운형, 박헌영, 김구 등 해방 정국의 대표적인 정치 지도자들은 8·15가 '연합국 세력의 승리에 의해 가능'했다고 하는 인식을 공유하고 있었다. 김광식(1985, 36-38) 참조.

6 조봉암은 일제 시절 공산당 지도자로서 활약한 바 있으나 해방 후 조선공산당의 노선을 강하게 비판하며 자유민주적 국가 건설의 길을 추구했다. 1946년 6월 26일 발표된 유명한 전향 성명서의 제목은 "비공산정부를 세우자"였다. 박명림(1999) 참고.

때 그들은 사회주의적 길을 주장하던 좌파 민족주의 세력과 분명한 입장 차이를 보이며 해방의 구상을 전반적으로 공유했다. 해방 후에도 그들은 공산주의에 경계심을 표하며 자신들의 활동 영역에서 가능한 한 좌익과 일정한 선을 긋고자 했다는 점에서 일치한다. 이렇게 볼 때, 단독정부 수립을 둘러싸고 벌어진 그들 간의 분열은 우파 민족주의 세력 내의 분화를 상징적으로 보여 준다고 할 수 있다. 김구·김규식의 예가 보여 주듯이, 사실 식민지를 경험한 국가에서 저항적 민족주의와 결합했던 자유주의 세력이 민족 통일보다 단정 수립을 지지하기는 쉽지 않았을 것이고, 이는 향후 우파 민족주의의 전형적인 입장으로 자리하게 된다. 그러나 다른 한편, 이미 독립운동 과정에서 사회주의 세력과 노선 투쟁을 경험한 바 있었던 자유주의 세력으로서는 '민족'을 '자유'와 '민주'보다 앞세우며 무조건 통일을 지지하기도 어려웠을 법하다. 조소앙, 안재홍, 장준하 등의 예가 이런 경우로, 그들은 앞장서서 적극적으로 단정을 주장하지는 않았으나 양자택일의 상황이 발생했을 때 통일 지상의 입장에 서기보다는 단정 수립에 소극적으로 동의하거나 혹은 침묵하는 길을 택했다.[7]

이 조소앙, 조봉암, 안재홍, 장준하 등으로 대표되는 단선·단정 참여 세력의 존재[8]는 해방 공간에서 근대국가 수립이 단지 민족주의적 과제 해결의

---

7 한편 일제 시절 명성이 높은 공산주의 지도자였던 조봉암은 해방 후 당시 자신의 노선이 "한국 독립을 위한 사회주의이고 공산주의였다"고 술회하며 전향했다. "그가 보기에 탈식민 시점에서 공산주의는, 식민 시대 반제투쟁의 수단으로는 몰라도 독립 이후 근대의 과제를 달성하는 데 있어서는 계급과 독재를 절대화하고 자유와 민주주의를 부인하는, 과거의 초기 자본주의가 그러했던 것처럼 일면적이고 시대착오적인 이념이었다"(박명림 1999, 113). 이와 같은 전향 동기가 결국 단정 수립 참여로까지 이어지게 되었던 것으로 보인다.

8 이들뿐만이 아니라 한독당 내부에서 상당수의 당원이 김구의 지시에도 불구하고 5·10총선거에 참여했다. 선거 후 김구는 한독당원으로서 단독 국회에 들어간 인물들을 제명 처분했지만, 어쨌

관점에서만 평가될 수 없는 문제임을 증언한다. 이들에게 있어 남한만의 단독정부 수립은 민족 통일에 대해 배타적으로 선택된 대안이었다기보다 민족통일 국가 건설의 과제 해결로 나아가기 위한 현실적인 전前 단계로서 민주주의국가 건설을 의미했다. 즉, 이들은 "남북 정권의 분립이 통일의 한 과정"이라는 데 이해를 같이 했고, 따라서 '통일을 위한 단정 참여론'을 주장하기에 이르렀던 것이다.[9]

　자유주의든 사회주의든 민족주의의 큰 틀 속에 포섭되지 않을 수 없었던 독립운동의 와중에서와는 달리 해방을 맞이한 정치 공간에서, 특히 새로운 국가 건설의 과제를 앞에 두고, 자유주의 세력과 사회주의 세력은 이제 각기 서로 다른 지향을 분명히 드러내며 기존의 민족주의 세력으로부터 분화해 나갔다. 물론 해방 공간에서도 식민지 경험을 배경으로 민족주의가 여전히 우월한 이념적 지위를 차지했던 것은 분명하나, 단순히 민족적이냐 반민족적이냐의 잣대만을 적용해 당시 정치 세력들 간의 갈등이나 이념적 대립을 평가하기는 무리가 있다. 다양한 건국 구상과 그것을 둘러싸고 치열하게 벌어졌던 노선 투쟁은 민족주의의 관점에서만이 아니라 민주주의의 관점에서 되짚어 볼 필요가 있고, 그럴 경우 해방 공간을 점철했던 여러 이념들의 각 축이 더욱 선명하게 부각될 수 있을 것이다. 요컨대 해방 정국은 크게 민족

든 제헌국회에서는 김구·김규식을 지지하거나 정치적 성향을 같이하는 사람들이 전체 의원들의 약 3분의 1을 차지했고, 이들이 이른바 '소장파'로서 활동하게 된다. 백범김구선생전집편찬위원회(1999), 서중석(1996), 백운선(1992) 참조.

9 그 외 임시정부 관계 인사들 가운데 이시영, 신익희, 조성환, 이범석 등이 김구의 한독당 주류와 행동을 같이하지 않고 이승만의 단정 노선 지지 계열로 옮겼다. 이와 관련한 자료 및 논의로는 국사편찬위원회 편(1973), 김남식·이정식·한홍구 편(1986), 장준하 선생 추모문집간행위원회 편(1995), 백범김구선생전집편찬위원회 편(1999), 도진순(1993), 정태영(1991), 서중석(1991; 1996), 신병식(2000) 등을 참조할 것.

주의와 자유민주주의, 인민민주주의(혹은 공산주의) 지향이 부분적으로 중첩되기도 하면서 대립·갈등하고 있었다고 볼 수 있고, 대한민국 수립의 과정과 결과는 그런 맥락에서 평가할 수 있다.

(2) 단독정부의 탄생 : 자유주의와 극우 반공주의의 결합

1948년의 대한민국 정부 수립을 민족주의의 관점에서만 평가할 경우 그 의의는 곧잘 부정되거나 폄하되기 쉽다. '통일된 민족국가'의 대의에 반하는 단독정부 수립이라는 점에서 그러하다. 그리고 이 경우 소극적으로든 적극적으로든 단정에 참여한 세력은 이유를 불문하고 (단정 반대 세력과 비교해) '반민족적'이라고 규정된다. 하지만 민족주의에 더해 민주주의의 기준을 적용해 보면 단독정부 수립의 의미나 국가 건설을 둘러싼 민족주의 내 이념·노선의 갈등이 더욱 복합적으로 파악될 수 있다.

앞 절에서의 논의에 따르면, 해방을 맞은 정국에서 자유주의는 자유민주주의적인 국가 건설을 당면 목표로 독립운동 당시의 우파 민족주의 진영에서 분화해 '통일을 위한 단정 참여'를 주장한 세력에 의해 대변되었던 것으로 볼 수 있다. 개화기 이래의 자유주의 수용, 계승사[10]를 감안할 때, 자유주의가 해방과 함께 국내에 갑자기 유입된 이념이라고 보기 힘들고, 게다가 그것이 민족주의와 무관한 혹은 반민족적인 이념이라고 보기는 더욱 힘들다. 따라서 친일·지주 경력의 극우 단정 세력이 해방 정국의 자유주의를 대변한다고 볼 수는 없다. 더구나 극우 단정 세력은 국가 수립 과정에서 일정한 선거

---

10 이에 관한 논의로는 김주성(2000), 정용화(2000), 문지영(2005) 등을 참조.

권 자격 제한을 관철하고자 했다는 점에서 반자유민주주의적이기까지 했다.[11] 이에 반해 '통일을 위한 단정 참여' 세력은 대체로 자강운동론, 신민회, 임시정부로 이어지는 독립운동 노선을 그 배경으로 공유하며, 자유민주주의 국가 건설에 대한 확고한 신념하에 분단 극복보다 대한민국 수립을 우선적으로 지지했다.

당시 상황에 대한 현실적 인식을 바탕으로 민주주의 확립과 민족 통일을 단계적 과제로 이해하고, 따라서 남북에서 각각 민주 정부를 구성해 미소 양군을 철수시킨 후 자주적으로 민족 통일을 달성하고자 했던 이들 '통일을 위한 단정 참여' 세력의 입장이 과연 김구·김규식 등의 남북협상 노선에 비해 타당하고도 효율적인 것이었는지, 그 의도와 무관하게 혹 단정 수립 정당화의 빌미를 제공하면서 분단 고착화에 기여한 것은 아닌지 등의 문제는 여기서 쉽게 평가할 수 있는 성질의 것이 아니다. 그러나 이들이 기득 이익 보존의 논리와 극우 반공 노선에 입각해 일찍부터 자신들이 중심이 된 단독정부 수립을 구상했던 이승만·한민당 세력과 구분되어야 한다는 점은 분명한 듯이 보인다.[12] 그들은 공산주의 독재에 반대하며 자유민주주의를 지향한다는 차원에서 단정 수립에 동조했고, 그런 만큼 이후 단독정부의 정치 현실이 반민주적 독재의 길로 치달으며 그 정당성의 근거를 상실해 가자 정권에 대한 반대 세력의 선두에 서서 치열한 저항을 전개하게 된다.

자유민주주의 국가 건설이라는 차원에서 단정을 지지한 정치 세력의 존

---

11 제헌국회 선거법 제정 과정에서 극우 단정 세력은 선거권·피선거권 연령을 25, 30세로 높여 잡고 투표 방식으로 자서(自書)를 주장함으로써 전면적인 보통선거제 실시에 사실상 반대했다. 이에 관한 상세한 논의로는 박찬표(1996, 266-278)를 참조할 것.

12 이 점에서 강정인은 이승만과 한민당을 한국 보수 세력의 뿌리로 규정한다. 이 책의 1장 "보수주의"를 참조.

재가 이승만·한민당 중심의 단정 운동 세력과 구분되어 부각되지 못한 까닭은, 앞서 언급한 바 있듯이, 그간 단정 노선이 주로 민족주의적 관점에서 평가된 데서 찾을 수 있다. 즉, 단정 참여는 반민족적이요 단정 반대는 민족적이라는 이분법적 단순 논리가 지배적이었기 때문이라고 할 수 있다. 그런 식의 단순화는 또 다른 문제들로 이어졌는데, 그 하나가 1948년 정부 수립의 의미를 반공 체제의 성립에 한정해서 찾는 것이라면, 대한민국 건국헌법과 그 헌법의 성격을 결정적으로 조율한 제헌국회 내 '소장파'의 의미나 역할[13]에 상대적으로 무관심해 온 것이 다른 하나다. 자주적인 민족 통일의 전前 단계로서 자유민주주의 체제 확립을 지지, 선택한 세력에 주목할 때 대한민국의 수립은 단순히 미국의 반공 보루 확보라는 차원에서만이 아니라 민주적인 근대국가 형성이라는 측면에서도 그 의미를 찾을 수 있다. 단정 수립에 대한 민족주의적 관점에서의 일방적인 단죄는 대한민국 건국헌법의 성격이 상당히 진보적이었다는 점을 애써 간과하거나 혹은 인정하더라도 외적 변수의 개입으로 인한 우연적인 것으로서 제헌국회 본래의 입장과는 상반된다는 식의 설명을 결과했다. 그러나 궁극적으로 김구·김규식의 민족주의 노선을 국회 내에서, 국회를 통해 실현하고자 했던 '소장파'와 다분히 그들의 활동을 반영한 건국헌법은 그 자체로 국가 형성기 한국 자유주의의 진보적 성격을 보여 준다고 생각된다.

그러나 해방 공간에서 자유주의가 결국 '단정' 세력에 의해 지지, 대변되었다는 사실은 이후 한국에서 자유주의의 발전에 어쩔 수 없는 한계를 부여했다. 비록 단정 수립에의 동의가 반민족적인 기득권 옹호나 극우 반공 노선

---

13 백운선(1992)은 이에 관한 흔치 않은 체계적인 연구이다.

때문이 아니라 민족 통일과 민주주의 확립의 과제 해결 국면에서 후자를 우선 선택한 것이라 하더라도, 이는 이후 한국에서 자유주의가 지속적으로 걸머져야 하는 굴레가 되었다. 분단이 고착화되면서 민족주의는 점차 해방 정국에서보다 더 큰 비중과 호소력을 가지게 되었고, 한국에서 자유주의는 그 '원죄'로 인해 민족주의로부터 늘 경계되고 경시되었다. 단정 수립을 매개로 자유주의적 민족주의 세력이 극우 반공 세력과 어설픈 동맹을 맺음으로써 정부 수립 후 자유주의는 민족주의와 무관한, 심지어 반민족주의적인 분단 체제 수호 이념으로 인식되는 경향을 피하기 어려웠다. 또한 역사적 경험과 당대 국제 관계 구도의 요인이 컸다고는 하나, 해방 공간에서 자유주의가 보인 편협함, 반공주의와의 연계 역시 이후 한국 정치사에서 지속된 자유주의의 한계라 할 수 있다.

(3) 국가 수립기 체제 이념으로서의 자유민주주의 : 건국헌법을 중심으로

1948년 대한민국 정부 수립은 19세기 말 조선 근대화를 위한 자생적인 노력이 시도된 이후 일제 강점으로 인해 한동안 유보되었던 근대국가 형성의 과제가 불완전한 형태로나마 해결된 것으로 볼 수 있다. 그리고 '통일을 위한 단정 참여' 세력에 의해 대변되는 해방 정국의 자유주의는 바로 그 근대국가 건설 이념의 하나로서 지지, 추구된 것이었다. 다시 말해, 1948년 근대국가 수립과 함께 제도화된 자유민주주의는 단순히 미국에 의해 '이식'된 것이라기보다 미국의 영향력과 더불어, 아래로부터의 토지개혁과 식민 잔재 청산 요구, 그와 관련해 북한 측이 보이는 가시적인 성과라는 당시의 역사적 상황과 그 속에서 나름대로 이해관계를 견주며 대립·갈등했던 국내 정치 세력들의 이념 투쟁의 결과를 반영한다. 자유민주주의 초기 제도화의 이러한 맥락을 총체적으로 집약해 보여 주는 것이 건국헌법이라고 생각되는바, 이제 건국헌법을 중심으로 국가 수립기 체제 이념으로서의 자유민주주의가 보이는 특성을 살펴보도록 하자.

건국헌법에서 드러나는 두드러진 특성은 "사회정의의 실현과 균형 있는 국민경제의 발전"을 국가 경제 질서의 기본으로 천명하고 그것을 개인의 경제적 자유에 대한 한계로 제시(제84조)하는 한편, 국가에 개인의 자유 실현과 국민경제의 발전을 위한 적극적인 역할을 부여한다는 점이다. 물론 건국헌법은 인민주권의 원리를 천명하고(제2조), 주권의 위탁−수임 관계로 정치적 지배·복종을 설명하며(제27조), "미·불 혁명 시대 이후 민주주의 제국가에서 인정되고 있는 자유권의 중요한 것을 거의 망라"(유진오 1980, 461)하고 있다는 점에서 정치적 자유주의 원리를 충실히 반영하고 있다. 그런데 이러한 자유권은 공공복리의 향상을 위해 국가에 의해 (보호될 뿐만 아니라) 조정될 수 있다(제5조).[14] 특히 재산권은 그 보장의 내용과 한계를 법률로써 정하되 공공복리에 적합하도록 행사되게 되어 있다(제15조). 나아가 건국헌법은 근로조건의 기준과 노동3권을 국가의 법률로써 보장해 근로자를 보호하도록 하고(제18조 1항), 사기업에서 근로자의 이익 균점권을 명시하며(제18조 2항), 국가로 하여금 사회적 약자를 보호할 뿐만 아니라(제19조) 조정과 통제를 담당함으로써 경제에 깊이 개입하도록 한다(제85~89조).

요컨대 건국헌법은 사회정의의 실현 및 복지 향상을 근간으로 하며, 그에 따라 국가에 상당한 정도의 권한을 부여하고 있음을 알 수 있다.[15] 건국헌법

---

14 실제로 건국 헌법의 기본권 항목 가운데 신앙과 양심의 자유(제12조) 및 학문과 예술의 자유(제14조)를 제외하고는 법률로써 유보가 가능하도록 되어 있다.

의 이런 특성은 '제도 형성자'로서 미국의 일방적인 영향이라기보다 당시 국내 정세 및 그것에 반응하고 대처하는 정치 세력들의 갈등과 타협의 결과일 것으로 생각된다. 비록 자유민주주의를 제도화한다 하더라도, 근대국가 형성의 과제를 해결해야 하는 상황에서 개인의 자유나 권리 보장에 초점을 맞추고 국가권력을 제한하는 쪽으로 입법의 방향을 잡을 수는 없었을 것이다. 더욱이 그 근대국가의 성격과 구조의 틀을 마련하는 제헌국회 의원들로서는 국가에 정치사회적 조정과 경제통제를 위한 막강한 권한을 부여하는 것에 별반 부담을 느낄 필요도 없었다. 국민들의 민주적 의사에 따라 구성되고 운영되는 국가라면 전체의 이익을 위해 개인들 간에 조화와 타협을 이끌어 내는 임무를 적절하고도 충실하게 감당하리라고 보았기 때문이다. 건국헌법에서 자유민주주의가 이른바 '최소 국가'나 '야경국가'와 짝을 이루지 않고 강력한 '사회국가'를 표방했던 것은 이런 맥락에서 이해할 수 있다.

건국헌법이 사유재산권이나 시장의 절대성보다 분배 정의나 균점을 강조한 것 역시 북한 공산 정권과 대치한 상태에서 국가 형성을 완수해야 했던 한국 특유의 역사적 맥락 및 그 속에서 활동했던 정치 세력들의 이념적 지향과 밀접한 관련이 있다. 특히 농지 분배에 관한 조항(제86조)과 근로자의 이익 분배 균점권 조항(제18조 2항)이 상징적이다. 농지 분배 문제가 헌법에 규정되게 된 것은 그 문제를 미리 처리한 북한을 고려해 정부 수립의 정당성을 확보할 필요가 있다는 데 남한 측 정치 세력들이 궁극적으로 의견 일치를 보았기 때문에 가능했다. 근로자의 이익 균점권 조항은 원래 헌법 기초위원회가 본회의에 제출한 헌법 초안에는 존재하지 않다가 제2독회에 와서 제17조

---

15 이 점에서 건국 헌법은 사회국가 원리 혹은 사회복지(또는 복지국가)주의를 그 기본 원리의 하나로 반영하고 있다고 평가된다. 이에 대해서는 김영수(2000, 419), 김철수(1988)를 참조할 것.

에 대한 수정안으로 제안되었는데, 그 이유로 해방 이후 지속된 좌·우의 사상적 대립과 갈등을 해결할 대안의 필요성이 강조되었다. 제헌국회 속기록을 통해 드러난바, 당시 이 조항을 둘러싸고 벌어진 논쟁은 제도화 초기 단계에서 자유민주주의가 미국의 영향력을 넘어 국내 정치 세력들에 의해 조율되고 각색, 타협되는 과정을 단적으로 보여 준다.[16]

헌법을 한 국가가 표방하는바 공식 지배 이념을 보여 주는 텍스트로 인정할 때, 대한민국의 건국헌법은 한국에서 제도화된 자유민주주의가 사실상 상당히 진보적인 성격을 띤 것이었음을 증언한다. 물론 한국 현실에서 자유민주주의의 도입을 반공 분단 체제의 정당화라는 미국의 의도와 전혀 무관한 것으로 이해할 수는 없다. 하지만 건국헌법의 형태로 제도화된 자유민주주의의 진보성을, 국가 형성 당시의 국내외 정세 및 제헌 과정에 참여한 국내 정치집단들 간의 역동적인 세력 관계를 도외시한 채, 단순히 미국이 노린 의도적 효과로만 해석하는 것 역시 오류다. 건국헌법을 중심으로 볼 때, 초기 자유민주주의 제도화는 '제도 형성자'로서 미국이 구조화해 놓은 한계선 내에서 '해방이 몰고 온 민족사적 진보성'[17]을 배경으로 극우 반공 세력과 자유주의적 민족주의 세력이 대립·갈등하며 나름대로 타협해 낸 결과였다고 할 수 있다.

---

16 김일영은 건국헌법에서 근로자의 이익 분배 균점권이나 사회적 약자에 대한 보호권 같은 사회권까지 국민의 기본권으로 보장될 수 있었던 것이 "상대적으로 진보적인 생각을 지녔고 원외에 있는 한독당(김구 세력)이나 중도파(김규식의 민족자주연맹)와 이념적으로 가까운 의원들(전체 의원수의 4분의 1 정도인 50여 명 가량의)"의 노력 때문이라고 분석한 바 있다(김일영 2001, 137).

17 서중석은 보통선거권 제도의 전면 도입이나 토지개혁 및 친일파 처리 문제에 있어 극우 보수 세력이 제대로 목소리를 내지 못하고 진보 세력의 공세에 밀렸던 현상의 원인을 이것으로 설명한 바 있다. 서중석(1996, 33) 참조.

2) 독재와 민주화 운동의 전개 : 자유주의의 동학

(1) 이승만 정권기 : 자유민주주의의 제도적 변개와 민주화 운동의 출현

1948년에 수립된 대한민국은 자유민주주의 국가를 표방함으로써 그 정당성을 확보하고자 했을 뿐만 아니라 사실상 그 제도화를 이끌어 내기도 했다. 하지만 정부 수립 후 얼마 지나지 않아 이승만 정권에 의한 독재의 조짐이 가시화되었다. 그것은 특히 반민족행위처벌법법안(약칭 반민법)의 실시를 둘러싸고 문제가 되었다. 예컨대 1949년 2월 2일 이승만 자신이 서명해 공포한 특별법인 반민법에 의거한 것임에도 반민특위 활동은 삼권분립의 헌법에 위배된다는 담화를 발표함으로써 특위 활동에 제한을 가하려 한 데 대해 반민특위위원장 김상덕이 "대통령이 괴변으로서 헌법을 무시하고 삼권을 독점하려는 의도에서 민심을 혼란케 하고 반민법 운영을 고의로 방해하는 담화문을 발표하였다"고 비난하는 반민특위위원장 명의의 담화를 발표한 데서도 그런 분위기를 읽을 수 있다.[18]

그러나 정권의 구체적인 반민주주의적 행태는 아무래도 정부 수립 시 마련된 제도적 틀을 변경하려는 시도와 관련지어 이야기할 수 있을 것이다. 한국에서 자유민주주의는 사회 구성원들 사이에 내면화되고 지지를 얻기에 앞서 제도화가 먼저 이루어졌다. 그런 만큼 일반 국민들이 정권의 문제점을 '반민주'와 결부시켜 인식하는 데는 자유민주주의 제도에 대한 부정·변개가 직접적인 계기일 수밖에 없었다. 건국헌법 제정 과정에서 합의된 자유민주

---

18 반민법과 반민특위활동을 놓고 벌어진 일련의 상황에 대해서는 서중석(1996, 104-143)을 참조.

주의 제도를 변개하려는 최초의 시도는 1952년 7월 대통령 직선제를 골자로 하는 제1차 헌법개정으로 나타났다. 비록 개정 범위가 국가권력 구조와 관련한 부분에 국한되고 국민의 기본권 조항이나 경제 질서에는 아직 어떠한 수정도 가해지지 않았지만, 개정 자체로 그것은 헌법이 구현하고 있는 자유주의 원리에 자못 심각한 변화를 가져왔다. 대통령을 중심으로 한 정치권력의 독점과 집중이, 개헌안 통과 과정에서 온갖 불법과 파행을 불사하며 시도되기 시작한 것이다.

이렇게 볼 때, 이승만 정권하에서 민주화 운동의 시발은 1952년이라는 시점과 깊은 관련이 있다고 말할 수 있다. 이른바 '부산 정치 파동'과 제1차 헌법개정 과정을 통해 이승만 정권의 반민주성이 더는 숨길 수 없이 드러나 버렸고, 이는 곧 민주화 요구의 계기로 작용하기에 충분했다. 물론 당시 이승만 정권에 대한 강력한 반대 집단이었던 민국당이 출신 성분이나 이념적 성향으로 볼 때 민주화의 주체로 평가되기에는 한계가 있고, 그런 만큼 당시 정국에서 반이승만 활동은 지배 세력 내의 이해 다툼에서 발생한 것일 뿐 민주화 운동과 관련짓기는 어렵다는 지적이 있을 수 있다. 하지만 1952년을 전후한 정국이 민주화와 연결되는 지점은 야당의 활동 그 자체에 있다기보다 그것이 불러일으킨 사회적 효과에 있다. 즉, '부산 정치 파동'과 제1차 헌법개정을 둘러싸고 여야 간에 벌어진 물리적 충돌과 담론 투쟁은 국민 일반으로 하여금 당시의 정국 혼란을 '반민주'의 문제로 어렴풋이나마 연결 짓고 민주주의의 유지·회복을 중요한 의제로 인식하게 하는 데 기여했다.

이승만 정권을 독재로 규정하고 민주주의의 회복을 요구하는 '운동'은 1960년 3·15부정선거를 전후해 마침내 폭발했다. 불법적이고 부당한 두 차례의 개정으로 인해 건국헌법이 제도화한 삼권분립 원칙이 결정적으로 파기된 상태에서 인민주권 원리의 구현 기제인 선거에서마저 부정이 자행되자 이제 정권의 반민주성은 누구에게라도 확연했고, 따라서 '민주화'의 필요성 또한 폭넓게 공감되었다. 4월혁명을 전후한 시기에 발표된 각종 선언문들[19]을 통해 볼 때, '반이승만 정권'의 요지는 분명하다. 이승만 정권은 "민주와 자유를 위장한 전체주의" "민주주의를 위장한 백색 전제"라는 것이다.[20] 따라서 '반이승만 정권' 투쟁은 "짓밟힌 민주주의" "주권재민 원리의 파기"에 대한 정당한 분노의 표출이 된다.[21] 이승만 정권하에서의 민주화 운동이 국가 형성 과정에서 합의된 초기 자유민주주의 제도의 유지·회복에 주로 초점을 맞췄던 것은 이렇듯 정권의 반민주성이 자유민주주의 제도의 훼손으로 대변되었던 사정과 무관하지 않다고 볼 수 있다. 이승만 정권의 독재가 노골화되는 1950년대 중반 이후 반이승만 세력들은 '민주주의로의 복귀'를 구호로 내세웠는데, 이때 '복귀'란 결국 건국헌법 체제를 염두에 둔 것이었다. 이런 점에서 이승만 정권기의 민주화 운동은 건국헌법 체제 수립의 한 축을 이루었던 자유주의 세력 및 그 이념과 밀접한 관계가 있다고 볼 수 있다. 다시 말해, 이승만 정권에 의한 독재는 자유주의가 더는 체제 이념이 아니라 반체제적 저항 이념으로 재정비되는 계기를 마련했다.

'반독재 민주화'를 추구하는 과정에서 나타난 이 시기 자유주의 세력의 동학과 이념적 특성을 정리하면 다음과 같다. 첫째로, 자유민주주의 헌정 질서의 복원이 최우선 목표였던 만큼 궁극적으로 부정선거 무효화와 대통령 하야에 저항의 초점이 맞춰졌지만, 다른 한편 자유민주주의가 무엇인지를

---

19 본 연구에서는 김삼웅 편(1984)을 주로 참조했다.
20 "자유의 종을 난타하는 타수의 일익을"(서울대학교 학생회 4월혁명 제1선언문), 김삼웅 편 (1984, 19).
21 "혈관에 맥동치는 정의의 양식"(연세대학교 학생회 4·19 선언문), 김삼웅 편(1984, 15-16).

국민 일반에 알리고 지지를 획득하는 작업도 병행되었다. 4·19혁명을 전후해 나온 선언문들을 중심으로 보았을 때, 강조되고 있는 민주주의의 핵심은 '인민주권'이었다. 역사적인 경험이 일천한 탓에 일반 국민들 사이에서 자유민주주의에 대한 이해가 부족했던 당시 한국의 상황을 고려할 때, 자유민주주의가 제대로 실천되기 위해서는 먼저 정치적 지배-복종 관계에 대한 국민들의 의식 전환, 곧 정치적 지배 집단이란 일정 기간 민중이 자신들을 위해 봉사하도록 뽑아 놓은 일꾼일 뿐이며 그들이 지닌 막강한 권력도 원래 국민들의 것으로 집권자에게 잠시 위탁해 둔 데 불과하다는 발상의 전환이 무엇보다 필요했을 것이다. 당시 민주화 진영의 대다수 저항 지식인들은 그런 자유민주주의 원리를 국민 일반에 확대하고자 노력했고, 국민들이 실제로 자신의 권리를 확인하고 그것을 실현하는 기회로서 특히 선거 참여를 강조했다.

다음으로, 이승만 정권기의 반독재 투쟁에서는 '자유'에 대한 요구가 강하게 나타났다는 점에서 특징적이다. 예컨대 4·19를 학생들 스스로 '자유를 위한 싸움'으로 규정하고 있다. 토지개혁이 단행되고 헌법적 차원에서 "사회 정의의 실현과 균형 있는 국민경제의 발전"을 국가 경제 질서 제1원칙으로 내세운 데다 자본주의의 발전 수준은 아직 보잘것없었으므로 독재의 문제가 1960년대 말~70년대에서처럼 경제적 불평등과 연관되어 인식되지는 않았고, 자연히 민주화 과정에서 '경제 정의'가 중요한 의제로 등장하고 있지 않다. 이에 반해 '자유'는 식민지의 기억이 아직 생생한 가운데 이제 막 전쟁의 참혹함까지 겪은 상황이었던 탓에 상당히 호소력 있는 의제로 작용할 수 있었다. 4월혁명 당시 민주화 요구 가운데는 "피 흘려 돌아가신 선열들의 혼을 위로하자. 마산사건에 억울하게 희생된 혼들을 위로하자. 왜놈과 공산도배와 싸울 때 흘렸던 학도들의 고귀한 피다"[22]라거나 "우리 고대는 과거 일제하에서는 항일 투쟁의 총본산이었으며 해방 후에는 인간의 자유와 존경을 사수하기 위해 멸공 전선의 전위 대열에 섰으나 오늘은 진정한 민주 이념의 쟁취를 위한 반항의 봉화를 높이 들어야 하겠다"[23]라는 식으로 자신들의 독재 정권에 대한 항거를 일제로부터의 독립 투쟁 및 공산주의에 대한 항전과 동일 선상에 놓는 경우가 많았다. 즉, 독재 정권에 의한 억압이 일제 및 공산당에 의한 억압과 유비됨으로써 '자유'의 가치와 정당성은 그만큼 더 설득력을 얻을 수 있었다.

반이승만 정권 투쟁을 항일 투쟁의 연장선상에서 파악했다는 것은 다시 말해 민주화 요구 세력이 스스로를 민족주의적 주체로 규정하고 있었다는 의미다. 그리고 실제로 4월혁명은 이승만 정권의 반민주성뿐만 아니라 반민족성에 대한 규탄을 함축했고, 그리하여 급진적 통일 논의를 발전시키기도 했다. 단정 수립을 둘러싸고 해방 정국에서 자유주의가 민족주의로부터 분화해 극우 반공주의와 연합하는 구도를 보이긴 했지만, 이른바 '통일을 위한 단정 참여' 진영은 기본적으로 자유주의적 민족주의 세력이었고, 그런 점에서 북진통일론을 주장하며 분단 고착을 불사하는 정권 측과 차이가 뚜렷했다. 정부 수립 직후 반민특위 문제를 처리하는 과정에서부터 드러났던 이승만 정권의 반민족성은 반민주성과 맞물리며 강화되어 갔고, 그와 동시에 자유민주주의 지향은 민족주의적 색채를 강하게 띠게 되었다.[24]

이렇듯 이승만 정권기의 민주화 운동 과정에서 자유주의 세력이 민족주의 세력과의 연대를 재구축함으로써 민족(통일) 문제에 있어 진보성을 견지

---

22 "구속하려거든 백만 학도 모두를"(전 부산 학생 호소문), 김삼웅 편(1984, 16).
23 "이 탁류의 역사를 정화시키지 못하면"(고려대학교 학생회 4·18 시국선언문), 김삼웅 편(1984, 17).
24 앞으로 살펴보게 되겠지만, 반독재 민주화 요구가 민족주의적 요구와 결부되는 현상은 1960~80년대 민주화 과정에서도 일정한 패턴으로 지속된다.

한 측면이 있는 게 사실이나 다른 한편 그것은 전쟁의 영향으로 인해 반공주의 경향도 한층 뚜렷하게 띠게 되었다. 앞서의 인용에서 보았듯이, 이승만 정권 반대 투쟁을 정당화하는 과정에서 '왜놈과 공산도배' '항일 투쟁과 멸공 전선'이 동일 선상에 놓였다는 것은 이미 공산주의가 반민족적 이데올로기로 규정되었음을 시사한다. 그러므로 민족주의적 색깔을 분명히 하면서 동시에 반공주의를 강화하는 것이 적어도 당시 자유주의적 민주화 전망에서는 모순되는 경향이 아니었다.

그러나 반공주의는 체제 위협, 국가 안보의 의제와 결부되며 민족주의의 발현에 강한 한계로 작용할 수밖에 없었고, 정권은 언제나 그런 한계를 교묘히 활용했다. 반민특위 문제 처리 과정에서부터 정권 측은 그들을 향해 겨누어지는 '반민족적'이라는 비난을 '반공'의 논리로 피해 갔고, 전쟁의 후유증은 그런 논리의 설득력을 배가시키는 경향이 있었다. 그러므로 반공주의를 강하게 노정하게 된 자유민주주의 세력은, 민족 문제에 대한 접근 태도에 있어 독재 정권과 갖는 분명한 차이에도 불구하고, 구체적인 실천 면에서 정권 측과 유사한 양상을 보이게 된다. 이는 자유주의적 민주화 전망의 한계로서 이후로도 일정하게 지속되나, 민주화가 진전되는 가운데 부분적으로 극복하는 모습도 보이게 된다.

(2) 박정희 정권기 : 저항적 자유주의의 발전

4월혁명의 결실이라 할 제2공화국은 군사 쿠데타 세력에 의해 채 1년을 채우지 못하고 막을 내렸다. '혁명적 상황' 속에서 등장한 박정희 정권은 쿠데타와 '혁명정부'의 정당성을 대내외적으로 인정받고자 헌법개정을 통해 자유민주주의의 기본 원칙을 이전보다 더 선명하게 표방했다. 전체적으로 볼 때 제3공화국은 삼권분립 원칙을 견지하고 국민의 기본권 보장을 강화한 자유민주주의적 헌정 질서를 갖추고 있었다고 평가받는다.[25] 그런데 반공 체제 강화와 조국 근대화를 명분으로 집권했던 박정희 정권은 출범과 함께 제3공화국을 이른바 '개발독재' 체제로 몰고 가기 시작했다. 애초에 효율적인 정책 수행을 위해 필요로 했던 강력한 행정권은 이제 그 자체가 목적이 되었고 반공 국시나 경제성장을 도리어 권력 독점과 정권 유지의 명분으로 삼았다. 이렇게 권력이 스스로 확대재생산하기 시작하면서, 이제 헌법이 표방하는 자유민주주의적 헌정 질서는 아래로부터의 반독재 움직임과 더불어 정권을 압박하는 커다란 부담으로 작용했다.

이러한 상황에서 박정희 정권이 선택한 해결책은 다름 아닌 헌법개정이었다. 박정희 정권은 제6차, 제7차 헌법개정[26]을 통해 쿠데타와 군사정부를 정당화할 필요에서 헌법에 덧입혔던 자유민주주의적 외피를 차례로 벗겨 냈다. 즉, 더 이상의 권력 독점과 정권 유지가 위헌이 되는 상황을 타개하기 위해 군사정부는, 위헌적 통치행위를 헌법에 비추어 수정·중단하는 것이 아니라, 오히려 해당 헌법 규정들을 개정함으로써 권위주의적 독재를 강화하는 길을 택했던 것이다. 박정희 정권하에서 두 차례의 헌법개정을 거치는 동안 한국 사회는 공식적으로 표방하는 지배 이념으로서조차 자유민주주의를 내

---

25 김영수는 제3공화국 헌법을 다음과 같이 평가하고 있다. "결국 제3공화국 헌법 규범 전체 체계를 살펴보면 국민의 기본권 보장을 목표로 하는 민주주의와 법치주의 추구라는 이념과 목표가 분명하고 명확하게 설정되어 있었던 것이다"(김영수 2000, 544).

26 제6차 헌법 개정의 핵심은 "대통령은 1차에 한하여 중임할 수 있다"는 제3공화국 헌법의 대통령 재임 관련 규정을 "대통령의 계속 재임은 3기에 한한다"로 개정하는 데 맞추어져 있었고, 따라서 흔히 '3선개헌'이라 불린다. 제7차 개정 헌법은 이른바 '유신체제'로의 체제 변화에 부응한 유신헌법이다.

세우기 어려워졌다. 동시에 이 시기 들어 자유주의는 반독재 민주화 운동을 견인하고 뒷받침하는 이념으로 발전해 가기 시작했다.

제3공화국에서 정권을 향한 최초의 대대적인 저항은 1964년 초부터 공화당 정권이 추진한 '한일 협정'이 그 계기가 되었다. 협정 추진 과정의 반민주성과 협정 내용의 반민족성에 대한 문제의식이 확산되면서 저항은 '범국민적인 굴욕 외교 반대 투쟁'의 형태로 전개되었다. 그런데 이 같은 저항은 단순히 정권의 대일 외교 정책에 대한 일회적인 반대에 그치지 않았다. 5·16 쿠데타가 발발한 지 3년이 지난 시점이었지만 '한일 협정' 반대 투쟁은 그것에 대한 비판과 연계됨으로써 5·16을 뿌리로 하는 정권 자체에 대한 반대임을 분명히 했다.[27] 5·16이 4·19의 계승이 아니라 그에 대한 도전이라는 선언은 5·16에서 출발한 정권이 반민주적·반민족적이라는 선언에 불과하다. 게다가 당시 시위 세력들은 이 굴욕 외교 반대 투쟁이 "헌정 수호와 자유민주주의의 원칙하에 무질서한 파괴 활동 행위가 아님을 명시한다"고 밝힘으로써[28] '한일 협정' 문제를 둘러싼 전선의 구도가 민주 대 반민주임을 분명히 했다.

'범국민적인 굴욕 외교 반대 투쟁'의 형태로 전개된 박정희 정권 초기 저항운동과 관련해서는 다음 두 가지 사실이 주목될 필요가 있다. 우선 박정희 정권의 반민주성에 대한 의식과 비판이 그 반민족성에 대한 문제의식에서 출발했다는 점이다. 정권 초기였던 만큼 '독재'에 대한 문제의식은 아직 구체

---

27 "민족적 민주주의 장례식 및 성토대회" 선언문 참조. 동 선언문은 '한일 굴욕 회담 반대 학생 총연합회' 명의로 되어 있는데, 동 학생 총연합회는 나흘 뒤 5·16쿠데타 당시의 혁명 공약 6개 항목을 조목조목 따진 "5·16을 비판한다"를 발표했다. 이에 관해서는 김삼웅 편(1984, 41-44)을 참조할 것.

28 "구국비상결의 선언"(난국타개 학생 총궐기대회, 1964년 5월 25일), 김삼웅 편(1984, 45).

화되고 있지 않았으나, 민족자존과 민족 자립에 반하는 정권은 그 자체로 반민주적이라는 평가가 공유되고 있었던 것이다. 한일회담 반대 시위가 "민족적 민주주의 장례식"이라는 이름을 걸고 전개되었던 데서 상징적으로 보이듯이 당시에도 자유민주주의는 민족주의와 강하게 결부되어 이해되었고, 이는 남한 국가 수립 과정에 자유주의적 민족주의 세력이 참여함으로써 확보된 '전통'이라고 할 수 있다. 다음으로 이 시점에서 이미 '반공'이 정권에 의해 반민주적·반민족적 억압의 구실로 악용되고 있다는 사실이 간파되고 있다는 점이다. "그들(박정희 정권)은 반공의 미명을 빙자하여 천여 명의 민족적 양심 세력을 용공 분자로 몰아 옥석의 구별도 주저도 없이 서대문 감옥으로 인도하였다."[29] 이러한 인식은 한일 국교 정상화 당위성의 근거로 내세운 국가 안보·반공 태세 강화에 대한 의심으로 연결되며, 마침내 "굴욕 외교는 안보에 저해"된다는 전역轉役 장성 성명서가 발표되기에 이른다.

'범국민적인 굴욕 외교 반대 투쟁' 이후 제3공화국에서 민주화는 6·8부정 선거 및 3선개헌과 불가분의 관계를 맺고 있다. '혁명'정부의 정당성 확보를 위해 상대적으로 자유주의적인 헌정 질서를 갖추고 있었던 제3공화국 정부는 정작 현실에서 권력의 독점·강화와 집권 연장을 추구하게 되자 그런 외피에 불편함을 느꼈을 법하다. 특히 문제는 제1공화국의 경험을 교훈 삼아 명시했던 '대통령 3선 금지' 조항이었다. 이에 따라 의회 내 개헌선 확보를 위한 광범위한 선거 부정, 관권과 물리적 폭력이 노골적으로 동원된 개헌 작업이 시도되었고, 이렇게 이어진 독재의 수순은 자연히 민주화 투쟁의 내용과 방향을 제시했다. 즉, 이 시기 민주화는 자유민주주의 헌정 질서 수호와

29 "5·16을 비판한다"(한일 굴욕회담 반대 학생총연합회, 1964년 5월 24일), 김삼웅 편(1984, 42).

민주·공명 선거를 통한 정권 교체로 집약되었다. 민주화를 위한 투쟁의 이와 같은 내용과 방향은 제4공화국에서도 크게 바뀌지 않았다. 다만 이번에는 자유민주 체제 확보를 위한 요구가 '개헌운동'으로 나타났다는 점에서 차이가 있을 뿐이다.

요컨대 제3·4공화국 정권의 독재는 선거 부정과 개헌의 형태로 자행된 자유민주주의 제도의 심각한 훼손을 동반했다. 그리고 그에 따르는 반발을 통제하기 위해 사상 및 언론 자유의 억압과 학원 자율성 침해, 인권 탄압이 수반되었고, 이는 다시 정권의 반민주성을 강화시켰다. 이러한 상황에서 아래로부터의 민주화 요구는 부정·불법 선거 규탄과 호헌·개헌 등 제도화의 문제에 집중되지 않을 수 없었으며, 자연히 이 시기 민주화 운동 진영에서는 자유주의적 전망과 세력이 우세를 보였다. 하지만 제3·4공화국에서 발전한 저항적 자유주의가 단순히 절차적·형식적 민주주의의 확립만을 목표로 했던 것은 아니다. 개발독재의 파행이 단순히 제도의 왜곡과 개악에 머무르지 않고 정치·경제·사회 전반을 아우르며 마침내 국민의 자유권 유보를 공개적으로 요구하는 유신체제로 나아감에 따라 자유주의에 기반을 둔 민주화 세력의 투쟁 범위도 한층 확대되기에 이른다. 무엇보다 제3·4공화국에서는 독재가 불평등한 경제 현실과 왜곡된 경제구조의 원인으로 인식되기 시작했고, 따라서 자유주의적 민주화 전망은 분배 정의, 복지, 균등한 발전 요구를 담아내게 되었다.[30]

한편 자유민주주의 초기 제도화 과정에서 이미 보였듯이, 반공주의는 한국에서 자유주의의 기본적인 한계였고, 그런 한계는 전쟁의 경험으로 인해

---

30 구체적인 요구 내용은 예컨대 "역사 앞에 선언한다"; "3선개헌은 국제신의 손상"(3선개헌 반대 재일한국인투쟁위원회, 1969년 9월)에 잘 드러나 있다. 김삼웅 편(1984, 81, 112)을 참조할 것.

1950년대를 거치며 더 강화되는 듯했다. 반공을 '국시'로 내걸고 등장한 박정희 정권은 정치적 반대 세력을 탄압하고 원하는 정책을 관철시키는 데 철저하게 반공을 활용했다. 그런데 그처럼 반공을 구실로 정권에 의해 철저히 억압받고 배제되면서 민주화 세력은 점차 '반공 국시'에 문제의식을 싹틔우기 시작했다. 그리고 이러한 문제의식으로부터 자유주의적 민주화 세력은 '반공을 위한 반공'과 '자유민주 체제의 확립 및 신장을 위한 승공' '구실로서의 반공'과 '진정한 의미의 반공'을 구별한다.[31] 즉, 자유주의적 민주화 전망에서 반공은 자유민주주의를 실현하는 정책적 수단을 의미하며 또 그런 한에서 용인되는 것이었다. 물론 공산주의에 대해 적대적 시선을 거두지 않고 강한 반공 의식을 여전히 견지하고 있기는 했지만, "반공의 최대 무기가 자유"[32]임을 강조하면서 자유민주주의와는 무관하게 독려되는 정권의 반공 의식 및 정책을 비판했다는 점에서 그것은 독재 정권에 의해 확대재생산되어 온 반공주의와는 사뭇 차이가 분명했다. 더욱이 중요한 사실은, 자유민주주의와 반공주의를 동일시하거나 혹은 반공을 국시로 자유민주주의 자체보다 우선시하던 기존 인식에서 나아가 오히려 자유민주주의를 반공의 목적으로 제시함으로써 이제 자유민주주의 발전을 통일과 연계해 보게 되었다는 점이다.[33] 즉, '자유민주주의 발전 = 승공 = 민족 통일'의 구도를 제시함으로써 반민주주의는 반민족주의라는 논리를 이끌어 내고, 이로부터 반공의 명분 아

---

31 예컨대 "역사 앞에 선언한다"나 "민족사적 소명을 자각하자: 전국의 신앙인들에게"(3선개헌 반대 범국민투위, 1969년 8월 15일)에서 단적으로 그러하다. 김삼웅 편(1984, 80, 90)을 참조할 것.
32 "5·16을 비판한다", 김삼웅 편(1984, 43).
33 "해외유학생 3선개헌 반대 결의문"(워싱턴지구 한국학생회, 1969년 7월 11일); "민주국민헌장"(민주회복 국민회의, 1975년 3월 1일); "3·1 민주구국선언"(윤보선·함석헌·김대중·이우정 외, 1976년 3월 1일); "3·1 민주구국선언" 등을 참조할 것. 김삼웅 편(1984, 77, 260, 272, 273).

래 자유민주주의를 억압하는 독재 정권은 반민주적일 뿐 아니라 반민족적으로 비판되게 된다.

1970년대 들어 '민족 통일'이 민주화 과정에서 중요한 의제로 대두하게 된 것은 '7·4 남북공동성명'의 영향이 컸던 것으로 보인다. 정권에 의해 평화 통일 문제가 "민족의 역사적 사명"으로 부각되었을 뿐 아니라 정권만이 통일 논의를 독점하려 했기 때문이다. 따라서 자유민주주의의 발전을 민족 통일과 연계하는 민주화 세력의 논리는, 반민주적 독재 정권은 통일을 말할 자격이 없으며 그들에 의한 통일 논의는 결국 유신체제를 정당화하는 허울에 지나지 않는다는 비판을 함축하는 것으로 해석할 수 있다. 1970년대 중반 이후 민주화 운동이 민족 통일 의제를 확연히 포섭하게 되면서 '민주수호국민협의회'에서 '민주회복국민회의'로 발전해 온 범재야 민주화 운동 연합은 1979년 3월 1일 '민주주의와 민족 통일을 위한 국민연합'으로 다시 태어나고, 이제 자유주의적 민주화 전망의 구호는 '민주·민중·민족'으로 집약되게 된다. 그러나 다른 한편 1980년대의 지형에서 이 '민주·민중·민족'의 구호는 더욱 급진적인 성격의 의제로 발전하며 상이한 이념적 대안과 전망으로 분화를 겪는다. 특히 1970년대 중반 자유주의적 민주화 전망 속에서 민주화 의제로 등장한 '통일'은 1980년대 들어 급진적인 민주화 대안과 자유주의적 전망을 구분 짓는 키워드가 된다.

(3) 1980년대의 민주화 운동과 자유주의

1980년대로 접어들면서 그동안 전개되어 오던 반독재 민주화 운동은 중대한 전환을 이루게 되었다. 그것은 흔히 '변혁' 운동이라는 점에서 1970년대까지의 민주화 운동과 구별된다. 다시 말해 80년대 저항운동의 목표는 단순히 독재 정권을 타도하고 민주적 정당성을 갖는 민간 정부를 수립하는 데 있지 않았다. 그것은 독재 정권과 자본주의 발전의 파행성으로 현상된 한국 사회 모순 구조 자체의 전면적인 '변혁'을 추구했다. 이와 같은 운동의 '질적 비약'은 자연히 인식 수준의 '심화'를 동반했다. 변혁을 시도하기 위해서는 먼저 변혁 대상에 대한 정확한 인식과 변혁 주체 설정, 변혁 방법에 대한 분석이 필연적이었기 때문이다. 1980년대 운동과 사회 인식의 이 같은 변화는 기존의 운동 방식이나 내용, 주체에 대한 반성을 요구했는데, 그것은 1960~70년대 민주화 운동을 견인했던 자유주의에 대한 비판으로 연결되었다. 1980년대 변혁론의 관점에서 보았을 때, 자유주의적 민주화 전망은 과학적 방법론에 입각해 한국 사회의 문제를 분석해 내지 못한 데다 사회운동의 계급적 기초에 대한 인식마저 불철저했던 탓에 구체적인 변혁 대안을 제시하지 못하고 그저 소시민적 민주화관에 머물고만 것이었다. 그리고 이처럼 비과학적이고 몰계급적인 전망이라는 관념적·추상적이며 낭만적인 진보를 의미할 뿐이었다. 결국 1980년대 민주화 운동의 '질적 비약'은 '자유'민주주의를 한국 사회의 진보적 대안 이념의 자리에서 배제하는 과정을 수반했다.

1980년대 접어들면서 반독재 민주화의 대안은 '자유화의 연장선상에서 나타나는 자유민주주의적 시각의 시민 민주주의' '자본주의의 모순에 주목하는 민중적 민주주의' '제국주의의 규정력을 강조한 민족주의적 변혁론'으로 구분되는 조짐을 보였다(김동택 1992, 492). 앞 장에서 살펴본 대로, 이미 1970년대 중반 이후 자유주의적 민주화 전망에는 '민주·민중·(민족)통일' 의제가 밀접히 연관된 상태로 포착되어 지향되고 있었다. 그런데 1980년대 들어 자유주의적 전망은 '80년대적 상황'을 반영하며 그 자체로 더욱 급진화되기보다 진보적 대안들로의 분화를 겪고, 그 과정에서 오히려 보수화를 경험하게 된다. 거기에는 몇 가지 중요한 요인이 작용했다. 우선 자유주의적 전망은 1980년대까지 한국 사회에서 드러난 제반 문제점들의 근본 원인을 정권의 반민주성과 관련해 이해했고, 따라서 독재 권력의 해체라는 정치적 해법에 집중했다. 1960년대 이후의 이른바 '근대화'가 초래한 경제발전의 어두운 이면을 포착하고 운동 과정에서 의제화하기도 했지만, 그것이 한국 자본주의의 모순 구조에 대한 깊이 있는 분석과 연결되거나 그런 분석으로부터 뒷받침되지 못한 채 권위주의 독재의 문제로 대부분 환원되고 있었던 것이다.

이와 관련해 자유주의적 민주화를 추구했던 추진 세력의 한계도 중요한 요인으로 지적될 수 있다. 역사적으로 볼 때, 한국의 민주화 과정에서 자유주의는 특정한 계급적 이해를 공유하는 세력이 아니라 특정한 이념적 지향과 가치를 공유하는 세력에 의해 지지되었다. 특히 1960~70년대 민주화 과정에서 드러난 자유주의적 전망의 비非계급적 혹은 탈脫계급적 성격은 '민중'[34]이 (시민적) 권리의 담지자이자 저항의 주체로 제시되고 나아가 민중적 삶에 대한 자각과 관심이 분배 정의와 경제민주주의의 의제 설정으로 발전하게 된다는 점에서 잘 드러난다. 한국의 민주화 과정에서 자유주의 세력은 자신들의 특정한 계급 이익을 중심으로 조직되어 운동한 것이 아니기 때문에 민중적 문제의식을 공유하며 나름대로 진보적 대안의 역할을 할 수 있었다.[35] 그러나 자유주의의 이러한 특성은 자본주의적 모순 구조가 더욱 복잡

---

34 이때 '민중'은 '백성'이나 '국민' 혹은 '인민' 등의 표현과 뚜렷한 구별 없이 막연히 억압받는 피지배층을 통칭하는 말로 이해되었다. 이런 점에서 당시의 민중론은 후일 관념적·비과학적인 것으로 비판받게 된다. 사회과학계에서 민중론은 1980년대 중반 이후 사회구성체론 및 변혁 이론과 맞물리면서 새로운 양상을 띠고 발전해 갔다. 이러한 민중론의 변화는 1970년대까지의 민주화 운동과 1980년대 민주화 운동이 한국 자본주의의 성격 및 사회 구성에 대한 인식, 변혁 노선과 주체 설정 등의 면에서 드러내는 질적 차이를 반영한다.

35 그러나 당시 '민중'에 대한 관념적이고 애매한 논의 수준이 상징하듯, 자유주의적 민주화 전망

하게 전개되는 1980년대 들어 자유주의적 전망이 점차 호소력을 잃고 위축되게 되는 한계로 작용했다. 급속한 자본주의 발전 과정에서 계급적 이해관계가 분화되고 그런 계급 관계에 기반을 두어 정치사회적 지향을 달리 하는 대안들이 출현하자 포괄적인 자유주의적 민주화 전망 내에서 그에 조응한 균열·분화가 일어나게 된 것이다. 그리고 그 과정에서 자유주의는 '민중' 이념으로서의 지위를 박탈당하고 편협한 '계급' 이념으로 규정된다. 게다가 애초에 근대국가 형성 과정에서부터 자유주의적 전망은 기본적으로 공산주의에 대한 반감을 공유하고 있었던 터라 좌파적 변혁 지향이 민주화 운동 진영 내에서 입지를 넓히고 '반미 자주 민족해방'을 내세운 친북 성향의 노선이 변혁 대안으로 등장하자 더는 진보적 기능을 장악하지 못한 채 상대적으로 보수화하고 만다.

이렇듯 1980년대 들어 자유민주주의가 이론적·실천적으로 비판되고 급기야 한국 사회의 변혁 대안에서 배제되는 상황에 처하게 되지만, 그럼에도 불구하고 1980년대 민주화 과정에서 그 영향력은 일정하게 지속되었다. 거기에는 제5공화국에서 권위주의 독재가 기존의 관행을 답습하며 진행되었다는 요인이 크게 작용한 것으로 보인다. 유신 철폐와 자유민주주의 헌정 질서의 회복을 주장하는 드높은 열기 속에서 제4공화국이 종식되었음에도 불구하고, 그것이 곧 민주화의 달성으로 이어지지는 못했다. 오히려 '80년 봄'의 실패와 광주 민주 항쟁의 폭력적 진압 후 '신군부'에 의한 군사 권위주의 독재가 다시 시작되었다. 제5공화국의 등장과 함께 마침내 유신헌법에 대한 개정이 이루어졌으나, 정작 제5공화국 헌법은 유신체제하에서 집요하게 이

은 민중을 중심으로 한 민주화 실현의 구체적인 전략·방법에서 약점을 안고 있었다. 이에 대한 비판으로 박현채(1995), 서관모(1987), 이광일(1998) 등을 참조.

어졌던 국민들의 개헌 요구를 제대로 반영하고 있지 않았다. 1970년대 민주화 운동이 개헌에 초점을 맞췄을 때, 그것은 개정 헌법의 내용뿐 아니라 헌법개정의 형식 및 절차 또한 주권재민의 원칙과 자유주의 원리를 충족시켜야 한다는 요구를 함축했다. 그런데 제5공화국 헌법은 비상 계엄령 아래에서 국가보위비상대책위원회 주도로 국민들의 동의를 구하거나 국민적 관심사를 반영하는 일체의 과정 없이 진행되었다. 따라서 실제로 그 내용이 얼마나 자유주의적 헌정 질서의 요건을 만족시키고 있는가와 상관없이[36] 일단 그 성립 과정에서 제5공화국 헌법은 민주적 정당성을 잃고 있었다.

앞서 언급했듯이, 1980년대 들어서면서 급진적 변혁론이 격렬한 이념·노선 투쟁을 거치며 등장하게 되었고 그에 따라 민주화 이후 민주주의에 대한 전망들 사이에서도 상당한 간격의 입장 차이가 존재했다. 하지만 모든 민주화 세력들이 그들 '공동의 적'인 군사독재 정권을 바라보는 데 있어 기본적인 시각을 공유했다. 즉, 현재의 정권이 "국회를 불법적으로 해산하고 민주 인사들을 대량 투옥하고 광주의 민중항쟁을 무력으로 짓눌러 수천 명의 동포를 살상한 뒤에 국민의 주권을 유린하는 헌법을 제정하여 통치권을 장악했다"[37]는 점에서 반민주적이라는 데 인식을 같이했다. 게다가 "그들이 국민

---

36 내용 면에서 볼 때 전체적으로 제5공화국 헌법은 유신헌법의 비민주적 요소를 많이 완화 또는 배제했다는 평가를 받는다(김영수 2000, 654). 그러나 대통령의 국회해산권, 비상조치권, 헌법개정안 제안권, 법률안제출권 등을 규정해 국회에 대한 대통령의 절대적 우월성을 여전히 확보해 놓고 있을 뿐 아니라 사법부에 대해서도 막강한 영향력을 행사할 수 있도록 되어 있었다. 무엇보다 결정적인 문제는 정부 형태로 대통령 중심제를 택하고 있으면서도 유신 헌법과 동일하게 대통령 선출 방법을 간선제로 규정했다는 점이었다. 이러한 선출 방식에 따라 전두환이 90.23퍼센트의 지지로 제5공화국 대통령에 당선되었는데, 이 같은 결과는 비록 헌법이 대통령 임기를 7년 단임으로 규정해 놓았을지라도 그것만으로 현재의 군사정권에 의한 독재와 장기 집권을 막기 어렵다는 인식을 국민들 사이에 확산시켰다. 그리고 그런 공감대는 1985년 2·12 총선거에서 직선제 쟁취를 주요 공약으로 내걸었던 신민당의 놀라운 약진으로 확인되었다.

의 민주적 합의도 없이 통과시킨 현행 헌법은 국민의 기본권을 박탈하고 있음은 물론이고 실질적으로 군사독재 정권의 장기 집권을 제도적으로 보장하고 있다"[38]는 문제의식도 함께 했다. 따라서 궁극적인 변혁 전망의 차이에도 불구하고, '민주 개헌'이 "진정한 국민적 합의에 기초한 민주화의 길을 얻기 위한 시급한 과제"[39]라는 데 합의할 수 있었다. 그리하여 정부의 '4·13호헌조치' 후 신민당까지 포함한 모든 사회운동 세력이 '민주헌법쟁취국민운동'을 전개하기에 이른다.

1987년 6월에 이르는 민주화 과정에서 '직선제 개헌'은 그 자체로 곧 '민주헌법 쟁취'를 의미했다. 당시 민주화의 쟁점으로서 '개헌'에 대한 인식은 '민주헌법쟁취국민운동본부' 결성 선언문에 다음과 같이 잘 표현되어 있다. "개헌은 단순히 헌법상의 조문 개정을 뛰어넘어 유신 이래 빼앗겨 온 정치, 경제, 사회, 문화 등 모든 영역에서 기본 권리를 확보하기 위함이며, 이를 위해 무엇보다도 정부 선택권을 되찾음으로써 실로 안으로 국민 다수의 의사를 실행하고 밖으로 민족의 이익을 수호할 수 있는 정통성 있는 민주 정부의 수립을 가능케 함을 의미한다. 또한 개헌은 응어리진 국민적 한과 울분을 새로운 단결과 화해, 역사 발전의 원동력으로 승화시킬 수 있는 그 무엇과도 바꿀 수 없는 민주화를 위한 출발점이며 절대 명제임을 밝히는 바이다"(6월항쟁10주년사업범국민추진위원회 1997, 212). 즉, '직선제 개헌' 이슈는 단순히 공정한 대표자 선출 방법의 확보 차원에서가 아니라 국민의 기본권 보장과 주

---

37 "군사독재퇴진촉구와 민주헌법쟁취를 위한 범국민서명운동선언"(1986/03/05), 동아일보사(1990), 43.
38 위와 같음.
39 "민주헌법쟁취국민운동본부 결성선언문"(1987/05/27), 6월항쟁10주년사업범국민추진위원회(1997), 212.

권재민 원칙의 관철이라는 더 원론적 차원에서 공감된 것이었다. 결국 '자유주의적 헌정 질서의 확립'이라는 오랜 자유주의적 민주화 전망은 민주주의의 '최소 강령'으로서 동의를 얻었고 다양한 변혁 대안과 운동 세력들의 결집을 이끌어 냈다.

1987년 6월 항쟁이 자유주의적 '최소 강령'을 만족시키는 수준에서 합의된 데 대해서는 당시에도 문제 제기가 있었고, 특히 민주화 이후 한국 민주주의의 진전 상황과 관련해 많은 비판이 제기되었다. 요컨대 민주주의의 최소 요건을 최대 쟁점화함으로써 한국의 민주화가 형식적·절차적인 목표를 이루는 선에서 타협하고 더욱 중요한 실질적 민주주의로의 발전에 쏟아 부을 동력을 일찌감치 소진해 버렸다는 것이다. 이는 사실 적절한 비판이나 다분히 사후적인 비판이기도 하다. 역사적으로 헌정주의의 제도화가 한국 사회에서 지녀 온 의미와, 특히 제5공화국 들어 민주화 운동 세력들 사이에서 공유된 개헌의 의미와 상징성을 감안할 때, '직선제 개헌'으로 대변되는 당시 자유주의적 민주화 전망이 실질적 민주주의와 대비되는 형식적·절차적 민주주의를 목표로 상정했던 것이라 보기는 어렵다. 직선제 개헌이 대통령 선출 방식의 변화를 요구한 것이라는 점에서 형식적·절차적 민주주의에 집중한 것은 사실이나, 그것은 실질적 민주주의와 분리될 수 있는 것으로서의 형식적·절차적 민주주의가 아니었다. 역대 독재 정권에 의해 헌법개정의 방식으로 민주주의의 형식과 절차가 지속적으로 파기되어 왔고, 이미 당면 현실에서 실질적 민주주의의 실현이란 기껏해야 정치적인 수사로밖에 가능하지 않았기 때문에 형식적·절차적 민주주의에 대한 몰두는 어쩌면 당연한 것이었다. 다시 말해, 87년 6월 항쟁에 이르는 민주화 과정에서 형식적·절차적으로 어긋난 자유민주주의의 복구는 더 절실하고 우선적인 과제로 선택된 것이었다고 보는 것이 적절하다.

3) 자유주의적 민주화의 의의와 한계

(1) 한국 자유주의의 역사적 성격

일제로부터의 해방이라는 민족사적 과제가 해결된 1945년부터 이른바 '해방 3년사'는 근대국가의 모델을 둘러싸고 다양한 민주주의 전망과 입장들이 대립·각축하는 양상을 보였다. 그러나 '8·15 해방'의 특수한 조건과 성격으로 인해 한국에서 근대국가 수립의 과제는 결국 자유민주주의의 제도화로 귀결되지 않을 수 없었다. 이로써 자유주의는 한국 현대 정치사에서 독특한 위상과 성격을 지니게 된다. 민족주의·사회주의 등과 마찬가지로 한국에서 자유주의 역시, 내재적 계기에 따라 자생적으로 형성, 발전된 이념이 아니라, '근대의 충격'과 함께 외부로부터 수용된 것이었다. 하지만 자유주의는 자유민주주의의 형태로 1948년 정부 수립과 함께 공식 지배 이념의 지위를 부여받았다는 점에서 민족주의, 보수주의, 사회주의 등 한국의 근·현대사를 점철한 다른 이념들과 구별된다. 무엇보다도 한국에서 자유주의의 독특한 성격과 역할은 그것이 공식 지배 이념으로 표방되었을 뿐 아니라 곧이어 그 '지배'와 '제도'에 맞서는 저항 이념으로 발전하기 시작했다는 점에서 비롯된다. 국내 민주화 운동에 관한 대다수 연구들이 지적하고 있듯이, 한국에서 자유주의는 적어도 1970년대까지 반독재 민주화 운동의 주된 이념적 기반이었다.[40] 이런 점에서, 해방 후 한국의 '민주화'는 전체적으로 보아 '자유민

---

40 이에 관해서는 백운선(1988), 조희연(1993; 2003), 김동춘(1994; 1999), 최장집(1996), 이광일(1998), 신광영(1999), 손호철(2003), 조현연(2003) 등을 참조할 것. 자유주의를 반체제 저항 이념의 관점에서 접근하고 있는 연구들은, 정권 차원에서 표방해 온 공식 지배 이념으로서

주주의'로의 변화를 추구하며 나아가는 과정이었다고 할 수 있다.

근대적 민주국가 건설 이념으로서 또한 민주화 운동 이념으로서 발전해 온 한국의 자유주의는, 바로 그 점에서 봉건적 신분 질서, 절대주의 왕권, 자본주의의 등장과 시장의 횡포, 복지국가의 실패 등을 역사적 과제로 해 발전해 온 서양 자유주의와 분명한 차이를 보인다. 앞서의 논의를 토대로 서양 자유주의와 구별되는 한국 자유주의의 역사적 성격을 요약해 보면 다음과 같다. 우선 한국 자유주의는 '개인'보다 전체로서의 '민족' 또는 '민중'을 권리의 담지자이자 저항의 주체로 강조한다는 점에서 특징적이다. 물론 그렇다고 '개인'의 존재가 부정되거나 혹은 '전체'와 대립적으로 파악되는 것은 아니다. 전체로서의 '민족·민중'을 중시하되 그것이 '개인'의 매몰을 의미하지 않을 때, 그 '개인'은 원자적 혹은 자기 완결적 존재가 아니라 사회적 또는 공동체적 존재로 나타난다. 조선의 근대화를 위해 자유주의의 수용을 모색했던 개화 지식인들 이래 민주화 운동을 선도했던 자유주의적 지식인들이 개인의 자유와 권리를 경시하지 않으면서 '민족·민중적 삶'의 문제에 몰두할 수 있었던 데는 인간의 사회성 내지 공동체성에 대한 믿음이 바탕이 되었던 것으로 보인다. 이렇듯 한국에서 자유주의가, 서양 자유주의가 그 발전의 초기 단계에서 그러했던 것보다 개인의 사회성·공동체성을 더 부각시키게 되는 것은 이념의 운동 공간으로서의 역사적 맥락이 갖는 차이를 반영한다. 절대군주나 봉건적 신분 질서의 해체가 아니라 독립과 반독재 민주화를 목표로 투쟁해야 했던 한국에서 자유주의는 사회적 관계로부터 추상되고 원자화되어 이해되는 '개인'을 제시하는 차원에 머물러 있을 수 없었다. 한국에서

의 자유민주주의를 염두에 두어서인지, 이 경우 자유주의 앞에 '비판적' 혹은 '진보적' '저항적' 등의 수식어를 붙이는 경향이 있다.

억압의 '근대적' 성격은 해방을 위한 투쟁에 있어 개인들 간의 연대를 요구하는 경향이 있었고, 자유주의는 문제 제기도 대안도 전체로서의 '민족·민중' 차원에서 고려해야 했던 것이다.

둘째로, 한국 자유주의는 자율적인 시장이나 사유재산의 절대성보다 균등과 분배 정의, 복지를 강조한다는 점을 지적할 수 있다. 이는 개화기에 시도된 최초의 자유주의 수용론 이래 임시정부헌법, 건국헌법, 민주화 담론에 이르기까지 지속되는 특성이다. 즉, 한국에서 자유주의는 자유경쟁을 원리로 하는 효율적인 시장에 대한 믿음을 꽃피운 적 없이 처음부터 '사회적 자유주의'로 나아갔다. 그 이유는 몇 가지로 생각해 볼 수 있다. 전통적인 유가적 가치관의 영향, 자유주의 수용 당시의 세계사적 조류, 사회주의와 적대적으로 공존하며 독립운동 및 근대국가 건설을 추진해야 했던 경험 등이 그 예가 될 것이다. 특기할 만한 사실은 개발독재 혹은 발전주의 국가로 특징져지는, 독재 정권 주도하의 자본주의적 근대화라는 부조리하고 왜곡된 한국의 경제 현실에도 불구하고, 민주화 담론에서 역시 자유 경쟁 시장을 중시하는 자유방임적 자유주의가 아니라 사회적 자유주의의 경향이 지배적이었다는 점이다. 민주화 진영에서 보기에, 헌법상의 복지국가주의가 사회적 자유주의의 실현을 촉진하기보다 개발독재의 빌미를 제공하는 현실의 상황에서 문제는 복지국가주의 자체가 아니라 국가권력의 성격이었다. 따라서 국가의 근본적인 변화, 곧 '반독재 민주화'를 통해 사회적 자유주의의 실질화를 추구하는 길을 택했다. 물론 이 같은 목표 설정은 당시 민주화 운동 세력이 한국의 제3세계적 상황이나 자본주의 모순 구조에 대한 총체적 인식을 결여한 채 정치적 해법에 의존하는 한계를 드러내 보인 것으로 비판되기도 한다. 하지만 초기 자유주의 수용론 이래 일관된 사회적 자유주의 지향은 한국의 역사적 맥락과 일정하게 조응하는 것으로 이해할 수 있다.

셋째로, 한국에서 자유주의는 계급 이념으로서의 성격이 약하며 처음부터 자유민주주의를 지향했다는 특성을 보인다. 개화기 이래 한국에서 자유주의는 특정한 계급적 이익을 공유한 세력에 의해서라기보다 특정한 이념적 지향과 가치를 공유한 세력에 의해 지지·발전되었고, 자유주의와 민주주의 간의 적대적 대립 경험 없이 자유민주주의라는 '기성품' 형태로 수용·정착되었다. 요컨대 한국에서 자유민주주의는 그 역사적 특성상 처음부터 민주적 제도를 갖춘 자유주의를 의미했으며, 따라서 인민주권 이념이나 그 이념을 구현할 구체적인 방법으로서의 보통선거권 확보가 아니라 자유주의적 원리와 가치의 실현 및 민주적 제도의 정상적인 운영이 목표였다. 그런 점에서 자유주의를 부르주아계급 이념으로 규정하며 민주주의와 적대적 관계로 파악하는 입장은 적어도 한국의 현실에는 부합하지 않는다.

(2) '1987년 민주화'의 한계

해방 이후 한국 정치사는 자유민주주의의 확립과 정상적인 작동을 향한 일련의 과정이었다고 볼 수 있다. 한국 민주화의 분수령으로 일컬어지는 1987년 6월에 이르는 동안 사회주의를 비롯한 급진적 변혁 전망이 경쟁적 대안으로 영향력을 발휘하기도 했으나, 기본적으로 한국의 민주화는 자유주의 이념의 주도하에 진행되었다. 한국에서 자유주의적 민주화의 길은 헌정주의의 제도화와 형식적·절차적 민주주의 틀의 확립이라는 의의에도 불구하고 그 기본적인 성격상 몇 가지 약점을 안은 것이기도 했다. 우선 자유주의적 민주화 전망은 한국 사회의 복합적인 성격에 대한 치밀한 인식을 결여했다는 점에서 한계가 있다. 형식적·절차적 민주주의의 회복을 통해 실질적 민주주의의 실현 역시 가능할 것이라고 보았던 낙관적 전망 역시 그런 한계에서 비롯되었다. 당시 정치권 민주화의 두 상징이자 민주화 이후 각각 대통령으로서 한국 사회를 이끌게 되는 김대중·김영삼의 '8·15공동선언'(1983년)은 상징적인 예다(동아일보사 1990, 34).[41] "민주 정부를 수립함으로써만이 농민과 근로자가 소외되고 억압받지 않는 나라의 경제를 이룩할 수 있습니다. 가진 사람과 없는 사람의 위화감과 분열을 없게 할 수 있습니다. 민주 체제 아래서만이 학생들과 노동자와 농민이 인격적 주체로서 자신의 권익을 주장하고 발양할 수 있습니다. …… 민주화로써만이 이 사회에, 지역에 내재하는 모든 불균형과 그릇된 감정을 씻어 낼 수 있습니다. 오직 민주화로써만 화해의 정치를 이룩할 수 있고 사랑의 사회를 건설할 수 있습니다. 민주화로써만 교육의 비인간화가 시정되고 야만적 고문이 영원히 청산될 것입니다. 민주화를 통해서만 자유·정의·진리·양심을 지키는 모든 사람들의 고통이 치유될 수 있으며, 삼켜졌던 말을 되찾아 인간답게 말하고 살 수 있습니다."

민주화에 대한 이와 같은 의미 부여는 그것의 당위성을 역설하고 참여를 호소하는 데 그지없이 효과적이었을 것으로 생각된다. 하지만 민주화에 대한 이러한 인식은 형식적·절차적 민주주의 확보 이후 그로부터 '어떻게' 실질적 민주주의를 이끌어 낼 것인가 하는 구체적인 전략·방법에 대한 깊은 고민을 생략하게 할 가능성이 크다. 위 선언에 나타나 있듯이, 1980년대 자유주의적 민주화 전망에도 경제 정의와 복지사회, 균형 발전, 나아가 인간적 교육에 이르기까지 진보적인 민주주의 내용이 포함되어 있었다. 또한 민주화 투쟁이 민족해방 투쟁의 연장선상에서 이해되고, 민주주의의 실현이 민

---

41 사실 양 김 씨는 민주화 운동 과정에서는 물론이고 민주화 이후 대통령으로서 펼친 노선이나 정책으로 볼 때 전형적인 자유민주주의 전망을 대변한다고 할 수 있다.

족 통일의 전제라는 인식도 여전히 공유된다. 그러나 1987년 6월 이후 형식적·절차적 민주주의가 회복되고 김영삼·김대중 두 사람이 각각 대통령 자리에 올랐었지만 그로부터 실질적 민주주의가 순조롭게 담보되는 어떠한 조짐도 보이지 않았다. 오히려 민주화 이후 '어떤' 민주주의야 하는가에 대한 모색과 합의 도출이 문제로 제기되는 상황이다. '6·29선언'으로 정점에 이른 1987년 민주화의 의의와 민주화 이후 한국 민주주의의 위기는 다분히 자유주의적 민주화 전망의 역사적 공과를 대변하는 것으로 보인다.

한편 1987년 6월 항쟁을 한국 민주화의 분수령이라고 할 때, 그 일차적인 의미는 국민의 민주적 역량을 통해 헌법개정의 계기를 마련했다는 것이다. 6월 항쟁 당시 민주화 요구가 '직선제 쟁취'라는 단일 쟁점으로 거의 결집되고 있었던 만큼 투쟁의 승리는 당연히 직선제 요구의 수용을 포함하는 헌법개정을 의미했다. 제6공화국 헌법의 핵심 내용은 정치권력 창출의 민주적 정당성 확보와 대통령으로의 권력 집중·강화 방지, 국민의 기본권 보장 확대·강화, 경제의 균형 발전 및 적절한 소득 재분배 지향으로 요약될 수 있다. 이렇듯 헌법이 제공한 기본틀은 노태우 정권에서 김영삼·김대중 정권, 그리고 노무현 정권에 이르는 동안 민주주의 제도로서 정착되어 갔다. 하지만 6·29선언을 직접적인 '헌정적 계기'로 했던 헌법개정은 이미 일정한 한계를 안고 출발하는 것이었다. 6·29선언은 한껏 들끓어 올랐던 반독재 민주화 투쟁의 열기를 잠재우면서 민주주의 제도화 과정에 군부 권위주의 세력이 일정한 지분을 갖고 참여할 수 있는 발판을 제공했다. 즉, 제6공화국 헌법은 아래로부터의 민중적 동력이 군부 권위주의 정권을 완전히 퇴진시킨 상태에서 민주적 절차와 내용을 충분히 만족시키며 도출된 것이 아니었다.

요컨대 제6공화국 헌법은 민정당과 민주당을 대표하는 각 4인이 모여 비공개리에 진행한 이른바 '8인 회담'의 합의안을 토대로 하고 있었고, 그런 만큼 "헌법의 본질과 기능을 외면한 채 집권의 편의만을 위한 당리당략적 차원의 합의" 내용을 상당 부분 드러내고 있었다(권영성 1987, 76).[42] 민주화 이후 민주주의의 제도적 틀을 마련하는 헌법개정 과정이나 개정 헌법 내용 자체가 안고 있는 이와 같은 약점은 권위주의 체제 개혁이 더디게 혹은 불철저하게 진행되고, 나아가 민주주의의 발전 전망이 보수적 성격을 띠게 되는 결과를 초래했다. 뿐만 아니라 그것은 민주화 이후 목격되는 헌정주의 전개의 부작용과 연결되기도 한다. 독재의 진행이 헌정 질서의 왜곡과 헌법의 무력화를 수반했던 탓에 민주화 과정을 거치는 동안 한국 사회에서 민주주의와 법치(주의)는 곧잘 동전의 양면으로 여겨졌고, 민주화 이후 최근까지도 그 둘간의 연관성은 거의 의심받지 않았다(이국운 2003, 208; 박명림 2005, 265). 그러나 헌법재판소에 의한 대통령 탄핵심판과 행정수도이전특별법 위헌 심판이 국민적 관심 속에 진행된 이후 법치는 민주주의적 개혁의 심화를 가로막는 장애로 지목되기 시작했다. 사실 '법치'의 정당성은 법의 제·개정 과정과 구체적인 법 내용 면에서 민주성이 담보될 때 확보되는 것이다. 그런데 제6공화국 헌법의 경우 두 측면 모두에서 문제의 소지를 안고 있었고, 따라서 법치의 실현 및 헌정주의의 강화가 민주주의의 발전으로 곧장 연결되기 어려운 한계가 있다. 이 문제는 민주화 이후 자유민주주의의 발전을 논의하는 가운데 좀 더 상세히 다뤄 보기로 하겠다.

---

42 이러한 맥락에서 제6공화국 헌법은 "시간적인 제약에 쫓겨 혹은 곧 있을 선거를 염두에 둠으로써 충분한 숙의를 거치지 못한 채 졸속으로 타협"된 것이라 비판받기도 한다(김영수 2000, 723).

3. 민주화 이후 민주주의와 자유주의

1) 자유주의의 재편

(1) 배경 : 세계화와 대북 관계의 변화

1987년의 6월 항쟁으로 민주주의 이행이 본격화되면서 반독재 민주화를 요구하는 저항 이념으로서의 자유주의는 이제 명실상부한 통치·지배 이념으로 거듭날 기회를 얻게 되었다. 하지만 민주화 이후 자유주의가 지배적인 규범력을 확보하고 정치 질서를 재편하는 데 쉽사리 성공할 수 있었던 것은 아니다. 여기에는 크게 다음의 두 가지 요인이 작용했다고 볼 수 있다. 첫째로, 민주화와 더불어 '독재 대 민주'의 오랜 대치선이 소멸되면서 그간 '민주화 진영'이라는 이름 아래 잠재되어 있던 다양한 이해관계와 대립적인 가치관들이 분출되어 나오기 시작했다는 것이다. 사실 자유주의는, 그것을 앞서 발전시킨 서양의 경험에서 잘 드러나듯이, 구체적인 전망이나 강조점에 있어 차이를 보이는 다양한 흐름으로 나누어진다. 고전적 자유주의, 사회적 자유주의, 자유방임적 자유주의, 복지 자유주의, 질서 자유주의, 자유 지상주의 등의 구분이 그 단적인 예로서, 이들 자유주의는 개인적 자유의 성격과 범위, 국가의 기능, 시장의 역할 등 주요 쟁점에 대해 상이한 입장을 보인다. 그런데 한국의 경우 서양의 자유주의 조류를 압축적으로 수용·도입해 발전시켰기 때문에, 민주화 이후 자유민주주의의 발전을 추구하는 과정에서 자유주의적 전망들 간의 차이가 훨씬 두드러지게 드러나는 경향이 있다. 즉, 다양한 자유주의적 전망들이 쟁점별로 혹은 이해관계에 따라 상이한 지지 세력을 등에 업고 동시에 표출되면서 자유민주주의 정치 질서가 어떠해야 하는지에 대한 폭넓은 사회적 합의가 확보되는 데 그만큼 어려움을 겪고 있다.

다음으로 '(엘리트 간의) 협약에 의한 민주화'라는 한국 민주화의 기본 성격[43]이 자유주의들 간의 갈등과 경쟁을 촉진하는 요인으로 작용했음을 지적할 수 있다. 우선 1990년의 3당 합당과 1997년의 DJP연합으로 과거 자유주의적 민주화운동 세력의 일부가 군부 권위주의 세력 중심의 기존 지배 집단에 참여하면서 자유주의 진영 내의 인적 재편이 급속히 이루어졌다. 반독재를 기치로 뭉쳐 있던 저항적 자유주의 세력이 민주화 이후 정권 담당 엘리트와 정권 도전 엘리트, 그리고 시민 단체 등 재야에 잔류한 비판적 운동 세력으로 분화하게 되었던 것이다. 그리고 이러한 자유주의 진영의 인적 재편은 다시 자유주의 노선과 정책의 재편을 불가피하게 했다. 요컨대 민주화 이후 자유주의의 외연이 확산되고 헌정주의 제도화에 주로 몰두해 있던 관심의 지평이 확장되면서 자유주의의 분화가 가시적으로 진행되고, 이와 더불어 자유민주주의의 발전 전망에 대해 상이한 입장이 제기되게 된 것으로 보인다.

민주화와 함께 촉발된 자유주의의 재편은 구소련 및 동구 사회주의권의 붕괴와 함께 몰아닥친 세계화의 조류 속에서 한층 분명한 형태로 자리 잡게 된다. 개방화와 민영화 등으로 상징되는 세계화 정책의 주요 부분이 가동되기 시작한 것은 전두환 정권기부터였지만, 정권의 지배 담론으로서 세계화가 본격적으로 부각된 것은 문민정부에서였다. 집권 초 김영삼 정부가 진보적인 일련의 민주개혁을 단행하면서 동시에 세계화를 시대정신으로 강조함에 따라 세계화는 민주화와 조화롭게 상보적으로 추진될 수 있는 듯이 이해

---

43 이러한 시각에서 한국의 민주화를 분석·평가한 논의로 임혁백(1994), 조희연(1995)을 참조.

되었다. 특히 국제적 수준에서 세계화가 탈규제, 자유로운 자본의 이동, 공기업의 민영화, 노동시장의 유연화 등 시장의 자율성을 강조하는 이른바 '신자유주의'를 동반함으로써 그것은 오랜 기간 반독재 민주화 운동 이념으로 작동해 왔던 자유주의에 새로운 내용을 부가해 줄 수 있는 것처럼 보이기도 했다. 개발독재와 관치 경제의 어두운 유산을 해결하는 것이 당면 과제였던 만큼 일부에서는 신자유주의야말로 자유민주주의 개혁에 가장 걸맞은 이념이자 정책으로 간주했다. 이로부터 정권과 거대 자본을 중심으로 신자유주의를 자유주의의 본령으로서 지지하는 세력이 등장했다. 그러나 다른 한편 신자유주의적 세계화의 억압적 측면과 반민주성에 주목하고,[44] 민주화 운동의 연장선상에서 새로운 지배 담론에 저항하는 세력도 시민운동 단체를 중심으로 폭넓게 확산되었다. 이러한 반세계화·반신자유주의 투쟁 세력은 대개 이념적으로 사회적 자유주의에 토대를 두고 비교적 온건한 방식의 문제 해결을 시도함으로써 세계화를 계기로 한 자유주의의 내용적·주체적 재편을 분명하게 보여 준다. 세계화를 배경으로 한 자유주의의 재편은 김영삼 정권 말 이른바 IMF 위기를 겪으면서 한층 뚜렷한 형태로 이루어지게 된다.

민주화 이후 한국 자유주의의 재편을 언급할 때 빼놓을 수 없는 또 하나의 계기는 대북 관계의 전향적인 변화다. 사실 한국에서 자유주의의 발전은 정부 수립 이래 언제나 북한의 존재 그리고 그로 인한 맹목적 반공주의의 한계에서 자유롭지 못했다. 반독재 민주화 과정에서도 자유주의적 민주화 전망은, 비록 독재 정권이 강요하는 반공주의와 차이를 보이기는 하나, 일정하게 북한 정권 및 공산주의에 대한 반감을 견지하고 있었다. 그런데 민주화

---

44 세계화와 민주주의의 관계를 천착한 국내 연구로 강정인(1998), 안병영·임혁백(2000), 임혁백(2000, 제1장)을 참조할 것.

이후 그간 정권 유지 차원에서 강요되어 오던 완강한 반공주의의 틀이 (적어도 표면적으로는) 눈에 띄게 약화되고, 특히 김대중 정부가 추진한 '햇볕정책'과 6·15 남북정상회담으로 인해 실질적인 평화 공존형 남북 관계가 모색되는 등 대북 관계에서 중요한 변화가 나타났다. 이는 과거 반독재 민주화 운동에 헌신했던 저항적 자유주의 세력 가운데 일부가 통치 집단에 참여한 결과이면서 동시에 자유주의의 재편을 초래하는 원인이 되기도 했다. 여전히 북한 정권에 대한 불신과 반공적 태도를 고수하며 섣부른 화해 추구를 경계하는 입장과 반공주의의 반자유주의적 폐해를 지적하며 평화 공존적 남북 관계만이 자유민주주의에 입각한 통일의 전제라고 보는 입장이 과거 '자유주의적' 세력들 사이에서 엇갈리며 자유주의의 새로운 지평을 열고 있는 것이다.

민주화 이후 세계화, 대북 관계 변화는 중첩적으로 작용하며 자유주의의 재편을 초래하고 있는 듯이 보인다. 이제 자유주의는 단순히 '반독재 민주화 이념'이길 그치고, 민주화 이후 민주주의 개혁과 세계화, 대북 관계 변화에 어떤 입장을 가지고 참여하며 어떻게 대응하는지에 따라 상이한 전망과 담지 세력으로 구분되게 된다. 조희연의 다음과 같은 평가처럼, 어쩌면 이러한 현상 자체가 이미 '자유주의적'이라고 말할 수 있을지 모르겠다. "사실 민주주의라는 것이 자유민주주의적 정치와 다원적 사회로의 이행을 의미한다고 할 때, 정확히 이러한 변화가 일어나고 있는 셈이다. 한국의 경우 아래로부터 민중적 투쟁이 지배에 대해서 강제한 '수동 혁명'이 바로 이런 식으로 표출되고 있다고 하겠다"(조희연 편 2003, 109).

(2) 자유주의의 분화 : 시장자유주의 대 복지자유주의

민주화 이후 자유주의의 재편 결과 한국 사회에는 '자유주의'를 자처하는
몇몇 상이한 흐름들이 나타났다. 우선 최대한의 경제적 자유 허용과 사유재
산권의 절대성, 정부의 경제 개입 및 통제 금지·완화를 주장하고, 사회 복지
정책 확대와 노동조합의 정치 세력화에 반대하는 입장이 자유주의의 이름으
로 목소리를 높였다.[45] '시장 자유주의'라 부를 수 있는 이러한 입장의 자유
주의는 민주화 이후 권위주의와 관치 경제의 극복이 민주주의 개혁 과제로
요구되면서, 게다가 세계화가 시대적 대세인 양 부각되면서 과거 그 어느 때
보다 힘을 얻었다. 이 시장 자유주의는 특히 IMF 경제 위기와 더불어 한국
사회에 결정적인 영향력을 행사하기 시작한 신자유주의와 대체로 맥을 같이
했으며 그로 인해 강화되었다. 하지만 한 가지 사안에 있어 IMF의 신자유주
의적 정책과 극히 대조적인 입장을 보였는데, 다름 아닌 재벌 개혁 문제가
그것이다. 시장 자유주의적 입장에서 볼 때 "재벌은 한국적인 상황에서 최적
의 적응으로 출현한 것"(공병호 1999, 78)이며, 대주주의 전횡에 대한 세간의
비난은 "잘못된 상식"이라고 반박된다. 그리고 이로부터 "시도 때도 없이 이
사회에서 전개되는 (재벌) 속죄양 의식은 이 사회의 기초인 시장경제를 철저
히 파괴할 가능성도 높다"(공병호 1996, 87)거나 우리가 성취한 재벌 체제를

---

45 이러한 목소리는 최근까지 주로 '자유기업센터'와 『한국논단』을 통해 대변되었다. 최근의 '자유
지식인선언'은 이념적 기반으로나 인적 구성 면에서 이들 입장과 맥을 같이 하며, 노무현 정권
들어 그 목소리가 한층 강화되고 확대된 형태로 나타난 것이라고 볼 수 있다. 이하 이 절에서의
논의는 공병호(1996; 1998a; 1998b; 1999), 복거일(1991; 2003; 2004), 『한국논단』 편집실
(1999), 안재욱(2004), 김영용(2004) 및 '자유지식인선언' 관련 기사 및 언론 자료(www.daillian.
co.kr, www.donga.com, www.hankooki.com, www.joins.com, www.breaknews.com)
를 주로 참조·분석했다.

지탄의 대상으로 삼아 부정해 버리게 만드는 "서구 언론의 논조에 놀아나지 말아야"(공병호 1999, 78) 한다는 주장이 도출된다.

이러한 입장의 시장 자유주의 세력은 구체적인 정부 정책과 관련해 '역사 바로세우기' '빅딜', 노사정위원회 설치, 언론사 세무조사 등에 반대하며 최근에는 국가보안법 폐지, 사립학교법 개정, 언론 관계법 제정, 과거사 규명법 제정 등 4대 입법에 노골적인 거부감을 드러낸다. 그런가 하면 이라크 파병을 옹호하고 "'자주'를 표방한 배타적 민족주의를 경계"하면서 한미 동맹 강화, 한일 우호와 한중 협력의 증진을 내세우기도 한다. 특히 대북 분야와 관련해서는 '김정일 독재'의 종식과 자유·민주·통일의 실현을 강조하면서 '햇볕정책'과 대북 지원 사업에 부정적인 입장을 드러낸다는 특성을 공유한다. 이러한 시장 자유주의의 입장에서 볼 때 김대중 정부나 노무현 정부는 자유주의가 아니라 민중주의 또는 좌파 이념·사회주의를 토대로 하고 있다고 비판된다.[46]

요컨대 민주화 이후 세계화와 대북 관계 변화라는 계기를 거치면서 시장 자유주의는 자유 시장 경제 강조, 민주주의 및 국가에 대한 불신, 대북 강경 노선을 주요 특징으로 하는 자유주의로 구체화된다. 동시에 그 담지 세력은 구舊권위주의 지배 세력 및 그들과 연대한 일부 민주화 운동 출신 정치 세력, 시민사회 내의 전통적인 극우 반공 세력, 친親자본세력 및 학계의 시장 예찬론자 등으로 광범위하게 구성된다. 여기서 주목할 점은 시장 자유주의를 지지하는 세력들이 스스로를 자유주의의 본령으로 정의하면서 동시에 '정통 보수'를 자처한다는 것이다. 이는 대한민국이 원래 시장 자유주의적 자유주

---

46 강정인은 이러한 시장 자유주의를 "민주화 이후 쇄신된" 보수주의와 동일시한다. 이에 관해서는 이 책의 1장 "보수주의"를 참조할 것.

의를 근간으로 하는 나라라는 주장을 함축한다. 시장 자유주의가 우리 사회의 질서를 규정하는 근본 규범이라고 인식함으로써 자연히 시장 자유주의적 가치를 지키는 것이야말로 진정한 보수라는 논리로 나아가게 되는 것이다.[47]

한편 건국헌법 이념으로 제도화된 이래 반독재 민주화 운동 과정에서 강화되어 온 '사회적 자유주의' 지향 역시 민주화의 진전과 함께 한층 분명한 형태로 나타났다.[48] 민주화 이후 과거 반독재 투쟁의 성과를 토대로 한 정부가 들어서고 그에 따라 정치권력의 이념적 성격이나 인적 구성에 일정한 재편이 이루어지면서 동시에 자율적·합법적인 정치 공간 및 운동 공간 역시 확장되자 군부 권위주의 체제의 부정적 유산을 극복하기 위한 '자유주의화'의 압력이 그 어느 때보다 실질적인 영향력을 발휘하기 시작한 것이다. 이때 자유주의적 개혁이란 개발독재에 의해 왜곡된 시장 질서의 민주적 조정·통제, 복지 정책의 확대와 분배 정의 및 균형 발전의 실현을 통한 자본주의 모순 구조의 시정·완화를 의미했다. '개혁 자유주의'로 불리기도 하는(조희연 2004) 이러한 입장의 자유주의는 민주적으로 구성된 정부에 시장 개입 혹은 견제의 역할을 맡기고, 사유재산권의 절대성보다는 복지와 사회정의에 무게 중심을 두어 개인의 자유를 이해한다는 점에서 시장 자유주의와 중요한 차이가 있다.

---

47 2004년 11월에 출범한 '자유주의연대'는 '뉴 라이트'로서의 위상 정립을 통해서도 짐작할 수 있듯이 필자가 이 절에서 '시장 자유주의'로 정의한 자유주의 흐름의 주류와 그 정책적 지향 면에서나 인적 구성 면에서 다소 차이가 있다. 하지만 시장에 대한 신뢰와 '작은 정부' 지향, 사유재산의 불가침성과 자유경쟁에 대한 강조, 복지·평등·균형 정책에 대한 부정적 입장 등 자유주의를 이해하는 기본 시각이라는 측면에서 볼 때 '시장 자유주의'의 범주에 포함되는바 그에 대한 별도의 논의는 생략한다.

48 이하 이 글에서는 '시장 자유주의'와의 선명한 대비를 위해 사회적 자유주의를 '복지 자유주의'로 바꿔 부르기로 한다.

민주화의 결과 제도 정치 공간 내로 편입·확장되면서 일차적으로 재편을 경험한 복지 자유주의는 IMF 경제 위기와 함께 신자유주의적 세계화가 지배 담론으로 유포되고 정권 차원에서 공식적인 정책으로 추진되자 다시 한번 분화·재편을 겪는다. 우선 정치권에서 신자유주의의 압력에 대한 대응 문제를 놓고 민주화 운동 출신 제도권 정치 세력들 사이에 갈등과 균열이 발생했는데,[49] 대부분이 신자유주의적 세계화에 순응하는 정책에 동조함으로써 복지 자유주의에 대한 과거의 지향에서 한발 후퇴했다. 한편 시민사회 내에서는 민주화 이후 활성화된 시민운동 단체와 노동운동 진영을 중심으로 반(反)신자유주의 투쟁이 과거 민주화 운동의 도덕적 정당성을 계승하며 전개되었다. 즉, 세계화의 계기는 민주화가 열어 놓은 복지 자유주의의 운동 공간을 일정하게 제약하면서 그 전망과 지향을 공유하는 세력이 한층 급진적으로 재편되도록 작용했다. 민주화 이후 복지 자유주의 지향은 신자유주의적 세계화의 시류 속에서 독재국가 주도의 발전주의가 가했던 위협과는 또다른 성격의 중대한 도전, 곧 시장 자유주의의 공세에 직면하게 되었는데, 그에 맞서 이념적·정책적 선명성을 더욱 강화해 나가지 않을 수 없었다.

시장자유주의에 대한 복지자유주의의 특징은 반공주의와 대북 관계 변화에 대한 입장에서도 분명하게 나타난다. 민주화 운동 과정에서 이미 독재 정권의 유지·재생산에 봉사하는 반공 국시의 문제점을 간파하고 일관되게 지적해 왔던 만큼 민주화 이후 복지 자유주의 지지 세력은 반민주적 정치 구

49 '국민의 정부' 시기 두드러지기 시작한 이러한 갈등과 균열은 '참여정부' 등장 이후 당의 분리를 겪는 과정에서 노골화되었다. '국민의 정부'하에서 드러난 그와 같은 갈등과 균열은 김대중 정부가 추진한 사회복지 정책의 성격에 대한 상반된 평가를 낳게 하는 요인이 되기도 한 것으로 보인다. 김대중 정부의 사회복지 정책에 관한 평가로는 안병영(2000), 정무권(2000), 송호근(2001), 성경륭(2002), 양재진(2002), 손호철(2005) 등을 참조할 것.

조에 대한 개혁과 더불어 남북간 긴장 고조와 궁극적으로 분단 고착을 초래하는 반공 규율 사회의 틀을 개혁하고자 했다. 김대중 정부 들어 가시화된 '햇볕정책'과 남북정상회담이 그 구체적인 성과로 제시된다. 이 문제와 관련해 시장 자유주의 세력과 복지 자유주의 세력 사이의 거리를 가장 첨예하게 드러내는 것은 최근 들어 불거지고 있는 북한 인권 문제에 대한 대응이라고 할 수 있다. 전자의 경우 북한 동포의 인권 보장이 국가와 민족, 체제를 뛰어넘는 최우선적 가치라고 주장하며 이 문제를 적극적으로 제기하는 한편 일방적인 대북 지원을 즉각적으로 전면 중단하고 '김정일 독재'의 종식(유엔을 통한 북한 정권의 교체 방안 등)과 자유·민주·통일의 실현을 모색해야 한다고 강조한다. 이에 반해 후자의 경우 직접적인 인권 문제의 제기가 남북 관계의 악화를 초래할 것으로 보고 경제 지원과 개혁·개방 유도를 통해 북한 스스로 민주화와 인권 향상을 시도할 수 있는 토양을 마련해 주는 데 정책의 초점을 맞추어야 한다는 입장을 내세운다.

요컨대 민주화 이후 세계화와 대북 관계 변화라는 계기를 거치면서 복지 자유주의는 민주적 정부에 의한 시장의 조정·보완, 민중적 복지와 사회정의의 실현 등을 강조하고 탈냉전적 관점에서 북한 문제에 접근하는 자세로 스스로를 구별지었다. 지난 참여정부 시절 여권 지지 세력이 추진하고자 했던 이른바 4대 입법이나 조세 및 대기업 정책 등은, 비록 '정통 보수'를 자처하는 시장 자유주의자들에 의해 좌파 포퓰리즘이나 시대착오적 사회주의 또는 민중민주주의로 비난받지만, 사실상 민주화 이후 확산·강화되어 온 복지 자유주의의 구체적 표현이라고 할 수 있다. 즉, 그와 같은 입법 및 정책들이 함축하거나 드러내는 공과功過는 자유주의의 맥락에서 판단·평가되어야 하는 것들이다.

(3) 민주화 이후 한국 사회에서 자유주의적인 것의 의미

여기서 이제 민주화 이후 한국 사회에서 '자유주의적'인 것의 의미를 짚어 보고, 그를 통해 '자유주의적' 민주주의의 자리매김을 시도해 볼 필요가 있을 것 같다. 위에서 간략히 살펴본 시장 자유주의와 복지 자유주의 간의 분화 및 대비에서 어느 정도 분명히 드러나듯이, 최근 자유주의를 둘러싼 논란의 중심에는 국가와 시장의 역할 내지 기능에 대한 기대와 시각 차이가 존재한다. 시장 자유주의가 복지 자유주의를 좌파 이념이나 사회주의로 비난할 때, 그 논거는 대개 "국가가 자유시장을 대신한다" 또는 "복지와 사회정의를 내세우면서 사유재산권을 부정하고 선택의 자유를 제한하는 반시장적 경제정책을 지향한다"라는 것이다. 즉, 시장 자유주의는 시장이 국가보다 도덕적이고 현명하다고 믿으며 정부의 규제와 개입으로부터 자유로운 시장을 자유주의 발전의 관건으로 파악한다. 이에 반해 복지 자유주의는 민주적으로 구성된 정부가 개발독재 아래에서 왜곡되어 온 시장 질서를 적극적으로 조정하도록 요구하며, '국가로부터 자유로운 개인'보다는 '국가를 통한 개인적 자유의 실현 및 강화'를 기대한다.

이렇듯 시장 자유주의와 복지 자유주의로의 자유주의의 분기가 한국만의 고유한 사정은 아니다. 오히려 자유주의의 분화는 19세기 후반 이래 일반적인 현상이라고 할 수 있다. 서양에서 자유주의들 간의 구분은 산업혁명의 사회적 효과에 대한 서로 다른 반응으로 말미암아 발생했는데, 신고전적 자유주의와 복지(또는 복지국가) 자유주의가 그 흐름을 대변한다(볼·대거 2006, 68-71). 볼과 대거에 따르면, 여기서 복지(또는 복지국가) 자유주의자란 개인의 번영well-being 혹은 복지well-faring에 관심을 기울이면서 정부가 인민을 빈곤과 무지, 질병에서 구제해야 한다고 주장한 자유주의자를 일컫는다. 그리고 신

174

고전적 자유주의자는 그런 종류의 행보가 정부에 지나치게 많은 권한을 부여하게 될 것이라고 주장하면서 정부를 필요악이자 개인의 자유에 대한 주된 장애물 가운데 하나로 여기는 입장을 계속 유지했던 자유주의자를 뜻한다. '신고전적'이라는 명칭은 그들의 입장이 초기 자유주의자들의 그것과 매우 가깝기 때문에 붙여졌다(볼·대거 2006, 68).

21세기에 이르러서도 자유주의는 여전히 그렇듯 양분된 채 존재하는데, 그럼에도 불구하고 기본적인 목적들, 특히 개인적 자유의 중요성에 대한 합의가 '신고전적'이든 '복지(/복지국가)적'이든 그것들을 공히 자유주의로 분류되게 한다. 다시 말해 자유주의자들이 양분되는 지점은 서로가 공유하고 있는 자유주의의 기본 목적을 어떻게 하면 가장 잘 규정하고 증진시킬 것인가 하는 수단을 둘러싸고서다. 복지(/복지국가) 자유주의자들은 모든 사람에게 자유로울 평등한 기회를 제공하기 위해 적극적인 정부가 필요하다고 믿는다. 반면에, 신고전적 자유주의자들은 정부가 그 국민의 자유를 강탈하지 못하게 하기 위해 정부를 제한할 필요가 있다고 믿는다(볼·대거 2006, 76).

이렇게 본다면, '큰 시장 작은 정부'를 자유주의의 유일한 강령으로 내세워 복지 자유주의를 자유주의가 아닌 좌파 이념이나 사회주의로서 비판하는 시장 자유주의자들의 주장은 문제가 있다. 최근 한국에서는 마치 신자유주의(하이에크와 프리드만의 이론을 사상적 토대로 하는)가 자유주의 그 자체인 듯이 이해되고, 시장 자유주의자들 역시 자신들의 입장이 자유주의의 정통이자 대세인 것처럼 자부하지만, 서양의 자유주의 연구자들은 19세기 후반 이래 복지 자유주의가 서양 세계에서 지배적인 이데올로기이자 자유주의의 지배적인 형태로 남아 있다고 지적한다(Brinkley 1998; Ryan 1999; 볼·대거 2006). "신고전적 자유주의와 보수주의의 혼합"인 이른바 신자유주의는 대처와 레이건이 각각 영국과 미국의 수장에 오른 1970년대와 1980년대에 (해당 국가에서) 복지 자유주의에 대한 도전으로 출현한 것으로서 그 역사로 보나 세력 범위로 보나 현대 자유주의 사상의 주류라 할 수 없다. 따라서 "근래의 신자유주의가 진정한 의미의 자유주의"라는 식의 주장(김성우 2003, 60)은 자유주의 발전사에 대한 오해의 결과이거나 영·미중심적 역사관의 단순한 반영으로 보인다.

자유주의는 무엇보다 개인의 자유를 중시한다는 점에서 다른 이념과 구분되며, 그런 목적을 가장 잘 성취하기 위한 수단에 대해서는 자유주의 내에서 상이한 입장들이 경쟁한다고 할 때, 국가의 시장 개입 여부와 국가권력으로부터 자유로운 시장을 기준으로 자유주의와 비非자유주의를 가르는 것은 적절하지 않다. 이른바 '작은 정부 큰 시장' '큰 정부 작은 시장'은 역사적 맥락에 따라 혹은 개별 국가의 특수한 상황에 따라 자유주의적 목적들을 성취하기 위해 달리 선택될 수 있는 정책적 수단인 것이다. 일반적으로 그런 정책적 수단의 선택은 개인의 자유를 위협하고 억압하는 주적主敵이 무엇인가에 좌우된다. 예컨대 고전적 자유주의 시대 개인의 자유에 대한 최대의 위협은 귀속적 지위와 종교적 순응을 강요하는 중세적 전통 및 절대주의·중상주의 체제였고, 따라서 자유경쟁과 제한 정부, '야경국가'와 시장의 자율성이 자유주의의 이름으로 주장되었다. 그러나 옛날의 적들 ─ 귀속적 지위, 종교적 순응, 절대주의 국가 ─ 은 더는 개인의 자유에 대한 위협이 되지 못하는 상황에서 산업혁명 이후 자유와 기회의 평등을 가로막는 다른 장애들, 곧 빈곤과 질병, 편견, 무지 등의 장애가 나타나고, 더욱이 자본주의적 경쟁이 독과점 등으로 왜곡되자 복지(/복지국가) 자유주의가 등장하게 되었다. 그리고 익히 알려져 있듯이, 대처리즘·레이거노믹스로서의 신자유주의는 이른바 '복지국가의 실패'에 대한 영·미식 대안으로 출현했다.

이렇게 본다면, 한국에서 자유주의적 목적을 성취하는 적절하고도 바람직한 수단은 선험적으로 주어지는 것이 아니라 철저히 한국 현실에서 찾아져야 하는 것이다. 그런데 한국의 현실을 고려할 때 시장의 자율성, 사유재산의 불가침, 제한 정부, 복지 축소 등의 주장은 개인의 자유를 최대한 고양한다는 자유주의적 목적을 성취하는 수단으로서 적합하지 않다. 영국과 미국에서 신자유주의가 복지국가의 위기로부터 출발했던 데 반해 한국의 민주화 과정에서 문제가 된 것은 복지국가의 실패가 아니라 개발독재로 인해 초래된 왜곡된 시장 질서 및 국가·사회구조였다. 정경유착과 거대 재벌 기업 중심의 기형적 질서를 특징으로 하는 개발독재하의 시장이란 자유경쟁이 가능하지도 효율성을 발휘할 수도 없는 것이었고, 따라서 노동 억압과 민중 부문의 배제 위에 이루어진 자본주의 발전의 구조적 문제들이 민주주의 이행 시점에서 시장에 의해 해결되기는 불가능했다. 왜곡된 시장의 횡포와 급격한 자본주의 발전이 초래한 병폐들이 개인의 자유에 대한 중대한 위협이었던 만큼 민주화 이후 '자유주의적' 개혁은 '국가권력으로부터 자유로운 시장'이 아니라 '민주적으로 구성된 국가에 의한 시장의 조정'에 초점을 맞추지 않을 수 없었다.

시장 자유주의자들이 강조하는 자유경쟁과 사유재산권의 절대성이 고전 자유주의 이래 자유주의를 구성하는 중요한 요소들 가운데 일부임은 부인할 수 없다. 하지만 자유주의 경제사상의 기초자들이라 할 수 있는 맨더빌Bernard Mandeville이나 스미스Adam Smith가 완전 자유경쟁과 사익 추구를 옹호했을 때조차 그 근거는 이기적인 경쟁자들로 하여금 사적 이익을 자유롭게 추구하도록 내버려 두는 것이 전체로서 사회의 선(또는 행복)을 증진시키는 가장 좋은 방법이라는 데 있었다.[50] 즉, 그들은 당대의 역사적 맥락에서 자유경쟁과 사익 추구가 그것 자체로 가치를 지닐 뿐만 아니라, 더욱 중요하게는, 그것들이 결국 인위적인 통제나 계획보다 전체 사회의 조화와 공동선의 증진에 더 이바지할 것이라고 믿었기 때문에 자유방임주의를 주장했던 것이다. 요컨대 자유주의에서 자유경쟁이나 사유재산권이 사회 전체의 행복이나 공동선과 무관하게 '절대적인' 가치를 지니는 것은 아니다. 그렇다면 맨더빌이나 스미스식의 가정이 통용될 수 없는 한국과 같은 상황에서 무조건 자유로운 사익 추구와 사유재산권의 절대성을 주장하는 시장 자유주의의 논리가 문자 그대로 '자유주의적'이라고 보기는 어렵다.

그뿐만 아니라 시장 자유주의는 한국 근현대사의 자유주의 전통을 계승하고 있는 것도 아니다. 시장 자유주의자들은 '우리 헌법의 규범적 가치'를 자유주의로 파악하며 "대한민국의 역사와 정통성을 위한 헌법 체제의 수호"를 주장한다.[51] 그런데 건국헌법 이래 우리 헌법에서 자유주의는 사회정의와 국민경제의 균형 발전, 복지, 균점을 강조하는 복지 자유주의를 지향해 왔다. 이렇듯 헌법 이념으로 표출된 자유주의는, 앞서 지적한 바 있듯이, 조선 근대화와 부국강병을 위해 자유주의 수용이 모색된 개화기 이래 독립운동과 근대국가 건설 과정 그리고 민주화 운동 과정을 거치는 동안 일관되게 추구된 것이었다. 그러므로 '헌법 체제 수호 차원'에서 시장 자유주의의 실현을 주장하는 것은 헌법 이념에 대한 심각한 오독이다.

요컨대 민주화 이후 한국에서 '자유주의적'인 개혁의 의미는 민주적으로 구성되는 정부, 국가권력 행사의 민주적 통제와 더불어 민주 정부에 의한 시

---

50 맨더빌의 저서 『꿀벌의 우화』는 '사적인 악, 공적인 이익'을 그 부제로 달고 있다. 또한 잘 알려져 있듯이 스미스는 '보이지 않는 손'이 모든 이기적인 경쟁자들을 전체 사회의 공동 이익에 기여하는 방향으로 이끌 것이라고 보았다. 자유롭게 풀린 사익 추구가 사회 구성원들로 하여금 더 풍부하고 더 질이 좋으며 더 싼 상품들을 용이하게 손에 넣을 수 있도록 만듦으로써 공동선을 간접적으로 증진시키리라는 것이다.

51 '자유지식인선언' 언론 자료 참조.

장 질서의 교정 및 보완에서 찾을 수 있다. 나아가 민주화 이후 '자유주의적'인 것의 의미는 권위주의 독재 정권에 의해 강화되어 온 반공주의 및 냉전적 사고틀을 넘어서는 작업을 통해 본격적으로 추구되고 있다. 반공주의와 냉전 의식이 부추기는 흑백논리, 색깔 공세는 다양성과 관용의 입지를 좁히고 양심, 사상, 언론, 출판, 집회 등 기본적 자유권을 제한하는 가장 반자유주의적인 결과를 낳는다. 그러므로 '자유주의적' 민주주의의 발전은 이른바 '반공 규율 사회'의 해체 작업을 수반하지 않을 수 없다.

2) 헌정주의 제도화와 민주주의의 위기 혹은 발전

(1) 민주주의에 반反하는 헌정주의?

1987년 6월을 민주화의 기점으로 잡는 통념에 따른다면, 이제 한국 사회는 20년째 민주주의 경험을 쌓고 있다. 그런데 민주화 이후 한국 민주주의가 보수화되고 있다거나 진정한 위기에 직면해 있다는 진단이 다수의 정치학자들 사이에서 공감을 얻는 실정이고 보면 그 경험이 결코 순탄하거나 긍정적인 것만은 아님을 알 수 있다. 위기의 기원이나 내용은 국면에 따라 또는 학자들의 관점에 따라 다양하게 거론되고 있는데, 특히 2004년의 대통령 탄핵 심판과 행정 수도이전 특별법 위헌판결 이후로는 헌정주의 혹은 법치(주의)의 부정적인 영향이 집중적인 조명을 받고 있는 것으로 보인다.

민주화 이후 민주주의와 법치 또는 헌정주의의 갈등 문제는 서로 구별되는 두 가지 입장에서 제기되었다. 하나는 법치를 내세워 민주적 개혁에 반발하는 보수적 입장이고, 다른 하나는 민주주의를 우선시하면서 민주주의에 대한 헌정주의의 구속을 비판하는 진보적 입장이다. 첫 번째 입장이 명시적으로 제기되기 시작한 것은 김대중 정권하에서였다. 구체적으로, 2000년 총선을 전후한 시기에 전개되었던 총선연대의 '낙천·낙선 운동'과 2001년에 실시된 언론사 세무조사, 6·15 남북공동선언에서 발표된 통일 방안에 대한 합의, '햇볕정책' 등이 비판의 대상이었다. '제2의 시민사회 반란'이라고까지 일컬어지면서(조희연 2000, 32) 광범위한 호응을 얻었던 '낙천·낙선 운동'의 위법성 문제는 시민 주도의 정치 개혁 운동에 대해 위기를 절감하지 않을 수 없었던 일부 정치권에 의해 먼저 거론되기 시작했다. 그러던 와중에 김대중 대통령이 총선연대의 활동에 동감을 표하고 선거법 개정을 촉구하자 야당을 중심으로 대통령이 불법을 부추기고 법치주의를 훼손했으며 시민단체는 정권의 홍위병이라는 이른바 '법치주의적' 비판이 본격적으로 쏟아졌다(정태욱 2003, 18). 한편 언론사 세무조사에 대해서는 당시 한나라당 총재였던 이회창이 직접 법치에 반하는 결정이자 중대한 언론탄압 행위라고 비판했는가 하면 "인치人治에 밀린 법치法治" "법의 가면을 쓴 정치"라는 학계 일각의 문제제기가 지면을 장식하기도 했다.[52] 6·15 남북공동선언의 통일 방안과 '햇볕정책'에 대해서 역시 헌법을 명분으로 한 비판이 제기되었는데, 자유민주주의에 입각한 통일이라는 헌법적 명령에 반하는 것(구체적으로 헌법 제4조 위반)이라는 점이 비판의 요지였다.

　이러한 법치 주장은 "법치주의의 이름으로 오히려 법치주의의 원천을 이루는 온전한 국민주권의 형성을 저해"(정태욱 2003, 20)하고 민주주의의 진전

---

52 『조선일보』(2001/07/17), 『동아일보』(2001/07/18) 등 참조.

을 가로막는 보수적 반발로 해석될 소지가 적지 않다. 법치 주장의 주체가 과거 권위주의 체제의 직간접적인 수혜 세력이었을 뿐만 아니라 비판의 내용이 헌법 정신의 근간인 자유민주주의를 여전히 반공주의로 파악한 데서 출발하며 냉전 구조의 지속을 꾀한다는 점에서 그러하다. 나아가 이런 식의 민주주의 정치에 대한 이른바 법치의 도전은 헌법과 법치의 의미에 대한 부적절한 이해를 토대로 하고 있다는 점에서 설득력이 떨어진다. 거기서 헌법은 '최고법을 구성하는 규범'으로서의 의미가 배제된 채 그저 '헌법이라고 불리는 문서'로 이해될 뿐이고,[53] 법치 또한 헌법 조문의 문자적 적용 정도로 간주된다. 그러나 법치의 진정한 의미는 "갈등하는 정치적 행위자가 그들의 갈등을 법에 의지해 해결"한다는 데 있다(Maravall and Przeworski 2003, 3). '헌법이라고 불리는 문서'가 담고 있는 최고 규범에 대한 복종, 그리고 헌법에 입각한 정치적 갈등의 해결이라는 차원에서 본다면 그와 같은 법치 주장은 오히려 법치의 전개와 실현을 가로막는 것일 뿐이다.

한편 두 번째 입장, 곧 민주주의를 구속하는 헌법 및 헌정주의에 대한 비판은 노무현 정권 들어, 특히 헌법재판소의 대통령 탄핵심판과 행정수도이전특별법의 위헌판결 이후 본격적으로 등장했다. 비판의 핵심은 정치적 결정 사안을 사법적 결정이 대신하면서 또는 사법적 심판이 정치적 결정을 무효화하면서 민주주의 정치 공간을 위축시킨다는 것이다. 물론 그런 비판의 근저에는 과거 시점에 제정된 헌법이 현재적 동의라는 민주적 정당화의 과정을 결여한 채 현 세대 다수 의지를 구속하는 것은 정당하지 않다는 문제의식이 자리하고 있다. 이런 점에 주목함으로써 헌법재판소 결정의 비민주성

---

53 국가 최고법으로서 헌법의 의미를 이 두 가지 차원으로 나누어 분석하고 있는 연구로 Perry (2003)를 참조할 것.

과 이른바 '제왕적 사법부'의 등장 혹은 정치의 사법화 경향에 대해 우려를 제기하는 논의가 최근 몇 년 사이 설득력을 얻고 있다.[54] 뿐만 아니라 법치와 민주주의의 갈등 관계나 '민주주의를 구속하는 헌정주의'의 문제의식에 기초한 서구 학자들의 연구 성과가 활발히 소개되고 있기도 하다.

앞서도 언급했듯이, 한국의 민주화 과정에서 헌정주의 혹은 법치는 민주주의의 징표이자 그것의 발전을 담보할 근간으로 여겨졌다. 그런 점에서 헌정주의가 민주주의의 발전에 구속과 제약으로 작용한다는 최근의 비판적 주장은 자못 흥미롭다. 한국에서 민주주의와 헌정주의는 갈등적인가? 어떤 점에서, 왜 그런가?

(2) 민주주의 '정치'의 위기와 '법치'

앞서 지적한 대로, 한국에서 법치와 민주주의가 오랜 기간 동안 동일시되어 온 것은 민주화 경험과 직접적인 관련이 있다. 그렇다면 민주화 이후 법치와 민주주의 혹은 헌정주의와 민주주의의 관계에 대한 해명도 한국의 현실적 맥락에 기반해서 이루어져야 할 것이다. 이런 관점에서 이른바 '헌정주의와 민주주의의 갈등'에 관한 최근의 논의들을 검토해 보자. 일단 그 논의들은 발단의 배경이 되었던 두 사건의 성격에 따라 미묘한 차이를 보이는 두 가지 문제의식으로 이루어진다. 하나는 의회 내 다수 의사의 결정, 입법부에서 통과된 법안을 헌법재판소가 기각해 무효화하는 것이 정당한가 하는 문제 제기이고, 다른 하나는 국민의 대표인 대통령의 탄핵 여부를 선출되지 않

---

54 이에 대한 구체적인 논의로는 최장집(2004)을 참조할 것.

은 공무원인 헌법재판소 재판관들이 결정하는 것이 타당한가 하는 문제 제기다. 물론 두 경우 모두 결론은 타당하지 않다는 것이다. 다수 국민의 현재적 동의로 파악되는 민주주의에 더 우선적 가치를 부여하기 때문이다.

그런데 이와 같은 논의는 해명해야 할 몇 가지 문제를 안고 있는 것으로 보인다. 현 세대 다수 의지 혹은 다수 국민의 현재적 동의가 위의 두 사례에서 각각 헌법 규범보다 정당한 것으로 주장될 수 있는 근거가 무엇인가 하는 문제다. 현 세대 다수 의지는 어떤 점에서 정당한가 하고 묻는다면 그것이 민주주의니까라고 대답하게 될 것이다. 하지만 현실적으로 민주주의는 '국민의 다수 의사를 공식적으로 포착해서 그것이 (정책적) 결과로 이어지도록 하는 절차'일 뿐 그것을 필연적으로 정당한 것이 되게 만드는 어떤 요소가 민주주의 자체 내에 본래부터 갖추어져 있는 것은 아니다(Dowding, Goodin and Pateman 2004, 5). 다수 국민의 현재적 동의라는 절차가 민주주의의 핵심이라는 데 동의한다고 하더라도 그런 절차가 반드시 정당한 결과를 도출하는지는 따져 봐야 한다. 나치 정권의 등장에서부터 인종차별적 정책까지 다수 국민의 현재적 동의라는 절차가 소수자의 권리는 물론 공동체 내 다수의 이익을 침해하는 부당한 결과로 이어진 예는 무수히 많다. 현 세대 다수 의지 혹은 그것을 구하는 절차가 그 자체로 정당하다고 말할 수는 없는 것이다.

이 점은 대통령 탄핵과 신행정 수도 이전에 관한 헌법재판소의 판결을 둘러싸고 전개된 문제 제기를 통해서도 확인된다. 예를 들어, 일관되게 헌법재판소 결정의 비민주성과 사법부의 입법부 압도를 비판하는 최장집의 논의에서 행정 수도 이전 사안에 대한 비판의 핵심은 다음과 같다. "행정 수도 이전에 대한 헌재의 위헌 결정은 사법부에 의한 정치적 결정의 대표적인 사례가 아닐 수 없다. 정부의 행정 수도 이전 정책이 여론의 강력한 반대에도 불구하고 강행되는 부정적 측면을 안고 있다 하더라도 정책 결정의 절차적 정당성에는 하자가 없다. 이러한 사안에 헌재가 개입해 입법부의 결정과 정부 정책을 무효화한 것이다. 이는 민주주의의 절차적 정당성에 대한 부정이며 제일의 민의의 대표 기구가 내린 다수의 결정을 번복한 것으로 헌재 결정의 비민주성과 입법부에 대한 사법부의 우위를 입증하는 사례라 할 수 있다"(최장집 2004, 54. 강조는 인용자). 여기서 국회 내 다수 결정이라는 절차는 그 자체로 민주주의와 동일시된다. 그런데 헌법재판소의 대통령 탄핵 심판은, 선출되지 않은 공무원이 '국민의 손으로 직접 뽑는 대통령' 직위의 박탈 여부를 결정한다는 것 자체가 반민주주의적이며 게다가 대통령을 공무원으로 해석한 판결 내용도 대통령의 정치적 행위에 대한 억압이요 민주주의의 전 과정을 부정하는 것에 다름 아니라는 점에서 비판된다. 절차적 정당성 면에서는 마찬가지로 하자가 없는 국회의 다수 결정이 헌법재판소에 의해 기각된 사실은 여기서 거론되지 않는다. 즉, 이때는 국회의 다수 결정이라는 절차 자체를 민주주의로서 옹호하고 있지 않은 셈인데, 이는 국회의 대통령 탄핵 소추 결정이 민의를 적절히 대변한 것이 아니라는 그의 입장을 반영한다.

요컨대 헌정주의가 민주주의의 발전에 구속과 제약으로 작용한다는 최근의 우려와 비판은 민주주의에 대한 절대적인 신뢰를 바탕으로 하고 있으며, 국민의 대표 기관인 대통령과 입법부의 사법부에 대한 우위를 당연한 것으로 간주하고 있다. 그런데 문제는 절대적 신뢰의 대상으로 삼는 그 '민주주의'가 무엇을 의미하는지, 과연 그런 신뢰를 받을 만한 것인지에 대한 숙고와 합의가 충분히 뒷받침되고 있지 않다는 점이다. 한국 사회에서 민주주의에 대한 절대적 신뢰는 민주화를 위한 오랜 투쟁의 경험에서 비롯되는 것으로 보인다. 하지만 그때의 민주주의란 단순히 '국민의 다수 의사를 공식적으로 포착해서 그것이 (정책적) 결과로 이어지도록 하는 절차'(Barry 1991)나 '개인들이 자신의 선호를 표출할 뿐만 아니라 그것을 정책 결정 과정에 투입

할 수 있도록 허용하는 제도'(달 1999)로서 추구된 것이 아니었다. 그것은 오히려 자유, 평등, 정의 등의 가치를 포함하는 거대한 이상으로서 추구되었다. 그러므로 민주주의를 "일정한 타협과 합의를 만들어 가는"(최장집 2002, 34) 절차 혹은 기술로 규정한 상태에서 여전히 절대적 신뢰를 요구하거나 자유·평등·정의에 앞서는 우월한 지위를 부여하는 것은 무리가 있다.

또한 사법부에 대한 대통령과 입법부의 우위를 당연한 것으로 간주하는 논의는 현실적으로 곧잘 드러나는 대통령과 입법부 간의 갈등을 어떻게 이해하고 어떻게 해결할 것인가 하는 문제에 대해서도 해명할 필요가 있다. 사실 최근에 거론되는 민주주의와 법치·헌정주의의 갈등이란 입법부 및 대통령 대 헌법재판소를 포함하는 사법부의 갈등을 일컫는 것이라고 해도 과언이 아니다. 대통령과 입법부는 각각 선출된 국민의 대표 기관이자 현 세대 다수 의지의 결집으로서 비선출직 공무원 집단인 사법부에 대해 민주적 정당성을 갖는 것으로 간주된다. 하지만 정작 정치적 갈등은 대통령과 입법부 사이에서 좀 더 자주 목격되고, 또한 그것이 좀 더 심각한 상황을 연출하는 경우가 많다. 따라서 헌법재판소의 역할이 증대하는 현실을 '제왕적 사법부'의 등장으로 경계하거나 그것이 민주주의에 반反한다는 주장은, 어떤 민주주의인지에 대한 숙고 없이 민주주의에 절대적 신뢰를 부여하는 주장만큼이나 재고의 여지가 있다.

필자가 보기에 문제의 핵심은 이른바 '제왕적 사법부'의 등장이나 헌법재판소가 정치적 결정을 자주 내리게 되는 현실 자체가 아니다. 오히려 문제의 진정한 핵심은 헌법재판소가 쟁점이 되는 정치적 사안의 결정 권한을 갖지 않을 수 없도록 하는, 그리하여 사법부를 제왕적으로 만드는 민주주의 정치의 위기에 있다. 이와 같은 위기는 구권위주의 지배 세력이 민주화 과정에서 완전히 배제되지 못한 채 민주주의 이행의 한 주체로 참여하게 되었던 사실과 일차적으로 관계가 있다고 생각된다. 6월 항쟁의 성과로 얻어진 개정 헌법과 대통령 직선제하에서 노태우 정권이 성립되었다는 역설적인 결과는 차치하더라도, 1993년의 3당 합당이나 1997년의 DJP연합은 집권을 위해 과거의 민주화 세력이 군부 권위주의 세력을 의도적으로 용인한 것이었다는 비판을 면하기 어렵다. 거기에 더해 정권 획득 및 유지 전략의 일환으로 부추겨진 지역주의의 횡포는 정상적인 정치과정으로서의 입법 과정을 왜곡하고 기형화하는 결과를 낳았다. 정상적인 정치과정이 제대로 작동하지 못할 때, 입법 과정에서 갈등의 조정과 타협, 합의가 이루어지지 못할 때, 정치 영역의 교착상태를 해소하기 위한 대안으로 사법적 판단에 의지하는 것은 어쩌면 당연하다. 요컨대 헌법재판소를 포함하는 사법부의 역할이 비약적으로 증대하는 현상, 나아가 '법치'가 민주적 개혁을 가로막는 듯이 보이는 현실은 민주주의 정치의 미숙 내지 실패에서 기인하는 것으로서 법치·헌정주의가 그 자체로 민주주의에 반하는 증거는 되지 못한다.

(3) 자유민주주의의 발전을 위한 헌정주의의 역할

이른바 '민주화 이후 민주주의'의 현실은 한국 사회가 오랫동안 몰두해온 '민주주의' 문제에 대해 깊은 성찰을 요구한다. 민주화 이후 한국 사회는 다양한 이해관계와 대립적인 가치관들의 분출을 경험하고 있고, 여성, 동성애자, 코시언, 이주노동자 등 그간 소외되어 왔던 사회적 소수자들의 존재도 부각되기 시작했다. 그 과정에서 드러난 혼란과 갈등은, 반독재 민주화 운동 정국에서 곧잘 기대했던 것과는 달리, 민주주의가 만병 통치적 대안이 아님을 확인케 했다. 민주화를 향한 오랜 투쟁의 과정에서 민주주의는 단순히 특정한 정치제도가 아니라 정의·자유·평등을 포괄하는 거대한 이상을 의미했다. 하지만 제도적 민주화의 진전이 자연스럽게 정의로운 사회의 발전을 이끌거나 자유와 평등의 가치를 향상시키지는 않는다. 오늘날 우리 사회의 도처에는 민주적으로 확립된 법적·제도적 질서의 틈바구니에서 혹은 민주적 절차의 미명 아래 여전히 억압과 차별, 부당한 대우가 존재하고 있다. 또한 민주적으로 창출된 국가권력에 의해 민주적 절차에 따라 내려진 정치적 결정들이 사회 내 갈등을 해결하기는커녕 오히려 증폭시키고 나아가 새로운 문제를 만들어 내기도 한다. 심지어 다수결주의에 입각한 민주적 결정은 주류의 가치나 지배 세력의 이익을 대변함으로써 소수자의 권리는 물론 궁극적으로 공동체 내 다수의 이익을 침해하는 부당한 결과를 낳을 수 있다.

헌정주의와 민주주의의 관계는 이러한 맥락에서 바라볼 필요도 있다. 앞 절에서 언급된 두 사례, 곧 대통령 탄핵과 행정 수도 이전을 둘러싼 논의의 요체는 국민의 대표 기관인 대통령이나 국회의 다수 결정이 국민의 일반 의사와 합치하기보다 파당적 이해관계를 관철시키고 보수적 기득 이익을 수호하면서 오히려 민의를 그르칠 수 있다는 데 있다. 또 설사 대통령 혹은 국회의 다수 결정이 현 세대 다수 의지를 제대로 반영한다고 하더라도 그것이 곧 불편부당한 결과를 보장하는 것은 아니다. 그러므로 대통령의 정책 결정이나 국회의 입법 활동은 그것이 공동체 전체를 위해 바람직하고 공동선에 부합하는지 일상적으로 감시·확인되어야 하며, 현대 민주주의 사회에서 그 기준은 헌법이 담당한다고 볼 수 있다. 민주주의 국가에서 대통령의 권력 독점이나 남용, 의회주권의 자의적인 행사, 국가기관 간의 권한 분쟁에 대한 궁극적이고 정당한 심판권은 주권자인 국민에게 있다. 그런데 일상 정치의 상황에서 국민이 심판자라는 말은 국민 일반 의사의 결집인 헌법이 심판자가 된다는 의미일 터다. 현대 민주주의 사회에서 헌법의 심판은 헌법재판소나

대법원 등 헌법재판 기관에 맡겨지고 있지만, 실제로 법치나 헌정주의 발전의 의미는 입법부나 대통령에 대한 '사법부'의 우위라기보다 '헌법'의 우위에 있다고 보아야 할 것이다.

물론 이때 헌법은 민주적인 절차에 따라 주권자인 국민의 일반 의사를 적극적으로 반영한, 그럼으로써 국가 최고 규범으로서의 권위를 확보한 것이어야 한다. 비록 그것이 과거 시점에 제정되어 현 세대 다수 의사의 동의를 매번 재확인하지 않고, 심지어는 현 세대 다수 의사와 괴리가 있다 할지라도, 현재적 동의라는 민주적 정당화의 과정을 결여했다는 이유로 단번에 부정되거나 무시될 수는 없다. 다수 국민의 현재적 동의라는 민주적 절차가 결과의 정당성을 필연적으로 보장하지 않는다는 점에서, 민주주의 자체의 존속과 일상적 정치의 안정성을 위해 헌법적 틀은 필수 불가결하다. 헌법이 현 세대 다수 의사와 심각하게 차이가 있을 때, 혹은 현 세대 다수 국민이 헌법의 규정과 다른 제도 및 규범을 선호할 때, 그들은 헌법개정에 나설 수 있다. 하지만 그 경우에도 기존의 헌법을 완전히 무시한 채 새로운 헌법의 제정에 나서는 것이 아니라 헌법적으로 정해진 방법과 절차에 따라 헌법을 개정함으로써 기존의 것을 바꾸려고 시도한다.[55] 이것이 법치와 헌정주의 정착이 갖는 진정한 의미일 것이다.

현대 사회에서 민주주의와 법치·헌정주의의 갈등은 실제로 입법부 및 대통령 대 사법부의 갈등으로 나타날 경우가 많다. 현대 민주주의 사회에서 상이한 권력 자원과 이해관계, 지지 세력을 갖고 있는 제도적 권력기관들 간의 갈등이나 다양한 정치 행위자들 사이의 분쟁은 어쩌면 필연적이라 할 수 있

---

55 일반적으로 사람들이 왜 법에 따라 행동하고 헌법적 구속을 받아들이는가 하는 문제에 대해 천착하고 있는 연구로 Maravall and Przeworski(2003)와 Perry(2003)를 참조.

다. 그런데 다른 한편 현대 민주주의 사회에서 이런 갈등과 분쟁은 사적 판단에 입각해서 혹은 힘의 논리에 따라 해결되기보다 헌법적 구속하에서 법에 의지해 해결될 것으로 기대된다. 법치란 이처럼 사법부의 지배가 아니라 법의 지배로서 이해되어야 하며, 이렇게 본다면 법치와 헌정주의의 발전은 민주주의의 발전과 조화로운 상호관계를 이룰 것으로 기대할 수 있다.

한국의 정치적 맥락에서 '제왕적 대통령'은 대통령의 권한이 단순히 입법부와 사법부에 비해 막강한 정도가 아니라 헌법을 무력화하고 독재로 이어졌던 경험을 함축한다. 하지만 최근의 이른바 '제왕적 사법부'란 사법부의 정치적 결정 사례가 증가하고 역할이 비대해지는 현상을 가리키는 것이며, 사법부가 헌법적 구속으로부터 자유롭다거나 헌법 규정을 넘어 독재적 권한을 행사하고 있다고 보기는 어렵다. 물론 헌법재판소를 포함한 사법부의 결정이 국민의 일반 의사로서의 헌법에 비추어 적절하고 정당한지를 어떻게 판단하며, 나아가 그 역할을 어떻게 헌법적으로 규제·감시할 것인지 하는 문제에 대해서는 다양한 논의가 필요할 것이다. 하지만 법치와 헌정주의의 진정한 발전은 제왕적 대통령이나 제왕적 입법부의 등장을 구속하는 만큼이나 제왕적 사법부의 등장을 구속하지 않을 수 없다. 그런 의미에서 헌정주의의 정착은 자유민주주의 발전의 건전한 토대가 되리라고 생각된다.

3) 자유주의의 확산과 민주주의의 발전

(1) 국가를 넘어 시민사회로

민주화 이후 한국 사회는 국가 제도나 정치과정의 측면에서뿐만 아니라 무엇보다 시민사회의 영역에서 중대한 변화를 경험하고 있는 것으로 보인다. 억압적으로 군림하던 권위주의 국가권력이 '정상화'되면서 시민사회적 공간과 자율적인 사회운동 영역의 확장을 경험하게 된 것이다. 1987년 이후 한국의 민주화를 시민사회의 성장과 관련해 설명하는 논의들[56]이 시사하듯이, 사실 시민사회의 확장은 개발독재 체제하에서 이미 일정한 정도로 진전되어 왔다고 할 수 있다. 민주화의 원인이자 동력이 되었던 이와 같은 시민사회의 성장은 경제적으로 산업화와 자본주의 발전이 뒷받침되어 가능했고, 정치적으로는 정당성이 약한 국가권력의 억압적인 행사에 대한 반발이 기폭제가 되었다. 1960년 4·19혁명, 1970년대 말 부마항쟁을 비롯해 전역에서 일어난 유신 반대 투쟁, 1980년 5·18 광주 민주 항쟁, 1987년 6월 민주 항쟁 등은 억압적 국가에 맞선 '시민사회의 폭발'이라 부르기에 손색이 없다.

그러나 민주화 이후 경험하고 있는 시민사회의 확장은 몇 가지 점에서 이전과 차이를 보인다. 우선 민주화의 동력으로서 시민사회의 성장을 이야기할 때는 강조점이 '국가에 반(反)하는 시민사회'에 있다. 다시 말해, 억압적 국가에 저항하는 세력으로서의 결집력, 조직화, (계급의식을 포함하는) 연대 의식, 정치적 각성 등의 강화가 시민사회의 성장을 가늠하는 근거였다. 그에 비해 민주화 이후 나타나는 시민사회의 확장은 시민사회 구성이나 쟁점, 운동의 다양화 및 활성화를 의미한다. 시민사회를 중립적으로 "국가와 사적 영역 사이에 존재하는 중간 매개체로서 자발성과 자율성을 기초로 공동의 이익과 가치를 추구하는 공공 영역"이라 정의한다면,[57] 개념적으로 시민사회

---

56 '국가-시민사회' 틀을 적용해 한국의 민주화 국면을 분석한 논의로 최장집·임현진 공편(1993), 임혁백(1994) 등을 참조할 것.
57 '시민사회'의 개념과 관련한 논의는 임혁백(1994)을 참조. 한편 국내 사회과학계에서 시민사회론 논의의 지적 배경에 관해서는 유팔무(1993, 241-244)를 참조할 것.

는 농민·노동자·중간제계층뿐만 아니라 지주·재벌 역시 그 구성 부분으로 한다. 그런 만큼 시민사회는 진보적일 뿐만 아니라 보수적일 수도 있다. 그런데 민주화 운동 과정에서 시민사회는 이론적으로 국가에 대한 저항 세력으로 규정되었을 뿐 아니라 실제로도 진보적인 부문에만 한정되어 있었다. 지주나 재벌 부문은 스스로를 시민사회 영역 속에 위치 지우기보다 국가와 일치시켰고 국가에 의해 그 이해가 대변되었던 것이다. 따라서 시민사회의 성장이 논해질 때도 시민사회 내 세력 관계의 변화나 세력 구성의 다층성이 고려되기보다 주목된 단일 부문의 조직 및 결속 강화에 초점이 맞추어지고, 그것은 다시 시민사회가 보수적 계층을 배제한 채 이해되도록 하는 데 일조했다.

그런데 민주화 이후 시민사회는 문자 그대로의 '확장'을 경험하고 있는 듯이 보인다. 기존에 동결되어 있던 영역들이 시민사회의 일부로서 새로이 깨어나고 있는 것이다. 자본가를 중심으로 한 지배 계층이 국가 부문과 일정하게 거리를 두며 시민사회에서 자기 자리를 찾기 시작했는가 하면 이전에는 시민사회와 양립하기 어려운 것으로 이해되었던 각양각색의 보수 집단들 역시 스스로를 시민사회의 일원으로 자리매김하며 자신의 이익과 가치를 보호하고 확장하기 위해 활동하고 있다.[58] 그런가 하면 반독재 민주화 운동을 통해 체제 비판적·저항적 역할을 수행해 오던 시민사회 내 진보진영은 민주화 이후 자유주의적인 시민운동과 민중·노동운동, 진보 정당 운동 등으로

---

[58] 그 뚜렷한 예가 2003년 5월 31일에 창립된 '청년우파연대'와 최근 발족한 '자유지식인선언'이라고 할 수 있다. '청년우파연대'와 '자유지식인선언'은 그 창립·발족의 시점과 계기에서 차이가 있긴 하지만, 적어도 1990년대 중반까지는 시민정신에 부합하는 것으로나 시민사회의 요소로 간주되기에 적절치 않다고 여겨졌던 '보수 우익'을 전면에 부각시키며 그것으로 진정한 시민(= '애국시민') 및 시민의 역할을 규정한다는 점에서 공통된다.

분화해 정부의 정책이나 기성정당들을 비판·감시하고 대안을 모색하는 역할을 지속적으로 전개하고 있다.[59] 뿐만 아니라 과거 민주 대 반민주의 구도 하에 주변화되거나 억압되어 왔던 이슈들, 예컨대 성폭력 및 가정 폭력이나 동성애, 종교 및 양심의 자유와 관련한 이슈들을 새로이 제기하며 운동의 목표로 삼는 다양한 사회운동 단체들이 출현하면서 민주화 이후 시민사회는 이념적으로나 세력 구성 면으로나 이전과는 다른 내용과 성격을 갖게 되었다. 요컨대 민주화가 결과한 시민사회의 확장은 시민사회의 진보성 및 통일성의 균열과 다층적인 세력 관계, 다양한 갈등 구조의 전면화를 의미한다.

그런데 시민운동의 다양화, 운동 단체의 다변화를 포함하는 이와 같은 시민사회의 확장은 기본적으로 자유주의적 민주화 운동의 결과이면서 동시에 새로운 차원에서 전개되는 자유주의 확산의 원인이라고 할 수 있다. 우선 그것은 새로운 자유주의적 쟁점이 출현하고 논의될 공간을 넓혔다. 1987년 이전에는 공적인 논의 주제로 표면화되기 어려웠던 문제들, 예컨대 여성과 동성애자, 이주노동자 등 사회적 소수의 권리 문제나 양심의 자유 문제, 관용과 종교적 자유 문제 등이 시민사회 내에서 다양한 형태로 제기되었으며, 곧이어 시민운동화했다. 이러한 현상은 여성부의 신설이나 대광고등학교 사례[60]에서 볼 수 있는 바와 같이 제도적인 성과로 이어져 우리 사회의 자유주

---

59 민주화 이후 사회운동의 분화와 시민운동의 성격 및 평가, 시민운동과 민중운동간의 관계에 관한 논의는 조대엽(1999), 김호기(2000), 유팔무·김정훈 편(2000), 조희연(2004) 등을 참조.

60 2004년 학내 종교 자유를 주장하며 1인 시위를 벌이다 제적된 대광고등학교 강의석 학생이 학교법인 대광학원을 상대로 낸 퇴학 처분 무효 확인 소송에서 재판부(서울 북부지법 제11민사부 재판장 이성훈 부장판사)는 "학생에게 종교와 표현의 자유 등 인권이 보장돼야 하고, 종교교육이 허용되는 사립학교라도 학교 선택권이 보장되지 않는 상황에서 학생 의사에 반해 종교를 강요할 수는 없다"는 취지로 원고 승소 판결을 내렸다. 이 사안은 '종교의 자유' 문제를 범사회적 쟁점화하는 계기가 되었다.

의적 성격을 강화하는 데 직접적으로 기여하는가 하면, 최소한 개인의 시민적·정치적 권리에 대한 각성과 자유에 대한 관심을 광범위하게 불러일으킴으로써 자유주의의 기반을 확대하는 간접적인 성과를 낳았다.

다음으로 민주화 이후 시민사회의 확장은 시민사회가 관여하는 정치·사회적 의제의 다양화와 함께 의제 선택의 자율화를 유도함으로써 자유주의의 확산을 촉진했다. 권위주의 독재하에서 시민들의 정치적 관여나 의견 형성 및 의사소통을 요하는 의제들은 대부분 위로부터 주어졌으며, 따라서 의제 선택 자체가 기득 이익에 부합하게 지극히 배제적으로 이루어졌다. 게다가 해당 의제의 관련 정보들은 권력에 의해 통제되어서 혹은 보수적 언론 매체들의 담합된 이해관계나 의제들 자체의 제한적 속성 때문에 유사하고 표피적으로 제공될 뿐이었다. 그런 탓에 의제들 자체가 광범위하면서도 지속적인 관심을 유발하고 나아가 실제 행동으로까지 연결되는 것이기에는 한계가 있었다. 그런데 민주화가 야기한 시민사회의 확장은 다양한 의제들을 시민사회 내로 들여오면서 동시에 의제 선택이 아래로부터 시민사회에 의해 자율적으로 선택될 여지를 넓혀 주었다. '안티조선' 운동과 '서울대 폐지' 논쟁, 미군 장갑차에 여중생 사망 사건 이슈, 이라크 파병이나 미군 기지 이전을 둘러싸고 진행된 논쟁, 그리고 최근의 이른바 '된장녀' 논란에 이르기까지 그 사례는 무수히 많다. 이들 사안은 시민들이 스스로 문제를 제기하고 자발적으로 정보를 주고받으며 정치·사회적 의제 선택·형성의 주체로 활동하고 있음을 잘 보여 준다.[61] 주체적이고 자율적인 시민이야말로 자유주의 확립

---

61 이러한 변화는 컴퓨터와 인터넷을 포함하는 정보통신망의 급속한 발전 및 확산, 곧 정보화 혁명과도 밀접한 관련이 있다. 정보화와 민주화의 관계에 대한 연구로 강정인(1998), 유석진(1996), 김용철·윤성이(2005) 등을 참조할 것.

및 발전의 관건이라고 할 때, 바야흐로 시민사회의 확장과 함께 목격되는 근대적 시민의 탄생은 민주화 이후 자유주의 확산의 본격적인 징후로서 지적될 수 있다.

(2) 자유민주주의 발전의 과제

그러나 다른 한편 민주화 이후 자유주의의 확산은 그 계기로서 시민사회의 확장이 안고 있는 근본 성격으로 인해 일정한 한계를 동반한 것이기도 하다. 다시 말해, 민주화 이후 시민사회의 확장은 그것이 세력 구성의 다층화·다양화의 형태로 나타난다는 바로 그 점에서 자유주의의 확산과 연계되지만 동시에 바로 그 점에서 민주주의의 발전에 위협이 되기도 한다. 시민사회의 확장과 함께 시민사회 내 세력 관계가 복잡하게 얽히고 다양한 가치와 이해관계의 충돌이 전면화·일상화하는 양상을 보이게 되었기 때문이다. 민주화 이후 '반독재'를 쟁점으로 한 국가 대 시민사회의 갈등은 확연히 완화되었지만, 시민사회 내 갈등은 그 쟁점의 다양성이나 강도 면에서 이전과는 비교할 수 없을 정도로 증폭되었다. 그리고 그런 갈등을 조정·해결하는 과정에서 국면에 따라 국가와 사회 세력들 간에 일련의 충돌이 재현되었다. 민주화 이후 나타나고 있는 사회적 갈등의 새로운 현상은, 의·약분업 문제나 전북 부안의 방사능 폐기물 처리장 설치 문제, 이라크 파병 문제, 양심적 병역 거부 문제, 고교 등급제 문제, 미군 기지 이전 문제 등에서 분명해졌듯이, 시민사회 내 이해관계와 가치관의 다양성을 반영하며, 독재 대 민주의 대립이나 노자 갈등처럼 어느 일방이 확고한 도덕적 정당성을 누리거나 헤게모니를 장악하기 쉽지 않다는 점에서 특징적이다.

그런데 민주화 이후 경험되는 시민사회 내의 갈등과 분쟁 가운데 상당수는 자유주의의 확산 과정에서 강화된 개인의 자유 및 권리 의식과 일차적으로 관련이 있다. 민주화 이후 집단적 저항의 대상이었던 국가권력의 억압성이 한결 누그러지면서 이제 자유주의의 호소력은 억압적 국가에 대한 민족·민중의 권리보다 전체로서의 사회 속에서 개인의 권리를 주장하고 옹호하는 데서 힘을 발휘하고 있는 것으로 보인다. 개화기 이래 한국에서 자유주의적 지향은 공공복리와 사회정의에 강조점을 두면서 상대적으로 개인주의의 기반이 약했다는 점에서, 그리고 인간의 존엄성이나 인권에 대한 문제의식은 '개인'의 발견과 밀접히 연관되며 건강한 개인주의야말로 자유민주주의의 기반이 된다는 점에서 개인주의의 성숙은 바람직하고도 필요하다. 그러나 문제는 개인주의화 경향이 공공성이나 공익에 대한 관심을 결여한 치열한 사익 추구와 거기서 비롯되는 사익 대 사익의 첨예한 갈등 상황으로 이어질 수 있고, 또 실제로 그런 조짐을 보인다는 점이다.

민주주의란 "사회가 서로 갈등하는 이해와 의견의 차이로 이루어져 있는 조건에서, 이들 사이의 갈등을 조정하는 데 그 존재 이유가 있는 정치체제"로서 그것이 의미 있는 의사결정 구조가 되는 것은 "서로 다른 이해관계가 합리적 대안으로 조직되고 상호 갈등하고 경쟁하면서 그 내용이 풍부해지고 그 사회적 기초가 튼튼해지는 과정을 거쳐 일정한 타협과 합의를 만들어 갈 때"(최장집 2002, 34)라고 한다면, 개인적 권리 의식의 향상과 다양한 이해관계의 표출이 갈등과 경쟁을 극대화하는 데 머물 뿐 조정과 타협, 합의 도출에 이르지 못할 때 자유민주주의의 발전은 심각한 위기에 직면하지 않을 수 없다. 요컨대 민주화 이후 자유민주주의의 발전이 봉착한 문제의 핵심은 서로 다른 이해관계의 존재나 표출 그 자체가 아니라 그것을 합리적 대안으로 조직하고 조정·타협의 과정을 거쳐 합의에 도달하는 기술과 절차의 저발전에 있다. 그러므로 향후 우리 사회에서 자유민주주의의 발전은 시민사회의 균열을 반영하고 조직해 정치사회 수준에서 대표하는 정당 체제의 성숙과 의회의 활성화를 포함하는 제도적 개선을 통해 뒷받침되어야 할 것이다.

요컨대 이제 민주주의는 국가 수준의 형식적·제도적 민주화의 문제를 넘어 사회·문화적 기반 나아가 생활세계 차원의 민주화 문제로 확대·전이되고 있는 것으로 보인다. 시민사회 내 이해관계와 가치관의 다양성을 인정할 때, 자유민주주의의 발전은 결국 다원적인 한 사회가 파편화되지 않도록 여러 계층과 이익집단들, 세계관 및 가치관 사이에 공존과 협력을 가능하게 하는 '정치'의 문제로 귀결되지 않을 수 없다. 민주화 이후 한국 사회가 경험하고 있는 시민사회 내의 또는 국가와 시민사회 간의 갈등과 혼란의 격화는 기본적으로 정치의 실패에서 기인한다. 민주화 이후 시민사회의 확장과 자유주의의 확산이라는 변화에도 불구하고 정치의 성격이나 역할이 그에 맞게 적절히 조정·확대되지 못함으로써, 정치가 보이는 지체의 폭과 정도만큼 민주주의의 위기가 가시화되고 있는 것이다. 그런 점에서 민주화 이후 자유민주주의의 발전은 자유주의적인 '정치'에 대한 문제의식과 전망의 모색을 필요로 한다고 생각된다.

4. 맺는말 : 자유민주주의 발전의 한국적 모델을 찾아서

해방 이후 한국 정치사의 핵심 쟁점은 '민주화'로 요약될 수 있을 것이다. 포괄적인 의미에서 '민주주의의 형성 과정'을 '민주화'라고 한다면, 정부 수립 후 일정 시점에서의 반독재·반권위주의 투쟁 과정만이 아니라 해방 공간에서 근대국가 형성을 둘러싼 갈등과 경합의 과정 역시 민주화의 맥락에서 이해되어야 할 것이기 때문이다. '8·15 해방'의 특수한 조건과 성격으로 인해 한국의 초기 민주주의 형성 과정은 자유주의 이념 및 세력에 의해 주도되었다. 뿐만 아니라 오랜 반독재 민주화 운동의 지배적인 지향도 결국 '자유주의적'인 것이었으며, 이로써 한국의 민주화는 자유민주주의의 확립으로 종결되었다. 요컨대 자유주의는 한국 현대 정치사를 점철한 다른 어느 이념보다 깊이, 직접적으로 민주화와 연관되었으며, 따라서 한국 민주주의의 기원과 성격을 파악하기 위해서는 그것의 의미와 역할에 대한 이해가 필수적이라고 할 수 있다.

지금까지의 논의에 따르면 한국에서 자유주의는, 개화 지식인들에 의해 최초로 그 수용이 모색된 이래 근대국가 건설 이념으로, 또 반독재 민주화 운동 이념으로 전개되었다. 특히 1980년대 초까지 자유주의적 민주화 전망은 헌정주의의 제도화, 국민의 기본적인 자유권 보장, 분배 정의의 실현이라는 전 국민적 요구를 담아내면서 한국 사회의 진보적 대안으로 기능했다. 급속한 자본주의 발전 과정에서 계급적 이해관계가 분화되고 그런 계급 관계에 기반을 두어 정치·사회적 지향을 달리 하는 여타 대안들이 출현하기 시작하는 1980년대 들어 포괄적인 자유주의적 민주화 전망 내에서 그에 조응한 균열·분화의 조짐이 나타나게 되지만, 대체로 민주화 이전 시기까지 자유주의는 '독재 대 민주'라는 뚜렷한 대치선을 따라 단일한 하나의 진영을 구성하고 있었다. 반독재, 반권위주의, 자유민주주의 헌정 질서의 회복을 지향하는 이념이라는 공통분모가 자유주의를 단일한 하나의 저항 이념 및 세력으로 결집시켜 주고 있었던 것이다.

그러나 1987년 이후 한국에서 자유주의는 그 이념과 세력 면에서 중대한 재편을 경험하게 되고, 그리하여 새로운 지향과 전망을 갖춘 자유주의'들' 간의 대립·경쟁이 두드러지게 나타나고 있다. 게다가 국제적인 맥락에서 세계화의 진행이 두드러지기 시작한 1990년대 중반 이후 한국에서도 '신자유주의'가 자유주의의 흐름을 압도하고, 시장의 자율성과 사유재산의 절대성에 대한 강조가 자유주의의 핵심인 양 부각되면서 일각에서는 자유주의에 대한 거부감이 민주화 이전보다 확산되고 있기도 하다. 이렇게 본다면, 민주화 이후 한국 사회에서 자유주의는 성공과 안정을 만끽하고 있다기보다 새로운 도전에 직면해 있다고 할 수 있다. 최근 들어 민주화 이후 한국 민주주의가 보수화되고 있다거나 새로운 위기를 맞고 있다는 평가가 설득력을 얻고 있는데, 해방 이후 1987년 6월에 이르는 한국 민주화의 과정과 성격을 감안할 때 민주화 이후 민주주의의 위기는 결국 자유주의의 위기와 무관할 수 없다.

사실 근대국가 건설 이념으로서 또 민주화 운동 이념으로서 유력한 대안의 기능을 했던 자유주의는, 독재 정권의 종식과 함께 지배적 원리로 일반화되기는커녕, 진정한 의미에서 위기를 맞고 있는 것으로 보인다. IMF 구제 금융을 계기로 해 자본 운동의 효율화를 최대의 가치로 옹호하는 '신자유주의'가 한국에서도 공세를 강화함과 동시에 반독재 민주화 과정에서 자유주의가 견지했던 진보성·도덕성은 민주화 이후 소진되게 된 것이 위기의 근원이라고 하겠다. 한국 자유주의의 발전 과정과 역사적 성격에 대한 지금까지의 논의에 근거해 볼 때, 단순한 경제적 자유주의나 서구적 개인주의 논리의 득세는 한국에서 자유주의의 강화가 아니라 변질 내지는 퇴보다. 뿐만 아니라 다원적인 가치관과 이해관계의 충돌을 조정하고 포괄할 '정치'의 지체도 자유주의의 위기를 부추기고 있다.

민주화 이후 한국 민주주의의 위기에 대한 폭넓은 공감에도 불구하고 아직 설득력 있는 대안은 제시되고 있지 못하다. 초역사적인 진보로 군림해 온

사회주의의 몰락과 그에 뒤이은 포스트모더니즘의 풍미로 좌파적 입장에서 진보의 모색은 유보되고 있고, 우파적 입장은 '신자유주의'에 대한 적극적 동조 혹은 전통적 가치에 대한 비현실적 집착으로 극명하게 나뉜 채 진정한 의미에서의 진보를 포기한 듯이 보인다. 이 같은 상황에서 한국 민주주의의 발전 전망은 궁극적으로 한국적 자유주의 전통의 재구성 및 강화에서 찾아질 수밖에 없다. 물론 근대국가 수립 과정에서나 반독재 민주화 과정에서 자유주의적 전망은 극우 반공주의와 타협하거나 자본주의적 모순 구조에 대한 총체적 인식을 결여하는 등의 한계를 드러냈다. 하지만 한국 사회의 진보를 위한 대안 이념을 한국의 역사적 맥락 속에서 찾는 것이 바람직하다면, 자유민주주의의 제도화를 위한 지난 여정 속에서 축적된 경험은 여전히 유효하다고 생각된다. 요컨대 개인의 자유와 공동선(또는 복지)의 조화로운 발전이라는 내용적 측면과 헌정주의의 확립 및 관철이라는 절차적·형식적 측면이 적절하게 결합된 자유민주주의 모델이야말로 지난 역사적 경험을 통해 우리가 발견할 수 있고, 또 앞으로 발전시켜 가야 할 대안적 전망일 것이다.

제3장

민족주의

한국의 민주주의 형성과 민족주의 이념의 정치(1945~2002년)

1. 글을 시작하며

1945년 한민족은 일제로부터 해방이 되었으나 미소 양군의 분할 점령, 분단국가 수립, 6·25 전쟁 발발 등으로 식민지 시대 이래 유보되었던 근대 민족국가를 건설하는 과정이 결코 순탄하지 않았다. 오히려 이승만·박정희·전두환·노태우 정권은 시대적 과제라 할 수 있는 분단국가 극복이나 민주주의 국가 건설과는 배치되는 권위주의 통치를 강행해 나갔다. 1948년 제1공화국 수립 이후 정권에 대한 저항이 반권위주의 민주화 운동을 특징으로 했던 것은 그런 역사적 사실에 연유한다. 권위주의 정권에 대한 정치적 투쟁은 1987년에 이르러 일정 정도 결실을 맺었다. 헌팅턴S. P. Huntington이 언급한 이른바 '제3의 물결'의 흐름(Huntington 1991) 속에 놓일 수 있을 것으로 보이는 한국의 1980년대 후반 민주화 과정은 권위주의 정권 아래에서 유린되어 왔던 최소 민주주의의 규칙인 공정한 선거제도의 도입과 정착을 그 본질로 한다. 1987년을 한국 민주화의 기점으로 보는 논리(임혁백 1994, 289; 1997, 22)는 그런 절차적 민주주의의 구현과 밀접한 관련을 갖는다. 1987년 6월로 상징되는 한국의 민주화 과정은 비교 민주주의 개념을 사용하자면 '탈권위주의 민주화 이행'(O'Donnell et al. 1986)으로 정의될 수 있다.

하지만 이런 민주화 이행이 민주주의 형성의 최종 도착지일 수는 없다. 민주주의는 단순히 권력 선출의 게임을 둘러싼 절차적 공정성의 차원으로만 국한되는 것이 아니기 때문이다. 민주주의란 경제, 사회, 문화 등 사회 전반의 영역에서 다수의 통치가 실현되어야 하는 것이다. 요컨대 민주화 이행을 넘어서 민주주의의 심화democratic consolidation로 나아가야 한다. 최장집이 언급한 '민주화 이후의 민주주의'(최장집 2005)는 그런 사실을 명확하게 지적해 주고 있다.

해방 이후 근대국가 수립 과정으로부터 민주주의 심화를 실현해야 하는 현재의 사회적 국면에 이르기까지 한국 민주주의 형성 과정은, 민주주의의 기원을 구성하는 유럽의 제국들이 그러했듯이, 정치 세력들의 이념적 대립과 갈등으로 특징지어진다. 자유주의, 보수주의, 사회주의, 급진주의, 민족주의 등 한국의 정치 세력들은 외부에서 이식된 이념 또는 국내에서 자생적으로 발현된 이념들을 동원해 민주화를 향한 정치과정에 깊이 개입해 왔다.

이와 관련해 본 연구는 이런 이념들 가운데 '민족주의'에 주목하고자 한다. 왜 민족주의인가? 역사적으로 볼 때 한국에서 민족주의는 여타의 다른 이념들과는 달리 정치적 투쟁의 과정에서 정권과 저항 세력이 공히 자신들의 정치적 존립과 목표를 정당화하기 위해 동원했던 근본적 이념의 위상을 지녔다.[1] 이와는 달리 보수주의의 경우 권위주의 정권의 이념이었으며 급진주의 또는 사회주의는 민주화를 지향하는 저항 세력의 이념이었다. 정권은 기존의 정치 질서를 유지하기 위한 정당화의 이념으로서 민족주의를 끌어들였고 저항 세력은 권위주의 정권에 대한 도전을 전개해 나가는 데 민족주의 이념을 사용했다. 민족주의의 이런 특징은 아마도 한국이 통일국가라는 온전한 의미의 근대국가를 수립하지 못한 사실에 기인할 것이다. 그런데 이런 민족주의는 민주주의 형성의 국면과 시기별로 상이한 내용을 보였다. 예컨대 이승만 정권에서 박정희 정권과 전두환 정권으로 이어지는 권위주의 정권 아래에서 표출된 민족주의는 각각 집권 세력과 저항 세력에 의해 종족 민족주의, 부국강병 민족주의, 자유주의적 민족주의, 민중적 민족주의 등 상이

---

1 자유주의 또한 그러한 이념적 성격을 지니고 있긴 하지만 민족주의만큼 강력한 역사적 규정성을 띠고 있지는 않았던 것으로 판단된다.

한 양상으로 발현되었다. 또 민주화 이행 이후 문민정부와 국민의 정부 아래에서 제기된 민족주의 역시 구체적인 내용 면에서 동일하지 않았다. 그것은 한편으로는 통일국가 건설이라는 민족주의의 궁극적 가치와 본격적으로 결합하기도 했고, 시민사회의 관점에서는 반권위주의 정치투쟁을 위한 이념적 도구로서 민족주의를 넘어, 지난 2002년 월드컵의 사례가 보여 주듯이 일상적 공간에서 자발적이고 상호적인 사회·문화 의식 형성을 위한 매개체로서 민족주의를 지향하기도 했다. 또 다른 한편으로 개방적인 민족주의의 양상을 보이기도 했던 것이다.

본 연구는 이런 문제의식에서 해방 이후 국민의 정부에 이르기까지 한국 민주주의의 형성 과정에서 민족주의가 어떤 내용과 형식으로 표출되었는가, 말하자면 민족주의의 연속성과 변화의 문제를 고찰하고자 한다.

2. 민족^{nation}의 한국적 의미

1) 민족이란 무엇인가?

18세기 프랑스혁명 상황에서 '민족'과 '민족적'이라는 말은 '국왕' 및 '국왕적'이라는 말과 대비되는 것이었다(최갑수 1999, 119). 그것은 절대왕정을 타도의 대상으로 규정한 혁명 세력들의 정체성을 위한 언어로서, 신민과 대척점에 있는 근대적 주체로서의 '국민'을 의미했다. 그런데 18세기 중반 이후 독일적 정치 상황 속에서 '민족'은 프랑스적 민족과는 상이한 의미를 갖게 된다. 독일에서의 민족은 독일어를 모국어로 사용하는 사람들의 문화 공동체를 의미하는 개념으로 전환된다. 한편 식민 지배를 경험한 제3세계에서 사용된 민족은 앞의 두 경우와는 달리 제국주의에 대한 저항의 의미를 내포하고 있다. 나아가 정치적·언어적 차원만이 아니라 종교적·혈연적·지리적 차원을 포함하는 더욱 복잡한 개념으로 등장했다. 이렇게 볼 때 민족은 보편적 언어 형식 속에서 내용적 이질성을 띠고 있는 개념으로 나타난다.

(1) 민족 : 종족적 실체 vs 정치적 이념

그렇다면 민족의 본질은 무엇인가?『종족민족주의』*Ethnonationalism*의 저자, 코너Walker Conner는 민족을 다음과 같이 정의한다. 민족이란 "동일한 혈통적 기원을 갖는다고 느끼는 사람들의 집합체로서 바로 그 혈통적 유대에 근거해 구성원들의 충성심을 강제할 수 있는 가장 큰 규모의 집단이다. 따라서 민족은 최고도로 확장된 가족공동체인 것이다"(Norman 1999, 54에서 재인용). 이는 종족적ethnic 기원의 객관적 구성 요소들을 공유하는 사람들의 집합을 의미한다. 반대로 겔너E. Gellner와 앤더슨B. Anderson은 근본적으로 다른 논리를 전개한다. 이들이 말하는 민족은 종족적 실체로서의 민족이 아니라 근대 세계의 정치적 구성물로서의 국민을 의미한다(Smith 2000, 2-8). 여기서는 민족성과 종족성 간의 필연적 관계가 해체된다. 겔너에 따르면 민족이란 근대 세계의 사회 경제적 필요, 즉 토지의 구속을 벗어나 공간적 이동성을 확보한 이질적 대중들을 동질화하고 통합하기 위한 이념이다. 따라서 민족은 문화적·실체적 개념이 아니라 정치적·이념적 개념이다. 앤더슨 역시 민족을 "제한되고 주권을 가진 것으로 상상되는 정치 공동체"로 정의하면서(앤더슨

2002, 25) 겔너와 같은 입장에 선다. 하지만 민족을 근대적 사회 체계 구축을 위한 이념적 도구로 파악하면서 '유물론적'materialistic 시각에 서 있는 겔너 (Ben-Israel 1992, 371)와는 달리 앤더슨은 민족의 심리적·정서적 측면을 강조한다. 즉, "상상의 발명품에 대해 느끼는 애착심"(앤더슨 2002, 183)이라는 표현에서 알 수 있듯이 그는 위(부르주아)에서 부과되는 이념으로서의 민족을 넘어 민족의식과 정체성 형성을 가능케 하는 심리 메커니즘에 주목한다.

(2) 민족 개념의 확장과 수렴

이들의 시각은 홉스봄이 『1780년 이후의 민족과 민족주의』에서 주장한 "민족이 국가와 민족주의를 만드는 것이 아니라 그 반대이다" "국가가 민족을 만드는 것이지 민족이 국가를 만드는 것이 아니다. 그러나 1880년 이후 평범한 남녀가 민족을 어떻게 느끼는가가 점차 문제가 되었다"(홉스봄 1994, 26, 67)라는 두 명제 속에서 재현되는 것으로 보인다. 홉스봄은 다음과 같이 언급한다. "나는 '민족주의' 용어를 겔너가 규정한 의미로 '기본적으로 정치적·민족적 단위가 일치해야 하다는 원칙의 의미로 사용한다" "베네딕트 앤더슨의 유용한 표현을 빌리면 근대 민족은 '상상된 공동체'이다"(홉스봄 1994, 25, 68). 여기서 필자는 홉스봄이 겔너와 앤더슨의 민족주의 시각을 그대로 받아들이고 있다고 주장하는 것은 아니다. 홉스봄의 민족주의 시각은 사실상 겔너와 앤더슨의 논리에 대한 비판적 고찰에 기초하고 있기 때문이다. 겔너에 대해서는 아래, 즉 민중들이 민족주의 이념에 어떻게 반응하고 그것을 수용하는지를 고려하지 못했다고 비판하고(Ben-Israel 1992, 372) 앤더슨에 대해서는 "사람들이 왜 이 특수한 형태의 대체물을 상상해야만 하는가 하는 의문이 여전히 남는다"라고 비판한다(홉스봄 1994, 68).

위의 상이한 민족 개념은 '원초론 대 도구론' '문화적 공동체 대 정치적 공동체'(노태구 2002, 28-34), '객관주의 대 주관주의'(임지현 1999, 21-22)의 이분법으로 요약될 수 있다.

2) 한국적 의미의 민족

(1) 한국의 민족 = 종족적·문화적 실체

이렇게 상이한 민족 개념 속에서 한국적 의미의 민족은 어떠한 모습일까? 북한의 용천 가스 열차 사고에 대한 『동아일보』(2004/04/29) 1면 기사의 제목은 "우린 한 핏줄 ······ 北 눈물 닦아 주자"였다. 이는 한국에서 민족이 어떤 규정성을 띠고 있는가를 명쾌하게 보여 주는 사례라고 할 수 있다. 한국적 의미의 민족은 본질적으로 "같은 어머니에게서 태어난 형제자매"인 동포와 "한 조상의 피를 이어받은 자손들"인 겨레와 혼용되어도 무방한 개념으로 이해된다(윤해동 2000, 51). 한국의 정치 담론에서 민족·동포·겨레가 얼마나 자연스럽게 혼용되어 사용되고 있는가를 관찰하기란 그리 어려운 일이 아니다. 한국적 의미의 민족은 이념적 구성물로서의 국민이 아니라 조상·역사·문화·언어·공간을 공유하는 원초적·영속적 실체가 된다. "4천여 년의 역사를 계속하며 우리의 신성한 조상들이 계계승승하야 내려오며 이 금수강산에서 살며 일하다가 필요한 때에는 다 일어나 싸워서 우리의 거룩한 유업"(이승만 제2대 대통령 취임사), "외세의 침략을 전 국민적인 항쟁으로 격퇴한 억센 민족이며 인내와 끈기로 고난을 이겨낸 생명력과 창조력을 지닌 민족"(박정희 제6대 대통령 취임사), "우리 민족은 이 땅 위에 반만년 면면히 역사를 영위하면서 …… 빛나는 문화 전통과 동질성을 지키고 발전시켜"(전두환 제12대 대통령 취임사) 등을 예로 들 수 있다. 이와 마찬가지로 "우리가 단군의 자손인 이상 우리는 죽지 않고 살아 있다"(전 부산 학생 호소문, 1960/03), "평화를 동경하던 백의민족"(고려대학교 제2차 4·18 시국선언문, 1962/04/19), "온 겨레에 소생의 희망을 주는 단 하나의 길"(민중·신한 합당 선언문, 1967/02/07), "갈라진 민족이 다시 평화로운 통일에 이를 수 있는 길"(민주국민헌장, 1974/12/25) 등과 같은 예는 저항 세력에게서도 한국적 의미의 민족이 같은 혈연, 같은 영토, 같은 역사와 전통을 보유한 사람들의 원초적 공동체로 이해됨을 말해 준다. 혈연적·언어적·유기체적 공동체로 파악되는(윤해동 2000, 50-59) 한민족 공동체는 바로 그 점 때문에 "상상된 공동체"imagined community라기보다는 "실제의 공동체"real community라는 인식이 성립한다(박명림 1996, 61).

(2) 한국의 민족 = 보편적 정치 언어

임지현은 한국의 근·현대 정치사에서 민족은 다른 어떤 언어들보다 크고 무거운 정치적 상징성을 내포한 언어이자 모든 정치 세력들의 정통성과 정당성의 원천적 언어였다고 말하고 있다. 그에 따르면 "민족은 이념적으로나 실천적으로 늘 그 중심 위치를 차지했"을 뿐만 아니라 "계급과 성, 지식의 유무 그리고 연령에 상관없이 역사의 명령이었고 한국 사회의 규범이었다." 또한 민족은 "좌파와 우파 또는 중도파를 막론하고" 모든 정치 세력들의 "이념적 정당성"의 기반이었다(임지현 1999, 52-53). 임지현의 이런 논리는 "친애하는 동포 여러분!"을 통해 정권에 대한 지지를 호소하고 있는 대통령 취임사들과 "우리는 민족중흥의 역사적 사명을 띠고 이 땅에 태어났다"로 시작되는 "국민교육헌장" 그리고 정당들의 창당 선언문 등에 너무나도 빈번하게 등장하는 민족적 수사학(김삼웅 1997, 215, 228, 264-267)에서 명확하게 드러나고 있다.

3. 한국의 근대국가의 수립과 민족주의

1) 민족주의 이론과 한국 민족주의의 특성

(1) 민족주의의 두 차원

민족 개념에 대한 상이한 시각은 '민족국가 건설을 위한 이념이자 운동'(최상용 1977, 25)으로서의 민족주의에 대한 상이한 해석으로 나아간다. 프랑스적 상황의 민족주의는 계몽사상의 세례를 받은 혁명 세력들이 절대왕정과는 다른 근대 민주주의 공화제를 구현하기 위한 이념이자 운동이었던 반면, 19세기 중반 독일의 민족주의는 나폴레옹의 정복 전쟁에 대한 정치적 반작용으로서, 언어적 원리에 기초해 통일국가를 이루기 위한 이념적 운동이었다.

민족주의와 민주주의 프랑스혁명에서 민족주의는 자유주의 이념과 밀접하게 결합되어 절대왕정의 구체제를 해체하고 새로운 체제인 공화제 수립의 동력으로 작용한 이념이자 운동력이었다. 민족주의 운동의 주체인 민족은 1789년에 제정된 "인간과 시민의 권리선언"이 공표한 주권·인권·시민권의 담지자들이다. 이런 차원에서 민족주의는 민주주의적 지향성을 갖는, 문화적 개념과 대비되는 '정치적' 개념인 것이다(최갑수 1999, 114; 임지현 1999). 벤-이스라엘H. Ben-Israel, 모틸A. J. Motyl, 키인J. Keane 등의 민족주의 연구가들이 민족주의를 '계몽주의의 필연적 산물' 또는 '민주주의의 이념적 결과물'로 파악하면서 민주주의 발전에 긍정적 역할을 하는 이념으로 보는 이유는 바로 이런 역사적 상황에 근거한 것이다(Ben-Israel 1992, 377-381; Motyl 1992, 308-310; Keane 1994, 174).

(2) 민족주의의 변용 : 정복 민족주의

그런데 1870년대 이후 민주주의적 내용을 갖는 민족주의의 의미가 약화되기 시작한다. 비스마르크에 의한 독일 통일과 부국강병책, 영국 디즈레일리 내각의 팽창 정책, 프랑스 제3공화정의 식민 정책 등, 유럽 열강들이 제국주의로 나아가면서 민족주의는 자유, 관용, 평등, 우애 등의 진보적 이념보다는 종족, 인종, 경쟁, 지배 등의 수구적 이념과 연결되기에 이른다(헤이즈 1981, 98-102). '드레퓌스 사건'은 민족주의의 진보적 성격을 창출한 프랑스에서조차 그것이 점차 종족주의적·인종주의적 굴절을 겪게 됨을 알리는 상징적 사건으로 이해된다. 민족주의의 이런 변용은 1930~40년대 전체주의 이념의 등장과 더불어 한층 더 심각한 양상을 띤다. 이제 민족주의는 국가의 논리와 힘을 추종하는 집단들의 정복 의지로 변형되면서 민주주의, 관용, 평등과 같은 이념들과 적대적 관계에 놓인다. 슐레진저Arthur Schlesinger와 시튼-왓슨Hugh Seton-Watson이 민족주의의 억압적 성격을 지적하거나 아우슈비츠의 얼굴을 가진 동전에 비유하는 것은(Ben-Israel 1992, 367-369) 이런 역사적 상황에 대한 반성적 고찰의 결과인 것이다.

(3) 반제국주의와 저항 민족주의

18~20세기를 통해 발흥하고 극성했던 유럽 민족주의의 물결은 20세기 초·중반에 접어들면서 피식민지 제3세계 사회로 확산되었다. 이들의 민족주의는 제국주의 지배로부터의 해방과 그 기초 위에서 자신들의 주권국가를 형성하려는 폭발적 의지의 발현이었다. 이런 제3세계의 민족주의는 식민지의 역사적 구조, 사회 내부의 세력 관계, 민족 기반 등에 따라 각각 상이한 양상을 띠었다.

(4) 한국 민족주의의 비교론적 특성

위의 논의를 배경으로 할 때 식민지를 경험한 한국의 민족주의는 어떤 특징을 갖는가? 이 문제를 고찰하기 위해서는 두 가지 사실이 지적되어야 할 것으로 보인다. 첫째는 근대국가 수립을 위한 민족과 민족주의의 원리가 이미 역사적으로 만들어져 있었다는 사실이고, 둘째는 근대국가 수립이 제국주의의 이해관계에 의해 굴절되었다는 점이다.

첫 번째 문제를 보자. 서구는 민족 건설nation-building과 국가 건설state-building이 동시적으로 진행되는 근대국가 수립 과정을 경험했지만 한국의 경우에는 근대국가의 주체인 민족을 정치적 원리에 의해서든 언어적·종족적 원리에 의해서든 '만들어 낼' 필요가 없었다. 다시 말하자면 아주 오래 전부터 강력한 종족적 정체성의 기반을 강하게 구축하고 있었고 그것이 민족 구성원의 실질적 기반이었다는 것이다. 한민족은 한반도에 거주하며 한국어를 사용하는 그리고 한국의 역사와 전통문화를 체화하고 일제 식민 지배의 경험을 공유하는 실체로 '존재'하고 있었다. 그런 민족적 바탕 위에서 적어도 고려 왕조 이래 깨지지 않고 굳건히 자리 잡고 있었던 '일민족 일국가'의 원리를 근대국가 수립 과정에 적용하는 일이 한국 민족주의의 핵심적 부분이었던 것이다. 한국에서는 내셔널리즘이 국민주의나 국가주의보다 민족주의로 통용되고 있는 이유(최상용 1977, 25)와 한국의 국가를 "결손 국가" 또는 "미완의 민족국가"(임현진·공유식·김병국 1994, 487-511)로 규정하는 이유는 이런 사정과 무관하지 않은 것으로 보인다. 이때 말하는 '결손'과 '미완'이 의미하는 바는 궁극적으로, 근대 이전에 이미 형성된 지리적·언어적·문화적 공간으로서 한반도를 영토적 외연으로 삼는 근대적 국가 체제를 형성하지 못했다는 것이다.

두 번째 문제를 살펴보면, 근대국가 수립의 동력이 '내부', 즉 부르주아의 힘으로부터 생성되었던 영국 및 프랑스와는 달리 한국의 경우에는 부르주아의 형성을 위한 사회경제적 기반이 제국주의 세력에 의해 붕괴되면서 근대화의 내적 동력이 소실되어 버렸다. 이는 결국 국민주권·입헌주의·공화주의와 같은 근대국가 형성의 이념들이 자발적 실천의 계기를 획득하지 못하는 상황을 초래했다. 근대국가 건설의 의지는 해방 공간을 통해 다시 등장하지만 제국주의의 또 다른 강제력에 의해 온전히 발휘되지 못했다. 이런 좌절과 왜곡은 궁극적으로 '미완의 민족국가'와 '실패한 국민국가'로 귀결되기에 이르렀다. 제도적 형식의 차원에서는 온전한 근대국가이지만 내용상으로는 불완전한 근대국가의 구조를 갖게 된 것이다.

2) 한국 근대국가 수립의 정치

(1) 한국 근대국가 수립의 이념적 특성

로젠베르그Arthur Rosenberg는 『프랑스대혁명 이후의 유럽정치사』에서 각각의 정치 세력들이 추구한 정치 이념들의 각축과 대립의 동학을 통해 유럽, 특히 프랑스의 근대 국민국가 형성·전개 과정을 분석한다(로젠베르그 1990). 근대국가 수립의 길과 성격을 둘러싼 해방 3년간의 정치 역시 첨예한 이념적 각축과 대결로 특징지어진다. 그런데 여기서 한 가지 주목해야 할 사실은 유럽, 특히 프랑스 근대국가 수립 과정상에서 공화정이냐 입헌군주정이냐, 그리고 공화정을 수립한다고 하더라도 자유주의 공화정이냐 사회주의 공화정이냐를 둘러싼 정체 논쟁으로 나아간 반면, 한국의 경우에는 민주주의 정체 성격을 둘러싼 첨예한 논쟁을 경험하지 않았다는 점이다. 이와 관련 "이전의 모든 민족 해방 운동들과 그 성격들의 종합"(진덕규 2000, 362)으로서의 3·1 운동 이후 공화주의가 모든 세력들의 이념적 대의이자 지향이었다는 점에 주목(윤해동 2000, 48)할 수 있다. 그렇다면 한국의 경우, 근대국가 수립을 위한 치열한 이념 투쟁의 과정을 거치지 않은 상태에서 공화주의로 귀결된 이유가 무엇일까? 이는 근대적 국가 이념인 공화주의가 생성된 근본적 원리의 차이에 있을 법하다. 예컨대 프랑스의 경우 절대왕정을 타도하고 새로운 국가를 수립하기 위한 근간적 이념인 공화주의의 준거모델이 아직 존재하지 않은 상태에서 오히려 그 모델을 자생적으로 창출해야 했던 반면에, 한국의 경우에는 서구 민주주의를 기초지우는 여러 정치이념들이 기성의 형태로 수입되고 있었고 그 중에서 공화주의는 근대국가 수립을 위한 매우 유력한 모델이 되었던 것이다. 말하자면 근대 민주주의의 서구적 기준이 일정 정도 확립된 상황에서 자생적인 민주주의의 이념적 틀을 만들 정치적 필요성이 미약했을 수 있었다는 것이다.

(2) 좌파 민족주의와 근대국가의 비전

근대국가 수립을 위한 최초의 구체적 비전은 '건국준비위원회'에 의한 인민공화국 '선언'(1945년 9월 6일)에서 제시되었다. '조선 인민공화국'의 탄생을 알리는 이 선언은 국가 수립의 핵심적 목표로서 "정치·경제적으로 완전한 자주 독립국가의 건설" "일본 제국주의와 봉건적 잔재 세력의 일소" "전 민족의 정치적·경제적·사회적 기본 요구를 실현할 수 있는 진정한 민주주의" "세계 민주주의 제국의 일원으로서 상호 제휴"를 표명하고 있다. 또한 이런 목표들의 달성 방침으로 자유민주주의 원리들(언론·출판·집회·결사·신앙의 자유와 보통 선거권, 인민 평등)과 함께 사회주의 원리들(산업 시설의 국유화, 사회보장제, 의무교육제, 최저 생활의 보호, 실업 구제책)이 광범위하게 제시되었다(이기형 1984, 209-210). 하지만 '온건 사회주의적 민족주의'를 실천 이념으로 제시한 이 비전은 미군정에 의한 인공 불법화 선언을 통해 구체적인 실천의 기회를 박탈당하고 만다.

사회주의 세력과 근대국가의 비전 한편, 1945년 9월 11일 결성된 박헌영 중심의 조선공산당 세력이 제시한 국가의 성격은 사회주의 — 9월 25일에 발표된 "8월 테제"(현 정세와 우리의 임무. 이하 "테제")에 기초할 때 — 로 설정된다. 이와 관련 "테제"는 해방 정국을 '부르주아 민주주의 혁명' 단계로 규정하고 당면 과제로서 자유민주주의적 기본권을 확보하기 위한 대중운동, 노동자·농민 운동의 조직적 전개, 여타 사회 부문(청년·여성·문화·소비자·실업자)의 대중운동이 필요함을 역설하고 나아가 프롤레타리아의 헤게모니 장악 투쟁을 강조한다(김남식 1987).

(3) 우파 민족주의와 근대국가의 비전

임시정부를 중심으로 하는 민족주의 우파 세력의 근대국가 비전과 관련해 근대 민족국가 건설을 위한 임시정부의 계획(1945년 8월 15일)을 참고로 하면 '복국'腹國과 '건국'建國의 단계가 제시된다. 복국의 의미는 "한반도에서 식민지적 성격을 완전 해소하고 민족 정통성을 되찾는" 것이며, 건국은 "삼균주의에 기반을 둔 새로운 정치제도를 확립하여 온전한 주권 독립 민족국가를 수립하는 것"을 의미한다. 이를 위한 당면 절차로서 임시정부는 '서방 국가들과의 제휴와 협력' '국내외 각 계층과 집단을 망라한 과도정부 수립' '매국노의 처벌' 등을 제시했다(진덕규 2000, 367-368). 이는 여운형 중심의 중도 좌파 민족주의에 비해 온건하고 포괄적인 비전이라고 할 수 있다. 그러나 주지하다시피 미군정청이 임시정부 지도자들의 입국을 개인 자격으로 제한함으로써(심지연 1986, 32) 임시정부의 위상과 기반이 약화되고, 결국 민족주의 우파의 비전 역시 실천력을 상실하게 된다. 한편 해방 정국의 주도권 장악을 위한 좌파 세력들의 신속한 움직임을 우려한 국내의 보수주의 우파 세력은 한국 민주당의 결성(1945년 9월 16일)과 임시정부에 대한 지지를 통한 대응을 구사한다.

(4) 우파 보수주의와 근대국가의 비전

좌파 민족주의 세력, 사회주의혁명 세력 및 우파 민족주의 세력들이 한국의 근대국가 형성에 대한 뚜렷한 이념적 비전을 제시했다고 한다면 이들 보수주의 우파 세력들은 — 형식적으로는 민족주의를 표방했으면서도 — 그런 비전을 갖지 못했다고 할 수 있다. 어떤 면에서 보자면 그들에게는 그런 비전을 구축하는 일이 필요 없었을지도 모른다. 왜냐하면 그들은 다른 어떤 일보다, 민족주의 좌·우파 및 혁명 세력으로부터 자신들이 강고하게 보유하고 있었던 기득권을 지켜 내기 위한 전략을 구상하는 일이 더 필요했기 때문이다. 이것이 그들로 하여금 미군정 및 이승만과의 결탁을 통한 기존 질서의 유지를 제일의 목표로 설정하게 한 조건이라고 할 수 있다. 때문에 새로운 근대국가 비전보다는 자신들의 기득권을 보장해 줄 수 있을 것으로 판단된 미군정에 협력하는 일이 더 시급하고 필요한 일이었을 것으로 판단된다(진덕규 2000, 278-279).

(5) 제1공화국 수립의 정치적 과정

"미·영·소·중 4국에 의한 신탁통치를 실시하는 동시에 조선 임시정부를 수립하여 장래 독립에 비할 터인바 신탁 통치 기간은 최고 5년으로 한다"(심지연 1986, 41)는 모스크바 3상회의 결정(1945년 12월 27일)은 근대국가의 이념적 대립이 '통일국가의 수립이냐 남한만의 국민국가 수립이냐'에 관한 논쟁으로 전환되는 현상을 초래한다. 이제 탁치를 "민족자결의 원칙에 어긋나고 민족적 자존심에 비추어 받아들일 수 없는" "한민족의 노예화" 조치로 이해하는 반탁 진영의 논리와 "탁치는 제국주의적 위임통치와는 다른, 자주독립 건설과 민주주의 실현을 위한" 과도기적 단계라는 찬탁 진영의 논리가 극단적 대결로 치닫는 국면이 조성된다. 정권 획득을 위해 이런 분열 상황을 적극적으로 활용하고자 했던 정치인은 이승만이었다. 그는 김규식과 여운형의 좌우 합작 운동의 발족(1946년 5월 25일)에 즈음해 발표된 이른바 "정읍발언"(1946년 6월 3일)을 통해 "우리는 무기 휴회된 공위가 재개될 기색도 보이지 않으며 통일 정부를 고대하나 여의케 되지 않으니 남방만이라도 임시정부 혹은 위원회 같은 것을 조직하여 38 이북에서 소련이 철퇴하도록 세계 공론에 호소하여야 할 것입니다"(김도현 1980, 316)라는 논리를 통해 남한 단독 정부 수립 의지를 처음으로 언명한다. 게다가 미소 갈등의 격화는 이승만으로 하여금 단정 수립의 가능성을 확신하게 했다. 1947년에 재개된 2차 미소 공동위원회가 1차 때와 마찬가지로 아무런 결실을 맺지 못하고 실패로 귀결되는 상황이 그것이다. 소련은 미소 양군의 동시 철수를 통해 한반도 문제를 한국의 정치 세력에 이관할 것을 주장하는 반면, 미국은 유엔으로 이관 — 유엔 감시하 인구 비례에 따른 남북한 총선거 — 할 것을 고집한다. 결국 남북문제가 유엔으로 이관되자 이승만은 남한의 단독 선거를 확신하면서 단정 수립 운동을 강화해 나간다. 이때 김구와 김규식은 단독 선거가 한반도의 분단을 영구화할 것이라고 주장하면서 통일 민족국가 수립의 최후의 시도로써 남북 협상을 추진했는데, 이승만은 이들을 상대로 "남한에서의 강력한 정부가 북한의 군사력에 대한 안전판으로서 필요"하며 "북한 주민의 35%가 월남해 온 만큼 남한에서의 정부가 전국적 정부로서의 정통성을 갖는다"라는 논리를 통해 단독정부, 곧 단정의 정당성을 역설한다(김학준 1980, 92). 결국 단정을 반대하는 정치 세력들이 참여를 거부한 가운데 1948년 5월 10일 남한은 유엔 한국임시위원단의 감시 아래 제헌의회 구성을 위한 총선거를 실시하게 된다. 198명의 의원으로 구성되어 5월 31일 개원한 제헌의회는 이승만을 공화국의 초대 대통령으로 선출한다.

(6) 제1공화국의 정치적 성격

'제도적 형식'의 기준에서 볼 때 제1공화국은 온전한 의미를 갖는다고 할 수 있다. 왜냐하면 그 국가는 국민주권, 보통선거, 의회제, 대외적 주권체 등 근대 국민국가의 제도적 요소를 갖추고 있었기 때문이다. 그러나 민족 통일과 민주주의의 구현이라는 기준에서 볼 때에는 결코 온전한 의미를 획득하지 못한 공화국이다. 먼저, 통일 민족국가(일민족-일국가)의 구현을 민족사의 과업으로 설정하는 시각(서중석 1991, 16)에서 볼 때 제1공화국은 미완의 민족국가이자 결손 국가로 규정된다. 왜냐하면 한반도를 영토로 전 민족의 통합 국가가 수립될 때만이 온전한 민족국가의 의미를 가질 수 있기 때문이다. 다음으로 제1공화국은 민주주의의 제도적 형식과 실질적 내용 사이에서 깊은 괴리 현상을 드러내고 있었고 그런 간극은 시간이 지날수록 더욱 깊어졌다고 할 수 있다. 이런 문제는 사실상 이승만 정권에만 해당되는 것은 아니다. 이후 군부 권위주의 정권들 역시 이런 구조적 한계를 극복하지 못했거나 정치적 이해관계 속에서 그런 문제를 해결하려 하지 않았기 때문이다. 한국 근대국가의 이런 이중 모순은 저항 세력의 반정부 운동이 통일 운동과 민주화 운동이라는 이중적 성격을 갖도록 한 요인으로 작용한다.

4. 권위주의, 좌절된 민주화, 민족주의 이념의 정치

1) 민간 권위주의, 민주화의 좌절, 민족주의 이념

(1) 이승만 권위주의 정권과 일민주의

정치적 정당성이 미약한 권위주의 정권의 유지는 대체로 물리적 폭력에 의존하고 있다. 이는 이승만 민간 권위주의 정권[2]에서도 예외가 아니었다. 하지만 이승만 권위주의 정권은 물리적·제도적 폭력에만 의존한 것은 아니었다. 이승만 정권은 권력의 정통성과 정당성의 결함을 은폐하고 반정부 세력에 대한 탄압을 합리화하며 궁극적으로 정권에 대한 국민들의 지지를 확보하기 위한 심리적 정당화(Kluver 1997, 48)를 위한 상징 전략이 필요했다. 이를 위해 정권은 무엇보다 민족주의와 반공주의에 기초한 상징 전략을 구사했다.

이승만은 정부 수립 초부터 취약한 권력 기반을 강화하기 위해 국민 통합을 목적으로 하는 정치 이념을 제창했다. 당시 이승만은 분단국가 수립으로 인해 전 한국 민족 통합을 강조하는 것에 앞서 남한에 건설된 국가의 기틀을 잡기 위해 국민들을 자신을 중심으로 통합시켜야 할 필요성이 있었다. 이를 위해 이승만은 일민주의一民主義를 강조하게 된다(김수자 2005, 51-52).

---

2 엄격한 정치학적 용어라고 할 수는 없지만 이후에 나오는 박정희·전두환 군부 권위주의 정권과의 개념적 차이를 드러내기 위해 사용했다.

이승만은 일민주의를 국시로 제시하고 "우리는 본래 오랜 역사를 가진 단일한 민족으로서 언제나 하나요, 둘이 아니다. 이 하나인 우리 민족은 무엇에고 하나이어야 한다" "오랜 역사를 가진 언제나 하나인 이 민족이 결코 이류異類에게 물들이가 없다"라며 하나된 민족으로서의 통합을 강조하고 있다(이승만 1949, 46). 그러나 여기에서의 통합은 이승만을 중심으로, 이승만의 논리에 순응하고 나아가 복종하는 것을 의미했다. 이것은 점차 반공주의와 결합해 한편으로는 권력자의 정치 활동을 합리화하기 위한 이데올로기로, 다른 한편으로는 국가의 이익이 국민 개개인의 이익이나 그 무엇에도 우선한다고 강조하며 국가권력의 정당성을 확보하려는 국가주의적 성격으로 변했다(서중석 1998, 65). 그러므로 일민주의는 분단국가 극복을 위한 민족 통합의 성격은 약했다고 할 수 있다.

이와 같이 정부 수립 초기 일민주의로 제창된 이승만의 민족주의 담론은 한반도의 전 민족이 아니라 남한에 거주하는 대한민국 '국민'을 통합하기 위한 것이었으며, 그것도 자신을 중심으로 단결하자는 정권 강화 논리였다.

(2) 일민주의와 반공주의 결합

한편 이승만 정권의 민족주의 담론은 6·25를 거쳐 반공주의 담론과 결합하면서 한층 더 강화되기에 이르렀다. 모든 이념은 그 이념의 대척점에 서 있는 것으로 규정되는 '적'을 만들어 낼 수 있을 때 '육화'되는 것이기 때문이다(Edelman 1988, 67; Bontanski 1993, 92; Gamson 1992, 84-85). 혹자는 전쟁을 계기로 통치 이념의 기반이 일민주의에서 반공주의로 대체되었다고 주장하지만(최장집 1996, 189; 박찬승 2002, 242) 필자들이 보기에 이런 평가는 외형적 관찰의 결과에 지나지 않는 듯하다. 외견상 반공주의와 일민주의가 정치적 담론의 차원에서 서로 연계되지 않았다고 말할 수도 있지만 근본적인 차원에서 볼 때 반공주의는 일민주의가 표방하고 있었던 혈통적·종족적 민족주의의 논리 아래에서 작동하고 있었기 때문이다. 그리고 북한 공산주의에 대한 반대와 적대감의 형성은 공산주의 이념 그 자체에 근거하고 있었다기보다는 그들을 반민족적 세력(적)이라고 규정했기 때문이다. 그렇다면 이것은 결국 전쟁의 경험 속에서 민족의 적이 구체적 모습을 갖추게 된 것이라고 할 수 있다. 이와 관련된 이승만의 담론을 보면 무엇보다 '동포로서의 북한 주민과 적으로서의 북한 정권'이라는 이분법이 구축되어 있고 후자는 '같은 동포'인 북한 주민을 억압하는 반민족적 주체로 등장한다. 예컨대 전시 중 이승만의 연설들에서 "평양의 잔당/북한에 있는 우리 국민들"(1949년 9월 30일), "공산당 상전/이북에 사는 수백만의 한국민"(1951년 6월 27일), "공산 압제/북쪽에 있는 우리 강토와 동포"(1953년 7월 27일) 등과 같은 이분법적 표현들이 쉽게 관찰되는 것이다.

(3) 이승만 정권의 붕괴와 저항 민족주의

일민주의와 반공주의에 기초한 이승만 정권의 민족주의 담론은 정당성과 도덕성의 치명적 결함을 상징하는 3·15부정선거에 저항한 4·19 시민 세력의 민족주의 담론과 민주주의 담론을 통해 공격받았다. 시위를 주도한 학생 세력과 이승만 하야에 결정적인 역할을 한 대학 교수단의 담론에는 당시의 상황에 대한 민족적 차원의 의미 규정이 드러난다. 대학 교수단은 이승만 정권의 부정에 맞선 학생들의 저항을 "주권을 빼앗긴 국민의 울분을 대신하여 궐기한 학생들의 순수한 정의감의 발로이며 불의에는 언제나 항거하는 민족정기의 표현"("대학교수단 4·25 시국선언문", 김삼웅 1984, 20-21)임을 명백히 했다.

(4) 제2공화국의 수립과 민족주의의 확산

이승만 정권의 붕괴 이후 등장한 제2공화국 민주당 정권에서는 그간의 북진 통일론과는 다른 평화 통일론이 생성되기 시작하면서 통일의 이슈를 중심으로 한 민족주의 담론이 전개된다.[3] 1960년 7·29총선에서는 한국사회당, 사회대중당, 사회혁신당 등 이른바 '혁신계'의 주도로 이런 통일 민족주의 담론이 급격하게 부상했다. 이들은 남북 교류, 협의 기구 건설, 남북 자유 총선거 등 통일을 위한 방법들을 구체화하면서 통일 문제의 이슈화를 밀고 나간다(이용원 1999, 212-213). 이런 움직임은 1960년 11월 18일 '민족통일연맹'을 결성하는 등 통일 운동을 주도하고자 한 학생 세력에 의해 가속화되었다. 이들에게서 통일은 모든 이념을 초월해서 실현해야 할 역사적·민족적 당위이자 가치로 나타난다. 그들은 "온갖 형태의 이데올로기를 초월하며 민족적 주체 세력을 총집결하고 내외 사정이 허락하는 대로 '적당한 시기'에 서신 왕래, 인사 교류 및 기술 협정 등 단계적 남북 교류를 단행함으로써 민족애를 선양"할 것을 주장하면서 바로 그것이 "통일을 위한 노력이고 통일을

---

3 물론 이승만 정권 때에도 조봉암 등이 북진통일론에 맞서서 평화통일론을 주창하고 국민적 지지를 받았다는 사실을 지적해야 한다. 하지만 그것은 제2공화국 때와 같이 상대적으로 자유로운 정치적 분위기 속에서 정치 무대의 전면에 등장했던 평화통일론과는 달랐다는 점을 강조할 필요가 있겠다.

위한 준비"임을 강조했다(고려대학교 제2차 4·18 시국선언문[1961년 4월 18일], 김삼웅 1984, 26).

(5) 2공화정의 위기와 붕괴

하지만 학생·사회 세력들의 통일 운동과 민족주의 담론은 5·16 쿠데타에 의해 더는 진전하지 못한다. 장면 정권은 권위주의 정권에 의해 억압되었던 자유민주주의의 기본 원리들을 보장하는 등 민주주의의 기반 형성을 위한 노력을 했지만 정치·사회적 위기를 관리하는 데는 실패한 정권이었다. 정치·사회적 요구가 확대되는 상황임에도 불구하고 장면 정부는 신·구파로 나뉘어 정쟁에 몰두하고 있었을 뿐만 아니라 쿠데타가 발발한 뒤에도 대응책을 마련하기보다는 종적을 감추어 버렸다는 사실은 제2공화국의 위기관리 능력의 부재를 단적으로 증명하고 있다.

2) 군부 권위주의, 민주화의 좌절, 민족주의 담론

(1) 군부 권위주의의 등장

박정희 군부 권위주의 정권의 등장은 구직업주의old professionalism 군부에 대한 신직업주의new professionalism 군부의 지배(Stepan 1973, 52)와 민간 정치 세력에 대한 군부 세력의 장기적 우위를 알리는 신호였다(김호진 1990, 240).

권력을 정당화하고 저항을 무력화하기 위한 이승만의 민족주의 담론이 혈통과 종족 원리에 기초한 일민주의로 표출되고 나아가 반공주의와 결합하는 형태를 띠었다면 박정희의 그것은 그런 바탕 아래에서 다른 이념적 요소, 예컨대 문화주의(역사와 전통의 강조. 전재호 1997), 국가주의(국가와 개인의 동일성 강조), 발전주의(근대화와 자립경제 강조) 등을 끌어들이면서 한층 더 공격적이고 능동적인 양상을 보였다.

(2) 박정희 정권의 민족주의

논의의 출발점으로서 박정희의 민족관을 살펴보자. 1963년 12월 17일 5대 대통령 취임사에서 박정희는 "단군 성조가 천혜의 이 강토 위에 국기를 닦으신 지 반만년, 연면히 이어져 온 역사와 전통 위에 이제 새 공화국을 바로 세우면서 …… 아시아의 동녘에 금수강산이라 불리 우는 한반도에, 선조의 거룩한 창국의 뜻을 받아 찬란한 문화로 자라난 배달의 겨레가 5천 년의 역사를 지켜 온 이 땅이 우리들의 조국"이라고 언급했다. 그의 민족관은 글자 그대로 원초론적·영속론적 민족 원리를 반영하고 있다. 일견 이런 민족 원리에는 주목할 만한 새로운 점은 없는 것처럼 보인다. 이는 앞에서도 언급했듯이 대부분의 한국인들이 단일민족이라는 이름으로 공유하는 내용이기 때문이다. 그러나 박정희의 민족주의는 그가 정치·사회적 요구와 저항을 억압하면서 권력 기반을 강화하기 위해 내세운 두 이념적 기제인 '경제 제일주의'와 '반공주의'의 궁극적 기초였다는 점에서 이승만 시대의 그것과는 달리 적극적 이념의 위상을 차지한다는 사실에 주목할 필요가 있다.

5·16 군사 혁명위원회가 발표한 "혁명 공약"에는 "반공을 국시의 제일의

로 삼고 지금까지 형식적이고 구호에만 그친 반공 태세를 재정비 강화할 것입니다"(1항), "절망과 기아선상에서 허덕이는 민생고를 시급히 해결하고 국가 자주 경제 재건에 총력을 경주할 것입니다"(4항. 김삼웅 1997, 256) 등이 서술되어 있었다. 이렇듯 박정희 정권은 집권 초기부터 자립경제와 반공을 주요한 이념적 축으로 설정했는데 이는 민족 번영과 민족 통일과 같은 민족주의적 가치 구현을 위한 수단으로 정당화된다. 그렇다면 반공주의와 민족주의 관계는 어떠한가? 이수인에 따르면 박정희 정권은 "반공 이데올로기를 민족주의와 강고하게 결합시킴으로써 그 효율을 극대화했다"(이수인 2003, 118). 이승만 정권이 '북한 동포와 북한 정권'이라는 이분법에 기초해 후자를 민족의 적으로 규정함으로써 반공을 정당화하고 강화했듯이 박정희 정권 역시 이런 논리에 기초해 반공주의의 필요성과 정당성을 피력했다. 예컨대 "친애하는 남북 동포 여러분!" "4반세기 동안 붉은 공산주의 사회 속에 젖은 조국의 반부" "북한 측은 …… 조국의 분단을 고정화시키는 행동을 계속하여 왔습니다"(심지연 2001, 301, 305, 307)와 같은 언술들은 위에서 언급한 이분법적 논리를 잘 보여 주고 있다. 이러한 북한 정권은 민족적 위기를 초래하는 주체로서 민족의 적으로 규정되고 있었다.

(3) 군부 권위주의 정권과 저항 민족주의

경제성장과 반공, 나아가 헌정 질서 유린을 정당화하기 위해 박정희 정권이 사용한 이념인 '민족주의'는 1964년 한일 국교 정상화 회담 시기 이래 반정부 세력의 저항 담론의 논리로도 사용되었다. 이들의 궁극적 논리는 "조국의 근대화로 가는 첩경이라고 기만하는 반민족적 음모를 획책하고 있다"("민족적 민주주의를 장례한다", 김삼웅 1984, 41)는 문구에서 단적으로 드러나듯이 박정희 정권을 반민족적 세력으로 규정하는 데 있다. 그런 논리는 한일 회담 중에 발표된 성명서들을 통해 더욱 구체적으로 드러난다. 이 성명서들은 박정희 정권을 "민족의 5천년 역사를 왜곡되게"("구국비상결의 선언", 김삼웅 1984, 44)하는 정권으로 그리고 "조국의 비운과 민족의 불행을 초래하는" 정권으로 규정되었다("굴욕 외교는 민족정기 압살", 김삼웅 1984, 51).

박정희 정권에 대한 반민족적 규정은 저항 세력에 대한 민족적 규정과 대쌍 관계에 놓인다. 1969년 3선개헌에 대한 저항 과정에서 표출된 문구들과 선언을 보면 박정희 정권에 대한 저항은 "새로운 민족 역사의 전개"(유진오 신민당 총재, 김삼웅 1984, 85)를 위한 "민족사적 소명"이며 "우리 겨레의 장래를 위하여 크게 유감된 후일의 기록"(3선개헌 반대 범국민투위, 김삼웅 1984, 89)을 남길 "반민주적·반민족적 3선개헌 기도"("해외유학생 3선개헌 반대 결의문", 김삼웅 1984, 77)의 저지 투쟁인 것이다. 한편 민족의 부흥과 번영을 위한 민족적 의지의 표출로 정당화된 유신체제는 저항 세력에 의해 민족의 좌절을 초래하고, 분단을 강요하는 반민족적 시도로 정의된다. 예컨대 장준하의 "박대통령에게 보내는 공개서한"(김삼웅 1984, 254)은 "민족 문제를 자주·평화·통일로 발전시킬 것을 합의"한 남북공동성명이 "이른바 '유신'이라는 이름으로 무참히도 무산되고 말았"다고 강조했다.

(4) 군부 권위주의의 재등장

박정희 정권의 위기가 정권 내부의 알력에 의한 암살로 귀결되면서 도래한 이른바 '서울의 봄'은 미완의 두 과제인 민주주의의 실현과 민족 통일의 구현을 위한 정부 수립의 희망을 한국 사회에 부여한다. 그러나 이러한 희망은 하나회 신군부 세력의 쿠데타에 의해 다시 한 번 좌절을 겪게 된다. 1979년 12·12 쿠데타를 통한 군권 장악, 1980년 4월 15일 전두환의 중앙정보부장 취임을 통한 정보권 장악, 5·17 계엄 확대를 통한 행정권 장악, 5·18 광주 민주 항쟁의 진압을 통한 저항 세력의 물리적·심리적 분쇄로 이어지는 쿠데타가 그것이다.

(5) 전두환 정권의 민족주의 : 상대적 취약성

정권의 정통성과 정당성 문제를 제기하는 정치 세력들의 일련의 저항들을 약화시키면서 권력의 안정적 행사를 위해 전두환 정권이 구사한 담론 전략은 기존의 정권들과는 상이한 측면을 드러낸다. 즉, 기존의 정권들이 민족주의와 반공주의의 결합에 기초한 전략 또는 민족주의·반공주의·발전주의의 연계에 기반을 둔 전략을 구사했다면 전두환 정권은 상대적으로 민족주의 담론에 대한 의존도를 줄이는 대신 민주주의 담론을 강화하는 전략으로 선회한다. 이런 이유는 어떻게 설명될 수 있을까? 먼저, 전두환은 이승만과 박정희가 지니고 있었던 '민족적 퍼스낼리티'를 대체할 어떠한 요건도 갖추고 있지 않았다는 점을 들 수 있다. 둘째로는 박정희의 군부 쿠데타가 전혀 새로운 현상이었던 반면, 전두환의 쿠데타는 전자의 경험을 통해 이미 비교의 준거 틀 속에 놓여 있었다는 점을 지적할 수 있다. 이런 조건이 신군부 세력에게 자신들의 쿠데타의 의미가 장기 집권의 권위주의 체제를 초래한 1961년의 그것과는 다른 것임을 보여 줘야 한다는 과제를 안겼다고 할 수 있다. 이런 두 가지 요인을 복합적으로 고려하면 전두환 정권이 민족주의 담론보다 민주주의 담론에 더 많은 비중을 둘 수밖에 없었던 이유를 추론할 수 있게 된다. 전두환 정권의 민주주의 담론의 핵심적 요소는 '평화적 정권 교체'였다. 그는 기회가 있을 때마다 평화적 정권 교체를 민주주의의 관점에서 공개적으로 표명했다. "민주주의를 이 나라에 토착화하기 위하여 헌법 절차에 의한 평화적 정권 교체의 전통을 반드시 확립할 것"("전두환 11대 대통령 취임사",『동아연감』1981, 786), "평화적 정권 교체를 위한 개헌안의 정신이 우리의 체질로 될 때 자신의 손으로 정권을 결정한다는 국민적 자부심이 제고될 것이며 이때에 비로소 민주주의는 우리의 토양 위에 굳건히 뿌리를 내리게 될 것"("개헌 공고에 즈음한 대통령 특별 담화",『동아연감』1981, 787)임을 강조했다. 평화적 정권 교체 담론을 통해 전두환 정권은 박정희 군부 정권으로 상징되는 장기 집권의 정권과는 전혀 다른, 민주적인 정권임을 설득하고자 했다고 할 수 있다.

(6) 전두환 권위주의 정권과 저항 민족주의

대신 이렇게 정권 차원의 체계화된 민족 담론의 부재 속에서 민족주의 담론은 저항 세력들에 의해 점유되었다. 민족의 고난과 저항을 총체적으로 표출하던 과거의 담론 양식이 지속되고 있었지만 그와 동시에 1985년 이후 급진 학생 세력 등에 의해 수사적 언술 체계를 넘어 반미·반제국주의 지향성을 갖는 변혁의 이념으로 전개되고 있었다는 점이 1980년대 저항 세력의 민족주의 담론의 특성이다. 민주화 투쟁을 민족의 해방을 위한, 그리고 민주화 투쟁을 완결하는 투쟁으로 규정한 "김대중·김영삼 8·15 공동 선언", 민주정치의 구현을 민족 통일이라는 과업을 성취하기 위한 단계라고 표명한 "민주화운동청년연합 창립 선언", 그리고 민주화를 민족적 자율성을 확보하기 위한 과정이라고 밝힌 "민주·통일 민중운동연합"의 선언문 등이 대표적인 예라고 할 수 있다.

(7) 1980년대 저항운동의 급진 민족주의적 성격

반정부 민주화 운동의 궁극적 의미를 민족주의 지평 위에 설정하는 형식은 사실상 1960~70년대 민주화 운동을 통해 지속적으로 반복되었지만 1980년대에 들어오면 민족주의는 하나의 혁명 담론의 형식과 내용을 띠게 된다. 이런 이유에 대해 최장집은 다음과 같이 말하고 있다. 한국에서의 민족주의는 정치적인 지배 질서와의 동태적 대쌍 관계를 통해 그 성격이 만들어졌고 변화되었던 것이다"(최장집 1996, 192). 즉, 앞에서도 언급했듯이 혁명적 민족주의 담론은 전두환 군부 정권의 정치적 성격 속에서 필연적으로 등장할 수밖에 없었다는 것이다. 예컨대 당시 전두환 군부 권위주의 정권에 맞서 싸웠던 학생운동 세력은 수사학적인 차원은 물론이거니와 운동의 궁극적 목적에서도 대단히 혁명적 민족주의를 지향했다. "우리의 혈관 속에 면면히 흐르는 반제 민족 해방 투쟁의 기상으로 가열찬 투쟁을 전개해 적에 의한 반동의 역사에 종지부를 찍고 마침내 감격적인 민족 해방의 그날을 쟁취하자"고 외친 "반미 자주화 반파쇼 민주화 투쟁 선언문"과 "현 단계 우리 민족 민주 혁명의 과제는 미 제국주의를 축출하고 예속 군사 파쇼 정권을 타도하고 예속 독점 자본을 해체하여 진정으로 민족적이고 민주적인 민중 연합 정권을 수립하는 것이다"고 선언한 "전국반제반파쇼민족민주학생연맹 창립 선언문"을 예로 들 수 있다.

5. 반권위주의 저항과 민족주의 담론

1) 군부 권위주의 정권과 6월 민주항쟁

(1) 신군부 등장과 민주화 열망의 좌절과 재분출

5·16 군사 쿠데타와 12·12 전두환 신군부 쿠데타 이후 권위주의 정권의 연속은 대중들의 민주화에 대한 희망을 좌절시킴과 동시에 역으로 민주화의 실현에 대한 열망을 더욱 강하게 분발시켰으며, 그런 열망은 1987년 화산처럼 폭발했다.

명분 없는 쿠데타, 최규하 대통령의 강제 하야, 광주 민주 항쟁에 대한 과잉 진압 등 집권 과정에서 보여 준 전두환 정권의 정치적 결함은 1980년대에 들어와 학생운동의 급진화를 초래했다. 광주 민주 항쟁 이후로 사회운동 세력은 급격히 붕괴되어 지배 권력에 저항한 주된 세력은 학생들이었다. 새로운 운동의 동력은 자유민주주의 제도의 회복을 저항의 궁극적 목표로 설정한 1960~70년대와는 달리 공동의 적으로 규정된 군부 정권과 미국을 타도하고 민족, 민중, 민주적 원리에 기초한 새로운 사회의 건설이라는 혁명운동 노선 속에서 발견될 수 있다. 1983년 전두환 정권은 학생들의 저항운동을 무조건적으로 강압하는 태도에서 벗어나 탄압을 일시적으로 완화하는 '자유화 조치'를 취하며 사복 경찰을 대학에 상주시켜 학원의 시위를 진압하는 등의 강경 대응에서 사복 경찰의 대학 내 상주를 금하거나 시위로 제적된 학생들을 복교시키는 조치 등 유화적 대응 방식을 취하였다. 다른 한편으로는 1984년 2월 전두환 정권은 정치 활동이 금지된 구정치인 중 202명에 대하여 해금 조치를 했으며 11월에는 김영삼, 김대중, 김종필 등 15명을 제외한 모든 구 정치인에 대하여 정치 활동의 재개를 허용했다. 이와 같은 조치들은 궁극적으로 1985년 2·12 총선에 대비한 장기적 포석이었다. 즉, 신군부 정권은 정치적 정당성의 취약함을 총선을 통해 만회한다는 전략을 세우고 있었는데 이를 위해서는 억압적 사회 국면을 완화할 필요가 있었던 것이다. 그러나 해금 조치로 정치활동을 재개한 구정치인들은 1985년 1월 신한민주당(약칭 신민당)을 결성했는데, 신민당은 국민의 적극적 지지에 힘입어 선거에서 35.3퍼센트의 지지율과 184의석 가운데 87석을 획득하는 커다란 성과를 거두었다. 당시 신민당은 군부 독재 타도, 광주 민주 항쟁 탄압 진상 규명, 직선제 개헌 등을 선거 이슈화해 성공을 거둔 것이다.

이후 신민당은 과거의 야당과 달리 비타협적인 민주화 운동을 전개했으며, 1987년 들어 민주화 운동은 새로운 전기를 맞이하게 되었다. 그 단초는 1987년 1월 박종철 고문사건, 4월 전두환의 개헌 논의 중단 선언, 5월 천주교정의구현 전국사제단 김승훈 신부의 박종철 고문 사건의 은폐·조작 폭로 등 일련의 사건들이었다. 이와 같은 전두환 정권의 도덕적·정치적 '스캔들'은 반정부 세력이 정치적 연대를 강화하면서 새로운 저항력을 확보할 수 있게 하고 궁극적으로 정권을 심각한 위기로 몰고 가는 계기로 작용했다. 그리고 전두환 정권에 대해 방관자적 자세를 취하고 있던 사람들까지 등을 돌리게 만들었던 것이다.

민주화 운동은 이미 위에서 언급한 바와 같이 1980년대 중반부터 서서히 학생뿐만 아니라 정치권, 사회 각계각층으로 넓게 확산되고 있었다. 1984년 민주화추진협의회(약칭 민추협) 조직을 시작으로 1985년 '전국학생연합' 결성, 2·12 총선에서 압승한 야당의 활동, 1986년 대학교수 및 초등 교사의 시국 선언문 발표 등 집단적인 민주화 운동이 추진되고 있었다. 그런데 1987년 4월 집권 세력은 이러한 민주화 운동의 진행과는 상반되게 '현행 헌법에 따른 정부 이양'이라는 중대 결단'을 선언했다. 즉, '임기 내 개헌' 약속 대신 '개헌 불가'라는 4·13 호헌 조치를 발표한 것이다. 이 발표는 전두환 군부 정권의 장기 집권의 의도를 노골적으로 드러낸 것으로 이제 국민들은 민주화의 열망에 대한 심각한 좌절감과 함께 분노를 품게 되었다. 역으로 이러한 조치들은 국민들의 민주화에 대한 열망을 더욱 강하게 부채질했으며, 이후 국민들을 호헌철폐와 군부 통치 종식을 주 내용으로 하는 6월 항쟁에 자발적으로 참여하게 했다.

(2) 6월 민주 항쟁의 발발

4·13 호헌 조치 이후 각계각층에서는 호헌에 반대하는 시국 선언과 규탄 대회를 전개했으며 그 과정에서 통일적이며 조직적인 운동의 전개를 목적으로 통일민주당, 개신교, 가톨릭, 민추협, 민주통일민중운동연합(약칭 민통련) 등을 중심으로 민주헌법쟁취국민운동본부(약칭 국민운동본부)가 조직되었다. 국민운동본부는 이후 전개된 민주화 운동의 전국적 지도력을 행사했을 뿐만 아니라 각종 규탄 대회에 국민 대중을 광범위하게 참여케 하는 등 중요한 역할을 했다.[4]

따라서 이후 전개된 6월 항쟁은 국민운동본부라는 조직에 의해 주관됨으

---

4 국민운동본부는 25개 가맹단체를 비롯해 각계인사 2,196명이 발기인으로 참여한 전국적 조직망을 가지고 있는 반독재연합전선체였다(기사연 1987).

로써 전국적, 전 국민적 투쟁으로 발전할 수 있었다. 즉, 국민운동본부는 대중들에게 광범위하게 퍼져 있던 민주화에 대한 열망을 '민주 헌법 쟁취하여 민주 정부 수립하자'는 기치 아래 결집함으로써, 반대 세력의 참여를 극대화하고자 했다. 급기야 이런 전 국민적 투쟁은 전두환 정부로 하여금 '4·13호헌 조치의 철폐와 대통령 직선제 요구의 수용'을 골자로 하는 6·29선언을 발표하게 만들었다.

궁극적으로 6월 항쟁은 군부 통치 세력에게 권위주의적인 정치체제 형태로는 더 이상 집권 연장이 가능하지 않다는 점을 보여 줌과 동시에 정치, 경제 등 각 분야의 민주화 실현에 대한 국민들의 열망이 얼마나 강렬한 것인가를 각인시켜 준 역사적 사건이었다. 그리고 이런 분위기는 6월 항쟁 직후부터 노태우 정권기까지 국가보안법 철폐 운동, 노동 부문을 포함한 실질적 민주개혁을 통한 민주주의의 확대 요구와 함께 금기의 대상이었던 북한 및 통일에 대해 재야 운동 세력 및 일반 대중들의 다양한 민족주의의 담론을 분출시킨 배경이 되었다.

(3) 6월 항쟁기 제기된 민주개혁안

6월 항쟁의 최대의 이슈는 '민주화'였다. 그러므로 1987년 민주화 운동은 반군사독재 투쟁과 더불어 사회 전반의 민주화 요구를 목적으로 하고 있었다.

6월 항쟁기 제기되었던 민주화·민주개혁의 내용은 유신 체제 이후 부정되었던 대통령 직선제를 부활시키는 개헌 이외에도 정치·경제·사회 등 광범위한 부문에 걸쳐 있었다. 그중에서도 한국 민주화의 최대의 장애 요인으로 꼽았던 안기부, 기무사 등으로 상징되는 군부 권위주의 체제를 해체시키는 것이 주된 관심사였다. 그리고 정당 제도와 국회 관련법의 개혁, 지방자치제의 실시 등 정치 개혁이 핵심을 이루었다고 할 수 있다.

1987년 민주화 이전 한국 민주주의는 역대 정권이 형식적으로 정당정치의 틀을 유지했지만 참여와 경쟁이라는 민주주의 기본 원칙은 유명무실한 것이었다. 그 결과 국회 운영은 권위주의적 독재 체제에 정치적 정당성을 부여하는 수단에 지나지 않았으며 국회는 군부·관료·정당 및 정보기관들과 더불어 권위주의 정권의 정치적 상징 조직과 대중 동원의 역할을 수행했다. 즉, 6월 항쟁 이전 대한민국의 국회는 야당이 집권 세력에 대한 견제 역할을 제대로 수행할 능력이 제한되면서 정책 수립, 행정부 감시 등과 같은 민주주의 발전을 위한 임무를 수행하기보다는 집권 정치 세력에 이용되는 '조직'으로 전락해 제한된 경쟁이 이루어지는 '형식적 공간'에 불과했다.

특히 제5공화국의 군부 정권은 국회의 기능을 최소한으로 축소시키고, 광주 민주 항쟁의 무력 진압, 공직자 숙정, 언론사 통폐합, 삼청교육대, 노동 통제 강화 등의 강압적 조치 등을 통해 시민사회에 민주화 열기가 확산되는 것을 철저하게 차단했다(성경륭 1995, 130). 시민사회에 대한 통제는 광주 민주 항쟁에서 드러났듯이 물리적 강제와 함께 국가보안법, 1962년 박정희 정권이 자신에게 반대되는 정치인들의 정치 활동을 제약하기 위해 제정한 정치 활동 정화법을 근간으로 전두환 정권은 '정치 풍토 쇄신을 위한 특별조치법'을 만들어 '구시대 정치인' 567명을 강제 은퇴시키는 등의 제도적 장치를 통해 시민, 정치가들의 정치 활동을 위축시켰다. 그러므로 국회는 오히려 군부 정권의 강화를 합법화하는 데 이용되고 있었던 것이다. 그러므로 6월 항쟁 동안 민주화 요구는 정치 개혁의 성격을 강하게 띠고 있었다고 할 수 있다(민주헌법쟁취국민운동본부 1987/06/24).

2) 민주화 운동과 민족 문제 제고

군사독재 정권의 억압으로 오랫동안 금기시되던 한국에서 북한이나 통일 관련 민족주의 담론이 실효적으로 가능해진 것은 1987년 6월 항쟁의 결과라 할 수 있다. 그리고 이것은 분단국가 해체, 즉 민족 문제의 해결 없이는 진정한 의미의 민주주의가 실현될 수 없다는 인식에 의해 뒷받침되었다.

(1) 6월 항쟁과 민족 통일 지향

1987년의 민주화 요구는 단순히 민주 사회 건설만이 아니라 동시에 민족 통일도 지향하고 있었다. 이 점은 민주화를 위한 전 국민의 정치적 총 결집 체임을 표방하며 결성된 국민운동본부의 발기문을 통해서도 잘 나타난다.

> 이제 우리는 지금까지 고립 분산적으로 대응해 오던 호헌 반대 민주화 운동을 하나의 큰 물결로 결집시키고, 국민을 향하여 국민 속으로 확산시켜 나가야 한다는 데 뜻을 모았다. 진정 국민이 주인이 되는 민주 사회를 건설하고 민족 통일을 성취하는 길로 나아가야 한다고 선언한다(민주헌법쟁취국민운동본부 1987/05).

이와 같이 6월 항쟁은 민주화 운동이 남북통일과 함께 병행되어야 한다는 민족주의 담론을 활발하게 전개하게 된 계기였다고 할 수 있다. 이런 인식은 학생 운동권 같은 어느 특정 세력에 국한된 것이 아니라 1987년 민주화 과정에서 사회 전체로 확산되었다(한국외대총학생회 1987/06/10; 민주헌법쟁취국민운동본부 1987/06/24).

통일 지향적 민족주의 담론은 한편으로 종래 적대시해 왔던 북한에 대한 관심을 고조시키게 되었다. 다른 한편으로는 미국에 대한 새로운 인식, 나아가 한미 관계의 재정립을 위한 논의들을 활발하게 진행시키는 계기를 마련했다. 전두환 정권하에서는 1982년 부산 미문화원 방화 사건을 시작으로 반미 운동이 활성화 되었다. 특히 1985년 5월 서울 지역 대학생들이 광주 학살의 진상 규명과 책임자 공개, 전두환 정권의 퇴진, 미 행정부 사과 등을 요구하며 서울 미문화원을 점거·농성한 사건은 광주항쟁에 대한 미국 책임론을 부각시키며 국민들에게 한미 관계에 대한 인식을 재고하도록 했다(전재호, 1999, 246). 이를 통해 이제 적지 않은 사람들이 미국을 무조건적인 우방과 동맹국이라고 인식하던 차원에서 벗어나 분단을 고착화시킨 외세, 민족 문제의 주요 모순으로 인식하게 되었다.

(2) 민주화와 민족 통일의 상관관계

당시 민통련과 같은 운동 세력은 민주화와 민족 문제의 상관관계를 명확히 인식하고 있었으며 민주화 및 민족 문제의 해결을 위해서는 군부 정권의 해체와 외세로부터의 자주를 주장했다.

> 민족을 갈라놓고 남의 땅을 핵기지로 만든 채 사실상 종주국 행세를 하는 외세를 몰아내고 이 나라가 다시는 외세와 독재자의 손아귀에서 놀아나지 않도록 지켜 나가는 것, 이것이 바로 우리의 역사적 이정표이며 우리가 반드시 성취해야 할 과업이다 (민주통일민중운동연합 1987/01).

그리고 민통련은 6·29 선언 이후 7월 다음과 같은 입장을 표명하면서 당시 민주화 운동 세력들이 설정한 민주화와 민족 통일의 관계를 잘 대변해 주고 있다.

1. 민족 분단이 외세에 의한 내정간섭과 군부독재 통치의 근원이며 명분이기에 진정한 민주주의의 실천은 오로지 민주 사회 속에서만, 자유로운 민중에 의해서만, 가능하고 이는 곧 민족 통일로서 완성된다.
2. 현 단계에서 가장 긴요한 민족사의 과제는 자주적 민주 정부를 국민의 힘으로 세우는 것이다. 이승만 독재 정권, 박정희 군부독재 정권, 현 군부독재 정권에 의해 짓밟혀 온 민족사의 발전을 바로잡는 길은 모든 외세로부터 자주적이며 국민에 의해 선택되는 민주 정부를 수립하는 것이며 자주적·민주적 정부의 수립은 곧 민족 통일의 첫걸음이다(민통련 의장단 공동기자 회견문 1987/07/10).

6월 항쟁기 민주화 운동의 주역들은 민주 정부 수립이 민족 문제 해결의 단초이자 전제 조건이라고 인식했다. 동시에 독재 정권을 강화시켜 온 분단 체제를 민주화의 최대 장애 요인으로 파악했다. 그러므로 민주화 운동의 주역들은 민주화와 민족 모순 해결을 동시적인 과제로 이해하고 있었던 것이다.

(3) 통일·민족 문제 재인식

6월 항쟁을 전개하면서 민주 운동 세력의 통일 민족주의 담론은 크게 대미 관계의 재정립 요구, 작게는 88올림픽의 공동 개최 촉구 등으로 나타났다. 그리고 이런 민족주의의 담론은 권위주의 체제와 분단 체제의 관계, 민족 문제에 대한 재인식, 외세에 대한 관계 재정립, 평화적 민족 통일 의식 고취 등을 포함하면서 전개되었다.
이 같은 민족주의 담론은 기존의 민족 문제 및 민족 현실을 되돌아보게 하는 계기가 되었다고 할 수 있다. 그리고 이 시기 전개되었던 통일 민족주의 담론은 민주화와 함께 집권 세력이 받아들일 수밖에 없는 명제였다고 할 수 있다. 즉, 이후 정권들은 활발하게 전개되던 통일 담론을 반공 이데올로기를 내세워 억압하기에는 이제 명분이 너무 취약했으며, 그렇다고 재야에서 논의되고 있는 통일 민족주의를 내버려 둘 수도 없었기 때문에 합법적인 공간으로 통일 논의를 끌어들이는 것이 중요했다. 그러므로 이후 통일 민족주의는 강약의 정도는 있으나 '아래로부터' 진행되었던 통일 논의를 정부 차원에서도 수용하는 형태로 전개될 수밖에 없었다.

전두환 집권기 정권 차원의 체계화된 민족주의 담론의 부재는 민족주의 담론을 반정부 세력들이 주도해 나가는 양상으로 전개되게 만들었다. 그들의 민족주의 담론은 민족의 고난과 저항을 총체적으로 표출하던 과거의 담론 양식을 유지했지만 그와 동시에 1985년 이후 급진 학생 세력 등에 의해 표출되었던 수사적 언술 체계를 넘어 반미·반제국주의 지향성을 갖는 변혁의 이념으로 분출되고 있었다. 그리고 바로 이 점이 1980년대 반정부 세력이 구사한 민족주의 담론의 특성이라고 할 수 있다.

당시 '민주화운동청년연합'과 '민주·통일민중운동연합' 등의 반정부 운동 세력들은 성명서들을 통해 "민족 통일의 대과업을 성취하기 위하여 참된 민주정치는 반드시 확립되어야 한다" "1987년의 최대 과제를 장기 집권 음모 분쇄로 설정하고 있지만 이것은 민족사의 기나긴 도정 속에서 보면 단기적 목표에 불과하다"라고 말하는 등 민주화 운동이 궁극적으로 민족주의적 과업임을 강조하고 있다(6월민주항쟁10주년 기념사업 범국민추진위원회, 1997, 14-15).

1986년 "반미 자주화 반파쇼 민주화 투쟁 선언문"과 "전국 반제 반파쇼 민족민주 학생 연맹 창립 선언문"에는 이미 앞에서도 언급한 바와 같이 '혁명적' 민족주의 담론이 표출되고 있었다.

우리의 혈관 속에 면면히 흐르는 반제 민족 해방 투쟁의 기상으로 가열찬 투쟁을 전
개하여 적에 의한 반동의 역사에 종지부를 찍고 마침내 감격적인 민족 해방의 그날
을 쟁취하자, 반제 반파쇼 투쟁의 기치를 높이 들어 민중의 해방과 민족·자주·통일
의 희망찬 그날을 향해 철저하고 비타협적으로 민족·민주 투쟁의 선봉에 서자"(강신
철 외, 1988, 368).

6. 탈권위주의 정권과 통일 민족주의 담론

1) 탈권위주의 정권의 남북 관계 재정립

(1) 노태우 정부에 의한 대북 관계 재정립 : 북방 외교와 남북 관계 변화

1987년 6월 항쟁을 통해 이룬 민주화는 형식적 측면이 강함에도 불구하
고 한국의 정치체제를 권위주의 체제에서 탈권위주의 체제로 바꾸어 놓았
다. 그리고 탈권위주의적인 노태우 정권에서 전개된 한국 민족주의의 담론
가운데 제일 큰 비중을 차지하는 것은 통일 민족주의라 할 수 있다. '아래로
부터' 자발적 성격을 지니며 전개된 대표적인 민족주의의 내용도 통일이었
지만 지배 세력 역시 적어도 명분상으로는 통일을 역사적 과제로 삼을 수밖
에 없었기 때문이다. 그러나 집권 세력은 여전히 통일 운동을 국시인 반공
이념에 대한 정면 도전으로 간주하면서 아래로부터 전개되는 자유로운 통일
논의를 철저히 봉쇄하고자 했다.

그럼에도 불구하고, 민주화 요구에 의한 민주개혁의 실현과 맞물려 6월 항쟁 기간에 축적된 민족주의 담론은 남북한 관계의 개선 요구와 적극적인 통일 논의 등의 형태로 전개되었다. 이에 따라 노태우 정부는 취임하자 적극적인 북방 외교와 남북 관계의 변화를 추진했다. 노태우는 1988년 7월 7일 "대통령 특별 선언"(7·7선언), 1989년 9월 11일 "한민족공동체통일방안" 등을 발표해 북한을 '적'이 아닌 '동포·동반자'로 규정했으며, 점진적 통일 방안, 남북 교류의 증진이라는 변화된 대북 정책의 틀을 마련했다.

> 냉전 체제의 타율에 의한 민족의 분단 상황은 다음 세기로까지 이어지지 않을 것입니다. 모두가 어렵다고 여겨 온 동서 독일의 통일이 이제 현실이 되고 있듯이 전쟁의 위험이 도사린 분단된 땅에서 인류 화합의 올림픽이 열렸듯이, 한반도에 통일의 날은 올 것입니다. 세계에 넘치는 화해의 물결에도 한반도의 휴전선은 얼어붙은 땅으로 남아 있습니다. …… 그러나 북한도 머지않아 변화될 것입니다. 북한은 개방된 세계로 나올 것이며, 더 우리는 이를 위해 모든 노력을 다할 것입니다. 북한은 더 이상 우리와 적대·대결하는 상대가 아니라 같은 동포로서 번영을 함께 이루는 우리의 동반자가 되어야 합니다. …… 우리는 한민족인 남북이 하나의 민족 공동체를 이루어 자주평화민주의 원칙 위에서 통일을 이루어 낼 것입니다.
> 국민 여러분 90년대는 통일의 전기가 이룩되는 연대가 될 것입니다. 오늘날 사회주의 국가는 혁명적인 변화를 하고 있습니다. 헝가리로부터 폴란드, 동독, 최근 루마니아에 이르기까지 공산당 1당 독재 체제가 잇따라 허물어지고 있습니다. …… 이러한 세계 속에서 북한만이 경직된 폐쇄 체제를 고수할 수는 없을 것입니다. …… 우리는 북방 정책을 통해 북한의 개방을 촉진할 것입니다. 우리는 하나의 민족 공동체로서 북한을 포용하는 정책을 적극적으로 펼쳐 나갈 것입니다. …… 우리의 자유와 번영의 넘치는 힘이 북한을 민족 통합의 길로 나오게 할 것입니다(공보처 1992).

위의 연설은 북한에 대한 포용 정책 표방과 함께 대북 관계에 대한 자신감이 배어 있었다. 이것은 동유럽 등 구공산권 국가들과의 수교 성공과도 밀접한 관련이 있었다. 즉, 1989년 2월 헝가리를 시작으로 동유럽 여러 나라와의 수교, 1990년 9월 소련, 1992년 8월 중국과의 외교 관계 체결로 이어지는 북방 외교의 성공은 북한과의 관계에 자신감을 불어넣어 주었던 것이다. 이와 같이 외교적으로 북한에 대해 우위에 선 노태우 정부는 유화적인 태도로 북한과의 관계를 설정하고자 한 것이었다.

대북 관계에 대한 진전은 1990년 9월 남북고위급회담 개최, 1991년 9월 남북한 유엔 동시 가입 등으로 나타났다. 그리고 1991년 12월 남북 간의 '화해와 불가침 및 교류 협력에 관한 합의서 채택', 12월 '한반도 비핵화 공동 선언' 등으로 남북 관계의 개선을 위한 방침들이 세워지면서 화해적이며 평화적인 남북 관계 개선을 위한 단초들을 마련해 나아갔다. 이런 흐름은 통일 운동 세력들이 평화·군축과 불가침선언 실현, 구체적인 통일 방안 등의 사업을 추진하며 '범 민족적' 민간 통일 운동을 활성화함으로써 영향을 미친 것일 뿐 아니라, 신자유주의적 세계 질서로의 변화 및 동구권의 변화라는 국제 정치상의 변화에 기인하는 바도 적지 않았다. 물론 7·7선언 및 남북 기본 합의서 등이 통일 운동 세력이 제기한 바 있는 남북 체제의 상대방 인정, 군비 축소, 평화 정착 등의 내용을 완전한 수용한 것은 아니었지만, 그렇다 하더라도 6월 항쟁 이후 끊임없이 제기된 '아래로부터'의 민족주의 담론을 부분적으로 인정하고 흡수한 결과라고 풀이할 수 있다.[5]

---

5 남북 기본 합의서는 남북이 동반자로서 가야 할 길을 제시한 총론으로 남북 관계의 이정표로 평가받고 있다. 『한겨레 21』(2002/11/14).

(2) 김영삼 정부의 대북 정책

김영삼은 대통령 취임사에서 '어느 동맹국도 민족보다 나을 수 없습니다' 라고 주장하며 집권 초 민족 대단결을 주장했다. 이런 주장은 국민들로 하여 금 남북 관계의 개선을 기대하게 만들었다. 남북 관계 변화에 대한 기대감은 김영삼 대통령의 민주화 운동 경력과도 무관하지 않았다. 즉, 이전의 독재 정권들이 안보 이데올로기의 강화를 위해 활용했던 대북 정책과는 다른 정 책이 실시될 것이라 예상되었기 때문이다. 그리고 이런 기대는 1993년 3월 공산주의자로서 끝까지 전향을 거부한 이인모 노인을 조건 없이 북으로 송 환하면서 절정에 달했다.

그러나 북한의 핵 문제가 불거져 나오고, 북한이 핵확산금지조약 탈퇴를 선언하자 남한의 통일 민족주의 담론은 위축되기 시작했다. 게다가 1994년 7월 김일성 주석의 사망에 즈음해 일부 재야인사와 학생들이 조문을 표하자 정부는 이를 제지했다.[6] 이 사건을 계기로 북한은 남한 정부를 비난하기 시 작했고 남북 관계는 다시 냉각 상태에 빠져 들었다.

김영삼의 통일 민족주의 담론은 민간 부분의 통일 논의를 봉쇄하고 정부 차원에서만 진행되어야 한다는 것이었다. 그 이유는 북한이 여전히 대남 적 화 전략을 포기하지 않는 냉전 논리를 반복하고 있기 때문이라는 것이었다. 그리고 김영삼 정부는 흡수 통일의 의지를 보여 주었다. 북한에 비해 남한의 경제력이 우위를 점했고 민주화도 앞서 있다고 판단했기 때문이다. 나아가

---

6 김영삼 정권이 권위주의 시기의 헤게모니가 약화되지 않았던 1990년대 초반 출범했다는 사실에 주목할 필요가 있다. 당시 1994년 조문 파동이 보여 주듯이 사상과 양심의 자유를 비롯한 민주 주의 논리는 대중에게 제대로 침투되지 못하고 있었다. 이것은 김영삼 정권하의 민족주의 담론 이 통일 지향적으로 확대되기에는 시대적 한계가 있음을 보여 주는 것이다.

남한의 민주화와 산업화가 어느 정도 완성되었다고 판단한 김영삼은 최초로 민족을 최우선의 가치로 여기는 민족 대단결론을 제기했다. 그러나 이것은 남한을 우월한 위치에 놓고 있는 것으로 북한을 '동반자'로 규정한 노태우 정권하의 통일을 위한 민족주의 담론과 비교하면 오히려 후퇴한 것이라고 할 수 있다. 즉, 이와 같은 김영삼 정부의 대북 인식은 통일에 있어 남한이 헤게모니를 장악해야 하고 북한은 통일의 '주체'라기 보다는 '대상'으로 자리매김하고 흡수 통일을 상정했음을 보여 주는 것이었기 때문이다.

(3) 김대중 정부와 햇볕정책

남북문제에 있어 실질적인 형태로 진척을 가지고 온 것은 김대중 정부에 들어서다. 김대중 정부는 남북문제에서 기본 합의서의 기조를 그대로 계승한다는 전략을 활용해 햇볕정책에 정당성을 부여했으며, 이를 통해 국민들의 경직된 대북관을 서서히 완화시켜 나아갔다(김대중 2004, 21). 남북문제에 대해 김대중 정부는 과거와는 차별화된 태도를 취했다. 김대중 정부는 1999년 연평도 부근의 북방 한계선에서 빚어진 남북한의 무력 충돌 같은 긴장 속에서도 민간인의 북한 방문을 활발히 추진하는 등 지속적인 대북 포용 정책을 실시했다. 그리고 2000년 분단 이후 처음으로 역사적인 남북정상회담의 개최가 성사되었는데, 이는 남북 관계에서 이정표가 되는 것이었다.

2000년 6월 남북정상회담이 성공을 거둘 수 있었던 중요한 배경은 '햇볕정책'으로 지칭되는 대북 화해·협력 정책이 남북 간의 적대적인 분위기를 완화하는 데 결정적인 영향을 미쳤기 때문이다. 그리고 한편으로는 6월 항쟁 이후 진행된 1989년 전민련 고문 문익환 목사의 북한 방문, 평양 세계 청년 학생 축전에 전대협을 대표한 임수경의 파견, 천주교정의구현사제단의 일원인 문규현 신부의 북한 방문 등을 비롯한 일련의 통일 운동 및 통일 민족주의 담론이 일반 대중에게 폭넓게 확산된 것과도 밀접한 관련이 있다.

(4) 6·15 남북 공동 선언 발표

2000년 6월 15일 역사적인 남북 공동 선언이 발표됐다. 그 내용은 아래에서도 알 수 있듯이 통일 문제에 대한 자주적 해결과 경제협력, 각 분야에 있어서의 협력과 교류가 주였다.

남북 정상은 분단 역사상 처음으로 열린 이번 상봉과 회담이 서로 이해를 증진시키고 남북 관계를 발전시키며 평화 통일을 실현하는 데 중대한 의의를 가진다고 평가하고 다음과 같이 선언한다.
1. 남과 북은 나라의 통일 문제를 그 주인인 우리 민족끼리 서로 힘을 합쳐 자주적으로 해결해 나가기로 하였다.
2. 남과 북은 나라의 통일을 위한 남측의 연합 제안과 북측의 낮은 단계의 연방 제안이 서로 공통성이 있다고 인정하고 앞으로 이 방향에서 통일을 지향시켜 나가기로 하였다.
3. 남과 북은 올해 8·15에 즈음하여 흩어진 가족·친척 방문단을 교환하며 비전향 장기수 문제를 해결하는 등 인도적 문제를 조속히 풀어 나가기로 하였다.
4. 남과 북은 경제협력을 통하여 민족 경제를 균형적으로 발전시키고 사회, 문화, 체육, 보건, 환경 등 제반 분야의 협력과 교류를 활성화하여 서로의 신뢰를 다져 나가기로 하였다.
5. 남과 북은 이상과 같은 합의 사항을 조속히 실천에 옮기기 위하여 이른 시일 안에 당국 사이의 대화를 개최하기로 하였다(김대중 2004, 35).

김대중 정부의 주도에 의한 남북정상회담의 성사는 대외적으로 전 세계적인 냉전 종식, 1990년대 중반 이후 미국의 대북 유화책, 북한의 계속되는 경제적 어려움 및 체제 변화의 필요성 증대 등의 상황과 밀접한 관련이 있다. 또한 대내적으로는 북한에 대해 비교 우위를 굳힌 사회·경제적 발전, 그리고 6월 항쟁 이후 진전되어 온 정치 민주화를 들 수 있다(이창희 2003, 56).

김대중 정부는 남북한을 둘러싼 국제 관계에도 큰 영향을 미쳤다. 특히 1998년 8월 15일에 건국 50주년 기념식에서 김대중은 국난 극복을 위한 새로운 결의를 발표하고 민족의 재도약을 이룩하는 '제2의 건국'을 강조하며 북한에 대한 진전된 태도를 보여 주었다. 즉, 김대중은 북한에 대해 1992년에 발표한 "남북 간의 화해와 불가침 및 교류·협력에 관한 합의서"(남북 기본 합의서)의 정신에 입각해 북한의 안정과 발전을 지원할 용의가 있을 밝혔다(윤건차 2002, 253). 이것은 북한과의 공존을 전제로 하는 포용·햇볕 정책을 적극적으로 표명한 것이라 할 수 있다.

이와 같은 김대중 정부의 적극적인 대북 정책에 힘입어 남북은 일련의 긴장 사태에도 불구하고 2000년 8월, 9월 장관급 회담 및 남북 국방장관 회담을 성사시켜 한반도의 긴장 완화에 대한 합의를 이끌어 냈다(전재호 2003, 49-50). 이와 같이 진전된 대북 정책은 2002년 10월 핵 위기설에도 별다른 혼란을 겪지 않는 등 과거와 다른 안정된 일관성을 보여 주었다.

2) 통일 민족주의 담론의 양상

(1) 북한과 통일 문제 인식의 변화

권위주의 정권 시절의 대북·통일 정책은 통치의 한 수단으로 작용했으며 동시에 정권 안보의 도구였다. 즉, 권위주의 정권 시기 남북한의 각종 선언과 정책에도 불구하고 각 정권들은 이를 실제로 수행해야 한다는 부담감을 느끼지 않았다. 마찬가지로 당시 대중들 역시 남북통일에 대해서는 막연한 정서에 의해 통일을 염원하다가도 정작 교류와 협력이라는 현실의 벽에 직면했을 때는 회의적 반응을 보이거나 경계심을 작동시켰다. 그리고 이런 대중의 이중적 심리를 각 정권은 적극 활용했다.

그러나 6월 항쟁 이후 '아래로부터' 전개된 민족주의 담론은 매우 다양해졌다. 그럼에도 6월 항쟁 이후 대체로 김영삼 정권까지 '아래로부터' 전개된 통일 민족주의 담론은 각 정권에 의해 강약의 차이는 있으나 반공 선전으로 연결되어 '과격' '좌경' '용공'이라고 규정되면서 일관되게 억압되는 양상을 보였다. 그리고 김대중 정권 이전의 각 정권은 군부독재 아래에서 굳어진 반북·반공 의식을 학생 및 재야 세력 주도의 통일 민족주의 담론의 확산 방지에 활용했다.

그러나 민주화 이전의 통일 민족주의에 적용되었던 반공 이데올로기는 민주화 이후 점차 약화되어 가고 있음을 보여 준다. 학생과 재야 세력은 6월 항쟁기에 분출되었던 통일을 위한 민족주의 담론을 적극적으로 실천에 옮겨 나갔다. 1988년 전국대학생대표자협의회(약칭 전대협)는 남북청년학생회담 및 8·15 남북통일 축전을 추진했으며, 1989년 4월 문익환 목사의 방북, 6월 임수경의 평양 축전 참석 등이 대표적인 것이다.

그리고 이들 재야·학생 단체에 의해 전개된 통일 민족주의 담론은 민간 차원의 교류 문제 등을 제기하며, 통일 운동의 대중화에 기여했다. 운동 방식 역시 평화 대행진, 이산가족의 상봉 문제 제기 등과 같은 대중적인 방식을 취하곤 했다. 그리고 '북한 바로 알기 운동' 등을 전개해 일반인들의 북한에 대한 관심과 통일에 대한 염원을 높이고자 했다. 이와 같이 '아래로부터'

진행되었던 민족주의 담론은 국민의 민족 감정을 자극해 북한과 통일 문제에 대한 인식에 전향적 변화를 주었다.

(2) '아래로부터' 진행된 통일 민족주의 담론

또 '아래로부터' 추진된 통일 민족주의 담론으로는 '한 겨레' '한 동포' 임을 강조하며 전개한 민간 교류 운동을 들 수 있다. 대표적인 것이 북한의 식량난이 알려지면서 1990년대 중반부터 지속적으로 전개된 북녘동포돕기운동이다. 1998년 결성된 민족화해협력협의회와 같은 민간 통일 운동 단체들은 그 활동 목적에 대해 "오늘날 북한 동포들이 기아에 허덕이는 실상에 대해 함께 아파하며 사상과 이념, 정견 등 모든 것을 초월해 순수한 인간애와 동포애의 견지에서 북한 동포를 도와 민족 화해와 평화통일에 기여함을 목적으로 한다"라고 밝히고 있다(노중선 1997, 117; 김창수 1998, 78-79). 이런 담론은 대중들의 대북 적개심을 불식시키는 성과를 거두었다고 할 수 있다.

이와 같이 전개된 통일 민족주의 담론은 정부에서 진행되는 통일 민족주의 담론보다 유연하고 포용적이며 지속적으로 진행될 수 있다는 장점을 지니고 있었다. 그리고 이러한 취지 아래 전개된 민족주의 담론은 민족 공동체라는 유대감을 강화시켜 일반 대중이 품고 있던 체제 편향적이며 이념 편향적인 이질감을 극복해 나갈 수 있는 단초들을 마련해 주었다는 점에서 중요하다고 할 수 있다. 이처럼 '아래로부터' 진행된 통일 민족주의 담론은 궁극적으로 정권 차원의 대북 정책과 통일 논의에도 영향을 주었다.

(3) 북한에 대한 '동반자'적 인식 형성

김대중 정부의 햇볕정책은 남북 교류 협력 증진에 중점을 두고 진행되었다. 남한의 통일 방안과 기존 남북한의 합의문들은 민간의 역할을 중시하는 특징을 띠고 있었다. 예를 들어 남한의 기능주의적 통일 방안은 정치·군사적 측면과 함께 경제·사회적인 교류의 증진을 남북한 통합을 위해 반드시 필요한 것이라고 설정하고 있었다. 따라서 민주화와 함께 남한의 시민사회는 과거와 달리 북한을 '주적'이라기보다는 '동반자'로 인식하는 여론이 유연하게 형성되기 시작했으며, 이에 따라 아래로부터 진행되는 통일 담론은 정치적 거대 담론으로서가 아니라 다양한 방식과 형태로 민간 교류를 적극 추진하는 양상으로 전개되었다.

7. 세계화와 민족주의 담론

1) 세계화와 국가 경쟁력 강화 논리

(1) 세계화·시장 개방화 압력

1990년대 초 사회주의권 붕괴 이후 미국을 중심으로 하는 선진국들은 자본의 운동을 전 세계로 확장시키기 위해 자유무역 질서 체제를 구축하기 위한 작업들을 급속도로 진행시켰다. 이와 함께 상품·노동·자본·정보의 이동을 시·공간적 벽을 넘어 전 세계적으로 가속화시키는 세계화 과정이 추진되었다. 이런 세계화의 과정에 한국도 자유로울 수는 없었다. 좀 더 구체적으로 한국 역시 1993년 우루과이라운드UR 협정과 세계무역기구WTO 체제 출범 등으로 인해 전 세계적인 시장 개방 분위기와 이후 자유무역협정FTA, 국제통화기금IMF에 의한 자본시장 개방 요구 또한 쉽게 물리칠 수 없었다.

김영삼 정권은 당시 우루과이라운드 쌀 협정 등에 반대하는 농민들의 반발을 무마시켜야 했다. 김영삼이 선거 공약으로 내세웠던 '쌀 시장 개방 절대 반대'의 내용을 지키지 못했기 때문에 농민들의 반발은 더욱 컸다. 그러므로 김영삼은 쌀 개방의 필연성과 그에 따른 새로운 비전을 제시해야만 했다. 그 과정에서 나온 것이 '세계화 전략'이었다.

> 저는 그동안 우리 쌀을 지키기 위해 대통령으로서 할 수 있는 최선의 노력을 다해 왔습니다. …… 모든 것을 잃을 수도 있는 한계 상황에서 우리는 선택을 하지 않을 수 없었던 것입니다. 쌀을 지키기 위해 GATT 체제를 탈퇴하고 국제적 고아로 혼자 살아갈 것이냐, 아니면 GATT 체제를 수용하면서 세계화·국제화·미래화의 길로 나아갈 것이냐 하는 선택의 기로에서 …… 국제사회 속에서의 고립보다는 GATT 체제 속의 경쟁과 협력을 선택할 수밖에 없었습니다. 부존자원이 없는 우리나라로서는 자유무역을 통해 경제성장과 국부를 신장시켜 나갈 수밖에 없다고 생각했습니다. …… 문을 닫고 지키는 쇄국보다는 문을 열고 나가는 개국이 우리 민족의 나아갈 길일 수밖에 없습니다. 개방과 개혁, 바로 거기에 민족의 활로가 있기 때문입니다. …… 우루과이라운드 협상의 타결이 우리 민족에게 하나의 시련이기는 하지만 우리가 이 시련을 이겨내기만 한다면 그것은 우리 민족의 거대한 도약과 발전의 전환점이 될 수 있다고 확신했습니다(김영삼 대통령 대국민 담화 전문, 『서울신문』 1993/12/10).

우루과이 협상 타결로 김영삼 정부에 대한 국민의 비난과 반발이 거세지자 김영삼은 위와 같은 대국민 담화를 발표하게 되었으며 국제화·개방화·

세계화를 추진해 나아가야 한다며 바로 지금이 '제2의 개국'으로 '신한국'을 건설할 때라고 주장했다. 이것은 쇄국으로 말미암아 지난 과거가 불행했지만 이번의 개국은 21세기의 위대한 신한국을 건설할 기회이며, 그것이 국제화·세계화에서 비롯된다는 논리였다(『한국일보』 1993/11/18).

(2) 세계화 전략 추진

김영삼은 세계화·개방화를 정당화하기 위해 '20세기 초 한국 사회의 불행이 쇄국'으로 인한 것이었다며 지금 개국을 하지 않으면 쇄국을 고집했던 과거처럼 다시 불행한 역사가 시작될 것이라며 과거와 현재를 비교하는 논법을 사용했다. 그리고 김영삼은 세계화 추진을 정책의 지표로 삼고 세계화추진위원회를 발족시켰다. 그리고 이를 기반으로 세계화를 적극적으로 추진함과 동시에 자유무역을 통해 경제성장과 국부를 신장시킬 기회로 삼고자 했다. 그리고 이것이 궁극적으로 한국이 세계 중심 국가로 발전해 나아가기 위한 것이라는 점을 김영삼 정권은 아래와 같이 밝히고 있다.

> 21세기를 앞둔 현대는 탈냉전과 탈이념주의·탈산업주의와 탈근대 사회라는 문명사적인 대 변혁기를 맞고 있다. 세계화란 이런 문명사적 전환기를 배경으로 한 발상의 전환과 실천을 상징하는 새로운 패러다임인 동시에 국가 발전 전략을 의미하는 것이다. 근대화·산업화를 통해 세계무대의 주변 국가에서 중간 국가로 올라섰다면, 이제는 세계화를 통해 세계 중심 국가로 발전하는 것이 우리의 목표다(공보처 1996, 146).

김영삼 정부는 당시의 신자유주의 경제 질서가 부과하는 경제적 압박을 극복하기 위해 국가가 생산성과 효율성을 최우선의 국정 원리로 삼아 재도약의 기틀을 마련하는 한편 각 부문의 경쟁력을 강화해 나아가야 한다고 주장했는데, 특히 이를 위해 내세운 '세계 중심 경영 국가' '초일류 국가' '세계화의 원동력은 국가 경쟁력 강화' 등의 구호는 민족주의적 감성을 자극하고 있었다.

(3) IMF 경제 위기 상황

선거에 의해 실질적으로 여야 간 정권 교체가 이루어진 김대중 정부는 정치사적으로 중요한 의미를 지닌다. 그러나 경제정책의 면에서는 김영삼 정부의 신자유주의적 경제체제를 기조로 삼았다. 1998년 2월 김대중은 취임식을 갖고 '국민의 정부'를 표방했다. 이 자리에서 김대중은 화합과 통합을 강조했으며 동시에 민주주의와 (김영삼 정부와 맥을 같이 하는 세계화의 연속선상에 있는) 시장경제의 병행 발전을 통치 철학으로 제시했다.

> 정부 수립 50년 만에 처음 이루어진 여야 간 정권 교체를 여러분과 함께 기뻐하면서, 온갖 시련과 장벽을 넘어 진정한 '국민의 정부'를 탄생시킨 국민 여러분께 찬양과 감사의 말씀을 드리는 바입니다. …… 오늘은 이 땅에서 처음으로 민주적 정권 교체가 실현되는 자랑스러운 날입니다. 또한 민주주의와 경제를 동시에 발전시키려는 정부가 마침내 탄생하는 날이기도 합니다. …… 민주주의와 시장경제가 조화를 이루면서 함께 발전하게 되면 정경 유착이나 관치금융, 그리고 부정부패는 일어날 수 없습니다(김대중 2004, 17-26).

그러나 '민주주의와 시장경제의 조화'를 강조하며 정권의 정치·경제의 방향을 제시한 김대중 정부의 첫 당면 과제는 1997년 말에 발발한 외환 위기를 극복해 내는 것이었다. 한국 경제는 1997년 11월 원화 폭락을 계기로 국제통화기금의 관리 아래에 들어가는 전무후무한 위기를 겪게 되었고, 결과적으로 이러한 사태는 단순한 경제개혁을 넘어 총체적인 사회 개혁을 요구하는 상황을 초래했다. 우선 김대중 정부는 외환 위기 극복을 위한 구조조정과 개혁에 박차를 가하며 밖으로는 정상 외교에 전력했다. 1998년 한 해에 김대중은 미국·일본·중국을 방문해 정상회담을 가졌으며, 이 밖에도 아시아-유럽 정상회담ASEM, 아시아 태평양 경제협력체 정상회담APEC, 아세안 한 중일 3국 정상회담에 참가해 외자 유치를 위한 '세일즈 외교'를 전개했다(한영우 2004). 이와 같은 일련의 세일즈 외교는 세계화·지구화되고 있는 신자유주의 경제 체제로의 급속한 편입을 의미하는 것이었다.

2) 세계화 전략과 민족주의 담론

(1) 국가 경쟁력 강화와 고통 분담의 논리

김영삼 정부 시절의 우루과이라운드 쌀 협정과 김대중 정부 시절의 1997년 IMF 위기는 한국 경제를 세계경제 체제에 전면적 개방으로 몰아갔으며, 이 같은 경제적 위기 상황을 극복하기 위한 담론 가운데 하나가 일종의 경제적 민족주의였다 할 수 있다. 이 담론은 '경쟁력 강화'를 위한 적극적인 개혁의 강조와 '고통 분담'이라는 저항적 논리의 개발을 통해 이중적으로 전개되었다. 먼저 김영삼 정부는 세계화와 함께 진행되는 국가와 민족들 사이의 무한 경쟁에서의 적자생존을 위한 경쟁력 강화라는 논리를 들어 시장 개방을 합리화해 나아가는 동시에 경제 위기를 타개해 나가고자 했다. 또한 대외적인 시장 개방에 따른 경제적 고통을 분담해야 한다는 논리에 '민족주의적' 정서를 배합하여 어려운 상황을 극복해 내고자 했다. 또한 이러한 민족주의 담론은 계층적으로 양면성을 띠고 있었다. 한편으로 세계화에 의거한 시장의 개방은 대체로 국내 대기업과 재벌의 입장을 대변하는 것이었는데 정부는 자본 측에는 '국가 경쟁력 강화'라는 명분 아래 전폭적인 지원을 하면서, 다른 한편 노동자와 농민에게는 국가 발전을 위한 고통의 '전담'내지 분담을 요구하는 것이었다(전재호 2002a, 45). 이처럼 국가 경쟁력 강화와 고통 분담의 논리는 계층적으로 차별화된 민족주의 담론인 셈이었다.

또 다른 의미에서 김영삼 정부의 세계화 추진의 전략은 이중적이었다. 시장 개방에 대한 세계 체제에 대한 전면적 편입의 불가피성과 이에 따른 경제적 이익을 적극 선전하면서 세계화를 '옹호'해야 하는 한편, 시장 개방에 따른 국내 경제에 대한 '불안감'을 '내부의 단결'로 극복하고자 한 것이 그것이었다.

세계화를 성공적으로 추진하기 위해 김영삼 정부는 무엇보다도 '개혁'을 강조했다. 즉, 세계화를 추진할 문민정부는 낡고 파행적인 구조와 의식을 개혁해 새 시대를 주도해 나아가야 한다는 논리였다(세계화추진위원회 1995, 28). 그리고 세계화는 단순히 한국의 시장만을 개방하는 것이 아니라 역으로 한국인에게 '세계 시장'으로 나아갈 수 있는 기회이며, 이것을 적극 활용해 '세계로' '밖으로' 진출·확장해 나가자고 강조했다(『조선일보』 1994/01/01). 다른 한편 김영삼은 세계로 진출해 나가기 위해 한국인들은 쇄국주의·배외의식·고립주의를 버려야 한다고 주장했다. 이런 것들은 세계와 경쟁하는 데 장애가 되기 때문이라는 것이었다.

(2) '전통문화' 강조와 민족주의 담론의 전개

앞에서도 언급한 것처럼 김영삼은 점차 세계화의 의미를 '국가 경쟁력 강화' '일류 국가' 지향을 강조하는 방향으로 변화시키는 동시에, 세계화와 일견 배치되는 듯이 보이는 민족주의 담론을 점차 활용하기 시작했다.[7] 김영삼은 1994년 후반부터 세계화, 국가 경쟁력 강화 등을 정책 지표로 삼고, 치열한 국제 경쟁에서 한국인은 반드시 승리해야 한다고 말했다. 그리고 한국인은 국제 경쟁 속에서 살아남을 수 있는데 그 이유는 한국 민족의 우수함과 유구한 역사, 민족적 저력 때문이라고 했다. 이와 같이 김영삼 정부에서 세계화를 강조하는 가운데 한국의 전통·문화를 강조한 것은 세계무대로 진출해 세계 강대국들과 경쟁해야 한다는 불안감과 다국적 기업들에 대한 국내 시장의 개방이 야기하는 한국인들의 반발을 무마하기 위해 국민 통합을 이끌어 내야 하는 상황과 맞물려 있는 것이었다.

김영삼은 세계화를 통해 우리의 것을 더욱 새롭게 살려 민족문화를 보편적인 세계 문화로 발전시켜 나아가야 한다고 강조하면서 '전통'의 우수성을 강조했다. 1994년을 '국악의 해'로 선정한 것도 시장 개방이 무조건적인 서구화의 추종이 아니라는 것을 보여 주기 위한 것이었다고 할 수 있다.

전통문화에 대한 강조는 또한 일반인들의 민족적 감정과 무관하지 않았다. 우루과이라운드 체결로 쌀 및 기초 농산물뿐만 아니라 금융 서비스, 지적재산권 등 거의 모든 분야에 걸쳐 대폭적인 개방 확대가 불가피해지자 한

---

7 세계화·지구화는 국가의 민족의 경계를 허물어뜨리면서 민족주의에 대한 한계를 지적하는 것이었으나, 김영삼의 세계화 담론은 곧 설명할 것처럼 전형적으로 경제 민족주의 담론의 성격을 띠고 있다. 김정훈(2002, 183); 전재호(2003, 46).

국인들은 위기감을 느끼며, 이에 대해 자연스럽게 '방어적' 민족주의를 표출시키게 되었기 때문이다(고석규 2002, 114). 즉, 한국인들 일부는 세계화가 강대국의 일방적인 강요에 의한 것으로 인식하기 시작했으며, 이로 인해 민족주의나 민족 정체성 담론들이 제기되었다.

김영삼 정부가 추진한 세계화는 내수 시장과 경제력이 취약한 한국적 상황에서 '거스를 수 없는' 세계적 추세로 빠르게 진행되었다. 그것은 그 진척과정과 국민들의 관심의 증가에서도 잘 알 수 있다. 비록 정부 기관인 공보처에서 세계화를 홍보하기 위해 행한 것이지만 당시 세계화에 대한 관심도에 관한 여론조사의 결과를 통해서도 알 수 있다. 세계화에 대한 관심도는 1995년 2월 62.9퍼센트였으나 1995년 11월에는 71.1퍼센트를 차지하고 있다. 그리고 세계화 목표에 대한 공감도에 있어서도 1995년 8월 70.1퍼센트였던 것이 1995년 11월에는 86.4퍼센트를 차지하고 있을 정도로 점차 세계화에 대한 인식이 적극적으로 변화하고 있음을 알 수 있다(공보처 1996, 147).

그러나 한편으로 이와 같이 김영삼 정부 이후 적극적으로 세계화가 추진되면서 한국인들이 겪게 된 국내시장의 '무차별적' 개방 및 그 압력과 국제사회에 대한 폭넓은 경험은 점차 '방어적' 민족주의를 기저로 하면서도 민족주의의 폐쇄성을 타자의 시선을 통해 자각할 수 있는 기회를 제공했으며, 이것은 장차 한국 민족주의의 성격을 개방적으로 유도할 수 있는 요인으로 작용했다.

한국의 민족주의는 19세기 말 이래 자본주의 침투에 저항하면서 외세의 압력을 막아 내는 과정에서 형성·발전했기 때문에 '외부 세계'에 대한 저항적·방어적·배타적 성격이 강했다고 할 수 있다. 그러나 이와 같은 한국 민족주의의 성격은 1987년 이후 '민주화'의 진행과 함께 시민 의식이 성장하면서 변화의 단초들이 만들어지기 시작했다. 그리고 세계화가 진행되는 과정에서 한국의 민족주의는 의도하든 그렇지 않든 간에 세계의 국가들과 '관계'를 맺으며 보다 유연하고, 개방적인 성격으로의 변화를 요청받고 있다. 특히 이주노동자와 국제결혼 이민자가 증가하고 있는 현실에서 한국 민족주의는 '외부 세계' 및 '외부인'에 대한 폐쇄성의 외피를 벗고 '열린 민족주의'를 지향해야 나아가야 하는 상황에 놓여 있다고 할 수 있다.

8. 글을 마치며

　　1945년 해방 이후 한국의 현대 정치는 민족주의적 차원과 민주주의 차원 모두에서 완성되지 못한 채 근대국가 주위를 선회했다. 이러한 역사적 맥락에 비추어 볼 때 이승만 정권부터 전두환 정권까지 전개된 이른바 탈권위주의 민주화 과정은 민족주의적 완결성과 민주주의적 내용성을 갖는 근대국가를 수립하기 위한 노력으로 압축된다고 할 수 있다. 한국의 민주화 과정은 이런 역사적·정치적 특수성 위에서 전개되었고 이 점이 다른 나라들의 탈권위주의 민주화 과정과 차별성을 보여 주는 측면이라고 할 수 있다. 한편 한국의 민주화는 다른 국가의 사례들과 마찬가지로 다양한 이념적 분기와 갈등 속에서 전진과 후퇴를 거듭한 결과물이라고 할 수 있다. 이런 이념적 갈등의 지평에서 주목할 수 있는 부분은 민족주의 담론의 정치적 규정력이라고 할 수 있다.

　　한국의 고유한 역사적 기반 위에서 성립한 민족의식과 민족주의는 특정 세력의 이념이 아니라 모든 세력이 의존하는 정통성과 정당성의 원천적 이

넘이었다. 이런 현상은 한국 사회가 민족과 민족주의에 대해 부여하는 무게가 엄청났다는 사실과 밀접한 관련성을 갖는 듯하다. 민주화 과정에서 민족주의는 권위주의 지배 세력의 정당성을 위한 이념이었을 뿐만 아니라 저항 세력의 투쟁을 정당화하기 위한 이념이기도 했다. 지배 세력의 민족주의가 체제 유지의 도구(지배 이데올로기)였다면 저항 세력의 그것은 민주주의와 함께 반권위주의 투쟁을 이끌어 가는 이념적 동력(저항 이데올로기)이었다고 할 수 있다. 그들은 언제나 '민족'과 '민주'의 이름으로 민주화 투쟁을 이끌어 갔던 것이다. 이런 면에서 최장집이 말하고 있듯이 저항 세력에게서 민족주의는 "기존 질서를 붕괴시키기 위한 무기였다"(최장집 1996, 192).

1987년 6월 항쟁으로 상징되는, 권위주의에 대한 정치적 저항은 한국 민주주의 형성에서 하나의 이정표가 되는 사건이다. 6월 항쟁에 대한 주목할 만한 이념적 논쟁이 없었던 것은 아니었지만 그럼에도 불구하고 그것은 한국 사회에서 절차적 민주주의의 기반을 제공했다는 중요한 정치적 의의를 지닌다. 이후 한국 사회의 정치적 과제는 민주주의 이행으로부터 민주주의의 심화 또는 공고화로 전환되었다. 사회경제적 민주화와 시민사회의 성장으로 요약되는 민주주의 공고화 국면의 도래는 민족주의 이념 및 담론의 전개와 관련해 새로운 변화와 가능성을 열었다. 먼저 민족주의 이념이 통일과 적극적으로 결합하게 되면서 본격적인 통일 민족주의의 형태로 구체화되었다. 이런 통일 민족주의 이념의 정치는 민주주의의 절차적 정당성을 획득한 정권에 의해 주도되었다. 노태우·김영삼 정권을 거쳐 김대중 정권에 이르러 통일 민족주의 이념은 담론과 이데올로기의 정치를 넘어서는 국면으로 접어들었다. 그런 사실은 1990년대 후반부터 한국 사회에서 민족주의 이념과 담론이 일종의 과잉 상태에 도달한 이유를 부분적으로 설명해 주는 것으로 보인다. 한국의 민주화가 도래하기 이전, 민족주의는 주로 민주화를 위한 이념이었지만 민주화가 일정 정도 구체적인 내용을 담보한 이후에 이르러 민족주의는 통일 민족국가 건설과 결합하면서 국외적인 상황, 예컨대 역사 왜곡과 영토 분쟁 등의 상황과 결합해 국가주의와 결합하는 양상을 띠게 된 것이다. 다른 한편 1987년 '민주화' 이행 이후 한국의 민족주의는 시민 의식이 성장하면서 '열린 민족주의'의 새로운 가능성을 모색하고 있다.

제4장

급진주의

혁명·저항·공존의 정치 동학

1. 논의의 출발 : 급진 이념과 민주주의

1) 문제의 제기 : 급진 이념의 궤적

정치 이념은 현실을 일정한 이념의 틀에 따라 해석·설명하고 자신이 그리는 바람직한 미래의 모습을 제시한 후 그 실현을 위한 구체적인 정치적 행동 강령을 규정한다. 현재 한국의 정치 이념을 형성하고 있는 기본 구도는 자유주의라고 볼 수 있지만 ― 과연 그것이 자유주의의 본령에 충실한 것인가의 문제는 제쳐 두고 ― 해방 공간의 조선공산당을 필두로 현재의 민주노동당에 이르는 그 반대편의 이념이 존재해 왔다. 그들은 현실과 역사를 인식하는 기본 시각에서부터 이상적인 미래의 모습에 이르기까지 모든 면에서 자유주의와 대립했으며 그 논의의 중심에는 '민주주의'가 자리 잡고 있었다.

물론 그들이 내세웠던 '민주주의'는 자유민주주의가 아니라 남한 사회의 혁명적 변혁을 통한 인민민주주의였다. 그들의 입장에서 보자면 남한 사회는 근본적으로 민주주의를 실시할 수 없으며, 설사 실시한다고 해도 소수의 기득권 세력을 보호하는 '부르주아 민주주의'에 불과하다고 비판하면서 정권에 치열하게 맞섰다. 지배 권력은 기존 질서의 근본적 변혁을 주장하는 이 이념들을 '빨갱이' '좌익' '용공' '좌경'으로 규정하며 혹독하게 탄압했다. 한국에서는 '대안 사회'의 꿈을 꾼다는 자체가 '국가보안법'에 의한 단죄의 대상이었다.

하지만 '대안 사회'를 추구하는 세력들은 해방 공간의 남로당에서부터 2000년대의 민주노동당에 이르기까지 지속적으로 존재해 왔다. 그 구체적인 주장·실현 방법·이념에서는 차이가 있지만 한국 사회의 근본적 변혁을 추구하는 이 세력들은 결코 사라지지 않은 채 정권을 압박해 왔다. 해방 공간에서 그들의 목소리는 건국헌법에 일부 수용되었고 1960, 70년대에는 정권의 일탈 한계를 설정하는 예방 효과를 발휘했으며, 1987년 민주화에서는 방대한 대중의 힘을 불러냈고, 2002년 이후에는 민주노동당이라는 이념 정당의 제도권 정치 진입을 가능하게 했다. 비록 완전한 성공은 아니더라도 지배 권력을 압박하며 일정 부분 자신의 주장을 반영시키고 지금도 대안 사회를 추구하는 세력으로 남아 있다는 점에서는 제한적 성공을 거두었다고 볼 수 있다.

이런 사실은 해방 이후 한국 정치의 기본적인 동력에는 권위주의 정권과 자유주의의 대립 외에도 남한의 근본적 변혁을 주장하는 급진적인 정치 이념과의 갈등·마찰·대립이라는 또 하나의 축을 포함해야 할 필요성을 제기한다. 그 이념은 해방 공간부터 우리의 정치 현실에 강력한 흔적을 남겼으며 오늘날에도 대안적 정치 세력으로 존재하고 있기 때문이다. 따라서 지나친 가치 개입을 떠나 그들이 의도했던 한국 사회의 형성 방안, 현실적 영향력, 지배 권력의 대응을 검토하는 것이 해방 이후 한국 정치의 전개를 살펴보는 데 더욱 유용한 접근 방법이라고 생각한다.

필자는 친미·반공·자본주의를 근간으로 하는 한국 사회를 근본적으로 변혁하고 사회주의의 실현을 내세운 이 이념들을 급진 이념 혹은 급진주의라고 부르고자 한다. 이 이념은 마르크스주의에서 출발해 정치·사회·경제를 총체적으로 변혁하고자 하는 포괄적 세계관을 갖고 있지만 그 중에서 한국 정치에 가장 큰 영향을 미친 부분은 '민주주의'를 중심으로 하는 사회변혁의 논리라고 할 수 있다. 지배 권력과 급진 이념은 모두 자신들의 민주주의가 '진정한' 민주주의인 반면, 상대방의 민주주의론은 '허위' '기만' '계급 논리'라고 비난했다. 한국 사회의 현실을 바라보는 시각, 변혁의 방향, 행동 강령, 미래의 지향점이 가장 첨예하게 부딪힌 지점이 민주주의였다. 이때 민주주의는 단순한 정치체제가 아니라 자신들이 주장하는 사회경제 질서를 전제로 하는 포괄적인 개념이었기 때문이다.

이 글은 이런 문제의식에 입각해 해방 이래 남한 급진 이념의 민주주의 개념에 담겨 있는 현실 분석 틀, 정치적 행동 강령, 사회변혁의 방향과 그 방법, 시대의 변화에 따른 그 논리의 변용 등을 살펴봄으로써 한국 정치의 전개 방향에 급진 이념이 끼친 영향력을 분석하고자 한다. 그와 동시에 급진 이념의 민주주의론이 갖고 있는 문제점도 인식할 필요가 있다.

기본적으로 필자는 급진주의의 의도가 좌절된 이유의 일부를 그들의 민주주의론 자체에서 찾고자 한다. 정교한 이론 분석과 치열한 행동 강령으로 구성된 급진 이념의 민주주의론은 자신감과 도덕적 정당성의 원천으로 작용했던 동시에 지나친 이론 편향과 과도한 관념성이라는 문제를 안고 있었다. 그것은 민중을 끌어 모으는 힘이기도 했지만 추상적 이론에 갇혀 민중과 한국 사회를 올바로 인식하지 못하게 만든 원인이기도 했다. 또한 민주화 이후에도 그런 문제점이 연장되어 이념의 방향 상실과 혼란을 불러일으켰기 때문에 그들의 이론에 담겨 있는 내재적 한계를 파악하는 작업이 병행되어야 한다.

글은 크게 두 부분으로 나누어 있다. 이 책의 공통된 문제의식에 따라 1부는 1987년까지, 2부는 1987년 민주화 이후 2004년 민주노동당의 의회 진출까지 나누었다. 민노당의 의회 진출 이후 급진 세력의 현실 대응·전략·논쟁에서 또 다른 국면이 펼쳐지고, 이 문제는 별도의 연구를 요하기 때문이다.[1] 1부는 1945~87년 사이 급진 이념의 시대적 전개와 특징을 민주주의론을 중심으로 서술한 후 그들의 공통된 문제점을 총괄적으로 평가하고,[2] 2부는 민주화 이후 급진 이념의 변화와 적응을 검토하고 총괄하는 방식으로 전개했

---

1 민주노동당의 의회 진출을 둘러싼 급진 이념 내부의 논쟁은 정승현(2007) 참조.
2 1부는 정승현(2005)의 글을 수정·보완·증보한 것이다.

다. 이념의 내용과 문제를 풀어 나가는 방식이 1987년을 기점으로 크게 다르기 때문에 이런 서술 방식을 취하지 않을 수 없었다.

2) 개념의 규정과 범위

(1) 급진 이념의 범위

필자가 다루는 '급진' 이념이란 '반공·자본주의·친미 질서를 근간으로 하는 한국의 사회구조를 변혁하고자 하는 이념'을 의미한다. 따라서 기본적으로 좌파 성향을 갖고 한국 사회의 기본 구도를 사회주의적 방향으로 변혁시키려는 이념이나 운동 세력이 여기에 포함될 수 있다. 이 경우 해방 이후 1980년대까지 급진 이념이 과연 동일한 문제 틀을 놓고 운동을 전개했는지, 또 이들에게 어떤 연속성을 발견할 수 있느냐의 문제가 제기된다. 필자는 시대에 따라 운동 방식, 강조점, 이론 전개 방법 및 용어의 사용에서는 달랐으며 1970년대 이후에는 인적 구성의 측면에서도 단절되지만, 남한 사회의 근본적 변화를 통한 민주주의 실현과 남한 사회에서 분단·냉전 질서의 해체를 추구한 점에서 일정한 연속성을 갖는다고 본다. 곧 "변혁 운동의 전통은 전후의 조건 속에서 (그리고 그것을 매개로 해) 새로운 변혁 운동이 성장하면서 비로소 '계승'되고 '활성화'된다고 파악"(조희연 1990, 57)한다는 주장에 공감하며 급진 이념의 연속성을 인정하려고 한다.

이런 점에서 해방 후 남로당을 중심으로 하는 좌파 세력, 4·19 직후 혁신계와 통일 운동, 1960년대의 통일혁명당, 1980년대의 민족·민주·민중 운동 세력, 1987년 민주화 이후 변혁 세력, 2000년대의 민주노동당을 포함시켰다. 이들은 이론, 행동 강령, 구성 인자, 운동 방식 등 거의 모든 측면에서 일정한 차이를 드러내지만 남한의 현실과 근본적으로 다른 대안 사회를 추구했다는 점에서 공통분모를 찾을 수 있다. 물론 4·19 직후의 혁신계는 온건한 사회민주주의를 주장했던 세력들로 혁명의 논리와 일정한 거리가 있었으며 소수의 비밀결사에 그쳤던 '통일혁명당'을 변혁 이념의 흐름 속에 넣을 수 있는가 하는 의문이 들지 않을 수 없다.

그렇지만 우리는 어느 이념이나 마찬가지로 남한의 변혁 이념 역시 주어진 환경에 따라 운동 방식, 행동 강령 등이 달라질 수밖에 없다는 사실을 염두에 두어야 한다. 비록 그 주장·행동·규모 면에서는 초라했을지 모르지만 혁신 세력의 그 모습이 그 시점에서 급진 이념의 최대 허용치였다는 점을 감안하지 않을 수 없다.

더욱 중요한 사실은 1980년대 운동권의 주요 명제 가운데 하나였던 '반제·반봉건 민족 혁명'의 논리가 이 시기에 등장한다는 사실이다. 4·19 직후 각종 방안이 난무했던 혁신계와 일부 통일 운동 단체의 통일 방안에는 이 논리가 암시되어 있었으며, 통일혁명당의 강령에는 명시적으로 선언되어 있었다. 이런 사실은 1980년대의 논리가 돌출적이고 비약적인 것이 아니라 그 이전의 급진 이념과 일정한 연속성을 갖고 전개되어 왔음을 확인시켜 주기 때문에 포함시키기로 했다.

(2) '급진'의 설득력

또 다른 문제는 '급진'이라는 용어의 설득력이다. 한국 사회에서 이런 이

넘이나 세력을 지칭하는 개념으로는 그동안 좌경·용공, 진보, 좌파, 급진 등의 용어가 서로 경합을 벌여 왔다. 좌경·용공은 지배 블록의 일방적 매도에 불과한 용어이니까 제외하기로 했지만, '진보'와의 관계는 상당히 미묘하다. 넓은 의미에서 본다면 '급진' 역시 '진보' 속에 포괄될 수 있겠지만, 민주화를 주장한 1970~80년대 인물들이 당시는 진보였지만 지금은 그렇게 볼 수 없다는 사실에 나타나듯, 진보 개념은 시공간의 환경에 따라 상황적 제약을 받는다는 점이 문제다.

또한 진보 안에서도 다양한 편차가 있으며 1987년 이후 진보 이념 안에 이념적 분화가 나타난다는 사실, 그리고 '진보'로 묶어 두면 지나치게 포괄적이 되어 급진 이론이 갖고 있는 문제점이 곧 진보 '일반'의 문제점으로 오해될 수 있다는 우려에서 별로 좋은 용어가 아니라고 본다.[3] 특히 1987년 민주화 이후에는 과거 '급진' 혹은 '변혁'으로 통칭되는 세력들 사이에서 체제 내의 개혁을 지향하는 시민운동과 체제 변혁 세력으로 분화가 일어나 더는 이 용어를 사용할 수 없다.

체제 변혁을 노린다는 점에서 일견 타당성이 있기도 하지만, '좌파'라는 용어 역시 논쟁의 여지가 많다. 필자는 구체적으로 한국에서 좌파는 "한국 자본주의 사회 체제에 대해 전체적으로 부정적인 관점을 취하며 큰 틀거리에서 목표이자 이상으로서 '사회주의 지향성'을 더욱 분명하게 나타내는 정치 세력"(채장수 2003, 229)이라는 개념 규정에 동의한다. 사실 좌파와 우파는 기본적으로 세계관의 차이에서 시작해 역사와 사회의 발전에 관한 두 개의 입장을 의미할 뿐이다.

---

3 한국 사회에서 진보의 함의에 대해서는 강정인(1993, 2004) 참조.

하지만 한국 보수 세력의 터무니없는 색깔 논쟁은 '좌파'라는 용어에 감정적 차원을 불필요하게 개입시키게 만든다. 또한 지배 블록⁴으로부터 통칭 '좌파'로 분류되고 있지만, 사실상 그 안에는 다양한 세력들이 혼재된 채 상대방을 개량주의자, 우파, 교조주의자 등의 용어로 비난하며 자신을 '진정한 좌파'로 내세우고 있다. 그들은 상대편을 '좌파'라는 이름 아래 포괄하는 것을 용납하지 못하기 때문에 필자처럼 그 흐름에서 떨어져 있는 사람으로서는 보다 '중립적'인 용어를 선택하고 싶다.

'변혁' 역시 많이 사용되는 용어이지만 기존 지배 체제에 도전하는 여러 정치 이념들이 모두 포함되는 지나치게 포괄적인 개념이라는 점에서 '급진'이라는 개념을 사용하기로 한다.

2. 민주주의론을 통해서 본 급진 이념의 정치 동학 : 그 특징과 내재적 문제점(1945~87년)

1) 해방 공간(1945~48년)의 급진 이념

(1) 당위로서의 민주주의 : 인민민주주의

해방은 우리 민족에게 처음으로 '새로운' 근대국가를 의식적으로 형성할

---

4 필자는 급진 이념의 시각에서 현실을 규정하는 서술 방식을 취하기 때문에 정치권력, 정권, 지배 질서 등의 용어보다는 '지배 블록'을, 자유민주주의 대신 '부르주아' 민주주의라는 말을 사용한다. 또한 이들이 주장하는 민주주의는 사회주의혁명을 전제로 한 인민민주의라는 의미로 서술한다.

수 있는 공간을 마련해 주었다. 급진 이념이 보기에 해방 후 새로운 국가 건설의 목표는 이미 일제강점기부터 확고하게 자리 잡고 있었다. 그것은 한마디로 "조선의 혁명 대중이 요구하게 될 정권은 제국주의와 투쟁하고 일체의 봉건적 유제를 청산하는 정권일 뿐 아니라 부르주아적 착취와도 투쟁하는 정권 …… 국가 형태는 권력이 노농 대중의 수중에 장악되는 혁명적·민주주의적 국가가 아니면 안 된다"(배성찬 편 1987, 116)는 제3차 조선공산당 책임 비서 안광천의 1929년 주장으로 요약된다. 구체적으로 그것은 노농 대중의 민주적 집권을 토대로 부르주아 민주혁명을 조속히 완수함으로써 해방 조국을 민주주의 원리로 재편하고, 이 첫 단계 혁명의 기초 위에서 사회 혁명을 계속 진행해 최종적으로는 노동자·농민의 혁명적 인민공화국을 건설하겠다는 원리였다. "금일 조선은 부르주아 민주주의혁명의 단계를 걸어가고 있나니, 민족적 완전 독립과 토지 문제의 혁명적 해결이 가장 중요하고 중심되는 과업으로 서 있다"(김남식 1994, 518)는 "8월 테제"의 선언은 압축적으로 그것을 표현하고 있었다.

조선공산당이 해방 후 한국의 정치형태를 민주주의로 정한 것은 세 가지 이유에서였다. 하나는 이미 일제강점기부터 좌우를 막론하고, 그리고 공산당의 경우는 시종일관 부르주아 민주주의혁명을 과제로 설정한 데서 보듯 민주주의가 당연한 것으로 받아들여졌다는 점이다. 1919년 2월 동경 유학생들의 2·8 독립선언문 발표에서 새로운 나라의 정치형태를 '민주주의'로 묘사한 이후 해방에 이르기까지 우리가 지향해야 할 정치체제는 당연히 민주주의였다. 강만길(1982)의 지적대로 3·1운동 이후 왕조를 옹립하려는 복벽주의는 사라졌고 국내외의 모든 독립운동 단체들이 해방 후 '새로운' 민족국가의 정치체제를 민주주의로 규정한 점에서는 한결같았다. 예컨대 조선공산당의 이강국도 1946년 3·1운동 27주년 기념사에서 3·1운동 이후 민족주의자들의 변절을 통렬하게 비난하면서도 "3·1운동은 자유해방의 봉화였으며 민주주의 운동의 효시"(이강국 1946, 183)라고 하며 3·1운동 이후 한국의 독립 투쟁이 독립과 민주주의 정체 수립을 위한 투쟁이었음을 당연시하고 있다. 그리고 "조선 민족의 완전한 해방과 모든 봉건적 잔재를 일소하고 민주주의적 자유 발전의 길을 열어 주기 위하여 끝까지 투쟁"하는 동시에 "프롤레타리아트의 독재를 통해 조선 노동 계급의 완전 해방으로서 착취와 압박이 없고 계급이 없는 공산주의 사회의 건설을 최후의 목적"으로 하는 "조선공산당의 주장"[5]은 남로당의 자랑스러운 강령이었다(김남식 편 1974, 7).

두 번째 이유는 신생 조국을 부강하게 만드는 정치 원리가 민주주의로 인식되었다는 점이다. 특히 이런 생각은 당시 남로당 당원의 교육용으로 열 명의 집필자가 작성한 "민주주의 10강"이라는 글에 잘 나타나 있다.[6] "서양 사람들이 아세아적 미개라고 지칭하던 정체停滯와 낙후의 묵은 조선을 청산하고 …… 자유롭고 민주주의적인 동시에 통일된 부강의 독립한 자주적인 생신生新한 신조선을 건설하지 않으면 안 될 것이다(김남식 편 1974, 272)"는 이 청원의 주장, 사회주의로 이행할 수 있을 정도로 생산력도 발전하지 못한 조선에서는 "문명과 부강 이것이 문제"(같은 책 303. "10강")라는 이우적의 주장은 낡은 정치·사회 체제를 일소하고 '강력하고 자주적'인 민족국가의 건설을 실현하는 정치체제로서 민주주의에 대한 기대감을 잘 드러내 주고 있다.

여기서 보듯 해방 후 한국에서 민주주의는 유럽처럼 사회의 내재적 발전

---

5 1945년 9월 19일 조선공산당의 기관지 『해방일보』 창간호에 게재.

6 이 책은 단행본 형태로 출간되었을 것으로 추측되지만 원본을 입수할 수 없어 자세한 사정을 확인하기 어렵다. 김남식의 자료집에 수록된 것을 대본으로 삼았다. 표기는 (김남식 편 1975, 272. "10강")의 형식으로 통일한다.

의 결과 형성된 정치체제가 아니라 온전한 나라를 유지하기 위한 수단, 강한 민족국가를 토대로 세계 정치의 한 구성원으로서 당당하게 참여하려는 욕구를 실현시켜 주는 수단이었다. 민주주의는 선택의 문제가 아니라 '필수'였다. "우리나라는 세계 각 민족의 자유 독립으로써 항구적 세계 평화의 기초를 세우는 데 협력"(여운형 1991, 381)하겠다는 여운형의 유훈遺訓, "완전한 자주독립과 계급해방을 수행함으로써 비로소 조선 민족은 …… 국제적 민주주의 국가의 일원으로 세계적으로 진출할 것"(백남운 1991, 451)이라는 주장에서 세계 정치의 흐름에 동참하려는 당시 좌파 지식인들의 절실한 소망을 읽을 수 있다.

이 민주국가의 모범은 세계의 '일등 강국' 서구 선진국과 소련이었으며, 이들의 부강한 국력 뒤에는 민주주의가 있다고 생각했다. 곧 민주주의가 번영과 부강의 성취 수단이었던 것이다. 일제강점기를 통해 미국은 자유와 부강의 모범으로 일찍부터 우리에게 자리 잡고 있었으며(유선영 1997), 『동아일보』에서는 1920년에서 22년 사이 혁명 후 러시아의 변화, 레닌의 전기를 호의적인 시각에서 소개하기도 했다. 정치적 지향과 사회 원리가 판이하게 다르면서도 미국과 소련은 우리에게 두 개의 모범 사례였으며, 그들의 부강은 우리가 따라야 할 목표였다.

세 번째 이유는 '새로운 시대'의 '세계사의 방향'이라는 좀 더 거시적인 이유에서였다. 당시 조선공산당을 비롯한 좌파 계열의 문건을 보면 제2차 세계대전은 세계 파시즘과 민주주의 국가의 전쟁이었으며 진보적 민주주의 세력이 반동적 파시스트 세력을 격퇴함으로써 민주주의 발전의 길이 열렸다는 생각을 공통으로 갖고 있었다. 남로당의 중심 이론가 이강국은 "민주주의와 국제노선"(1945)이라는 글을 통해 이 사실을 "각 국민은 평화와 민주주의와 진보의 노선을 밟고 있으며 세계는 바야흐로 민주주의 재건을 향하여 전진하고 있다"(김남식 편 1974, 235. "10강")는 말로 요약했는데, 이것은 좌우를 막론하고 새로운 시대를 보는 기본 틀이었다. 1945년 10월 여운형 역시 "세계의 온갖 정세가 민주주의로 화하여 갑니다. 즉, 인민 대중이 요리하는 정치가 되는 것입니다. 그러므로 조선에 적합한 정치도 당연히 새로운 민주주의로 나가지 않으면 안 됩니다"(여운형 1991, 255)라고 하면서 민주주의를 당연시하고 있었다.

그런데 이들이 말하는 민주주의는 자본주의 사회의 혁명적 변혁을 통한 '인민민주주의'였다. 사실 당시 상황에서 '부르주아' 민주주의는 그 자체로 진보성을 갖고 있었다. 기껏해야 왕조 정치와 식민지의 경험이 전부였던 해방 후 한국에서 제대로 된 부르주아 민주주의의 실현은 충분히 진보적이었다. 그러나 '빠른 시일 내에 부르주아 민주혁명을 완성하고 사회주의로 이행한다'는 테제를 진리로 받아들이고 있던 좌파 계열의 인식에는 부르주아 민주주의가 이미 퇴행적이라는 전제가 깔려 있었다. 물론 그 배후에는 마르크스주의에 대한 강한 확신이 전제되어 있었다.

이미 1923년 물산장려운동을 둘러싼 공산주의자들과 민족주의자들의 논쟁 과정에서 고려공산당 출신의 나경석은 『개벽』에 기고한 글(1924년)을 통해 "맑스의 일반 법칙이 어느 사회에서든지 보편적으로 적합할 진리라 조선이라고 此에서 벗어날 이치가 없겠다"(박종린 2003, 82에서 재인용)고 하며 마르크스 사상의 진리를 확신하고 있었다. 또한 1928년 조선공산당의 해체 이후 공업지역 원산을 중심으로 노동운동을 전개하던 원산 그룹의 이재유가 1937년 감옥에서 쓴 수기에서는 "전 인류 역사의 근본원리(법칙)로서의 마르크스주의에 의하여 명확하게 규정되었던 공산주의, …… 공산주의는 현 역사 단계의 절대적 진리"(신주백 1989, 73)라고 되어 있다.

해방 공간의 대표적인 좌파 지식인 백남운 역시 1946년 7월 '조선 역사의 과학적 방법론'이라는 글에서 "조선 역사의 필연적 법칙은 재건될 정치·경제·문화의 지침이 되는 것이다. 다시 말하면 조선 재건에 관한 일체의 규정성은 그 역사 발전의 합법칙성과 합치되어야 할 것"이라고 선언했는데, 그 필연적 법칙이란 마르크스주의의 역사 발전 법칙을 말하는 것이었다(백남운 1991, 123). 곧 민주주의는 선택이 아니라 당위의 문제였으며 급진 이념의 지향점은 인민민주주의로서 '이미' 설정되어 있었다. 그것은 곧 미군정과 이승만, 그리고 구지배계급과의 갈등을 본질적으로 내재하고 있었으며 해방 정국은 미국의 위세를 빌린 '자유민주주의' 세력과 민족 혁명을 내세운 인민민주주의의 대립으로 전개되었다. 머지않아 자유민주주의는 반공을 전면에 내건 무력 탄압으로 나왔고 급진 이념은 무장 혁명으로 맞섰다.

(2) 정치제도로서의 민주주의 : 강한 민족국가의 실현 수단

오늘날의 우리들은 민주주의가 단순한 정치제도의 문제가 아니라 사회 전반에 걸친 민주적 원리의 실현이라는 점을 잘 알고 있다. 물론 해방 공간에서도 이런 인식은 있었다. 좌우를 막론하고 남녀평등, 반상 타파, 문벌 타파 등 봉건 잔재의 일소를 내세우며 민주주의의 사회적 토대를 마련하고자했다. 그러나 해방 공간에서 민주주의는 무엇보다도 정치 원리였으며, 일정한 제도적 장치만 마련하면 민주주의는 자동적으로 실시될 것이라는 생각이 압도하고 있었다. 물론 여기서도 우파는 기존 질서를 전제로 서구 선진국의 민주적 제도를 들여오면 된다는 생각이었고, 급진 이념은 기존 현실의 근본적 변혁을 전제로 민주적 제도를 이식하면 된다는 생각이었다. 그리고 그 민주적 제도라는 측면에서는 좌우의 의견 대립이 별로 크지 않았다.

1946년 미군정은 신탁통치와 관련해 세우게 될 임시정부에 대한 각 정파의 견해를 묻는 질문서를 좌파의 '민족민주전선'에 보냈다. 그 답변서에서 조선공산당은 "일본 제국으로부터 해방된 조선 인민은 민주주의적으로 조국을 건설하며 민주주의적으로 발전하기 위하여 그 기초 조건으로 다음의 민주주의적 기본 권리가 향유되어야 할 것이다"(김남식 편 1974, 192)라고 하며 하나의 문장에서 민주주의라는 단어를 세 번이나 반복하고 있지만 막상 글 전체를 읽어도 민주주의가 무엇인지 딱히 규정된 바가 없다. 그리고 민주주의라는 이름 아래 포함되어야 할 구체적 법령이나 제도를 광범위하게 열거하고 있지만, 우파의 주장과 그렇게 다르지 않다.

　　당시 공산 계열 일급 이론가이며 독일 유학까지 다녀온 이강국[7] 역시 "민주주의는 조선의 救主이며 조선의 지침"이라며 찬양했지만 "인민을 위한 인민에 의한 인민의 정부를 확립"(이강국 1946, 48)하는 것이 민주주의 원칙이라는 설명에 그치고 있다. 또한 "민주주의와 정치"(1946)라는 온락중의 글에는, 민주주의 건설 과업을 "봉건적인 모든 사회관계를 일소하고 인민을 토대로 하고 인민의 권력을 세워 인민에게 자유를 주는 사회, 즉 인민공화국에 있음은 명백한 일"(김남식 편 1974, 278. "10강")이라고 했다. 여기서 공화국은 구성원이 주권을 행사하고 자유를 갖는 민주주의 정치체제를 근간으로 하는 국가형태라는 뜻으로 해석되지만 더 이상의 설명은 없다. 해방 공간에서 이청원·전석담·인정식·이석태 등 좌파 지식인이 총망라되어 편찬한『사회과학대사전』(이석태 편, 1946)의 경우 '민주주의 민족전선'이라는 항목이 '민주'라는 이름으로 유일하게 수록되었을 뿐 아예 '민주주의' 항목이 없을 정도였다.

---

7 이강국을 비롯한 경성제대 출신 마르크스주의자들의 전반적 특징에 대해서는 이수일(1997)의
　글 참조.

좌우를 막론하고 이런 인식에서 가장 큰 문제점은 제도적 측면에서 권력 분립을 비롯한 특정 제도나 기구를 마련하고 구성원들에게 일정한 권리를 부여하면 민주주의는 완성되는 것으로 생각하는 측면이 강했다는 것이다. 특히 급진 이념의 경우 사회혁명만 이루어지면 민주주의는 자동적으로 실시될 것이라는 관념이 압도하고 있었는데, 이런 생각은 1980년대까지도 이어진다.

오랜 시간을 걸쳐 사회 세력들 간의 타협·투쟁의 결과 민주주의를 형성한 서구와 달리 한국은 강대국 정치체제로서 이미 마련된 민주주의를 전제하고 출발했다. 해방 직후 생겨난 수많은 단체들의 공통적인 주장은 강한 자주 국가, 이를 뒷받침할 할 수 있는 경제발전, 그리고 '국민이 나라의 주인이 되는' 민주주의였지만, 기본은 어디까지나 강력한 자주독립 국가의 건설이었으며, 민주주의는 그것을 유지할 수 있는 정치적 수단으로 설정된 것이다. 따라서 민주주의가 당시 상황에서 왜 필요한지, 그 본질적 의미는 무엇이며 그 실현을 위한 선결 조건은 무엇인지, 한국에서 민주주의가 궁극적으로 무엇을 지향하는지에 대한 성찰을 결여하고 있었다.

민주주의가 강한 민족국가 건설의 방법으로 설정된다는 것은 강한 국가를 만들기 위해 쉽게 유보될 수도 있다는 가능성을 갖는다. 실제로 남북의 정치 행보가 보여 주듯 형식적으로는 민주주의를 내세웠으면서도 '사회주의 공화국'과 '민주공화국'의 건설을 위해 민주주의는 쉽게 포기되었던 것이다. 남북한의 정치체제는 모두 권위주의였음에도 복수 정당, 4대 선거, (형식적인) 기본권의 헌법 보장 등을 내세워 '민주주의'라고 떳떳이 강변했다. 곧 민주주의의 양보할 수 없는 최소 한계 혹은 기본 원리에 대한 생각은 부족했던 것이다.

(3) 실질적 민주의 : 혁명적 변혁

정치체제로서 민주주의에 대한 취약한 논리와 달리 가장 구체적인 부분은 '실질적' 민주주의였으며, 그것은 자기 주장의 '진보성'을 입증하는 또 다른 징표였다. "민주정치의 본령은 인민의 생활 문제를 근본적으로 해결하는데 있다"(백남운 1991, 325)는 인식에서 출발하는 실질 민주주의의 논리는 공산당의 강령 속에서 민중의 생활을 실질적으로 개선할 수 있는 토대로서 토지개혁, 산업 발전을 위한 중요 산업의 국유화, 진보적 노동법령 제정 등으로 나타난다. 이것은 또 서구식의 민주주의와 '진보적 민주주의'를 구분하는 척도였다. 곧 '부르주아' 민주주의의 형식적 측면을 강하게 비판하고 사회경제적 측면에서 그 내용을 충실하게 규정함으로써 민주주의의 '실질적' 내용을 부각시키는 차별성을 갖고 있었다. 이들은, 자본주의의 모순은 생산의 사회적 성격과 생산수단의 사적 소유 사이에서 생긴다는 마르크스 경제학의 기본을 잘 알고 있었다. 이미 해방 공간에서 박문규는 국유화를 통해 자본주의의 모순을 해결하지 않으면 "민족 전체의 부강과 번영은 기대할 수 없다"(김남식 편 1974, 251. "10강")고 주장했다.

기본적으로 급진 이념의 실질적 민주주의는 민주주의에 대한 계급적 관점에 입각하고 있다. "지주와 대자본가들은 자신들의 이익을 옹호"하는 "형식적 민주주의 국가의 건설 …… 저 미국식의 데모크래씨적 사회제도 건설을 최고 이상으로 삼는다" "해방 후의 새 조선은 혁명적 민주주의 조선이 되어야 한다"(김남식 1994, 517, 519, 519)는 "8월 테제"의 주장을 보면, 조선공산당은 일찍부터 계급적 관점에 입각해 형식·실질적 민주주의, 진보·반동적 민주주의, 현상 유지의 미국식·현상 타파의 소련식 민주주의를 구분하고 있었음을 알 수 있다. 제2차 세계대전 후 세계정세를 "국민의 절대다수를 점하

고 있는 노동자, 농민, 지식층 등 모든 인민 대중의 이익을 옹호하는 …… 진
보적 민주주의 방향"으로 보고, 그 가장 중요한 경제적 내용은 "국유화 문제
와 토지개혁"에서 찾았던 박문규의 주장은 당시 조선공산당의 상식적인 견
해였다(김남식 편 1974, 247. "10강").

조선공산당뿐만 아니라 모든 급진 이념에서 근대 민주주의의 가장 큰 문
제점은 결국 그것이 유산계급을 위한 허울에 불과하다는 것이다. 따라서 진
정한 인민을 위한 '진보적' 혹은 '민중적' 민주주의를 수립함으로써 그 해악
을 피해야 한다는 것이다. 조선공산당의 실질적 민주주의론은 당시로서는
진보적인 8시간 노동, 아동 및 부녀자의 작업 환경 보호, 최저임금제, 국가에
의한 사회보장제도, 봉건적 토지 관계 해소 등에서 잘 나타나 있었다. 이런
주장은 당시 소련과 동유럽의 인민민주주의 정권의 업적을 염두에 둔 것이
었으며, 더 직접적으로는 북한의 토지개혁과 노동법령을 근간으로 하고 있
었다. 그리고 그들의 논리는 당시 상당한 설득력을 갖고 있었다.

믿기 어렵겠지만 이승만조차 1945년 10월 21일 방송 담화에서 "나는 공
산당에 대하여 호감을 가지고 있는 사람이다. 그 주의에 대하여도 찬성함으
로 우리나라의 경제 대책을 세울 때 공산주의를 채용할 점이 많이 있다"(김종
범·김동운 1983, 68에서 재인용)면서 적어도 사회경제적 측면에서는 급진 이념
의 주장에 공감을 했다.[8] 또한 당시 가장 반공적이었던 『대동신문』은 '사회
주의 원칙, 즉 인민을 위한 착취 없는 정치 원론에는 이것이 진리인 이상 이

---

8 이 발언은 해석에 다소 주의를 필요로 한다. 아직 좌우 대립이 폭발하기 전 조선공산당은 이승만
을 우대하고 계속 자기 쪽으로 끌어들이려 하고 있었으며 이승만 역시 그들에게 일정한 '예의'
를 지키고 있었다. 이 발언도 자신을 추대하려는 조선공산당에게 '덕담' 형식으로 화답하는 부
분이다. 그러나 그 속에는 사회경제적 개혁을 원하는 민중의 정서, 그 요구를 포괄하고 있는 공
산당의 주장을 이승만도 쉽게 무시할 수 없었음이 드러나고 있다.

론이 없다'고 할 정도였으며, 1945년 11월 좌파의 인민 대표회의를 습격했던 청년들도 '공산주의 경제 정책은 전면적으로 찬성한다. 그러나 공산주의가 가진 파괴성과 뿌로 독재라는 것은 절대로 배격한다'(김정 2000, 126에서 재인용)고 할 정도로 사회주의 경제 정책은 대중에게 영향력을 갖고 있었다.

하지만 조선공산당이 내세운 '실질적' 민주주의는 기존 질서의 혁명적 변혁을 전제로 한다는 점에서 미군정과 이승만, 그리고 기득권 세력과의 충돌을 불가피하게 만들었다. 조선공산당이 보기에 자신들의 민주주의론은 '과학적'이고 '진보적'이며 '실질적'이었지만 그 주장을 합법적으로 전개할 수 있는 공간은 봉쇄당하고 있었다. 선택의 여지는 점점 좁아지고 있었다.

(4) 조선공산당의 그림자 : 실질적 민주주의론의 부담

해방 이후 남한 급진주의의 첫 줄기에 해당하는 조선공산당은 정치 세력으로 뿌리내리는 데 실패했다. 자신들의 민주주의론이 갖고 있는 진보성과 과학성에 대한 확신은 권력 장악만 이루어지면 모든 것이 일거에 실현될 수 있다는 조급한 낙관론을 몰고 오며 모험주의 노선에 일조했다. 그렇지만 더욱 근본적 이유는 미군정과 기득권 세력의 합작 탄압에서 찾아야 할 것이다.

일제강점기부터의 기득권 세력과는 적대적 국면을 유지했지만 초기에는 조선공산당도 미군정·이승만에 대해 유화적인 태도를 취했다. 제2차 세계대전 기간 중 미국과 소련의 제휴는 조선공산당에게 희망적인 전망을 갖게 했다. 그러나 국제적으로 미소 냉전이 전개되며 미군정에 대한 일시적 희망은 사라졌고, 국내에서는 신탁통치 지지 선언으로 '민족의 배신자'로 매도당했다. 자신들을 지지하는 기층 민중에게 마지막 기대를 걸었던 조선공산당은 무력 노선이라는 승부수를 던지도록 강요받았다.

남로당의 봉기와 전쟁은 반공의 광풍을 몰고 오며 남한의 급진 이념은 철저하게 탄압받았다. 하지만 해방 공간에서 그들의 강력한 주장, 특히 실질적 민주주의론은 오랫동안 한국 정치의 전개에 영향을 끼쳤다. 건국헌법은 민주주의의 정치적 측면에 대해서도 상당한 규정을 두고 있었지만, 가장 독특한 점은 경제 부분의 조항에서 찾을 수 있다. 국민 모두가 균등한 경제생활을 누릴 수 있어야 하고, 자주 경제의 실현에 방해가 안 되는 한도 내에서만 경제상의 자유가 인정될 수 있다고 선언하며 사회주의를 방불케 할 정도로 사실상 통제 경제를 표방하고 있었다. 8시간 노동, 노동3권, 비록 선언적 의미밖에는 없지만 근로자의 이익 균점권(18조 2항)도 포함되었다. '농지는 농민에게 분배하며 그 분배의 방법, 소유의 한도, 소유권의 한계와 내용은 법률로써 정한다'(86조)는 조항은 좌파의 토지개혁 요구가 그대로 반영된 것이었다. 아울러 '사회정의의 실현과 균형 있는 국민경제의 발전을 기함을 기본으로 삼는'(84조) 경제 질서의 기본 원칙은 그 후 역대 정권으로 하여금 사회 평등과 개혁을 외면할 수 없게 만든 원칙으로 오랫동안 자리 잡았다.

2) 1960년대 급진 이념의 분출 : 세 가지 경로

1960년 4·19는 한국전쟁 이후 빈사 상태에 있던 남한 급진 세력이 잠시 목소리를 높이도록 만든 계기였다. 해방 공간 이후 철저하게 억눌려 있던 급진 이념은 4·19 이후 허용된 일시적인 공간 속에서 통일 운동, 혁신계, 통일혁명당이라는 세 가지 통로를 통해 분출된다. 그렇지만 이미 전쟁을 겪으면서 형성된 북한에 대한 적대감, 그리고 국가보안법의 존재는 과거와는 달리 급진 이념의 내용을 아주 온건하게 만들었다. 곧 혁명이나 반미의 구호 대신 일단 반공 노선을 미리 선언하고 그 안에서 부분적인 사회 개혁이나 자립경제를 주장하는 방식이었다. 반면에, 해방 공간의 혁명론을 철저히 계승하며 기존 질서와 정면 대결을 벌이려는 입장은 체제 내의 조직이 될 수 없었기 때문에 '통일혁명당'이라는 소수의 비밀결사로 나타났다.

혁신 세력과 통일혁명당은 활동 공간과 방식, 이념의 내용과 실현 방식에서는 달랐지만 지식인이나 학생 위주로 전개되었다는 점에서는 공통점을 가진다. 해방 공간과 전쟁을 거치며 수많은 좌익들이 처형·사망·월북했고 노동자를 비롯한 기층 민중과의 접촉은 단절되어 있었기 때문이다. 또한 통일 운동과 통일혁명당은 모두 '반제·반봉건 민족 혁명'의 논리를 암시적 혹은 명시적으로 전개하면서 1970년대의 침묵기를 거쳐 1980년대 급진 이념으로 이어지는 가교 역할을 하고 있었다. 1980년대의 운동권은 1960년대와 단절된 듯하지만 실제로는 급진 이념의 일정 부분이 계승되고 발전되는 터전을 마련한 시기가 1960년대였다.

(1) 통일 운동의 분출 : 민족 혁명론의 맹아

4·19 이후 급진 이념이 표출된 통로는 통일 운동과 혁신계였다. 통일 운동에는 학생, 혁신 정당, 각종 사회단체 등이 모두 참여했으나, 이 글에서 특히 중요하게 지적하려는 부분은 사회단체의 통일 운동이다. 그들의 주장은 처음에는 온건한 중립화 통일론에서 시작했지만 점차 남한의 근본적 사회 모순을 폭로하며 민족 혁명을 주장하는 방향으로 진행되었다. 그것은 남한

이 갖고 있는 사회·정치·경제의 '근본적 모순'의 기원을 탐구할 경우 '민족'과 '반제국주의'라는 논리로 이행하지 않을 수 없다는, 1980년대 급진 이념은 결국 나타날 수밖에 없음을 예고하고 있었다.

당시 통일 운동을 불러일으키는 데 중요한 역할을 한 것은 혁신 정당과 사회단체의 통일 운동이었다. 당시 보수 세력의 통일 방향은 자유민주주의 체제 아래의 통일, 즉 반공 통일이었으며 그 실질적인 방안으로 내세운 것은 '선건설 후통일'의 논리였다. 이에 맞서 혁신계와 사회단체들은 여러 통일 방안을 내세웠지만 크게 보아 '중립화 통일론'과 '남북 협상론'으로 좁혀진다.[9]

중립화 통일론은 주변 열강이 한국의 영세 중립화 협정을 맺음으로써 남북의 통일을 실현하려는 방안을 말한다. 사회당을 제외한 대부분의 혁신 정당은 이것을 당의 기본 방향으로 설정했는데, 기본적으로 민족 분단의 근본 원인을 '자유민주주의와 공산주의'의 이념 대결이 아니라 미소 양국의 세력 투쟁의 결과로 파악했다는 점이 눈에 띈다. 여기에는 이미 반공을 국시로 내걸고 한국을 '세계 반공의 성전聖戰의 최전선에 있는 국가'라고 선전하며 민주주의를 말살하던 기득권 세력과의 대결을 함축하고 있었다. 보수 세력은 중립화가 되면 곧바로 공산 세력이 침투해 공산화가 될 것이라는 논리로 반대했지만 많은 지식인들을 비롯해 일반인들 사이에서 호응을 불러일으키며 조금씩 친미·반공의 기존 질서에 균열을 일으키고 있었다.

1960년 11월은 통일 논의에서 분수령을 이루는 계기였다. 학생 단체나 혁신계에 속하지 않는 독자적인 진보 세력들의 통일 운동이 전국적으로 나타났던 것이다. 그 중에서도 청년층을 대상으로 한 '민주민족청년동맹'(약칭

---

9 이 시기의 통일 문제를 둘러싼 갈등은 홍석률(2001)이 탁월하게 분석했다. 이 글에서는 지면 관계로 상세한 내용을 다룰 수 없기 때문에 관심 있는 독자들은 꼭 읽어 보기를 권한다.

민민청)과 '통일민주청년동맹', 그리고 일반인들을 대상으로 한 '민족자주통일협의회'(약칭 민자통)가 활발한 활동을 펼쳤다. 특히 당시 부산대학교 정치학과 교수 이종률이 중심이 된 '민자통'은 각 분야에 흩어져 있는 진보 세력들을 광범위하게 결집하며 '민족 자주'의 가치 아래 '남북 협상 통일론'을 제기했다.

주로 해방 직후의 중도좌파 혹은 좌익 세력에 연원을 두고 있는 인사들이 제기한 '남북 협상론'은 구체적 방법으로 제기되는 단계까지는 나가지 못했지만 그 기본 착상은 남북한이 제국주의 세력에서 벗어나 외세의 간섭 없는 통일을 모색하려는 것이었다. 이 방안에서 가장 주목할 점은 "반봉건 반민족 매판자본 세력 그리고 반외세 투쟁"으로 구성되는 "민주주의 민족 혁명"의 주장에 있다. 이들은 "이 혁명은 민족 통일과 더불어 달성되는 것"(홍석률 2001, 293에서 재인용)이라고 하면서 '반제·반봉건·반매판 민족 혁명'을 통일과 결부시켰는데, 그 구체적인 강령을 마련하지 못했기 때문에 상세한 내용을 알 수 없지만 "당시 제3세계 좌파들이 주장하던 반제반봉건혁명론 내지는 민족해방혁명론과 대동소이한 것"(홍석률 2001, 294)이라고 보아도 좋을 듯하다.

이렇듯 통일 논의가 진척될수록 남한 사회의 근본적 모순의 해결을 민족 혁명에서 찾는 해방 공간의 급진 이념이 부활되고 있었다. 이 주장은 '민민청' 경상북도연맹에 속했던 도예종에 의해 후일 반제·반봉건의 논리로 정리되었으며, 비록 그의 이름이 거명되지는 않았으나 1980년대 민족·민중·민주 운동의 논리 속으로 합류한다.

물론 학생운동 역시 민족 문제와 통일 문제를 중심으로 일정한 변혁의 욕구를 표출하기는 했지만 그 본령은 어디까지나 민주화 운동이었다. 4·19 당시 각 대학교의 선언문은 '진정한 민주주의 대한민국을 건설해야 한다'는 요구가 주류를 이루고 있었다. 당시 학생운동의 주장은 변혁보다는 민족주의라는 단어로 요약할 수 있다.

예컨대 1961년 고려대학교의 4·18 시국 선언문은 "우리는 자립경제를 이룩함이 곧 정치적 자립을 이룩함이며", 자립경제의 달성에는 "재벌 중심의 고전적 자본주의보다는 국가적 경제계획을 기간 요소로 하는 강력한 경제체제"(한완상 외 1983, 385)를 주장하고 있었다. 또한 1961년 서울대학교의 "4월 혁명 제2선언문"이 "반봉건, 반외압 세력, 반매판자본 위에 세워지는 민족혁명"(한완상 외 1983, 387)을 내세우기는 했지만 강조점은 기존 체제 내에서 자립경제·자주 외교의 실현이었다. 이런 주장들이 계속 발전했더라면 더욱 근본적인 사회변혁의 요구로 연장되었을 것이라 추측할 수 있지만 더 이상의 논의는 전개하지 않았다.

또한 1960년 11월 1일 민족통일연맹(약칭 민통련)이 서울대학교에서 조직됨으로써 민족 문제와 통일 문제에 대한 관심이 고양되었지만 학생들의 통일 논의 그 자체에는 남한 사회의 근본적 변혁 요구가 들어 있지 않았다. 서울대학교 '민통련'이 개최한 1961년 4월 19일의 학내 기념집회에서 '남북 학생 판문점에서 만나자'는 플래카드가 나오고, 5월 3일에는 남북 학생 회담을 공식적으로 제기했지만, 사회적 반발이 거세지자 스스로 감당하지 못하고 갈팡질팡하면서 구체적인 실천 운동이나 방법론을 마련하지 못한 채 주저앉고 말았다.

(2) 혁신계 : 사회민주주의

적어도 역사 현장에서 등장했던 사실 그 자체만 놓고 본다면 1960년대의 급진 이념은 혁신계가 중심이라고 보아도 무방할 것이다. 비록 단명에 그쳤고 실질적으로 기층 민중에 큰 파급력을 남기지 못했지만 4·19 이후의 자유 공간에서 그래도 가장 활발하게 활동했던 단체들이 혁신계였다. 하지만 그 주장이나 사회적 영향력은 현저히 약화되어 있었다.

온건파에 해당하는 통일사회당, 중도적인 혁신당과 사회대중당, 급진적인 사회당으로 분류되는 당시 혁신계는 "그 지난날의 경력이나 정치적 행장으로 보아 공산주의자로 몰릴 우려가 없는 사회주의자들이 전전긍긍하면서 간신히 사회주의정당 단체의 간판을 유지했던 데 불과"(신상초 1960, 57)하다는 비판을 받을 정도였다. 게다가 전쟁 이후 일단 반공을 표방함으로써 자기 안전을 확보해야 했던 생존 조건 속에서 그 주장은 온건한 사회민주주의에 한정되지 않을 수 없었다. 또한 자신의 기반이 되어야 할 노동자와는 단절된 채 지식인 중심으로 진행되면서 국민 정당을 표방하던 세력들이기도 했다. 그러나 그것이 당시 남한 급진 이념의 현주소였고, 그나마도 5·16 이후 '용공 세력'으로 고초를 겪어야 했다.

4·19 직후 혁신계의 모체는 조봉암의 진보당에서 찾을 수 있다. 시간적으로 가장 먼저 형성되었다는 점 외에도 남한의 반공 보수 사회에서 급진 이념이 생존할 수 있는 한계점이었다는 의미에서 그렇다. 1956년 11월 10일 진보당 선언문은 당시 한국의 혼란 원인을, 첫째 전쟁, 둘째 "8·15 이후 지주·자본가로서 미군정에 중용되었던 한국민주당 중심의 고루한 정치 세력과 대한민국 수립 이후 …… 민주주의 이름 밑에 반⁑전제적 정치를 수행하여 온 특권 관료적·매판자본적 정치 세력의 과오에 기인"(조봉암 1999, 55)한다고 지적했다. 그 해결책은 "노동자·농민을 중심으로 진보적 인테리, 중소 상공업자, 양심적 종교인 등 광범위한 근로대중의 정치적 집결체"(조봉암 1999, 82)인 진보당을 통해 의회에서 절대다수를 차지함으로써 "진정한 사회

적 복지국가의 실현"(조봉암 1999, 83)이었다. '사회적 민주주의'라는 용어로 자신을 규정한 진보당의 주안점은 계획 경제를 위주로 한 급속한 경제성장, 부의 효율적 분배, 민족자본 육성, 자립경제 달성, 민주주의 실현이었으며 이 내용은 1960년대의 혁신계에도 반복된다.

혁신계로 통칭되는 여러 정당들 사이에는 사실 이념이나 정책의 차이는 별로 찾기 어렵다. 인간적 친소를 중심으로 형성된 이들은 한결같이 반공 노선, 계획경제에 의한 급속한 경제발전, 미국과의 우호 관계 유지, 후진국 탈피, 민주정치 실현, 자립·자주의 민족경제 달성, 선거를 통한 사회민주주의 실현을 내세웠다. 특히 사회적 평등이 뒷받침되지 않는 민주주의는 소수의 자유에 불과하다고 강조하며 경제발전, 분배, 복지사회 실현 등 민주주의의 '실질적' 측면에 초점을 맞추었다. "억압과 빈곤이 없는 사회"(권희영 1989, 90)를 선언한 사회당의 정강은 당시 혁신계의 공통된 주장이었는데, "아무리 훌륭한 정치적 자유가 주어진다고 하더라도 이러한 사회경제 질서의 확립을 보지 못한 곳에서는 그 모든 자유는 의제화하고 말 것이다"(권희영 1989, 67)는 통일사회당의 주장 역시 표현을 달리 하면서 각 정당의 정강이나 선언문에 공통적으로 나타나고 있었다.

전체적으로 혁신계의 변혁론은 반공의 틀 안에서 자주적이고 강력한 민족국가의 수립을 희구하며 사회민주주의를 통한 경제발전, 후진국 탈피, 복지국가 실현을 주장하고 있었다. 비록 해방 공간의 급진 이념이 보여 주던 폭발력은 찾아볼 수 없었지만 그것이 당시 이들에게 그나마 허용된 최대 생존 공간이었다. "궁극적으로 자본주의를 폐기하고 공공의 이익이 사적 이윤의 이해에 우선하는 제도로 바꾸기 위하여 투쟁한다"(권희영 1989, 64)는 통일사회당, "민족해방과 사회혁명은 우리에게 있어 동일물의 양면에 불과하다"(권희영 1989, 84)는 혁신동지총연맹의 주장만으로도 5·16 이후에는 고초를 겪어야 했다. 남한에서는 사회민주주의를 주장하는 데도 목숨을 걸어야 했던 것이다.

(3) 통일혁명당 : 반제·반봉건 혁명론

혁신계의 투옥 이후 공개 조직으로 존속할 수 없었던 급진 이념은 비밀 결사의 형태를 띠고 간헐적으로 나타나곤 했다. 1960년대에 그것은 '통일혁명당'이라는 단체로 표출되었다. 김질락, 이문규, 김종태 등이 월북해 조선노동당에 가입하면서 큰 파문을 불러일으켰던 1968년의 '통일혁명당'은 그 강령에서 북한은 8·15 이후 "전체 민중이 인민 혁명을 승리적으로 추진하여 자주·자립·자위의 부강한 독립국가를 건설했고 주리고 학대받던 피압박 인민이 모든 권리와 복리를 향유하는 민중의 낙원을 펼쳐 놓았다"(세계편집부 1986, 81)고 찬양했다.

1980년대 민족해방운동NL의 전신에 해당하는 통일혁명당은 북한의 민족혁명 논리를 따라 반제민족해방과 반봉건적 민주주의 혁명의 과제를 선언했다. 이 혁명에서 지주, 악질 관료, 매판자본을 "우리 민족의 권익을 유린하고 우리 사회의 민족적 발전에 역행하는 반민족·반민주 세력이며 혁명의 타도 대상"(세계편집부 1986, 81)으로 규정하고, "사대 망국적·외세 의존적·굴욕 외교를 지양하고 민족 주체 이념에 투철한 자주적 외교 정책을"(세계편집부 1986, 81) 주장하며 강력한 민족주의적 지향을 드러냈다.

구체적으로 이들은 혁명을 통해 미일 예속 경제로부터의 탈피, 농어촌 빈곤 일소, 중요 산업 국유화, 자립적 민족경제 건설, 민주적 노동법령 실시, 노동자들의 사회경제적 처지의 개선, 여성들의 권익 보장과 사회적 지위 향상, 교육 쇄신과 근로자 자녀들에 대한 무료 교육과 장학금 제도를 내세웠는데, 이것은 급진 이념의 실질적 민주주의론이 자립경제, 빈곤 일소, 복지 향상 등과 같은 구호를 통해 표출된 것이라고 볼 수 있다.

1960, 70년대의 급진 이념은 현실적으로 큰 영향력은 없었다. 저항운동은 야당과 자유주의 세력을 중심으로 하는 민주화 운동의 형태로 전개되었다. 1978년 '남조선민족해방전선준비위원회'(약칭 남민전)가 요란하게 부각되기는 했지만 지금은 민주화 운동으로 자리매김했다. 다른 한편 4·19 이후 자생적으로 일어난 통일 운동, 북한과의 연계 속에서 조직된 통혁당의 주장에서 보듯 한국 사회의 근본 모순을 파고 들어가면 반제·반봉건 민족혁명론으로 나갈 수밖에 없다는 속사정을 드러내며 1980년대 급진 이념의 역사적 연속성을 확인시켜 준 시기이기도 했다.

전반적으로 1960, 70년대의 급진 이념은 기층 민중과 단절된 비밀결사 혹은 지식인 운동으로 전개되며 현실의 파급 효과는 약했다. 그러나 그것이 주어진 상황에서 급진 이념이 가질 수 있는 최대한의 내용이었으며, 지배 블록으로 하여금 권력의 일탈 한계를 설정하는 효과는 분명히 갖고 있었다. 통일혁명당 같은 사건은 자유주의 세력들에게 '민주주의가 실현되지 않으면 공산주의를 부른다' '사회 불평등, 부정부패가 심화되면 공산주의의 온상이 된다'는 논리로 권력을 공격할 수 있도록 해주었다. 사회 개혁과 법치를 내세우는 자유주의자들이 박정희 정권의 폭력과 사회 불평등을 비판하며 권력의 일탈 범위를 설정한 데에는 급진 이념의 그림자가 있었던 것이다.

3) 1980~87년의 급진 이념

(1) 사회구성체 논쟁 : NL과 PD

1980년대의 급진 이념은 그 이전의 시대와 다른 상황에서 출발했다. 한국은 산업화를 겪으며 자본주의사회로 완전히 변모했고, 제5공화국이라는 폭력적인 정권의 등장과 광주 민주 항쟁, 이 과정에서 미국의 방조 내지 지원은 노동-자본의 모순, 제국주의-한국 민중의 모순을 첨예하게 인식하도록 만들었다. 기본적으로 1980년대 변혁 운동 진영은 1970년대 민주화 운동의 한계와 1980년 광주의 경험을 반추하는 과정에서 변혁 운동의 주체 설정과 목표를 새롭게 정립해야 한다는 데 공감했다. 민주화는 단순한 지배 권력의 교체가 아니라 한국 사회의 근본적 변혁에서 찾고자 하는 인식이 마련된 것이다. 곧 1980년대의 변혁 이념은 한국의 민주주의를 가로막는 근본 원인을 사회구조, 외세, 지배계급과 외세의 상호 작용이라는 차원에서 규명하고, 한국 사회의 근본적 변혁을 통한 민주주의의 실현을 과제로 삼아야 한다는 데 동감했던 것이다. 이런 공통분모를 바탕으로 학생운동과 노동운동을 통해 전개된 당시의 급진 이념 논쟁을 흔히 사회구성체 논쟁이라고도 하는데, 남한 사회의 성격을 마르크스주의에 입각해 파악하고 그 위에서 변혁의 방법·단계·목표를 '과학적'으로 규정하고자 하는 모습을 취하고 있었다.

크게 보아 이 논쟁은 세 단계로 나눌 수 있다. 1983년 하반기까지 진행된 첫 단계에서는 1970년대 사회운동을 소시민적 운동으로 규정하고 변혁 운동으로서의 민주화의 위상에 대한 인식, 대중의 자연발생적 투쟁을 체제 변혁 투쟁으로 전화시킬 전위의 형성, 노동계급을 주축으로 한 기층 민중의 성장, 군부독재를 지원하는 외세에 대항하는 반외세 자주화의 역량 확보가 과제라는 인식을 정립했다.

1983년 12월에서 1985년 상반기까지의 두 번째 단계는 '민주화운동청년연합'(약칭 민청련) 내부 논쟁에서 시작해 운동권 전체로 확산된 이른바 '민주변혁' 논쟁이 중심이었다. 여러 세대 활동가들이 모인 민주화 운동 단체로서 내부의 이념적 차이가 컸던 '민청련'에서 1985년 2·12총선거를 계기로 '변혁 운동의 주체 세력을 누구로 설정할 것인가, 중산층이나 야당 정치인과는 어떤 관계를 설정할 것인가'의 문제를 둘러싼 논쟁이 벌어졌던 것이다. 민족민주변혁론NDR, 민중민주변혁론PDR의 두 입장으로 대변되던 운동 진영은 자본주의 체제의 극복을 변혁 운동의 목표로 설정하며, 노동계급의 지도성과 주도성을 강조하기에 이른다. 아직 이 단계에서는 한국 사회변혁의 특수성이 본격적으로 쟁점화되지 않은 채 당면 반파시즘 투쟁을 부르주아혁명의 성격을 갖는 민주 변혁으로 규정하고, 이것이 곧 근본 변혁으로 성장·전화한다는 식으로 파악했다.

1985년 하반기에서 1986년에 걸쳐 진행된 3단계 논쟁의 쟁점은 미국과 일본이라는 제국주의 세력에 의해 규정된 한국 자본주의의 질적 특수성 및 한국 사회변혁의 특수성을 둘러싼 논쟁이었다. 이미 자체 논쟁을 통해 운동 진영은 민족해방과 계급해방이 통일되어 있는 특수한 변혁의 유형으로서의 민족해방 운동을 추진해야 하며, 궁극적으로 한국 사회의 변혁은 사회주의 혁명이 되어야 할 것이라는 데 합의하고 있었다. 그러나 당면 민주 변혁과 근본 변혁의 상호관계 규정, 이 변혁의 방법과 전략 전술을 둘러싸고 의견이 엇갈렸던 것이다.

여기서 한국이 사회구성체로 보면 자본주의이지만 사회 성격으로는 식민지 반*봉건사회라고 하는 민족해방NL그룹이 한쪽에 있었다. 이들은 한국이 정치·사회·경제 모든 면에서 미국의 대리 통치 체제에 불과하기 때문에 식민지·반(半)식민지 혁명의 일반성 속에서 사회변혁을 이해해야 한다는 입장에서, 동유럽 및 북한의 경험을 근거로 인민민주주의 혁명을 주장했다. 즉, 프롤레타리아 통일전선을 기본으로 해, 반제국주의 민주 세력들이 광범위하게 결집된 인민민주주의 정부의 확대·강화를 통해 반제반봉건 민족민주변혁을 수행한 후 여기에 바탕을 두고 사회주의혁명으로 이행하자는 주장을 펼쳤다.

반면에, 한국 자본주의가 이미 독점 단계에 도달했지만 미국을 정점으로 하는 세계 자본주의 체제 속에서의 종속으로 인한 신식민지적 성격을 벗어나지 못하고 있다는 신식민지국가독점자본주의를 내세운 제헌의회CA그룹이 또 한쪽에 있었다. 이들은 한국의 사회구조가 근본적 사회변혁의 물적 조건을 광범위하게 창출하면서도, 낮은 생산력과 정치적 억압 때문에 프롤레타리아의 성장과 투쟁력의 발전이 지체됨은 물론 그 의식화와 조직화가 심각한 장애를 받는다고 파악했다. 민주 변혁은 이 두 가지 제약 조건을 타파하고 자본주의적 생산력을 근본적으로 발전시키는 부르주아혁명에 해당하는데, 이 혁명에서 프롤레타리아가 헤게모니를 갖고 주도하며 근본 혁명의 길로 나간다는 일종의 2단계 혁명론을 내세웠다. 러시아혁명의 경험을 기계적으로 대입했다는 비판을 받은 이 입장은 그 후 '독점 강화, 종속 심화' 테제를 기본으로 반제반독점 민족해방 인민민주주의혁명을 내세운 민중민주주의PD그룹으로 계승되며 1988년 이후에는 이른바 NL-PD의 대립 구도가 형성되었다.

(2) 변혁의 당위성 : 과학과 혁명

자체 내의 이론 대립이 있기는 했지만 1980년대 변혁 운동의 기본은 의식화된 노동계급이 독자성을 견지하고 이를 바탕으로 권력을 장악함으로써 민중 민주 변혁의 사회주의혁명을 이루어야 한다는 논리였다. 즉, 계급의식에 입각한 민중의 주체적 각성, 민중(혹은 특정 계급)의 지도력 확보, 언제 닥칠지 모르는 혁명 국면을 대비한 조직의 정비와 강화, 모든 국면과 운동 단계에서 전면적 폭로 투쟁, 민중의 혁명적 요구의 결집 및 정치 선전, 제국주의와 국내 파쇼 세력의 타도를 통한 민중민주의 실현이라는 방향으로 가닥을 잡아갔던 것이다. 이들은 변혁 주체는 노동자·농민을 주축으로 하는 민중이 되고, 이들의 주도 아래 민중민주주의를 건설하는 것이 운동 목표가 되어야 한다는 데 동의했다. 또한 노동운동 진영에서는 노동계급의 독자성을 모든 활동의 우위에 두고 노동자 계급의식의 형성과 그것을 통한 변혁 주체의 형성을 강조하는 입장이 자리를 잡아가고 있었다.

민주주의의 실현에는 사회주의혁명이 전제 조건이라고 보는 1980년대 급진 이념 역시 해방 공간의 그것과 마찬가지로 사회를 합법칙적 발전 과정으로 보는 과학적 관점, 즉 마르크스주의에 대한 굳은 신뢰에서 출발한다. 거의 모든 문건마다 선언적으로 명시하기 때문에 일일이 열거하기도 힘들지만 마르크스주의는 "옳기 때문에 (공식적으로) 채택"된 것이고, "과학적 세계관이 갖는 가장 큰 장점은 그것이 세계를 올바르게 반영하고 있는 진리이기에 무한한 설득력을" 갖기 때문에, "필연적으로 관철될 수밖에 없는 법칙에 기초하여 그 사회를 파악하는 것"(이진경 1986, 21, 82)이라는 주장은 당시 변혁 이념에서는 상식이자 진리였다. 그런 만큼 사회변혁의 당위성 역시 '과학적'으로 정초된 '필연'이었다.

이 시기의 대부분 문건이 그렇지만 "80년대 혁명 투쟁의 인식과 전망"의 경우, "분명한 것은 남한 현실의 특수성 속에서 대중투쟁이 무장투쟁으로 발전하게 되는 필연성처럼, 민중운동이 일정의 역동성을 확보하게 되는 국면에 접어들게 되면 필연적으로 반제 투쟁으로 나갈 수밖에 없는 합법칙성을 내재하고 있다는 것이다"(강신철 1988, 397)고 하며 필연성·합법칙성이라는 말을 도처에서 사용하고 있었다. 그러나 그 구체적 근거는 자신들의 주관적인 정세 인식이 거의 전부였다.

1980년대 급진 이념의 또 다른 특징은 주어진 매 단계를 혁명의 국면으로 파악하는 것이었다. 그중 가장 치열한 주장을 편 제헌의회그룹은 "혁명의 기수를 제헌의회소집으로"(1986년)에서 "현재의 상황은 혁명을 예고한다. …… 현재의 모든 운동은 바로 혁명적 상황을 예견하고, 그것을 전제로 하여 말로써가 아닌 행동으로써 이를 준비하고 계획하는 데 집중하여야 하며 그를 위한 전술적 결의들을 명확히 해야 한다"는 전제에서 출발해, "프롤레타리아의 당면 정치투쟁의 전술적 슬로건"으로 제헌의회 소집을 내세우고 "제헌의회 소집 투쟁, 무장봉기의 조직화로서 임시 혁명정부의 수립과 민중독재의 확립—제헌의회 소집을 통한 민주주의 민중 공화국 수립이 될 것이다"(강신철 1988, 449, 455)는 가히 '혁명적' 주장을 제기했는데, 그것은 러시아혁명의 경험을 그대로 한국에 적용한 것이다.

혁명을 위해서는 당연히 혁명의 주체가 있어야 한다. 혁명의 능동적 주체가 되기 위한 민중의 계급적 각성을 강조한 1980년대 급진주의는 그것을 계급의식의 고양이라는 말로 표현했다. 특히 1987년에 가까워질수록 직선제 개헌 거부 투쟁과 결부해 자주 나타난다. 예를 들어 선도적 정치투쟁, 민중 지원 투쟁, 전위적 인자 배출을 학생운동의 역할로 규정한 "깃발"(1984년)은 '총선을 대중, 민중의 정치의식 고양기로 활용한다'는 방침을 갖고, "기층 민중에 대한 경제주의적 파악으로부터의 탈피가 요구된다. 곧 민중의 일상 투쟁에 집착하며 자발성 이론에 매몰되어서는 안 된다는 점이다. 대중의 경제적 요구를 정부에 대항하는 과정으로 유도, 진정한 계급의식의 질적 비약의 계기를 마련해 주어야 한다"(강신철 1988, 434)고 주장하며 운동권이 민중의 계급의식을 발전시키는 담당 역할을 맡아야 한다고 보았다. 소수의 운동 전위가 민중의 계급의식을 촉발한다는 생각에는 '민중은 올바른 계기가 주어지면 사회주의혁명을 실현할 주체가 될 것'이라는 '이론'이 먼저 자리 잡고 있었다.

'민중은 역사의 담지자'라는 1980년대 변혁 이론의 인식에서 민중의 계급의식을 고무시킬 중요한 계기로는 '폭로'라는 말이 자주 사용되었다. 한 예로 '민족해방민중민주주의혁명론'NLPDR 확산의 단초를 마련해 준 강철의 "해방서시"를 보면 미제국주의라는 "교활한 적의 은폐 기만 술책을 꿰뚫을 수 있는 집요하고 지속적이며 과감하고 대대적인 정치적 폭로 작업뿐"이라고 규정하면서, 야권에 섞여 있는 다수의 매판 부르주아와 소수의 민족 부르주아의 "모습을 대중 앞에 명확히 폭로하고 압박하여 매판 부르주아지와 민족 부르주아지를 해체시키"(동아일보사 1990, 131)자고 주장했다. 이것은 선진 운동권의 폭로, 민중의 각성, 계급의식의 비약으로의 순차적 이행을 전제하는 것이었다. 하지만 그것은 현실의 민중이라기보다는 이론 속의 민중, 당연히 그렇게 존재해야 하는 '당위'의 민중이었다.

일단 민중을 이렇게 전제하면 민중과 운동권의 간격은 매우 좁아지게 된다. 자신들의 선도적 행동이 있으면 민중은 곧 이에 합세할 것이기 때문에 대규모 투쟁, 특히 국가권력을 장악하는 정치투쟁의 중요성이 부각되었다. 1987년 개헌 국면이 다가오며 운동권 중에서도 노동자를 중심으로 강력한 계급 성향의 혁명 운동을 내세운 쪽에서 국가권력 장악을 주장하는 흐름이 나타난다. 특히 제헌의회 그룹은 "각 계급의 지도 그룹이 지금까지 자신들의 역량의 대부분을 집중시켜 온 개량주의적 요구 투쟁에서 하루빨리 전면적 정치투쟁으로 전환하도록 필요한 모든 조치를 취해야 한다. 이것만이 민주주의 혁명에서 프롤레타리아트의 독자성을 실현하는 것"(강신철 1988, 457)이라고 주장했다. 곧 전면적인 정치투쟁을 통해 프롤레타리아트의 독자성이 확보되고 근본적인 사회혁명이 실현됨으로써 민주주의도 실현된다는 인식이다.

(3) 추상과 구체 : 이론과 현실의 괴리

다른 한편 수많은 선언과 팸플릿 등 문건이 현 단계 정세 분석, 투쟁 목표 및 방법, 투쟁을 위한 조직 운영 원리 등에 집중되었으면서도, 막상 그들이 말하는 민중민주주의의 정치적 원리와 특징에 대한 언급은 아주 적다. 조금 구체적으로 설명되어 있는 노동자 교육용 교재를 보면 모든 민중의 주권 소유, 모든 국가기관의 민중의 선거에 의한 구성, 민중을 위한 법과 제도의 제정, 민중을 억압하기 위한 국가보안법이나 집시법·안기부법 등 폐지, 민중에게 자유와 권리 보장 등을 열거했을 뿐(정성호 1990, 98), 그 외 문건에서는 별다른 언급을 찾기 어렵다. 특히 선거, 정당 등 민주주의의 제도적 장치에 대해서는 거의 경멸에 가까운 무관심이 주류를 이루고 있었다.

물론 민주주의를 긴 과정의 산물로 보는 시각도 없지는 않았다. 대표적으로 1987년 7월 서울지역대학생대표자협의회(약칭 서대협) 명의로 유포된 "시국 대토론회를 위한 지침서"에는 "민주 정부는 독재 정권의 결단에 의해 화려하게 펼쳐지는 것이 아니라, 자신의 존재 기반에 근거하여 자신의 정치적·경제적 억압을 끊어 나가는 노력의 산물이라는 사실을 인식시키기 위해 좀더 구체적으로 접근하자"(한국기독교사회문제연구소 1987, 252)라고 하면서 민주주의를 상당히 긴 노력의 산물로 보고 있지만 추상적 선언에서 벗어나지 못하고 있다.

1980년대 급진 이념에서도 자신의 차별성을 확보하는 가장 두드러진 측면은 거의 모든 선언문이나 팸플릿에서 빠짐없이 등장하는 '민중의 생존권 확보'였다. 1985년 8월 창립된 서울노동연합(약칭 서노련)의 『서노련신문』 2호(1985년 9월 19일)는 민주 개헌의 방향으로 ① 노동자·농민의 기본 권리(특히 노동3권) 완전 보장 ② 모든 악법 철폐 및 국민 기본권 완전 보장 ③ 8시간 노동제와 최저임금제 실시 ④ 소작제의 완전 폐지 ⑤ 민주·통일의 과업에 모든 국민이 참여할 수 있는 권리 보장 등 여러 내용을 담고 있는데, 핵심은 폭넓은 참여와 민중 생존권의 보장으로 볼 수 있다(서노련 편 1985). 또한 학생운동 쪽에서는 1985년 11월 민중·민족·민족의 '삼민 헌법 쟁취'라는 슬로건을 내세웠다. 여기에는 8시간 노동제와 최저임금제 보장, 도시 빈민과 영세 상인의 생계 보장, 미일 자본의 경제 침략 종식, 망국 외채 동결, 민족 통일을 위한 민중의 참여, 저항권·노동3권·국민 기본권의 보장을 내세웠는데 그 기본은 해방 이후 급진 이념의 흐름에서 벗어나지 않고 있다.

1980년대 급진 이념은 민주화 운동과 결합해 전두환 정권에게 압박을 가했다. 이들의 선도적 노력이 없었다면 민주화는 더 늦어졌을지도 모른다. 많은 사람들이 급진 이념의 주장에 담긴 과격한 구호에 눈살을 찌푸리기는 했지만 민주화·사회정의·인권이라는 대의명분에는 공감했다. '광주'의 기억을 환기시키며 한국 사회의 변혁을 주장하는 이들의 노력과 희생을 매개로 보수 야당은 국민을 동원해 전두환 정권에 압박을 가했다. 어떤 측면에서 1987년 민주화는 혁명적 국면으로의 전개를 막기 위한 예방적 조처였다고도 볼 수 있다. 많은 사람들은 대학생과 노동자의 시위에 사용된 '붉은 구호'를 보고 '민주화가 되지 않으면 더 큰 일이 일어나겠다'고 생각할 정도였다.

그러나 1987년 6월 항쟁에 참여한 민중이 부르짖은 구호는 '독재 타도, 호헌 철폐'였을 뿐 '대안 사회'는 아니었다. 그들은 변혁 세력이 선도한 시위에 참여했지만 절차적 민주주의의 회복에 만족했으며, 민주화를 위한 구체적 협약은 보수 정당을 중심으로 한 '8인 정치 회담'으로 나타났다. 약간의 계기만 주어지면 혁명적 열기로 승화된다는 민중은 직선제로 요약되는 민주화의 성과에 만족하고 더는 나가지 않았다. 1980년대 급진 이념은 민중을 동원하고 노동계급의 투쟁을 조직화함으로써 한국 정치를 변혁의 국면으로 견인하고자 했으나 절차적 민주주의의 회복이라는 제한된 성과에 머물렀다.

4) 급진 이념의 정치 동학 : 특징과 한계

지금까지 보듯 남한 사회의 혁명적 변혁을 통해 '진정한' 민주주의의 실현을 주장하는 급진 이념은 한국 정치의 전개에 일정한 영향을 행사했다. 특히 '실질적 민주주의'를 내세운 부분에서 그 뚜렷한 족적을 볼 수 있다. 1948년의 건국헌법은 중요 산업의 국유화, 8시간 노동, 노동3권 등 당시로서는 진보적인 요구들을 담고 있었으며, 그 이후 역대 정권이 어떤 형태로든 '개혁'을 약속하고 빈부 격차, 재벌의 경제력 집중, 국민 복지, 중소기업 육성 문제, 노동자·농민의 생활 조건 개선을 고려하지 않을 수 없도록 했다. 그리고 1960, 70년대에는 권력의 일탈 한계를 설정하는 예방 효과를 발휘하기도 했고, 자유주의자들은 권위주의 정권을 비판하는 데 급진주의가 남겨 놓은 그림자를 이용하기도 했다. 이들의 희생과 노력으로 1987년 민주화가 실현되었다는 데 부정하는 사람은 별로 없을 것이다.

하지만 급진 이념은 자신들이 주장하는 대안 사회의 비전을 폭넓게 확산함으로써 민중을 설득하는 데는 실패했다. 여기에는 권력의 철저한 탄압, 대중과의 접합이 상실된 지식인 위주의 운동, 반공 이념의 지배 등이 중요한 원인으로 작용했다. 1980년대까지 급진 이념은 '국가보안법'의 처벌 대상이었다. 그러나 외적 요인 못지않게 중요한 이론적 문제점들이 해방 공간 이후 변혁 이념들에 공통적으로 내재하고 있었다. 필자는 이것이 민주화 이후에도 연장되어 급진 이념의 혼란을 몰고 온 한 가지 원인으로 작용했다고 보기 때문에 그 구체적인 검토 작업이 필요하다.

첫째, 급진 이념에서 민주주의는 사회경제 체제의 근본적 변혁 이후에 달성 가능한 것으로 생각하며 논의의 중심은 언제나 혁명이 차지하고 있었다. 해방 공간에서 남로당의 모험적인 투쟁 노선을 비롯해 통혁당과 1980년대 운동권의 초점은 비민주적인 권위주의 정권의 혁명적 교체였다. 이런 사고에서는 혁명으로 승화되는 정치투쟁이 무엇보다 중요하다. 민중의 생활 조건 개선, 복지, 사회 전반의 민주화 등 구체적이고 실질적인 문제는 기껏해야 '개량 투쟁'으로 격하되고, 대규모 민중 봉기나 격렬한 가두 투쟁을 중심으로 문제를 '일거에' 해결하고자 하는 성향을 갖기 쉽다.

적어도 1987년까지 급진 이념의 가장 두드러진 점은 레닌의 『국가와 혁명』이 제시하는 국가권력의 장악에 있었다. 국가권력을 특정 계급이 장악하면 곧 그들의 세계관에 따라 사회구조가 일신할 수 있을 것이라는 일종의 권력 만능론 속에서 민주주의는 권력의 운용 원리, 권력 장악의 논리로서의 성격이 두드러졌지 사회의 '민주적 변혁'의 논리로서는 부각되지 못했다. 급진 이념의 주안점은 사회구조 전반의 혁명적 변혁에 있었고, 민주주의는 사회경제적 토대의 변혁 이후 '자동적으로' 달성되는 정치 구조의 문제로 단순하게 취급되기 때문에, 정치체제의 민주화를 넘어선 '사회의 민주화'에 대한 인식이 결여되어 있었다. 곧 정치체제의 민주주의가 이루어진다고 해도 그것을 각종 생활 현장, 성ᵗⁱⁿ, 인권 등 사회구조 전반의 민주적 변혁으로 연장하는 문제의식, 인간과 사회변혁의 논리로서 민주주의가 갖는 의미에 대해서는 소홀히 했다는 것이다. 물론 그것은 러시아·중국을 비롯한 사회주의혁명론 일반의 문제점이기도 했다.

그것은 또한 우리 사회의 비민주성과 보수성을 유지시키는 데 강한 토대로 작동하고 있는 국가주의와 집단주의를 극복하는 데 변혁 이념이 별 다른 기여를 하지 못했다는 말이기도 하다. 민주주의의 역사는 국민 혹은 국가라는 이름으로 개인의 다양한 이익과 자율성을 끊임없이 침해해 온 국가에 맞서 개인으로서의 정체성과 자율성을 찾는 투쟁 과정이라 볼 수 있다. 그것은 집단주의에 맞선 개인주의의 회복, 국가주의에 저항하며 개인의 다양한 욕구와 가치를 실현할 수 있는 사적 공간의 회복을 포함하고 있는 것이다. 이 공간이 확보되지 않으면 개인의 권리와 양심의 자유 그리고 사상의 다양성이라는 민주주의의 기본 가치가 제대로 실현되기는 어렵다. 이러한 문제들을 소홀히 한 결과 1987년 이후 급진 이념은 정치적 자유의 회복을 넘어서는 다양한 쟁점을 제기하고, 그것을 우리 사회 전체의 '민주적 변혁'으로 이끌어 가는 동력을 발휘하지 못했던 것이다.

둘째, '부르주아' 민주주의의 현상 유지와 보수성에 대립하는 '진보적 민주주의'는 자신들의 논리가 '세계사'의 보편 구도라는 거시적·이론적 측면에서 '진보성'을 갖는다고 가정한다. 급진 이념의 이론적 기반인 마르크스주의에서 사회주의는 자본주의의 구조적 모순을 극복하고 인간 착취와 소외가 없는 새로운 사회, 인류의 새로운 지평을 열며 인간을 새로운 진보로 추동시키는 생산양식, 피착취계급 스스로 지배자가 됨으로써 자치·자율·자유를 기반으로 하는 진정한 민주주의가 완성되는 '진보적' 사회로 제시된다.

그런데 이 모든 주장의 근거가 이론에 있었다는 점이 중요하다. 만일 이들이 내세우는 과학적 이론이 오류라고 밝혀진다면, 그리고 현실의 모범 사례로 내세우는 동유럽이나 북한의 사회체제가 이론과 달리 불평등과 권위주의 체제라면, 자기 이론의 정당성을 상실하게 된다. 즉, 자기 이론의 정당성의 근거를 이론적 확신에 두었는데, 만일 환경의 변화에 따라 이론이 위기에 처하면 이들의 신념 역시 매우 취약하게 되는 결점을 안고 있었다. 1989년 동유럽의 붕괴는 그것을 보여 준 사례였다.

셋째, 이론이 먼저 현실을 예단하는 변혁 이념은 민중의 '현실적' 요구를 수렴하고 그들을 동원하기보다는 자기 이론에 민중의 욕구를 맞추어, 정작 민중의 요구와는 동떨어진 구호를 제시해 왔다. 그들은 세계사의 보편 논리 위에 자주독립과 민족 통일이라는 '민족적 욕구'를 결합시킴으로써 '한국의 민중에게는 사회주의가 필요하다'는 논리로 발전시켰다. 그 결과 급진 이념은 자신들이 주장하는 사회주의혁명이 한국 사회의 내재적 필요성에서 나온 것인지 깊은 성찰을 소홀히 했다. '부르주아' 민주주의조차 제대로 소화해 내지 못하고 민주주의에 대한 일반 국민들의 요구가 제도적·형식적 측면에 한정되어 있는 상황에서, 민중이 실제로 원하는 것이 아니라 이론에서 설정된 내용을 민중의 이익으로 제시했던 것이다.

대학가에서 혁명기 러시아의 경험이 토론되고, '정통' 마르크스주의 논쟁, 사회구성체 논쟁, 현 단계 변혁 논쟁이 격렬하게 벌어졌지만 정작 그들이 해방의 대상으로 설정한 남한의 민중은 학생들의 주장에서 '민주화', 더 나아가서는 '사회정의 실현'을 위한 부분적 개혁, 노동자·농민의 권익 향상 등에 공감했지 그 이상은 아니었다. 막상 정치적 민주주의가 확보되고 노동운동의 자율성 공간이 어느 정도 확보되자 노동계급 내에서도 기업 차원에서 자기 이익을 추구하려는 움직임이 두드러졌고 실망한 운동가들은 노동자 곁을 떠나기도 했다.

넷째, '부르주아' 민주주의는 언제나 결함이 있는 정치체제로 인식되며 민주주의의 작동, 제도, 현실적 운용 등은 거의 백지상태로 방치했다. 부르주아 민주주의에서 성취되는 그 어떤 발전도 변혁이 동반되지 않으면 무의미한 것이기에 설사 정치적 측면에서 민주화가 이루어진다 해도 항상 기만·허위·지배계급의 생명 연장 등 부정적 성격을 가질 수밖에 없다. 반면에, 아무리 형식적이라고 해도 민주주의에는 일정한 절차와 제도적 장치가 필요하다는 인식은 간과되고 있었다. 현실의 정치 논리로서는 놀라울 정도로 빈약했고, 정당이나 선거 등 민주주의 실현의 메커니즘에 대해서는 거의 경멸의 태도를 보였다.

이런 인식은 언제나 지배 체제와 대결적 양상을 갖게 만들며, 혁명기를 벗어난 상대적 안정기 속에서 유연하고 보다 현실적인 행보를 어렵게 하는 요인으로 작용했다. 지배 블록과의 대결 국면에서는 도덕적 정당성과 변혁의 당위성이 빛을 발할 수 있었다. 그러나 1987년 이후 민주주의가 점진적 발전의 가능성을 보이고, 그에 대해 사회 구성원의 합의가 이루어진 상황에서는 지배 권력과 대치되는 자기 이념의 비전을 설득력 있게 제시하는 일을 간과하게 만든 원인이기도 했다.

사실 이것은 어느 정도 당연한 일이었다. 사회경제적 모순이 첨예한 현실에서 대항 이념은 지배 이념과 반대되는 모습만 제시해도 족했다. 반공을 내세운 권위주의 정권의 극심한 탄압 속에서는 조직을 지키는 것이 무엇보다 중요했기 때문에 그런 문제를 '한가하게' 검토할 여유도 없었고, 공개적으로 표출할 수는 더욱 없었다. 급진 이념의 논쟁은 서로를 향해 있었고 그런 만큼 누가 더 정통에 충실한지 경쟁적으로 원전을 장황하게 인용하는 현상이 매우 일반화되었던 것이 당시의 모습이었다. 물론 그것은 자신의 귀에 거슬리는 모든 이념에 대해 탄압 일변도의 정책을 취함으로써 서로 대립되는 이

넘들끼리의 공개적 토론 기회를 차단하고, 결과적으로 이념을 골방 깊숙이 숨도록 만든 권위주의 정권에게 일차적 책임을 물어야 한다. 남한 급진 이념이 교조주의·전투성·추상에 물들어 있는 것은 사실이지만 그 책임의 일부는 해방 공간 이후 기득권 세력이 져야 한다.

5) 탄압 공간에서의 급진 이념과 새로운 현실

필자는 지금까지 급진 이념의 민주주의론이 갖는 함의를 통해 이들이 한국 정치에 끼친 영향과 그 한계를 살펴보았다. 어느 사상이나 그렇듯 이들 역시 공과의 측면을 갖고 있었다. 그들은 새로운 이념과 비전에 입각해 한국 정치를 다른 방향으로 견인하고자 하며 권력과 대립했다. 그들이 갖고 있던 생각 가운데 일부는 정치권력에 수용·흡수되었으며 권력의 일탈 한계를 설정하는 예방적 기능을 발휘하기도 했다. 평등·정의의 이름으로 제기되는 그들의 요구는 도덕적 정당성을 갖고 권력을 견제하며 민주화에 결정적 공헌을 했다.

그러나 다른 한편 민주주의 자체에 대한 깊은 인식을 발전시키지 못했으며, 한국 '사회'의 민주화를 가로막고 있는 국가주의 담론을 약화시키는 데도 한계를 드러냈다. 또한 자기 이론에 현실성을 부여해 주고, 민중과 지속적 교호 작용을 통해 이론을 다듬어 나갈 터전이 박탈된 탓에 자기 이론을 통해 현실을 보는 관념적 성향이 강했다. 민중의 혁명성, 사회 발전의 합법칙성은 자명한 것이었으며 민중의 계급의식을 일깨워 혁명 열기로 고양시킬 수 있는 조직의 운영과 투쟁 방법이 더 중요하게 인식되었다. 그 결과 민주주의에 대한 독자적 전망을 마련하지 못하고, 혁명 상황이 아닌 유화 국면에서 정치 체제와 대결하며 자신의 질적 차별성을 확보하는 작업에 소홀했다. 바로 이러한 문제점이 급진 이념의 폭넓은 수용을 가로막았던 한 가지 원인으로 작용했던 것이다.

하지만 이념적 경직성·교조주의·추상성은 질식 공간 속에서 변혁 이념이 어쩔 수 없이 갖게 된 특징으로 보아야 할 것이다. 그들은 단 한 번도 숨쉴 공간을 얻지 못하고 미군정, 이승만 정권, 박정희 정권의 지속적 탄압을 받았다. 탄압이 거셀수록 이념은 강한 전투성을 갖게 되었다. 급진 이념이 그 공간 속에서 살아남을 수 있었던 것은 자기 이념의 순수성과 과학성에 대한 확신 때문이었다고도 할 수 있을 것이다.

이런 상황이 1987년 이후에는 달라진다. 직선제 개헌을 통해 '민주화'의 가능성이 열렸고 급진 이념이 공개 활동을 펼칠 수 있는 여지도 있었으며 노동조합운동도 활발해졌다. 하지만 사회주의권의 해체와 북한의 곤경 그리고 남한의 경제력에 대한 자신감이 복합적으로 작용하며 급진 이념에 대한 회의와 공격이 몰려왔다. 직선제 실시로 민주화가 실현되자 그 전부터 불신의 눈초리를 보내던 중간층은 더는 그들의 주장에 큰 호응을 보내지 않았다. 여기에 사상의 내적 한계를 극복하지 못하고 '혁명적' 주장으로 일관하는 완고함까지 가세해 커다란 시련에 처하게 되었다. 그렇지만 한국의 급진 이념은 1987년 이후 스스로의 한계를 검토하고, 변화된 환경 속에서 자기 이론과 실천의 방향을 계속 점검해 나감으로써 또 다른 발판을 마련해 갔다. 이어지는 부분에서는 급진 이념이 사상의 내적 문제점을 극복하며 변화된 현실에 적응해 가는 과정을 살펴볼 것이다.

3. 민주화 이후 변혁 이념의 인식 변화 : 공존 속의 변혁으로

1) 지속과 변화 : 진보적 실천의 방향 전환

1987년 이후 한국 사회는 대통령 직선제를 출발로 민주화의 단계에 들어선다. '운동권'으로 통칭되던 민중운동 진영에서는 그것이 지배 블록의 기만적 술수라 비판하며, 지속적인 투쟁을 통해 한국 사회의 '실질적 변혁'을 실현하겠다고 천명했다. 1987년 이후 급진 이념이 추구했던 기본 과제는 여전히 체제 '변혁'의 논리, 즉 혁명을 통한 '사회주의'의 실현이었다. 하지만 그 이후 이들이 직면했던 조건들은 너무나 가혹했다. 현실 사회주의의 붕괴, 지배 블록의 지속적인 개혁, 대학생의 탈정치화, 경제적 실리를 얻는 데 주력하는 노동운동 등은 이들에게 결코 호의적이지 않았다. 곧 급진 이념이 딛고 있던 내외 환경과 실천 세력이 모두 심각한 변화를 겪으며 혁명을 통한 사회주의 실현이라는 논리가 설득력을 갖기 어렵게 된 것이었다.

그러나 다른 한편 급진 이념은 합법 정당 추진 운동을 통해 2004년 민주노동당이 한국 정치의 제3당으로 등장할 정도로 일정한 성과를 거둔 것이 사실이다. 물론 좀 더 계급 지향이 뚜렷한 진영에서는 민노당을 개량주의, 사회민주주의 노선, 민중운동과 단절된 소부르주아적 지향, 자본주의의 틀 내에서 안주하는 체제 내부 정당이라고 비판하지만 적어도 1987년 이후 한국의 급진 이념은 민주노동당을 통해 정치사회에서 시민권을 획득함으로써 한국전쟁 후 40년의 단절을 극복하고 자신의 입지를 확보한 것이다.

이런 사실은 민주화 이후 급진 이념이 위기와 혼란을 겪으면서도 생존력 있는 집단으로 스스로를 정립했음을 말해 준다. 정치 이념은 그것이 처한 환경에 따라 이념의 내용, 실천의 양상과 방법, 조직의 구성 원리가 달라진다. 민주화 이전의 변혁 세력은 가혹한 탄압으로 일관하는 지배 권력에 맞서 비밀을 유지하는 소규모의 전투적인 집단이 되지 않을 수 없었다. 한 치의 생존 공간도 허용하지 않는 권력 앞에서 그들의 이념에도 투쟁성과 미래의 유토피아적 비전이 강하게 채색될 수밖에 없었다. 민주화 직후 급진 이념은 과거의 이러한 관성에 갇혀 정치·사회를 혁명의 방향으로 추동하고자 했지만, 현실은 혁명적 실천이 호소력을 갖지 못하게 만들었다. 이 속에서 급진 이념은 고통스러운 자기 변모를 거쳐 이론과 실천의 방향을 조정해 가야 했으며, 그 최종적 결실이 민주노동당이었다.

앞으로 전개될 부분은 민주화 이후 급진 이념이 사회주의 실현이라는 스스로의 정체성을 유지하는 가운데 혁명이나 무장봉기를 통한 변혁이 아니라 체제 '내'에서 합법적이고 공개적인 사회·정치 세력으로서 자신을 정립하는 작업, '부르주아 민주주의'의 성과를 인정하는 가운데 그것을 한 차원 높은 사회주의적 전망으로 지양하려는 자기 변모의 과정, 한국 정치를 추동하는 방향의 변화를 추적하고자 한다. 그것은 급진 이념이 당면했던 새로운 현실은 무엇이었으며, 그 속에서 그들은 무엇을 '새롭게' 인식했는지, 그리고 1987년 이전의 격렬한 체제 변혁 논리가 어떻게 '부르주아 민주주의와의 공존을 통한 부르주아 민주주의 지양의 논리'로 변화하며 민주노동당으로 대표되는 진보적 실천의 흐름을 만들어 냈는지 살펴보는 작업이기도 하다.

2) 1987년 직후 급진 이념의 방향

(1) 현실 인식과 방향 정립 : 혁명적 변혁

1987년 6월 항쟁과 7~9월 노동자 대투쟁은 반공-친미-보수를 기본 구도로 성립된 남한 사회에 근본적 타격을 가한 일련의 사건이었다. 두 사건으로 인해 권위주의 정권의 해체와 민주주의 이행이 앞당겨졌고, 그동안 산업화의 그늘에서 망각되고 소외되었던 노동계급이 사회·정치·경제 문제의 모든 측면에서 가장 중요한 세력 가운데 하나임을 깨닫게 되었다. 하지만 급진 이념의 기대와는 달리 한국 사회의 구성원들은 '대통령 직선제'로 압축되는 헌법개정을 수용했고 그 뒤를 이은 대통령 선거에서 노태우의 당선을 인정해 주었다. 해방 공간 이후 처음으로 각종 혁명 구호가 하늘을 뒤덮었던 노동자 대투쟁에서도 노동계급은 노동조합의 합법화, 작업장 민주주의, 임금 인상 등 '개량적' 조건의 실현에 만족하며 투쟁을 거두었다. 투쟁의 최종 결과물은 급진 이념의 과학적 예측이나 희망대로 나타나지 않았다.

급진 이념이 보기에 1987년의 6·29선언은 민중의 민주 변혁 요구를 더는 누를 수 없는 상황에서 "외세의 노련한 계산과 충고에 힘입어 …… 대중의 요구를 일부 수용하고 민주화 제스처로 시간을 벌면서 지배 권력의 안정적 재생산을 도모하는 기만적 방법"(엄주웅 1990, 160)에 불과했다. 그럼에도 6월 항쟁에서 운동 지도부는 "민주화를 직선제 쟁취 요구로 한정"하고 "자발적인 대중투쟁을 목적의식적으로 지도하지 못해 대중투쟁을 더 높은 수준으로 발전시키"지 못한 채 "적과의 타협"(최연구 1990, 263)에 불과한 선거 혁명의 환상에 빠져든 오류를 범했다고 분석했다. 이 오류는 노동자 대투쟁에서도 반복되어 투쟁을 올바르게 이끌 집단이 없었으며, 투쟁 방향이 변혁이라는 목적의식에 입각해 진행되지 못했다고 진단했다. 그리고 노동계급들 가운데 변혁의 전망을 갖추고 있는 선진적 노동자층은 기반이 협소하고 대중적 지도력을 갖추지 못했음을 인정했다. 따라서 이들의 오류를 반복하지 않고 변혁의 대의를 철저하게 실현할 혁명적 전위 조직의 구성, 그리고 대중운동과 변혁 운동의 결합이 시급하다고 결론지었다.

1987년의 두 투쟁으로부터 급진 이념은 세 가지 과제를 끌어냈다. 첫 번째, 대규모 민중 항쟁 혹은 계급투쟁이 '필연적으로' 다시 발생할 것인지 확신할 수 있는 '과학적' 분석의 필요성, 두 번째 1987년의 성과를 냉정히 분석해 앞으로 다가올 혁명 국면에서 대처할 구체적 방법의 정립, 세 번째 6·29 선언 이후 '기만적 민주주의'의 한계를 넘는 대안 사회의 현실적 모습을 제시함으로써 대중의 지지를 확보하는 과제였다. 첫 번째 과제는 마르크스주의에 입각한 현실 분석, 구체적으로는 당면 상황과 앞으로의 발전 방향을 예측하는 '정세 분석'으로, 두 번째 과제는 노동계급 헤게모니 확보를 위한 조직 강화와 노동계급의 정치적 각성 작업으로, 세 번째 과제는 근본 변혁으로서 사회주의혁명의 전망을 제시하는 일로 전개되었다. 그것은 권위주의 정권의 해체라는 소극적 전략에서 벗어나 자신들이 그동안 주장했던 새로운 대안 사회의 구체적 모습을 제시하고 대중의 지지를 받아야 한다는 적극적 전략의 필요성을 인식했다는 뜻도 되지만, 그 주장과 실천 방향은 여전히 과거의 틀에 갇혀 있었다.

(2) 사회주의혁명 : 과학적 필연

이런 인식은 현실 분석에서 여실히 드러났다. 민족민중운동으로 통칭되던 당시 변혁 세력은 마르크스주의를 기반으로 '과학적 정세 분석'을 정교하게 다듬어 가는 데 한창이었지만 이미 '예정된' 혁명을 논증하는 작업의 연장이었다. 1980년대 사회구성체 논쟁의 핵심은 식민지 반자본주의론, 신식민지국가독점자본주의론 등 어느 입장을 취하더라도 한국 사회는 주어진 사회 성격상 필연적으로 혁명의 정세로 갈 수밖에 없으며, 궁극적으로 사회주의로 이행할 것임을 논증하는 데 있었다. 과학적 사회주의로서 마르크스-레닌주의에 대한 확신, 성공한 세계 사회주의혁명의 전초기지로서 소련의 건재, 반민족·반민주적인 남한에 비해 '사람 중심'을 내세우며 사회주의혁명을 완성한 북한의 위상은 이런 확신을 굳게 뒷받침해 주고 있었다.

물론 내부적으로는 입장의 차이가 있었다. 민족해방 그룹은 남한이 미국의 식민지에 불과한 반(半)봉건사회 혹은 식민지 반(半)자본주의로서 반제국주의 반(反)봉건 민족해방 혁명이 필요하다고 주장하며 국내의 민족 부르주아, 노동계급, 민중의 동맹에서 실천 세력을 찾았다. 반면에, 제헌의회 그룹이나 민중민주주의 그룹은 남한이 제국주의 국가들에 종속된 신식민지국가독점자본주의라고 보면서 반독점 반파쇼 민중민주혁명을 전개해야 한다고 주장했다.

당면 혁명의 성격이나 주체 세력의 설정에서는 달랐지만 두 분파는 현 단계 혁명이 사회주의혁명의 전 단계인 민주주의 혁명이며, 이 혁명을 노동자 민중이 주도함으로써 사회주의혁명으로 나아간다는 구상에서는 일치했다. 그리고 "주어진 현실에 대한 과학적 분석 없이는 역사의 합법칙성과 필연성을 실현하는 실천을 수행할 수 없"(박형준 1988, 513)다는 주장에서 보듯 사회주의는 역사의 '필연성' '합법칙성'으로 이미 주어진 것이라는 점에도 모두 동의했다. 당시 노동 현장의 입장을 대표하고 있던 갈래 가운데 하나인 '인천지역민주노동자연맹'(약칭 인민노련)은 "우리의 궁극적 목표는 자본주의 체제 변혁의 실현"(김철순 1989, 262)이라고 했으며, 1990년 7월 PD 그룹은 아예 '남한 프롤레타리아 계급이 수행해야 하는 당면 혁명은 사회주의혁명'이라고 선언했다.

더 나아가 그 실천 방식에서도 민주화 이전의 급진 이념과 별반 다르지 않았다. 한국 사회의 방향을 사회주의로 규정한 당시의 급진 이념 가운데 제헌의회 그룹은 1987년 11월 기관지 『선봉』을 통해 "현 정세는 혁명적 정세로 가까워 가고 있는 고양 기조 속에" 있으며 선전 선동의 일상화, 대중의 의식화와 조직화 투쟁이 이루어진다면 민중의 조직화된 힘과 정치 역량을 기조로 지배계급과 "일대 결전을 벌이지 않으면 안 될 날은 반드시 도래한다는 것은 명심해야 한다"(박현채·조희연 편 II: 530, 535)고 확신했다. 과제는 앞으로 '필연적으로' 다가올 혁명의 순간을 위해 지속적으로 주체 역량 강화 작업을 완성하는 일이었으며, 그 방법은 계급투쟁의 조직화로 설정했다. 여기서 '지도'의 형식을 놓고 대중적 정치조직과 반합법적 노동자 대중 정치 조직이 대립했지만 한국 사회의 혁명적 정세는 무르익었으며, 선진적 의식을 가진 전위들이 노동자 대중 속에 들어가 선전 선동을 통해 지속적 의식화·조직화 작업을 펼친다면 혁명으로 추동할 수 있다는 생각은 일치하고 있었다.

급진 이론은 이제 민주화를 벗어나 '혁명적 변혁'을 과제로 설정하고 그 주체도 '민중' '대중'이라는 다소 모호하고 추상적인 용어 대신에 '노동계급'으로 분명하게 정립했다. 기본적으로 이것은 변혁 대열에서 이탈한 중간층을 대신해 변혁 운동의 주체로 노동계급을 설정하고 "민주 변혁 세력의 정치적 진출과 정치 세력화"(고성국 1989, 129)를 추진하려는 것이었다. 이미

1987년의 두 항쟁은 "한국 변혁 운동사에서 노동자계급의 주도성의 문제를 선명히 부각시키며 변혁적 노동운동 단계로의 전진이라는 과제를 전면에 제기"(양원태 1991, 95. PD 계열)했으며, 그것은 "높은 단결력과 조직성, 창조력으로 인해 …… 어느 계급·계층보다 가장 자주적이며 혁명적인 계급" "가장 진보적인 계급으로서 미래 사회를 대표하는 유일한 계급"(김장호 1990, 153, 154)인 노동계급이 주도해야 한다는 주장은 어느 정파의 문건을 보아도 공통적으로 나타나는 구절이었다.

아직 동유럽과 북한의 정확한 실상을 접하지 못하던 시절, 한국의 급진 이념에 사회주의는 착취와 억압이 없는 사회, 평등과 자유의 사회를 의미했다. 그들에게 사회주의는 구체적으로 생산수단의 국유화, 부르주아 국가권력의 해체, 프롤레타리아독재, 실질적 민주주의의 완전한 실현으로 규정되는 사회였다. 민주화의 성과에 대해서는 극히 부정적이었으며, 민주주의는 사회주의 속에서만 실현될 수 있다는 입장은 하나의 확신이었다. 이제 급진 이념의 논쟁 "중심축은 민주주의가 아니라 '변혁'"(손호철 1993, 407)이었다. 그리고 그것은 민중에서 노동계급으로 주체의 이전, 노동 해방으로 표현되는 사회주의를 지향하는 모습에서 분명히 확인되는 것이었다.

민주화 직후 급진 이념은 이론뿐만 아니라 실천에서도 대규모 가두시위와 공권력과의 치열한 투쟁이라는 과거의 방식을 답습하고 있었다. 이들은 그런 시위를 '혁명적 실천의 계기'라고 규정하면서 한국 사회를 혁명의 방향으로 이끌고자 했다. 민주화를 등에 업기는 했지만 정권의 태생적 약점을 안고 있는 노태우 정권은 때로는 강경책으로 때로는 유화책으로 이들에게 대응하며 기존 사회체제를 유지하고자 했다. 이미 야당은 이들과 일정한 거리를 두기 시작했으며 보수 언론을 필두로 '용공'을 주장하는 목소리가 높아졌다. 다가올 시련의 서막이었다.

3) 변혁 전망의 혼돈 : 새로운 현실과 인식의 수정

1987년 이후 한국 사회는 대통령 직선제로 상징되는 민주화의 단계에 들어섰지만 급진 이념은 여전히 자본주의와 친미를 기본 구도로 하는 한국의 사회구조에는 '본질적' 변화가 전혀 없다고 보면서 사회주의를 지향하고 있었다. 이들의 주장이 설득력을 유지하려면 몇 가지 조건이 충족되어야 한다. 첫째 급진 이념에 대한 확신이 지속되어야 한다. 둘째 국가는 몇몇 개혁 조치를 실시하기는 하지만 여전히 민주주의적 권리 실현을 외면하고 독점자본의 편에 서서 폭력적 탄압을 지속적으로 행사한다. 셋째 부르주아 민주주의에 비해 사회주의 체제가 갖는 정치·경제·사회적 우수성과 생명력이 유지되어야 한다. 불행히도 1990년대는 이 모든 조건에 불리하게 작동하던 시절, 위기가 순차적으로 온 것이 아니라, 압축 성장한 남한 자본주의에 걸맞게 동시다발적으로 들이닥친, 그래서 급진주의가 방향을 잃고 혼란을 거듭하던 시절이었다.

이런 현실에 직면하면 선택은 대개 세 가지로 압축된다. 첫째, 상황을 자기 이론에 맞게 재해석함으로써 기존 주장의 유효성을 계속 고수하는 입장이다. 신념의 일관성과 의지의 치열함이라는 점에서는 돋보이지만 자칫 잘못하면 '제 논에 물대기' 식의 해석으로 현실에서 도태될 우려가 있다. 둘째, 이론의 한계를 인정하고 그 본래의 뜻을 살리는 가운데 현실과 적절하게 조화시키는 입장이다. 본래 의도하던 목표나 결론에서 벗어날 뿐만 아니라 잘못하면 이론의 가장 중요한 부분까지 훼손할 염려도 있지만, 변화된 현실 속에서 이론의 생명력을 유지하고 의미 있는 실천 세력으로 남을 수 있는 현실적 방법이기도 하다. 셋째, 이론의 한계를 절감하고 이론 자체를 청산·폐기·

결별하는 입장이다.

1987년 직후 급진 이념의 주류는 여전히 강경한 혁명론이었지만 1990년 동유럽 사회주의권의 해체를 계기로 입장의 분화가 나타나기 시작했다. 첫 번째 입장은 현재 '좌파의 좌파' 혹은 '계급적 좌파'라고 하는 사람들의 선택이었고, 두 번째 선택은 민주노동당으로 대표되는 제도권 좌파의 입장, 세 번째는 변혁 이념 자체를 청산하겠다는 '청산파'로 나타났다. '청산파'는 급진주의를 떠났으니 더는 언급의 대상이 아니고, '좌파의 좌파'는 이념의 선명성은 돋보이지만 현실적 영향력이 없다. 두 번째 노선, 곧 변화한 환경 속에서 사회주의 실현이라는 변혁 이념의 정체성을 유지하는 가운데 한국에서 사회주의가 구체적으로 왜 필요한지 밝히고, 어떤 방법으로 실현할 것인지 정립하는 과정, 그리고 그것을 통해 한국 정치의 또 하나의 공개 세력으로 존재할 수 있는 단초를 마련한 것이 바로 1990년대의 상황이었다.

(1) 사회주의권의 해체 : 민주주의의 진전과 '민주 변혁'

위기는 제일 먼저 밖에서부터 왔다. 1989년경부터 몰아닥친 현실 사회주의의 위기를 말한다. 처음 그것은 고르바초프Mikhail Gorbachov를 필두로 한 페레스트로이카 논쟁으로 시작되었으나 사태는 누구도 예상치 못하던 사회주의권의 붕괴로 치달았다. 페레스트로이카 논쟁으로 시작해 종국에는 마르크스주의의 분화와 해체로 이어진 이 과정은 이미 기존의 문헌들이 잘 소개하고 있기 때문에 여기서 재론할 필요는 없을 것이다(조희연 1998a, 제3장; 박현채·조희연 편 IV, 제9부 참조). 필자는 그 과정에서 나타났던 급진 이념의 혼란과 분화를 부정적으로 평가하지 않는다. 그것은 '세계사의 필연적 법칙'의 현실태로서 사회주의를 전제하고, 그 이론으로 마르크스주의의 '과학성'에 대한 무비판적 확신을 전제로 삼고 있었던 스스로를 되돌아보고 반성하도록 만든 계기였다.

사회주의권의 해체는 급진 진영에 이념적·실천적 혼란을 야기한 동시에 중요한 문제를 제기했다. "마르크스주의의 역사적 위기의 근원에는 그 원점으로서 마르크스의 마르크스주의의 내적 모순이 자리 잡고 있다"(이병천·박형준 1992, 7)는 인식 아래 마르크스주의 그 자체를 폐기했다는 점에서 청산주의라는 비판을 받았던 논자들이 던진 문제였다. 그것은 마르크스가 "국가와 시민사회의 분리 위에 선 근대 민주주의가 …… 전혀 새로운 정치사회 형태임을 인식하지 못했으며, 따라서 또한 이 사회 형태가 내포하고 있는 민주적 잠재력을 간과할 수 없었다"(이병천 1992, 101)는 지적이다. 마르크스주의는 부르주아 민주주의가 갖고 있는 일정한 진보성을 간과해 왔으며, 이런 전통이 이어져 한국의 급진 이념 역시 '형식적' 민주주의라고 경멸하고 있지만, 실상 그것은 변혁적 실천을 모색하는 운동 진영에 전혀 새로운 문제를 제기한다는 주장이었다. 서구의 경우 그람시Antonio Gramsci가 이 문제를 '헤게모니'와 '진지전' 개념으로 모색한 이래 다양한 각도에서 검토가 이루어져 왔다. 그러나 민주주의 자체가 실현되지 못하고 반공과 권위주의가 결합된 한국의 경우 혁명기 러시아의 마르크스주의 전통이 강했으며, 무장봉기나 혁명의 수사가 주류를 이루고 있었다.

사회주의권의 해체가 남긴 문제는 한국에서도 미약하지만 일정하게 '부르주아적' 민주주의가 진척되는 상황에서 급진 이념이 계속 혁명의 논리를 유지할 수 있느냐 하는 것이었다. 기본적으로 급진 이념은 자본주의 체제에서의 민주주의를 부르주아 민주주의라고 부르며 그 속에서 실현된 인권 보호나 권력 교체의 합법성 등은 '형식적' 측면에 불과하다고 파악한다. 그러나

"현 단계 한국 사회의 주요 문제는 민주주의의 문제다. 이제 새로운 진보 정치는 메시아적 혁명주의에서 벗어나 권리의 정치, 시민권의 정치를 펼쳐 나가야 한다"(이병천 1992, 101)는 청산파의 주장은 이 민주주의에 일정한 진보의 요소를 담고 있으며 급진 이념이 외면해서는 안 될 주요한 역사적 계기임을 인정할 것을 촉구하고 있었다.

급진 이념은 자본주의 체제의 민주주의를 형식적 민주주의로, 1987년 민주화를 절차적 민주주의로 비판하며 그 속에서 이루어지는 개혁이나 발전은 모두 부르주아계급의 기만, 일시적 양보 정도로 평가절하했다. 그러나 동구 사회주의권의 붕괴는 바로 그 형식 혹은 절차의 중요성을 확인시켜 준 사건이었다. 곧 민주주의의 '실질적' 실현에는 부르주아 민주주의의 일정한 '형식적 절차들', 예컨대 권력의 책임 소재와 분할, 민중에 의한 합법적 권력 교체의 절차, 민중의 정치적 참여를 보장할 수 있는 기본권의 확보, 정치권력과 개인의 권리에 대한 명확한 관계 설정 등이 전제되어야 한다는 사실의 각성이었다.

동구 사회주의권은 국가에 모든 권력을 집중시키고 국유화를 중심으로 '실질적' 민주주의라는 '내용'을 실현할 때 민주주의의 형식적 측면이 완성된다고 보았으나, 현실은 그렇지 않았다. 형식 혹은 절차의 뒷받침 없는 '실질적' 민주주의 속에서 민중은 국가권력의 일탈과 방종을 제어할 아무런 수단도 갖지 못했다. 사회주의권이 자랑하던 '평등'이 실제로는 광범위한 '불평등' 속에서 이루어진 것임에도 불구하고, 그 불평등의 시정을 요구할 목소리는 결집될 수도 국가권력에 전달될 수도 없는 구조였다. 자체의 병폐를 시정할 내부 메커니즘을 상실한 채 낮은 생산성과 방대한 관료제가 겹치며 탄력성을 잃은 동구권은 결국 주저앉고 말았던 것이다.

이것은 또한 '부르주아' 민주주의가 이룩한 절차 혹은 형식은 단순한 계급지배의 속임수가 아니라 '진정한' 민주주의의 실현을 위해 미래에도 견지되어야 할 '진보적' 원칙이며, 형식과 내용은 분리될 수 없다는 사실을 인식하게 한 계기이기도 했다. "살려야 할 마르크스 …… 마르크스주의의 본질, 혁명적 정신을 버렸다"고 청산주의를 맹렬히 비판했던 논자도 "민주주의 없는 사회주의는 생각할 수 없다. …… 우리는 부르주아 민주주의의 진보적 측면도 계급투쟁의 역사적 성과물로서 적극적으로 활용하고 이용해야 한다"(박우철 1992, 211, 216)고 인정했다. 그리고 "앞으로 사회주의는 여하한 형태로든 부르주아 민주주의의 '진보적' 측면을 활용하고 이를 보다 발전적인 형태로 계승해야 한다"는 생각은 "변혁 운동은 바로 민주주의 자체를 새로운 사회 실현의 양보할 수 없는 원칙 중의 하나로 설정해야 한다. 민주주의와 인권, 시민권을 …… 좌익적 실천 속에서도 견지되어야 한다"(조희연 1998b, 152, 153)는 자기반성으로 나타났다.

전술적 차원에서 보면 이 문제는 사회주의권의 해체, 부르주아 민주주의의 확장으로 말미암아 '무장봉기'나 '혁명'의 전망이 흐린 상황에서 급진 이념이 어떻게 대처해야 할 것인가를 둘러싼 논쟁이었다. 하지만 이것은 현실 사회주의의 실패를 인정하면서도 자본주의 체제를 변혁하고자 하는 급진 이념의 방향 설정 문제와 연결되지 않을 수 없었다. '부르주아' 민주주의의 성과와 진보성을 인정하고 그것을 미래 사회에도 활용하자는 주장은 너무나 당연한 말이지만, 자본주의 체제의 극복·지양을 목표로 삼는 급진 이념이 '부르주아' 민주주의의 성과를 적극 인정하고 이 속에서 변혁의 과제를 설정하게 되면 사회민주주의로 흐르거나 기존 체제에 함몰될 위험성을 안고 있었다.

핵심은 급진 이념이 고수하던 치열한 계급성을 담보로 한 변혁의 전망을 어떻게 현실 속에서 조화시킬 것인가의 문제였다. 혁명이나 대중 봉기의 가능성은 차치하고 자본주의의 대안 체제로서 사회주의 그 자체에 대한 회의가 압도하는 가운데 급진주의의 전통적인 구호들은 대중적 호응을 잃고 있었다. 부르주아 민주주의의 진보성을 인정하면서 미래 사회에도 그 원칙은 견지되어야 한다는 반성은 운동 진영의 실천 관행은 물론 부르주아 민주주의를 일방적으로 부정하던 기존 이념의 방향 전환을 요구하고 있었다. 한국 민주화의 수준을 '이완된 파시즘' 정도로 격하하며 "민주 변혁이란 무엇보다 자본주의적 지배·착취 구조의 타파를 목표로 하는 것이기 때문에 민주 변혁 운동의 중심적 과제는 계급 문제"라고 강조하는 논자조차 "노동자·민중 세력이 주도하고 거기에 중간층과 시민 민주주의 세력이 연대하는 형태의 민주화 운동"을[10] 대안으로 제시하는 주장은 계급성을 현실 속에서 변형·관철시키고자 하는 당시 급진 이념의 고민을 보여 주고 있었다.

(2) 노동계급의 정치 세력화 : '제도권' 정치조직으로의 전환

6월 항쟁 이후 마련된 민주화는 분명히 한계가 있었다. 급진 이념의 시각에서 보자면 기본적으로 그것은 아래로부터의 민주화 압력에 의해 추동되었으나 최종적으로는 군부 집권 세력이 민주화 운동 세력을 분열시켜 그 일부를 포섭함으로써 이루어진 위로부터의 타협적 민주화였고, 민주화 개혁은 선거의 절차적 정당성을 마련하는 데 그친 근본적 한계를 안고 있었다. '타협에 의한 민주화'가 실행되며 노동계급을 비롯한 민중은 여전히 배제되었으며, 지역주의가 한국 정치의 지형도를 지배하며 정치적 대표 체제가 계급

---

10 김세균(1997, 332, 53). 앞의 문장은 1993년, 뒷 문장은 1995년.

·계층에 입각해 형성되지 못하고 보수 세력들의 독무대가 된 모습은 분명히 민주화의 부정적 모습이었다. 특히 전두환 정권과 질적 차별성을 확보하기 어려웠던 노태우 정권의 경우 "폭력과 정치력의 효과적 결합"(배성인 2001, 151)인 의사 개량화를 통해 기층 민중의 요구를 배제하고 민중 진영에 대한 폭력적 탄압과 물리적 직접 공세를 정당화하는 이완된 파시즘에 불과했다는 주장은 그런대로 설득력을 갖고 있었다. 그랬던 만큼 적어도 노태우 정권 시절에는 민중운동의 활성화, 지배 권력의 불안정성, 진보 세력의 재결집을 통한 '변혁' 전망의 현실화에 대한 기대가 많았다.

그러나 다른 한편 아무리 '타협에 의한 민주화'의 '기만적 성격'을 갖고 출발한 민주화라고 해도 그것이 '국가의 민주화'와 '사회의 민주화'라는 측면에서 조금씩이나마 성과를 갖고 진행되어 온 것 또한 사실이었다. 예를 들어 김영삼 정권은 민선 군부 정권에서 민선·민간 정권으로의 변화이며(조희연 1998b, 제4장), 뒤이은 김대중 정권은 과거 반민주 저항의 대상이었던 국가권력이 재편되며 '합리화' 과정에 있는 "자본주의 국가 혹은 부르주아적 국가 …… 중도 자유주의적 성격의 신보수로 전환하는 것으로 파악할 수 있다"(조희연 1998a, 266)는 주장은 결국 한국 사회가 일정하게 민주주의를 성취하고 확장했음을 말해 주는 것이다. 이것은 급진 이념에서도 인정하지 않을 수 없는 사실이었다.

한국 정치의 민주화 이행은 변혁 진영에 고민을 안겨 주었다. 급진 이념은 사회주의 전망을 유지하고 계급 중심의 관점을 견지하는 세력이다. 하지만 사회주의 지향이라는 '최종' 목표가 민주화 이후 한국 사회의 다수 구성원에서 매력적인 대안으로 다가서지 못하고 있었다. 사회주의라는 목표의 당위성을 강조하기 전에 한국 사회는 어떤 점에서 문제가 있고, 그것이 왜 사회주의라는 새로운 사회체제를 통해 극복되어야 하는지를 먼저 납득시켜야 했다. 급진 이념은 이 문제를 민주주의와 관련해 규정지었다. 그것은 민주화로 인해 우리 사회가 오히려 더 나쁜 방향으로 가고 있으며, 근본적으로 민주주의의 완성은 사회주의 속에서 가능하다는 주장이었다. 곧 민주화 이후 한국 민주주의의 진전, 그리고 민주주의 자체에 담겨진 일정한 진보성을 인정하지만 그것은 근본적으로 한계가 있으며, 한국의 경우에는 더 큰 문제점을 갖고 있다는 것이다.

'부르주아' 민주주의의 허위와 한계에 대한 급진 이념의 비판은 어제오늘의 일이 아니지만, 더욱 현실적이고 구체적인 근거에서 한국 민주주의의 위기를 주장하는 논의들은 한국 사회의 보수화, 절차적 민주주의로 민주주의 개념의 축소, 이에 따른 민중 배제의 정치로 모아졌다. 손호철의 지적대로 민주화 이후 "야누스적인 중산층이 급진적인 민중운동에 대한 위기의식에서 재벌과 자본의 헤게모니에 편입됨으로써 시민사회는 보수적 헤게모니하에 놓이게 되고 패권적 부르주아지와 야누스적인 중산층의 계급 동맹의 장으로 변질"(손호철 2003, 571)되어 민중 부문의 배제를 통한 사회 전반의 보수화가 이루어졌다는 것이다. 곧 보수 지배의 시민사회와 보수적 국가권력의 결합이 만들어 내는 한국 정치는 민주주의를 극히 좁게 파악해 노동계급을 비롯한 기층 민중의 이익을 조직적으로 배제하고 있다는 지적이다. 이런 상황을 극복하기 위해서는 대자본의 헤게모니 아래 중간층을 포섭하면서 진행되는 기득권 구도를 깨고 민중의 진정한 이익이 대변되는 민주주의를 실현함으로써, "절차적 측면에서도 민주주의의 지속적 발전이 이루어지는 위에서 그 내용적 측면까지 채워져야" 한다고 주장했다(손호철 2003, 475, 481).

급진주의를 포함하는 진보 진영 일반에서 한국 사회의 보수화를 막고 민주주의의 실질적 내용을 채워 넣는 방법으로 제시된 것은 노동계급의 정치세력화, 즉 노동계급을 하나의 정당 혹은 정치조직으로 결속하는 것이었다.

사실 그 필요성은 진보 진영 일반에서 일찍부터 강조되어 왔는데, 특히 민주화 이후 한국 사회의 보수화를 막기 위한 방법으로 논의되었다.

예를 들면 1987년 이후 지역 할거 구도, 독점 대자본의 지배, "시민사회와 정치사회의 패권적 부르주아지와 야누스적 계급 동맹의 장으로 바꾸어 가고 있는 현재진행 중인 위기 재봉인의 과정을 제어할 수 있는 길"(임영일 1992, 201)은 노동계급의 계급 정치를 실현하는 방법 외에는 없다는 주장은 일찍부터 있었다. 약간 더 급진적인 시각에서 현 시기 근로 민중은 "생존권 및 기본권 확보에서 투쟁 의지와 전투적 자발성은 크게 고양되어 있으나 …… 중소 부르주아지와 상층·중간층에는 보수화와 안정화의 심리가 부각되고" 있기 때문에, 민족 민주 운동은 "광범한 대중조직의 기반 위에 힘 있는 진보적 민주 세력이 보수 야당까지도 견인하여 민주를 가장한 극우를 완전히 고립시키고 민주개혁을 실질적으로 추진하고 독자적 정치 세력화를 완수하는 데 있다"(박형준·정관용 1998, 237)는 주장 역시 민주주의의 실현 주체를 노동계급에서 찾고 있었다.

사회변혁의 문제는 유보하고 이 문제를 순수하게 민주주의와 결부시킨 논자들도 있었다. 예를 들면 "서구 민주주의 역사가 보여 주듯이 노동자계급은 가장 일관적인 민주화 추진 세력 …… 다시 말해 노동자계급의 정치 세력화는 민주주의의 발전과 병행한다"(김호기·김정훈 1997, 228)는 주장은 1987년 이후 민주주의가 절차적 민주주의로 축소되고 사회 전반의 보수화가 나타난 데 대한 반발이었다. 더 나아가 한국 정당정치는 정당 내부의 민주화와 정당 체계의 변화가 필요한데, 새로운 정강과 이념을 지닌 진보 정당은 "기존의 한국 정당정치가 지니고 있는 문제를 해소·극복할 수 있는 중요한 계기"(이광일 2003, 334)라는 주장도 있었다. 곧 정당 구조의 개선부터 한국 사회의 실질적인 민주화의 완성까지 다양한 문제의 해결책으로 노동계급의 정치 세력화가 제시된 것이었다.

이런 주장들은 '운동권'이라는 말이 풍기는 비밀 조직, 음모, 반합법 등의 이미지에서 벗어나 공개적이고 합법적인 '제도권' 정치조직으로의 변화를 가리키고 있다. 화염병·팸플릿·대규모 가두시위가 아니라 민주주의의 진전과 원칙을 활용하면서 기존의 정당들과 경쟁하는 공개적 정치조직이 됨으로써 사회 구성원들의 지지를 흡수한다는 주장이었다. 이것은 '혁명적 계급의식의 담지자로서의 노동계급'이라는 급진 이념의 오랜 상식을 뒤집는 발상이었기 때문에 내부의 반발을 불러일으켰다. 그러나 한국 노동계급의 정치 성향과 1987년 노동자 대투쟁의 성격을 재평가하는 연구들은 '혁명적 실천의 주체로서의 노동계급'이라는 기존의 등식을 수정할 것을 요구하고 있었다.

(3) 노동계급과 노동운동 : 현실의 노동계급

1987년 이후 한국의 민주화가 진전되며 대규모 정치 집회의 모습도 바뀌었다. 규모도 축소되었지만 6월 항쟁에서 큰 역할을 담당했던 이른바 '넥타이 부대'로 표현되는 중간층의 참여가 현저히 줄어들고 학생들과 노동자들이 주로 그 자리를 차지했다. 여소야대의 의석 구도를 탈피하기 위해 노태우 정부 아래 이루어진 민정·민주·공화의 3당 합당에 항의하기 위한 1991년 5월 투쟁까지는 그래도 학생들의 참여가 높았다. 명지대생 강경대와 성균관대생 김귀정이 경찰의 과잉 진압으로 사망하고 노동자와 빈민의 분신, 한진중공업 박창수 노조 위원장의 의문사까지 포함해 모두 13명이 사망한 대규모 격렬 시위였다. 운동 진영은 이 투쟁을 변혁의 열기로 확장하려 했으나 '유서 대필 논쟁' '정원식 총리의 봉변 사건'을 계기로 수세에 몰리며 급격하게 소실되고 만다. 그 이후 학생들의 탈정치화가 빠르게 진행되며 사회적 쟁점을 불러일으키는 대규모 집회는 주로 노동운동 쪽에서 제기되었고, 노동운동은 그 빈도와 규모에서 한국 사회의 중심 이슈가 되었다.

이런 상황 변화가 아니더라도 급진 이념은 기본적으로 노동계급에 그 실천적 기반을 두고 있다. 한국의 노동계급은 1987년 대투쟁을 통해 스스로를 하나의 계급으로서 세우는 데 성공했고, 그 후 지속적으로 한국의 정치·사회·경제에 가장 중요한 세력으로 부각되었다. 그런데 쟁의 현장에서는 전투를 방불케 하는 투쟁이 치열하게 펼쳐지면서도 변혁의 전망은 소실되고 경제적 이익 확보로 귀결되는 노동운동의 반복, 자본·국가·언론의 '노동자 이기주의' 공세, 그리고 이에 동조하는 사회적 분위기의 확산은 노동계급에 어색한 상황을 연출하고 있었다.

게다가 노동계급의 생활 조건이 점점 향상된 것도 분명했다. 이것을 한국의 종속적 자본주의 발전에 따른 개량의 물적 조건 확보에 의해서건, 근본적 변혁을 막기 위한 지배계급의 양보로 보건, 혹은 민중의 실질적 생활은 별로 나아지지 않은 채 수치상 몇몇 지표만 상승했다고 비판하건(백욱인 1990), 노동계급을 비롯한 민중의 생활수준이 향상되었다는 것만은 명백했다. 곧 '민중의 고통 악화와 혁명적 열기로의 고양'이라는 1980년대 인식에 위기가 온 것이었다. 과연 한국의 노동계급은 변혁의 주체 세력인가? 그렇지 않다면, 1987년의 노동자 대투쟁에서 열기를 불태웠던 그들은 한국의 노동계급이 아니었는가?

구체적으로 그것은 노동운동을 실증적으로 검토한 논자들 사이에서 1987년 노동자 대투쟁의 의미를 확인하는 작업으로 진행되었다. 여기서 연구자들은 대투쟁이 체제 변혁을 지향한 것이 아니라 "1980년대 초반 5공 정권의 억압으로 말살된 민주 노조를 되찾는 운동의 출발에 불과한 것"(노중기

1997, 196)이었다고 결론을 내렸다. 6월 항쟁에서 노동계급은 하나의 계급 세력으로서가 아니라 "시민으로서 참여한 것"이며 "노동운동은 민주화의 추동자이기보다는 결과물"(같은 책 207, 210)이라는 것이다. 또 다른 연구자 역시 "한국 노동자계급은 결코 위기 유발의 원인 제공자도 아니었고 더욱이 그 수습의 계급 주체는 더더욱 아니었다. 그리고 87년 대투쟁 이후 …… 이러한 상황에 근본적으로 달라지고 있는 것은 아니다"(임영일 1992, 197, 198)라며 노동계급의 힘에 대한 과잉 평가를 경계했다. 1987년 대투쟁과 시간적 격차를 두고 이루어진 연구에서 두 사람은 한국 노동계급의 혁명성에 대한 선험적 가정에 의문을 표시하고, 노동자들의 실제 소망과 진보 진영의 기대감의 간극을 메워야 할 필요성을 제시했다.

한국 노동계급의 특징과 정치적 성향을 작업장 수준에서 실증적으로 제시한 김동춘의 연구는 한층 더 그것을 보여 주고 있다. 그의 조사는 한국의 노동자는 작업장 수준에서 높은 연대 의식, 정치사회적 차원에서 파편화가 공존하고 있으며, 전투적 노동조합운동과 탈계급적 정치 현실이라는 상황의 결합 속에서 대안적 사회체제에 대한 비전이 거의 없다고 결론을 내렸다. 노동 해방의 의미를 묻는 질문에 노동자들의 4퍼센트만 사회주의라고 대답한 반면, 88퍼센트는 사회적 차별의 폐지라고 대답했다는 것이다(김동춘 1995, 418). 한마디로 노동조합이 조직되고, 부족하지만 전국적인 조직이 창설되며 노동계급 활동 공간이 확대되는데도 불구하고 변혁성을 상실하고 있다는 것이다.

위의 세 연구는 급진 이념의 기대와 달리 한국의 노동계급은 변혁 이념의 담지자도 아니며, 앞으로도 그런 가능성은 별로 없음을 보여 주었다. 그렇다면 노동계급의 정치 조직화 역시 거창한 변혁 구호나 급진적인 혁명 논리보다는 노동자들의 실생활과 밀착한 더욱 현실적인 쟁점을 중심으로 이루어져야 한다는 결론이 나온다. 여기에 한국 노동운동의 위기론이 가세했다.

　노동운동의 위기가 제시된 것은 1992년으로, 노동운동 내부에 깊이 관련한 인사들이 전노협의 노선과 관련된 위기론을 제기하며 치열한 논쟁을 벌였다. 문제의 본질은 전노협의 투쟁 방식, 즉 '전투적 노동조합주의' 방식과 사회주의 지향성이었다. 비판자들은 노동계급의 치열한 투쟁이 오히려 노동운동 자체가 사회에서 외면받는 계기를 마련하고 있으며, 사회주의 지향이라는 지도부의 구호와는 달리 사업장 내에서 임금 인상이나 작업 조건 개선으로 귀착되는 현실을 문제 삼았다.

　최초로 이 문제를 제기한 박승옥은 숱한 투쟁을 해왔음에도 단결 의식의 약화, 계급의식의 저열함, 나쁜 의미에서의 개인주의·이기주의가 노동운동의 중요한 문제로 거론되는 현실을 지적하며 노동운동이 위기에 처했음을 지적했다. 그는 위기의 근거로서 노조 조직률 감소, 쟁의 건수 감소, 대부분 민주 노조 핵심 지도부에 해당하는 구속 노동자 수의 증가를 구체적 지표로 제시하며 그 원인을 자본과 국가의 노동 통제 양식 변화에 제대로 대응하지 못하는 노동운동 지도부의 '투쟁 만능' '전투적 노동조합'에서 찾았다. 그리고는 "노동조합운동은 기존의 전투적 조합주의, 정치 편향주의, 소수 간부 위주의 투쟁, 민주-어용의 도식적 조직 노선을 폐기해야만 한다"(박승옥 1992, 245)고 단언했다. 이와 유사한 시각에서 김형기 역시 한국의 노동운동은 '구조적 위기'에 빠져 있으며 "현재의 노동운동 위기를 구성하는 주체적인 요인은 …… 전투적 노동조합주의 노선"(김형기 1992, 26)이라고 명시했다.

　물론 격렬한 비판이 쏟아졌다. 노동운동은 구조적 위기가 아니라 일시적인 "고양기에 이어 퇴조기가 도래하는 것은 자연스러운 현상"이라면서, 퇴조기의 과제를 정확하게 설정하고 그것을 실현한 전술을 마련하지 못한 "운동 주체의 미숙한 대응이 위기의식을 심화시키고"(노회찬 1992, 152) 있다는 반박을 필두로 노동운동의 위기가 아니라 '노동운동론의 위기'에 불과하다는 비판도 제기되었다. 후자의 입장에서 보면 위기론이란 조합주의에 근거해 "사회적 노동의 착취 …… 를 눈감아 주며, 나아가 이러한 공범 관계의 대가로 자본으로부터 일정한 빵부스러기를 얻어먹으며 자본주의, 제국주의적인 사회적 관계를 …… 온존·유지하는 데 이바지"(강수돌·황기돈 1992, 79)하는 데 불과하다. 또한 전투성은 "노동자계급의 존재 조건에서 나오는 생명 같은 계급성"이며, "부정되는 것이 아니라 오히려 강화되어야 할 민주 노조 운동의 소중한 기풍이고 전통"(유범상 2005, 14, 15에서 재인용)이라고도 반박했다.

외견상 노동운동의 방향을 둘러싼 시각 차이로 비치는 '위기 논쟁'의 밑에는 노동계급 운동과 변혁의 관계를 둘러싼 더욱 깊은 이념적 편차가 내재되어 있었다. 본인들의 의도와는 상관없이 '진보적 노자 관계' '사회 발전적 노동운동'의 주창자들은 기존 사회관계에 매몰되어 국가·자본의 노동운동 순치 전략을 추종하는 듯이 보였기 때문이다. 노동계급 운동은 "국민적 관점에서 국민경제와 국민국가 및 시민사회의 지속적 발전을 위해 책임을 진다"(김형기 1992, 28)는 주장은 변혁론의 입장에서 보면 완전히 기존 현실에 매몰된 것이었다. 그런 입장은 노동운동이 변혁을 지향하기보다는 체제 발전의 한 부분으로서 기능할 것을 요구함으로써 변혁의 담지자로서 노동계급이라는 급진 이념의 오랜 등식을 폐기할 것을 요구하고 있었다.

이 문제는 현실 사회주의의 몰락 이후 과연 노동계급 운동을 통해 사회주의를 성취한다는 오랜 확신이 계속 유효한 것인지, 한국 사회에서 노동계급 운동은 과연 변혁 운동의 성격을 갖고 있는지에 대한 의문과 결부되지 않을 수 없었다. 만일 그 평가가 부정적이라면 노동계급의 정치 조직화 역시 다른 방향에서 추진되어야 할 것이었다. 곧 변혁이라는 구호 아래 사회주의를 이상으로 설정하고 운동의 정치를 동력으로 삼아 대규모 시위와 봉기를 추진하는 조직이 아니라, 노동자들의 일상적 삶과 밀착한 문제를 의제로 삼고 그 실현을 위해 제도 정치와 대결하는 조직이 될 필요가 있다. 아울러 노동계급의 정치 세력화 역시 체제의 참여를 통해 그것을 지양하고자 하는 더욱 현실적인 방향으로 조직되어야 함을 의미하는 것이었다.

급진 진영도 이런 인식을 공유하며 노동계급의 정치 조직화를 더욱 유연한 입장에서 추진할 것을 절감하고 있었다. 하지만 한국 급진주의에서는 반목과 분열이 일상적이었으며 노동조합을 필두로 하는 다양한 노동계급의 조직 역시 이해관계가 상충하며 하나의 목소리로 묶기 어려운 상황이었다. 1987년 이후 세 차례의 대통령 선거와 네 차례의 총선은 오히려 한국에서 진보 정당의 가능성에 대한 불확실성만 증폭시켰다. 급진 이념을 포함한 진보 진영은 불화와 분열을 거듭했을 뿐 한 번도 의미 있는 세력으로 결집하지 못했다. '변혁'은커녕 '개혁' 세력으로서의 정치 세력화조차 난망難望한 상황이었다. 그러나 자본주의는 '자신의 묘지를 팔 인부人夫'를 '신자유주의'라는 이름으로 만들어 냈다.

4) 신자유주의하에서의 급진 이념

(1) 급진 이념의 새 방향 : 발상과 전술의 전환

1990년대는 분명 급진 이념에게 위기의 시기였다. 현실 사회주의 붕괴, 북한의 현실, 사회주의에 대한 확신의 실종, 중간층의 무관심과 냉대, 급진 진영 자체의 분열은 더는 악화될 수조차 없는 최악의 상황이었다. 그러나

1997년 IMF 구제금융을 계기로 본격적으로 몰아닥친 신자유주의의 공세는 급진 세력의 부활이라는 예기치 않은 결과를 몰고 왔다. 이때까지 급진 세력은 비록 독자적인 통합 정치 세력화에 이르지는 못했지만 노동운동을 매개로 지속적으로 정치권에 압박을 가하고 있었다. 특히 1995년 민주노총이 창립되며 노동계급의 집단적 이익을 대변하는 효과적 조직을 갖춤으로써 보수 세력이 주도하는 정치 지형의 우경화를 억제하는 영향력을 발휘하고 있었다. 1996년 말 '국가 경쟁력 강화' '성장'을 전면에 내건 보수 세력은 정리해고, 고용 유연화 등을 법제화한 노동법을 제정하고자 했으나 민주노총 주도로 1997년 초까지 지속된 총파업을 통해 무효화시켰다.

그러나 1997년 IMF 구제금융 사태가 일어나면서 노동시장의 유연화·정리해고·비정규직을 골자로 하는 보수 세력의 요구가 다시 인정되었다. 급진 이념이 보기에 김대중 정부가 IMF 프로그램에 따라 충실히 수행한 정책들은 정치적 민주주의의 공간은 일정 정도 용인하지만 사회경제적 민주화 요구는 철저히 배제하려는 지배계급의 전략 구도와 부합하는 것이었다. 따라서 급진 세력을 위시한 진보적 민중운동 진영은 신자유주의적 질서 재편을 그대로 용인할 것인지, 아니면 "그에 저항하여 정치적 민주화를 넘어선 사회경제적 민주화에 한걸음 더 다가서기 위해 민중주의 프로젝트로 맞설 것인지 선택의 기로"(최형익 1999, 116)에 놓여 있었다.

당연히 후자의 길을 택한 급진 이념은 신자유주의라는 자본 이데올로기에 대항할 무기를 사회주의에서 찾았지만, 다른 한편으로 노동시장 유연화, 전반적 삶의 질 저하, 고용 불안, 비정규직의 문제는 정책 대안의 중요성을 더욱 증대시켰다. 신자유주의는 "한편으로는 사회주의의 우월성과 신자유주의 및 자본주의의 비인간성을 확인시켰던 반면, 다른 한편으로는 근대화 담론의 부활과 권력관계의 심화를 경험하면서 사회주의 이념의 무기력과 비현실성을 확인시키는 이중의 역할을 했다"(유범상 2005 43-44)는 지적대로 현실적 정책 대안을 마련해야 할 필요성을 확인시켜 준 계기였다. 이론의 과학성을 전제로 하고 혁명의 필연성을 연역적으로 도출하는 사회구성체 논쟁은 더는 현실에서 받아들여지지 않게 되었다.

특히 1997년 총파업 투쟁은 급진 세력에 노동계급 운동의 활성화와 방향 전환의 필요성을 재인식시켜 준 계기였다. 그것은 "처음으로 노동자계급 대중이 국가 정치에 능동적으로 개입하여 정세에 영향을 미쳤다는 점에서"(노중기 1997, 216) 획기적인 사건이었다. 1987년 대투쟁이 "인간 선언이었다면 1996~97년 총파업투쟁은 한국 노동자계급의 '정치 선언'"(이종호 2002, 58)이었던 것이다. 이 투쟁으로 민주노총은 합법성과 한국 노동조합운동의 대표성을 획득했으며, 우리 사회의 보수 정치를 뛰어넘는 '새로운 정치'의 가능성과 힘을 보여 주었다. 특히 1997년 노동법 날치기 파동을 의회에서 자신을 대변해 줄 수 있는 세력이 부재한 데서 그 중요한 원인을 찾았던 노동계급 진영에는 이제 대선이나 총선에 맞추어 만들었다가 선거가 끝나면 다시 해체되는 그런 비운을 겪지 않을 힘 있고 영속적인 정치조직, 현실적인 정책 대안을 제시할 수 있는 정치조직에 대한 필요성이 그 어느 때보다 커졌던 것이다.

정책 대안을 제시하는 영속적인 정치조직의 형성은 노동자 정치의 방향 설정과 결부되지 않을 수 없었다. 강한 계급성을 기반으로 삼고 변혁을 지향하는 조직이 될 것인지, 궁극적 지향점은 변혁에 두더라도 노동계급을 넘어 서민이나 민중 등으로 대변되는 우리 사회의 피지배층 일부까지 포괄하는 체제 '내'의 세력으로서 기존 질서의 규칙을 따르면서 체제의 지양을 꾀할 것인지 선택해야 하는 것이다. 또한 조직의 구성도 과거처럼 소규모 운동가 조직으로 할 것인지, 대중조직을 지향할 것인지도 결정해야 한다. 그동안은 권력의 혹독한 탄압에 맞서 소수의 반합법적 혁명 조직이 아니면 생존할 수도 없었지만 민주화 이후 방향 수정의 필요성은 널리 인식되고 있었다.

소위 '운동권'을 오랫동안 지배한 관념은 레닌식 '전위당' 모델인데, 소수의 활동가를 중심으로 당의 결속과 비밀을 유지하며 대중을 투쟁의 대열로 끌어들인다는 생각을 기본으로 하고 있다. 기본적으로 일체의 정치적 반대 활동이 봉쇄된 혁명기 러시아의 상황을 배경으로 삼는 이 모델은 당을 합법·비합법, 공개·비공개, 간부·대중의 조직으로 나누고, 겉으로 드러난 합법 활동과는 별개로 소수 선진 활동가들이 대중을 인도해 혁명 국면으로 고양시킨다는 논리를 갖고 있었다. 그리고 조직 구성 역시 비합법 전위당, 반합법 통일전선체, 합법 정당으로 구성된다는 것이었다.

물론 민중당의 장기표·김문수는 이런 주장이 교조주의에 불과하다고 비판했던 반면, 당시 PD 좌파 진영의 핵심인 오세철 민중회의 준비위원회 위원장이나 남한사회주의노동자동맹(약칭 사노맹)은 이 입장을 고수했다. 비판자들의 논리는, 합법 정당은 패배주의·청산주의·합법주의의 산물이라는 것이었다. 그러나 1992년에 오면 당시 인민노련·노동계급·삼민동맹의 소위 PD 3파연합이 일련의 논의를 거쳐 1992년 2월 민중당과 통합함으로써 전위당 노선을 폐기했다. 그 이전에도 '민중당' '민중의 당'은 전위당 개념을 폐기하고 합법적 대중정당을 내세웠지만, 한국 운동권 전체에 전위당 폐기 문제를 본격적으로 제기한 것은 이때로 보아도 좋을 것이다. 이제 급진 진영은 공개적이고 합법적인 대중 정치조직, 운동가 위주의 소수 조직이 아니라 광범위한 사회 구성원을 포괄하는 대중정당이 되어야 한다는 데 동의했다.

(2) 노동자 정치의 실천 방향 : 공개적 합법 정당의 결성

노동계급의 정치 세력화는 이미 1987년 대선부터 민중의 정치 세력화라는 이름으로 진행되어 오던 운동의 연장이다. 그리고 합법 정당 결성 운동은 1988년 '민중의 당', 1990년 '민중당'이라는 형태로 두 차례 결실을 거둔 바 있었다. 하지만 그동안 급진 진영은 네 차례의 대통령 선거와 다섯 차례의 총선을 치르면서 한 번도 통합된 모습을 보여 준 적이 없었다. 1987년과 1992년 대선은 이른바 독자 후보, 비판적 지지, 단일 후보를 놓고 분열되었으며, 한번 일어난 분열은 그다음 선거에서도 증폭되어 상호 불신만 되풀이되었다. 정파나 입장을 달리 하는 경우, 진보 진영을 대표해 나선 후보들에 대한 지지도 찾기 어려운 것이 현실이었다.

진보 정치 세력화의 일선에서 활동했던 황광우는 1988년 '민중의 당', 1990년 '민중당' 창당 시 겪었던 "가장 뼈저린 아픔은 같은 길을 걸어온 민중운동 진영의 무시였다. 아니 의도가 내포된 무관심이었다"(황광우 2000, 37)고 토로할 정도였다. 그렇다고 서로를 갈라놓을 이념이나 노선의 차이가 뚜렷한 것도 아니었다. 한 활동가의 지적대로 1972~87년 전개된 운동이나 투쟁은 "고집이 세고 비타협적이고 독불장군"(주대환 1994, 62)인 지사들을 키워냈을 뿐이며, 다른 정파를 무시하고 백안시하는 운동권의 태도는 그 어떤 이론적 근거보다 바로 이 시기 형성된 관습과 관념이 크게 작용했던 것이다. 그리고 이 단계에 오면 "민중운동 진영이 내부에 안고 있는 정파적 차이를 '사회주의'라고 하는 대의 앞에서 녹여 낼 수 있다면 조직적 통일을 위한 발걸음은 한결 가벼워질 것"(황광우 2000, 43)이라는 주장이 신자유주의의 공세 앞에서 설득력을 얻고 있었다. 특히 민주노총이 1995년 설립됨으로써 급진 이념의 현실적 토대가 마련되었다는 사실은 통일적 조직체의 필요성을 한층 높였다.

아울러 도식적 주장이나 미래 사회의 유토피아적 비전을 벗어나 우리 사회 구성원의 현실적 필요에 입각한 대안 사회의 비전과 그 실현 방법도 제시해야 했다. 그동안 한국의 급진 이념은 자신들이 주장하는 대안 사회의 모델과 실현 방법, 그 구체적 비전을 사회 구성원들에게 설득력 있게 제시하는 작업을 하지 않았다. 그럴 필요가 없었다. 이념 자체가 국가보안법으로 단죄되는 상황에서 공개적으로 발표할 기회도, 자신들과 대립 위치에 있는 우파들과 논쟁 기회도 갖지 못했다. 이념의 근본 틀에 대한 의문을 제기하지 않은 내부의 다양한 분파들 사이의 논쟁은 있었지만, 반대자들이나 사회의 일반 구성원들을 설득하는 것은 아니었다. 기존 체제의 모순이 워낙 뚜렷하고 심각했던 탓에 자신들이 주장하는 대안 사회에는 그 반대 이미지만 부여해도 충분했다.

그러나 반신자유주의 투쟁이 중요한 과제로 떠오르고 민주화 이후 진보 정당의 활동 여건이 마련됨에 따라 이제는 '현실적'이고 '설득력 있는' '정책 대안'을 제시하는 정치 세력으로서 대중적 지지를 받아야 했다. 물론 궁극적 목표는 노동자를 비롯한 민중의 사회적·정치적 주체 형성과 정치권력을 획득을 통한 대안 체제의 실현이지만 그 실현 방법과 조직은 달라져 있었다. 과거처럼 정권과의 건곤일척 승부에 모든 것을 거는 혁명 조직이 아니라, 보수 독점의 정치 구조에서 비롯된 지역주의의 낡은 틀을 깨고 소외된 민중의 사회경제적 이익을 대변하며 자주적 입장에서 남북 분단 해체와 한반도 평화 정착을 실현하는 공개적 대중정당으로 탈바꿈하려는 것이었다. 그것은 또한 한국 정치를 혁명이 아니라 '최종적으로는 혁명적 변혁으로 누적될 개혁의 정치'로 이끌고자 하는 목표의 반영이기도 했다. 이미 1997년의 15대 대통령 선거를 앞두고 1996년 겨울 민주노총 위원장 권영길을 중심으로 조

직된 '국민승리 21'은 '일어나라 코리아' '국민과 함께 하는 노동운동'의 기치
를 내걸고 계급·민중이 아니라 '국민'이라는 중립적 어휘를 사용하기 시작했
다. 그리고 그 방향은 2000년 창당된 민주노동당으로 이어졌다.

(3) 급진 이념의 결실 : 민주노동당

급진 이념의 방향 전환은 현재 한국 노동계급 정치 세력화의 중심에 서
있는 민주노동당에서 여실히 나타난다. 민주노동당은 '계급 지향의 대중정
당'이라고 볼 수 있다. 그들이 지향하는 목표는 자본주의를 넘어선 대안 사
회지만 그 실현 방법을 선거 참여에 두고 조직의 구성 원리는 중간층까지 포
함하는 포괄적인 대중정당에 두고 있기 때문이다.

민주노동당은 그 창당 선언문에서 "민주, 평등, 해방의 새 세상을 향한 민
중의 열망을 담아" "외세를 물리치고 반민중적인 정치권력을 몰아내어 민중
이 주인되는 진보 정치를 실현하며, 자본주의 체제를 넘어 모든 인간이 인간
답게 살 수 있는 평등과 해방의 새 세상으로 전진해 나갈 것"임을 밝히며 '민
주적 사회주의'라는 체제 대안을 내세우고 있다(민주노동당 2000, 1-2). 그것은
"국가사회주의의 오류와 사회민주주의의 한계를 극복"하고 "사회주의적 이
상과 원칙을 계승 발전"시켜 "이윤을 목적으로 하는 사적 소유권을 제한하고
생산수단을 사회화함으로써 삶에 필수적인 재화와 서비스는 공공의 목적에
따라 생산"(민주노동당 2000, 4)하는 체제를 말한다.

당의 강령을 작성하고 기본 노선을 작성하는 데 큰 역할을 한 장상환은
현실 사회주의와 사회민주주의는 대안이 될 수 없으며, "사회주의를 통해 민
주주의를 실현하려는"(장상환 2000, 65) '민주적 사회주의'를 목표로 설정한다.

그리고 이 체제는 정치적으로는 민주주의와 다당제, 경제적으로는 시장의 활용을 통한 효율과 생산수단의 사회화를 통한 평등을 동시에 추구한다고 주장한다. 그는 "자본주의의 본질은 …… 자본의 임노동에 대한 지배에 있으며" 민주적 사회주의는 "시장을 배제하는 것이 아니라 시장의 메커니즘을 활용해야 하는 것"(장상환 2000, 77)이라고 규정하며, 이 체제가 시장보다는 사회적 조절과 사회적 소유를 우위에 놓고 있음을 강조한다.

그 밖에 생태계 보존, "세계화된 자본에 맞서는 전 세계 노동자계급, 착취당하는 민중, 억압당하는 민족과의 국제 연대에 앞장서 정의와 평화가 넘쳐흐르는 인류 공동체를 건설"(민주노동당 2000, 4)한다는 포괄적인 목표를 제시하고 있다. 그리고 당의 성격에 대해서는 아직 노동자들의 조직률이 낮고, 계급적 정치의식이 취약해 "현 단계의 과제인 철저한 실질적인 민주주의"는 다른 민중과 힘을 합쳐야 하기 때문에 민주노동당은 "계급연합정당"(장상환 2000, 62)이라고 규정했다. 그리고 이러한 강령과 조직을 토대로 2004년 총선에서 스스로를 인정받았다.

그렇지만 모든 급진 진영이 이에 동의한 것은 아니었다. 선명한 계급 지향성과 사회주의를 기치로 내세우며 '좌파의 좌파' 혹은 '계급적 좌파'를 표방하는 측에서는 민주노동당을 사회민주주의·개량주의라고 비판한다.[11] 이들은 이미 '국민승리 21'이 표방한 '일어나라 코리아' '국민과 함께 하는 노동운동' '국민 후보'라는 구호가 담고 있는 변혁 지향의 포기와 체제 내 개혁 세력으로서의 위상 격하를 맹비판한 바 있다. 1998년 창설된 청년진보당을 이

---

11 전국현장조직대표자회의 활동가, 노동자의힘, 사회당 등 여러 분파들이 모여 민주노동당을 사회민주주의라고 비판하는 토론회를 "사회주의정치연합 준비모임"(2003)에서 가졌다. 여기에 참여한 분파들, 그리고 그 외 공간에서 민주노동당을 비판한 세력들이 그 범위와 주장에서 거의 일치하고 있는 점을 감안하면 이들을 불참파로 보아도 큰 무리는 없는 듯하다.

어받은 '사회당'은 "부르주아적이고 개량적인 정책으로 수만 명의 발기인을 모으는" 민주노동당은 사회민주주의가 대세를 이루고 있으며 "사회주의 정신까지 버렸"다고까지 통박했다(오창엽 1999, 158, 163). '노동자의힘' 역시 한국은 국가독점자본주의사회로서 "국독자 이후에 가능한 역사 발전 단계는 …… 역사가 후퇴하지 않는 한 …… 오직 사회주의"(김세균 1997, 106)라는 인식 아래 사회주의로의 변혁 지향을 분명히 고수하고 있다.

이들이 보기에 민주노동당은 노동계급 정치 세력화를 추진하면서도 자기중심적·선점주의적·패권주의적인 실천으로 노동자들의 참여를 제대로 유도해 내지도 못했으며, 민주 노조 진영 내부의 관료주의·개량주의적 흐름을 옹호하는 이념일 뿐이다. 곧 급진 세력에게는 "노동자·민중의 독자적인 정치조직을 만드는 일보다, 사실은 어떤 이념과 노선의 정치조직을 만들 것인가의 문제가 핵심적 중요성"을 갖고 있으며, "조직의 이념은 자본주의적 극복을 목표"로 하고 "노동자·민중의 선진 역량을 주축으로 삼음으로써 '전위성'을 확보할 수 있는 조직 …… 운동 정치 내지 대중 정치의 성장·발전에 복무하는 비제도적 투쟁 정당의 성격을 지녀야 한다"(김세균 1997, 576)고 강조한다.[12]

사회당이나 노동자의 힘은 현재 탈계급화, 탈이데올로기화 현상을 바탕으로 국민 대중 정당 또는 계급 연합 정당을 지향하고 있는 민주노동당을 분명히 반대하고 있다. 하지만 이들은 이념적 순수성을 유지하는 대신 현실적 세력으로서는 그 힘이 미미하다. 결국 한국 급진 이념의 큰 줄기는 민주화의 진전과 상황 변화에 따른 부단한 자기 혁신을 통해 현실적 적응을 이루었다

---

12 이런 점을 들어 '노동자의 힘'은 "볼셰비키를 연상시키는 전위당의 건설을 지향(채장수 2004, 97)"하고 있다는 지적도 받는다.

고 보아야 할 것이다. 즉, 사회주의라는 변혁 전망은 유지하지만, 한국 민주화의 성과를 일정 부분 인정하고, 그 기본 틀을 인정하며 활동하는 가운데 더욱 높은 차원으로 지양하려는 노선으로 자신을 정립한 것이다. 급진 이념은 민주화 이후의 현실과 일정하게 타협하면서 체제 내 세력으로서 선거를 통해 자기 정당성을 인정받겠다는 선택을 했으며, 사회 구성원들은 그 선택을 지지해 주었다.

현재 민주노동당을 중심으로 하는 급진 이념은 지역주의와 보수 독점의 한국 정치를 '진보적으로 견인'하려는 데 초점을 두며 한국 사회의 전반적 우경화와 신자유주의 흐름에 제동을 거는 역할을 하고 있다. '기업하기 좋은 나라' '국가 경쟁력 강화' '노동운동 망국론' 등의 주장에 맞서 인권, 정의, 복지 등의 가치를 내세우고 신자유주의로 대변되는 헤게모니에 맞서고 있다. 또한 보수정당 일색인 한국 정치에서 유일한 이념 정당으로 기층 민중의 이해를 대변하며 남북한 관계와 대미 외교정책에서 자주적 입장을 주장하고 있다. 비록 당장의 성과가 만족스럽지는 않지만 외국인 노동자를 비롯해 기성 정치권이 외면하는 사회적 약자의 입장을 대변하는 역할을 하며 한국 정치를 더욱 진보적인 방향으로 견인하고 있다.

1987년 이후 한국 사회는 비록 급진 이념의 입장에서 보자면 제한된 절차적 민주주의의 틀에 한정되기는 했지만 민주주의의 발전이라는 성과를 거두었다. 이 속에서 급진 진영은 대안 사회의 전망을 갖고 민주화의 질적 고양을 위한 투쟁을 계속해 왔다. 그것은 극우 보수의 탄압과 중간층의 무관심 혹은 냉대를 극복하고 자신을 우리 사회의 대안 세력으로 내세우려 했던 지난至難한 도정이기도 했다. 또한 자신들 내부의 다양한 이견과 입장들이 조율·조화·분화되며 스스로를 정립해 나갔던 과정이기도 했다. 이 과정을 통해 변혁 진영은 우리 사회가 거둔 민주주의의 성과를 인정하면서도 그 한계를 사회주의라는 대안 사회에서 극복하려는 비전을 정립했다. 그 결과 2004년 총선에서 민주노동당의 의회 진출이라는 성과를 거두었다.

결국 한국의 민주화는 체제에 가장 비판적이었던 급진 세력들을 — 물론 전부는 아니더라도 — 체제 내로 포섭하는 데 성공했다. 이제 그들은 기존의 혁명적 관성에서 벗어나 한국 사회를 진보적인 방향으로 견인하고자 노력하고 있다. 구체적으로 보수 독점과 지역주의의 좁은 한계에 맞서 한국 정치의 이데올로기의 폭을 넓히고 계급 정치를 정치적 의제로 제기하며, 무한 경쟁과 적자생존의 신자유주의에 대항해 사회적 복지의 확대와 소외 계층의 권익 향상을 주장한다. 또한 개발 위주의 경제정책에 맞서 생태계 보호를 내세우고, 친미 보수 집단에 대해서는 자주적인 입장에서 분단 해소와 평화 정착의 방안을 제시한다. 결국 이 모든 것은 지금까지 한국 사회를 지배했던 낡은 친미 보수 구도를 해소하고 자본주의가 아닌 새로운 방식의 미래 체제를 지향하는 데 초점을 두고 있다.

물론 이들의 활동이 아직 만족스럽지만은 않다. 아직도 갈 길은 멀다. 기존 정치 구도에서 의미 있는 대안으로서 민주노동당의 존재를 앞으로 계속 인정받을지도 미지수다. 최근의 분열상은 한국 진보 정치의 미래에 의구심까지 불러일으킬 정도다. 그러나 현재 한국 사회가 보여 주는 물질 만능과 무한 경쟁의 자기 파괴적 공허함을 극복하고, 보수 정당들끼리의 권력 독점을 막으면서, 사회 발전의 새로운 가치를 확산시키려는 노력은 급진 이념이 유일하다. 급진 세력들의 단결과 분투가 더욱 필요한 시점이다.

4. 맺는말 : 급진 이념의 한국화

　해방 이후 한국은 반공·친미·자본주의를 근간으로 하는 지배 질서를 형성했다. 여기서 미국은 사회경제적 근대화의 모델, 우리가 '따라가서' 성취해야 할 모범이었다. 이 근본적 전제를 받아들인 한국 사회에는 근대화를 위해 정치적 민주화를 유보할 수 있다는 권위주의 정권, 근대화에는 민주주의의 실현이라는 정치발전이 동반되어야 한다는 자유주의 저항 세력의 대결이 해방 이후 정치의 큰 흐름을 형성해 왔다. 그러나 다른 한쪽에서는 지배 질서의 원리 그 자체에 근본적 의문을 제기하고 질적으로 새로운 사회를 추구하려는 세력이 존재해 왔다. 급진 이념을 근간으로 하는 이 세력들은 가혹한 탄압을 받으면서도 끈질기게 살아남아 1987년 민주화 이후에는 한국 사회의 중요한 정치 세력을 이루게 되었다. 변혁을 지향하는 급진 세력까지 포괄하게 된 해방 이후 한국의 사회·정치 변동은 '발전'이라 불러도 손색이 없을 정도의 성과를 거두었던 것이다.

　이제 급진 이념은 마르크스주의를 '과학'으로 신봉하고 북한이나 소련의 혁명을 실현하려는 입장에서 벗어나 변화된 국제 환경과 국내 상황에 맞는 새로운 이념, 곧 '급진 이념의 한국화'라는 근본적 과제를 모색하고 있다. 사실 해방 공간에서부터 1990년대 초반까지 급진 세력은 이념의 보편성과 과학성을 당연한 것으로 전제하며, 이미 과학으로 '검증'된 마르크스주의의 실천적 '적용'만이 문제라고 보았다. 그들에게 당면 문제는 치열한 혁명 이념의 고수, 실천론의 모색이었다. 근본적 변혁을 이룩할 실천 세력은 자본주의에 의해 이미 마련되어 있으며, 자본주의는 필연적으로 혁명의 전제 조건을 만들어 낼 수밖에 없다는 것은 너무나 자명한 '진리'였다.

해방 이후 급진 이념의 과제는 민족해방과 계급해방이었다. 미국, 국내 지배계급, 군부의 결탁으로 구성된 지배 블록을 타도하고 분단을 극복하고 노동계급을 해방시킨다는 것이 일관된 목표였다. 여기서 방점을 남한의 특수한 모순으로서 민족해방에 둘 것인가, 자본주의 일반의 모순으로서 계급해방에 둘 것인가를 놓고 대립을 벌여 왔으나 '분단 환원론'이나 '자본주의 환원론'이라는 함정에 빠져 들었다. 민족해방 노선에는 남한 사회의 모순이 모두 분단에서 비롯되기 때문에 분단만 없으면 일거에 모든 문제점이 없어진다고 보았으며, 계급해방 노선에서는 자본주의만 극복하면 모든 모순이 해결된다고 보았던 것이다. 이들은 자신의 이론이 옳다는 것을 입증하기 위해 각자 전범典範으로 삼는 '외부'의 '교과서'에서 무수한 구절들을 인용하며 풍부한 지식을 과시했다. 하지만 서구의 경험에서 나온 마르크스주의를 무비판적으로 수용하고, 그 이론 틀에 따라 남한의 현실을 파악하면서, 서구의 사회주의혁명을 모델로 삼은 사회를 '신속'하게 '실천'하려 했다는 점에서 근대화 이론을 신봉한 자유주의자들과 별로 다르지 않았다.

민중은 급진 이론의 '과격한' 주장에는 우려를 표했지만 거기에 담겨 있는 사회 개혁의 목소리, 민주주의의 실현에는 동조했다. 민중의 동조는 제한적이고 선별적이었던 것이다. 그러나 급진 이념은 그것을 '전폭적 지지'로 이해하면서 남한 사회를 혁명적으로 추동하고자 했다. 자본주의와 신식민지의 모순이 심화됨에 따라 민중은 필연적으로 새로운 사회구성체를 지향하는 것은 이미 이론에서 전제된 '과학적' 명제였기 때문이다. 급진 이념은 이렇게 이념의 과잉 속에 빠져듦으로써 왜 남한에 사회주의가 필요하며, 남한에서 실현 가능한 사회주의가 무엇인지, 그 구체적인 모습을 어떻게 제시할 것인지에 대한 근본적 고민을 품지 않았다. 그 결과 자기 이론의 현실적 사례로 삼았던 북한과 동구권이 1990년대 이후 난맥상을 보이면서 자체 혼란을 겪게 되었던 것이다.

그러나 급진 이념은 위기를 극복하고 치열한 자기반성을 거쳐 민주노동당이라는 공식적 정치조직을 설립함으로써 오랜 숙원의 일부를 실현하게 되었다. 비록 사회주의혁명을 이루지는 못했지만 신자유주의의 블랙홀 속으로 빠져 들고 있는 한국 사회를 끌어내고 친미 지배 구도를 저지하기 위해 힘겨운 노력을 하고 있다. 궁극적으로 그들은 기존의 지배 구도를 극복한 '민주적 사회주의'를 실현하려고 하지만 그 방법이나 수단은 의회주의와 운동 정치의 병행에서 찾고 있다. 그리고 한국 사회의 구성원 일부는 여기에 지지를 보냈다.

한 가지 과제가 남아 있다. 현재 민주노동당을 전면에 내세운 급진 이념은 도식적인 사회주의의 이미지에서 벗어나 우리에게 필요하고 실현 가능한 사회주의를 '민주적 사회주의'로 제시하고 있지만, 그것이 얼마나 민중에게 살갑게 다가서고 있는지 진지하게 고민해야 한다. 곧 한국 사회의 구성원들이 납득할 수 있는 사회주의가 그것이다. 우리의 눈으로, 우리의 문제의식에서 바라본 사회주의, '한국식 사회주의'를 구체적으로 마련하는 일이다. 사회 구성원들이 공감할 수 있고, 그래서 의회 진출의 숫자와 관계없이 지배 질서에 압박을 가할 수 있는 자신의 대안 사회론을 설득력 있게 제시하는 일을 말한다. 그리고 이 작업이 마련될 때 '급진 이념의 한국화'가 이루어지고 우리 사상의 한 부분으로 내재화되어 한국 정치를 이끄는 독자적 이념으로 남을 수 있을 것이다.

참고문헌

1장

강인철. 2002. "민주화 과정과 종교 : 1980년대 이후의 한국 종교와 정치."『종교연구』27. 한국
　　종교학회.

＿＿＿. 2005. "한국 개신교 반공주의의 형성과 재생산."『역사비평』봄호. 역사비평사

강정인. 1997. "권위에 대한 한국인의 태도 : 권위 없는 권위주의." 한국정신문화연구원.『형성
　　과 창조 (2-2) : 권위와 문화』. 3-33. 한국정신문화연구원.

＿＿＿. 1998.『세계화, 정보화 그리고 민주주의』. 문학과지성사.

＿＿＿. 2001. "한국 보수주의의 딜레마."『계간 사상』가을호. 사회과학원.

＿＿＿. 2004.『서구중심주의를 넘어서』. 아카넷.

＿＿＿. 2007. "에드먼드 버크 : 근대 보수주의의 원조." 강정인·김용민·황태연 편.『서양근대
　　정치사상사』. 책세상.

＿＿＿. 2008(근간). "개혁적 민주정부 출범 이후(1998~) 한국의 보수주의 : 보수주의의 자기
　　쇄신?"『사회과학연구』16:2. 서강대학교 사회과학연구소.

강정인·공진성·안외순·정승현. 2008. "민주화를 중심으로 본 한국 현대 정치사상의 흐름과 변
　　화."『신아세아』15:2. 신아시아연구소.

강정인·김현아. 2006. "민주화 이후 한국의 보수주의 : 자유민주주의로의 수렴?"『사회과학연구』
　　14:2. 서강대학교 사회과학연구소.

고성국. 1990. "진보당의 이상과 한계." 한배호 편.『한국 현대 정치론 1』. 나남출판.

공보처. 1953.『대통령리승만박사담화집』. 공보처.

김갑식. 2003. "햇볕정책과 지식인 : 신문기고문 내용분석." 김만흠 외.『한국의 언론정치와 지
　　식권력』. 당대.

김도현. 1981. "1950년대의 이승만론." 진덕규 외.『1950년대의 인식』. 한길사

김동춘. 1994. "1960, 70년대 민주화운동세력의 대항이데올로기." 역사문제연구소 편.『한국정
　　치의 지배이데올로기와 대항이데올로기』. 역사비평사.

＿＿＿. 1996. "사상의 전개를 통해 본 한국의 '근대' 모습." 역사문제연구소 편.『한국의 '근대'
　　와 '근대성' 비판』. 역사비평사.

김삼웅 편. 1997.『사료로 보는 20세기 한국사』. 가람기획.

김수자. 2004. "이승만의 일민주의의 제창과 논리."『한국사상사학』22. 한국사상사학회.

김용서. 1992.『한국형 보수주의와 리더십』. 을지서적.

김일영. 2006. "한국정치의 새로운 이념적 좌표를 찾아서 : '뉴라이트'와 '뉴레프트' 그리고 공통

된 지평으로서의 자유주의."『한국정치외교사논총』27:2. 한국정치외교사학회.

김태일. 1990. "민주당의 성격과 역할." 한배호 편.『한국현대정치론 1』. 나남출판.

김혜수. 1995. "정부수립 직후 이승만 정권의 통치이념 정립과정."『이대사원』28. 이화사학연구소.

니스벳, 로버트. 1997. "보수주의." 강정인·김상우 편역.『에드먼드 버크와 보수주의』. 문학과지성사.

대통령비서실. 1976.『박정희대통령 연설문집 5』(8대편·상). 대한공론사.

류대영. 2004. "2천 년대 한국 개신교 보수주의자들의 친미·반공주의 이해."『경제와 사회』여름호. 한울.

마상윤. 2002. "근대화 이데올로기와 미국의 대한 정책 : 케네디 행정부와 5.16 쿠데타."『국제정치논총』42:3. 한국국제정치학회.

문지영. 2007. "민주화 이후 한국의 '자유'민주주의 : 의미와 과제."『사회과학연구』15:2. 서강대학교 사회과학연구소.

박광주. 1988. "한국의 국가이념과 현실."『한국정치학회보』22:2. 한국정치학회.

박세일. 2006.『대한민국 선진화 전략』. 21세기북스.

박정희. 1962.『우리 민족의 나갈 길 : 사회재건의 이념』. 동아출판사.

백운선. 1981. "민주당과 자유당의 정치이념 논쟁." 진덕규 외.『1950년대의 인식』. 한길사

서중석. 1992. "조봉암·진보당의 진보성과 정치적 기반."『역사비평』가을호. 역사비평사

_____. 1994. "민주당·민주당정부의 정치이념." 역사문제연구소 편.『한국정치의 지배이데올로기와 대항이데올로기』. 역사비평사

서희경. 2005. "한국제헌국회(韓國制憲國會)의 정치세력 형성에 관한 연구 : 일제 식민지 시기의 사회세력과의 연관성을 중심으로."『한국정치외교사논총』26:1. 한국정치외교사학회.

신승철. 1986. "보수주의적 경제정책의 공과."『사상과 정책』3:3.

심지연. 1982.『한국민주연구 I』. 풀빛.

어수영·한배호. 1996. "한국정치문화의 변화와 지속성에 관한 연구."『한국정치학회보』가을호. 한국정치학회.

엄한진. 2004. "우경화와 종교의 정치화 : 2003년 '친미반북집회'를 중심으로."『경제와 사회』여름호. 한울.

여현덕. 1987. "8·15 직후 민주주의 논쟁." 박현채·김남식 외.『해방전후사의 인식 3』. 한길사.

역사문제연구소 편. 1994.『한국정치의 지배이데올로기와 대항이데올로기』. 역사비평사.

이나미. 2003. "한국 보수주의 이념의 내용과 의미."『평화연구』11:1. 고려대학교 평화연구소.

이봉희. 1996.『보수주의』. 민음사.

이우영. 2004. "북한관과 남남갈등 : 여론조사와 신문기사를 중심으로." 경남대학교 극동문제연구소 편.『남남갈등 : 진단 및 해소방안』. 경남대학교 극동문제연구소.

이원태. 2006. "인터넷 포퓰리즘과 한국 민주주의."『시민사회와 NGO』4:1. 한양대학교 제3섹터연구소.

이윤희. 2005. "대응사회운동(Countermovement)의 사회적 역할 : 한국의 '뉴라이트 운동' 사

례를 중심으로."『담론201』8:1. 한국사회역사학회.

전상인. 2003. "2002 대선과 한국의 보수."『신보수주의의 등장』. 2003년 추계세미나자료집. 신
아세아질서연구회.

전재호. 1998. "박정희 체제의 민족주의 연구 : 담론과 정책을 중심으로." 서강대학교 대학원 정
치외교학과 박사학위논문.

정천구. 1992. "60년대 조국근대화운동과 체제논쟁." 강광식 외. 『현대 한국체제논쟁사 연구』.
한국정신문화연구원.

정해구. 2006. "뉴라이트운동의 현실인식에 대한 비판적 검토."『역사비평』가을호. 역사비평사.

진덕규 외. 1981.『1950년대의 인식』. 한길사.

최장집·이성형. 1991. "한국사회의 정치이데올로기." 한국산업사회연구회 편.『한국사회와 지
배이데올로기』. 녹두.

최정호. 1989. "무사상의 사회, 그 구조와 내력."『계간 사상』여름호. 사회과학원.

한배호. 1994.『한국정치변동론』. 법문사.

한배호 편. 1990.『한국 현대 정치본 1』. 나남출판.

한상진. 1986. "한국 중산층은 보수적인가."『사상과 정책』3:3.

홍윤기. 2006. "한국 '포퓰리즘' 담론의 철학적 검토 : 현실 능력 있는 포퓰리즘의 작동 편제와
작동 문법 탐색."『시민사회와 NGO』4:1. 한양대학교 제3섹터연구소.

『동아일보』(2004/11/11, 4). "보수 성향 네티즌 5만 명 '사이버 사상전' 펼친다."

『조선일보』(2004/11/11, 12). "보수 진영 '사이버 사상전(思想戰)' 나서."

『중앙일보』(2004/11/11, 14). "인터넷 보수 연합 출범."

『월간 말』(2005년 12월, 234호). "미숙한 민주화 세력이 뉴라이트 인기 불렀다." 인터뷰-뉴라이
트 대표주자 이재교 변호사.

Burke, Edmund. 1968. Reflections on the Revolution in France. ed. *Conor Cruise
O'Brien*. Harmondsworth, England: Penguin.

Huntington, Samuel P. 1957. "Conservatism as an Ideology." *The American Political
Science Review* 51.

Klemperer, Klemens von. 1972. "Conservatism," in *Marxism, Communism and Western
Society : A Comparative Encyclopedia*. Vol. 2. New York, U. S. A.: Herder and
Herder.

Michels, Roberto. 1954. "Conservatism." *Encyclopedia of the Social Sciences*. Vol. 4, New
York, U. S. A.: Macmillan.

Rossiter, Clinton. 1968. "Conservatism." *International Encyclopedia of the Social
Sciences*. Vol. 3. New York, U. S. A.: Macmillan.

2장

강정인. 1998. 『세계화·정보화 그리고 민주주의』. 문학과지성사.

공병호. 1996. "재벌 '속죄양' 의식은 시장경제를 파괴한다." 『사회평론 길』 96-6. 사회평론

_____. 1998a. "재벌, 은행 구조조정의 문제점과 제안 : 여론과 정서에 휘둘리지 말고 순리대로 해야." 『한국논단』 108.

_____. 1998b. "통치자가 대중에 영합, 불법에 눈감으면?" 『한국논단』 110.

_____. 1999. "권위주의와 관치경제인가, 민주주의와 시장경제인가." 『한국논단』 121.

구병삭. 1987. "제9차 헌법개정안에 대한 평가." 『월간고시』 11월. 고시연구사.

국사편찬위원회 편. 1973. 『자료 대한민국사』 6, 7. 국사편찬위원회.

권영성. 1987. "개정헌법안의 성격과 특징." 『월간고시』 11월. 고시연구사.

김광식. 1985(1995). "8·15직후 정치 지도자들의 노선 비교." 진덕규 외. 『해방전후사의 인식 2』. 한길사.

김남식·이정식·한홍구 편. 1986. 『한국현대사 자료총서』 13. 돌베개.

김동춘. 1994. "1960, 70년대 민주화운동세력의 대항 이데올로기." 역사문제연구소 편. 『한국정치의 지배이데올로기와 대항이데올로기』. 역사비평사.

_____. 1999. "한국 사회운동 100년." 『경제와 사회』 겨울호. 한울.

김동택. 1992. "한국사회와 민주변혁론 : 1950년대에서 1980년대까지." 한국정치연구회 사상분과 편. 『현대민주의론 II』. 창작과비평사.

김삼웅 편. 1984. 『민족·민주·민중선언』. 일월서각.

김성우. 2003. "한국에서의 자유주의 : 정치적 자유주의와 경제적 자유주의 : 자유주의 담론에 대한 이론적 비판의 기초 작업." 학술단체협의회 엮음. 『민주주의는 종료된 프로젝트인가 : 현단계 한국 민주주의의 이념, 현황, 전망』. 이후.

김세중. 1997. "헌정주의제도화의 평가와 과제." 최장집·임현진 공편. 『한국사회와 민주주의 : 한국민주화 10년의 평가와 반성』. 나남출판.

김영수. 2000. 『한국헌법사』. 학문사.

김영용. 2004. "재산권 관점에서 본 경제뉴스의 민중주의 비판." 『한국논단』 172.

김용철·윤성이. 2005. 『전자민주주의 : 새로운 정치패러다임의 모색』. 오름.

김호기. 2000. "한국 시민운동의 반성과 전망." 『경제와 사회』 겨울호. 한울.

김일영. 2001. "한국헌법과 '국가–사회' 관계." 한국정치외교사학회 편. 『한국정치와 헌정사』. 한울.

김주성. 2000. "김옥균·박영효의 자유주의정신." 『정치사상연구』 2. 한국정치사상학회.

김철수. 1988. 『한국헌법사』. 대학출판사.

달, 로버트. 1999. 조기제 옮김. 『민주주의와 그 비판자들』. 문학과지성사.

도진순. 1993. "1945~48년 우익의 동향과 민족통일정부수립운동." 서울대 대학원 국사학과 박

사학위논문.

동아일보사. 1990. 『선언으로 본 80년대 민족·민주운동』. 동아일보사.

문지영. 2004. "한국의 자유주의와 자유주의 연구 : 문제와 대안적 시각의 모색." 『한국정치학회보』 38-2. 한국정치학회.

_____. 2005. "한국의 근대국가 형성과 자유주의 : '민주화'의 기원과 전망에 대한 재고찰." 『한국정치학회보』 39-1. 한국정치학회.

_____. 2006. "한국의 민주화와 자유주의 : 자유주의적 민주화 전망의 의미와 한계." 『사회연구』 11. 한국사회조사연구소.

_____. 2007. "민주화 이후 한국의 '자유'민주주의 : 의미와 과제." 『사회과학연구』 15-2. 서강대학교 사회과학연구소.

박명림. 1999. "한국민주주의와 제3의 길 : 민주주의, 사회적 시장경제, 그리고 평화·통일의 결합 : 조봉암 사례연구." 죽산 조봉암선생 기념사업회. 『죽산 조봉암전집 6 : 한국 현대사와 조봉암 노선』. 세명서관.

_____. 2005. "헌법, 헌법주의, 그리고 한국 민주주의 : 2004년 노무현 대통령 탄핵사태를 중심으로." 『한국정치학회보』 39-1. 한국정치학회.

박찬표. 1996. "제헌국회의 의정활동 : 분단·냉전체제하의 정치사회와 대의제 민주주의." 한국정신문화연구원 현대사연구소 편. 『한국현대사의 재인식 2 : 정부수립과 제헌국회』. 오름.

_____. 1997. 『한국의 국가형성과 민주주의 : 미군정기 자유민주주의의 초기 제도화』. 고려대학교출판부.

박현채. 1985. 『한국 자본주의와 사회구조』. 한울.

백범김구선생전집편찬위원회 편. 1999. 『백범김구전집 8』. 대한매일신보사.

백운선. 1988. "체제세력·반체제세력과 한국정치 : 1970년대를 중심으로." 『한국정치학회보』 22-2. 한국정치학회.

_____. 1992. "제헌국회 내 '소장파'에 관한 연구." 서울대 대학원 정치학과 박사학위논문.

복거일. 1991. "자유민주주의, 이제 실현해야 할 이상." 『사회평론』 91-6.

_____. 2003. "새 대통령이 해야 할 일들 : 법치의 확립이 정치의 근본이다." 『한국논단』 159.

_____. 2004. "우리 체제가 갖는 정통성·정당성의 도덕적 고지 탈환해야 한다." 『한국논단』 171.

볼, 테렌스·리처드 대거. 2006. 정승현 외 옮김. 『현대 정치사상의 파노라마』. 아카넷.

서관모. 1987. "한국 사회 계급구성의 연구." 서울대학교 사회학과 박사학위논문.

서중석. 1991. "정부수립 후 반공체제 확립과정에 대한 연구." 『한국사연구』 90호. 한국사연구회.

_____. 1996. 『한국현대민족운동연구 2』. 역사비평사.

성경륭. 2002. "민주주의의 공고화와 복지국가의 발전 : 문민정부와 국민의 정부 비교." 김연명 편. 『한국 복지국가 성격논쟁 1』. 인간과 복지.

신광영. 1999. "1970년대 전반기 한국의 민주화운동." 한국정신문화연구원 편. 『1970년대 전반기의 정치사회변동』. 백산서당.

손호철. 2005. "김대중 정부의 복지개혁의 성격 : 신자유주의로의 전진?"『한국정치학회보』 39-1. 한국정치학회.

송호근. 2001. "전환하는 복지국가." 송호근 편.『세계화와 복지국가』. 나남출판.

신병식. 2000. "한국현대사와 제3의 길 : 여운형, 김구, 조봉암의 노선을 중심으로."『한국정치 학회보』. 한국정치학회.

안병영. 2000. "국민기초생활보장법의 제정과정에 관한 연구."『행정논총』 38. 서울대학교 행정 대학원 한국행정연구소.

안병영·임혁백 편. 2000.『세계화와 신자유주의 : 이념·현실·대응』. 나남출판.

안재욱. 2004. "정부가 자유시장을 대신할 때 효율성과 균형은 깨진다."『한국논단』 172.

양재진. 2002. "구조조정과 사회복지 : 발전국가 사회복지 패러다임의 붕괴와 김대중 정부의 과 제." 김연명 편.『한국 복지국가 성격논쟁 1』. 인간과 복지.

여현덕. 1987. "8·15 직후 민주주의 논쟁." 진덕규 외.『해방전후사의 인식 3』. 한길사.

유석진. 1996. "정보화와 민주주의." 한배호 편.『세계화와 민주주의』. 세종연구소.

유진오. 1980.『헌법기초회고록』. 일조각.

유팔무. 1993. "한국의 시민사회론과 시민사회 분석을 위한 개념틀의 모색." 경남대학교 극동문 제연구소 편.『한국정치·사회의 새흐름』. 나남출판.

유팔무·김정훈 편. 2000.『시민사회와 시민운동 2』. 한울.

이광일. 1998. "'반체제운동'의 전개과정과 성격." 한국정치연구회.『박정희를 넘어서』. 푸른숲.

이국운. 2003. "법치와 분권 : 한국사회에서 다원주의 헌법이론의 전망."『공법연구』제 32집 2 호. 한국공법학회.

이기형. 1984.『몽양 여운형』. 실천문학사.

임혁백. 1994.『시장·국가·민주주의 : 한국민주화와 정치경제이론』. 나남출판.

_____. 2000.『세계화시대의 민주주의 : 현상·이론·성찰』. 나남출판.

장준하선생추모문집간행위원회 편. 1995.『민족혼·민주혼·자유혼 : 장준하의 생애와 사상』. 나남 출판.

정무권. 2000. "'국민의 정부'의 사회정책 : 신자유주의로의 확대? 사회통합으로의 전환?" 안병영 ·임혁백 편.『세계화와 신자유주의 : 이념·현실·대응』. 나남출판.

정용화. 2000. "유교와 자유주의 : 유길준의 자유주의 개념의 수용."『정치사상연구』 2. 한국정 치사상학회.

_____. 2002. "자유와 자주-한국 개화기 자유 개념의 이해." 한국정치사상학회·일본정치사상 학회 제1회 공동학술회의 발표 논문.

정윤재. 1992. "해방 직후 한국정치사상의 분석적 이해 : 안재홍·백남운 정치사상의 비교분석." 『한국정치학회보』 26-1. 한국정치학회.

정태영. 1991.『조봉암과 진보당』. 한길사.

정태욱. 2002. 『정치와 법치』. 책세상.

_____. 2003. "한국에서 법치주의의 문제 : 주권의 결함과 법치의 왜곡." 『영남법학』. 영남대학교 법학연구소.

조대엽. 1999. 『한국의 시민운동 : 참여와 저항의 동학』. 나남출판.

조영훈. 2001. "유교주의, 보수주의, 또는 자유주의? : 한국 복지국가 유형 검토." 『한국사회학』. 35-6. 한국사회학회.

조희연. 1993. 『현대 한국 사회운동과 조직』. 한울.

_____. 1995. "한국의 민주주의 이행과정에 관한 연구 : 1979년 10·26 사건에서 1993년 김영삼 정권 성립까지를 중심으로." 임현진·송호근 공편. 『전환의 정치, 전환의 한국사회 : 한국의 정치변동과 민주주의』. 사회비평사.

_____. 2000. "정치개혁과 낙천낙선운동." 『노동사회』. 한국노동사회연구소.

_____. 2003. "한국의 민주주의운동, 87년 이전과 이후 : 87년 이전의 민주화운동과 87년 이후의 민주화운동." 『한국 민주화운동의 쟁점과 전망』. 2003년 학술심포지엄.

_____. 2004. 『비정상성에 대한 저항에서 정상성에 대한 저항으로』. 아르케.

조희연 편. 2003. 『한국의 정치사회적 지배담론과 민주주의 동학』. 함께읽는책.

_____. 2004. 『한국의 정치사회적 저항담론과 민주주의 동학』. 함께읽는책.

최장집. 1996. 『한국민주주의의 조건과 전망』. 나남출판.

_____. 2002. 『민주화 이후의 민주주의 : 한국 민주주의의 보수적 기원과 위기』. 후마니타스.

_____. 2004. "민주주의와 헌정주의 : 미국과 한국." 로버트 달 지음. 박상훈·박수형 역. 『미국 헌법과 민주주의』. 후마니타스.

최장집·임현진 공편. 1993. 『시민사회의 도전 : 한국민주화와 국가·자본·노동』. 나남출판.

한국논단 편집실. "경제관을 검증한다 : 논리의 일관성 없고 반자본주의 및 반자유주의 경향 강해 : 자유기업센터 조사내용." 『한국논단』 123.

한국보건사회연구원. 2003. 『한국의 사회복지 지출 추계 1990-2001』. 한국보건사회연구원.

Arblaster, Anthony. 1984. *The Rise and Decline of Western Liberalism*. New York: Basil Blackwell.

Barry, Brian. 1999. *Democracy and power*. Oxford: Clarendon.

Bellamy, Richard(ed). 1996. *Constitutionalism, Democracy and Sovereignty : American and European Perspectives*. Aldershot, Britain: Ashgate.

Brinkley, A. 1998. *Liberalism and Its Discontents*. Harvard University Press.

Dowding, K.·Goodin, R.E. & Pateman, C. 2004. "Introduction : between Justice and Democracy." Dowding, K.·Goodin, R.E. & Pateman, C.(eds.) *Justice & Democracy*. Cambridge: Cambridge University Press.

Holmes, Stephen. 1993. *The Anatomy of Antiliberalism*. Cambridge, MA: Harvard

University Press.

Maravall, Jose and Przeworskki, Adam. 2003. "Introduction." Maravall & Przeworskki (eds.). *Democracy and the Rule of Law*. Cambridge: Cambridge University Press.

Perry. 2003. "What Is the Constitution?" Maravall & Przeworskki(eds.). *Democracy and the Rule of Law*. Cambridge: Cambridge University Press.

Ryan, Alan. 1999. "Liberalism." Goodin, Robert E. & Pettit, Philip (eds.). *A Companion To Contemporary Political Philosophy*. Blackwell Publisher.

3장

강신철 외. 1988. 『80년대 학생운동사 : 사상이론과 조직노선을 중심으로(1980~87)』. 형성사.

강정인. 2000. "민주주의의 한국적 수용 : 서구 중심주의에 비쳐진 한국의 민주화." 『한국정치학회보』 34-2.

강정인 외. 2008. "민주화를 중심으로 본 한국 현대정치사상의 흐름과 변화." 『신아세아』 15-2.

겔너, 어네스트. 1988. 이재석 옮김. 『민족과 민족주의』. 예하출판.

고석규. 2002. "다시 생각하는 한국의 식민지 근대성과 민족주의." 『문화과학』 31. 문화과학사.

공보처. 1992. "1990년 5월 25일 일본 국회 연설." 외교·통일·국방 편. 『제6공화국 실록 2』.

_____. 1996. 『신한국 3년』.

기사연. 1987. "6월민주화대투쟁." 『기사연리포트 2』. 민중사.

김남식. 1987. "조선공산당과 3당 합당." 박현채 외. 『해방전후사의 인식 3』. 한길사.

김대중. 2004. 『21세기와 한민족 : 김대중 전 대통령 주요 연설-대담 1998-2004』. 돌베개.

김도현. 1980. "이승만 노선의 재검토." 송건호 외. 『해방전후사의 인식』. 한길사.

김동춘. 1994. "국제화와 한국민족주의." 『역사비평』 겨울호. 역사비평사.

_____. 1996. "1980년대 한국의 민족주의 : 고도의 사업화 시대의 때늦은 민족주의." 『한국현대사와 민족주의』. 집문당.

_____. 2000. 『근대의 그늘』. 당대.

김병익. 2002. "민족, 분단극복 그리고 세계 시민의 길." 『황해문화』 여름호.

김삼웅. 1984. 『민족·민주·민중선언』. 일월서각.

_____. 1997. 『사료로 보는 20세 한국사』. 가람기획.

김세중. 1997. "헌정주의 제도화의 평가와 과제." 최장집·임현진 공편. 『한국사회와 민주주의』. 나남출판.

김수자. 2005. 『이승만의 집권초기 권력기반연구』. 경인문화사.

김영작. 1989. 『한말 내셔널리즘 연구 : 사상과 현실』. 청계연구소.

김정훈. 1999. "남북한 지배담론의 비교 연구 : 역사적 전개와 동질이형성." 연세대 사회학과 박

　　사학위 논문.

_____. 2002. "세계화 시대의 통일민족주의."『경제와 사회』55.

김창수. 1998. "1998년 남북 관계 전망과 민간 통일운동의 방향."『노동사회』3월호.

김창수·김용현. 1997. "김영삼 정부 통일정책과 민간 통일운동 평가."『동향과 전망』34.

김학준. 1980. "분단의 배경과 고정화 과정." 송건호 외.『해방전후사의 인식』. 한길사.

김혜승. 1997.『한국민족주의 : 발생양식과 전개과정』. 비봉출판사.

김호진. 1990.『한국정치체제론』. 박영사.

노명식. 1987.『프랑스 혁명에서 파리꼼뮨까지 : 1789~1871』. 까치.

노중선. 1997. "북녘동포돕기와 통일운동의 과제."『노동사회』8월호.

노태구. 2002.『민족주의와 국제정치』. 백산서당.

도진순. 2000. "민족과 근대 전후, 그리고 오리엔탈리즘 : 임지현 저, 민족주의는 반역이다 서평."
　　『역사학보』162.

로젠베르그, 아르투어. 1990. 박호성 옮김,『프랑스대혁명 이후의 유럽정치사』. 역사비평사.

르닝, 에르네스트. 2002.『민족이란 무엇인가』. 책세상.

박광주. 1992.『한국 권위주의 국가론』. 인간사랑.

박명림. 1996. "분단시대 한국 민족주의의 이해."『세계의 문학』여름호.

박찬승. 2002. "20세기 한국 국가주의의 기원."『한국사연구』117권.

서중석. 1991.『한국현대 민족주의운동연구 1』. 역사비평사.

_____. 1995. "이승만과 북진통일."『역사비평』29호.

_____. 1998. "이승만 정권 초기 일민주의와 파시즘." 역사문제연구소 편.『1950년대 남북한의
　　선택과 굴절』. 역사비평사.

성경륭. 1995.『체제변동의 정치사회학』. 한울.

세계화추진위원회. 1995.『세계화의 비젼과 전략』.

심지연. 1986.『해방정국 논쟁사 1』. 한울.

_____. 2001.『남북한 통일방안의 전개와 수렴 : 1948~2001. 자주화·국제화의 관점에서 본 통
　　일방안 연구와 자료』. 돌베개.

안현수. 1996. "민족주의와 통일문제."『시대와 철학』. 한국철학사상연구회.

앤더슨, 베네딕트. 2002. 윤형숙 옮김.『상상의 공동체 : 민족주의 기원과 전파』. 나남출판.

양동주. 1987. "해방 후 좌익운동과 민주주의민족전선." 박현채 외.『해방전후사의 인식 3』. 한길사.

양우정. 1949.『이대통령 건국정치이념』. 연합신문사.

오구라토시마루(小倉利丸). 2003. "'USA'와 '니폰', 두 개의 환호 사이에서."『당대비평』20.

유영규. 2002. "담론 2002 월드컵, 무너진 금기, 성역의 틀."『서울신문』6월 21일자.

6월민주항쟁 10주년 기념사업범국민추진위원회. 1997.『6월항쟁 10주년 기념자료집』. 사계절.

윤건차. 2002. "민족, 민족주의 담론의 빛과 그림자."『황해문화』여름호.

윤해동. 2000. "한국 민족주의의 근대성 비판."『역사문제연구』. 제4호.

_____. 2003.『식민지의 회색지대』. 역사비평사.

이관후. 2003. "국가형성기의 한국 민족주의 : 한국 전쟁과 통치 이념의 변화 : 일민주의에서 반공주의로." 서강대 정치학과 석사 논문.

이기형. 1984. 『몽양 여운형』. 실천문학사.

이동연. 2002. "붉은악마와 주체형성 : 내셔널리즘인가 스타일의 취향인가." 『문학과학』 31.

이상철. 1998. "월드컵의 스포츠 상업주의와 민족주의." 『동서언론』 2.

이수인. 2003. "'국가동원체제'의 문화적 동원 : 민족주의 담론을 중심으로." 『박정희 체제의 국가동원 메카니즘에 관한 연구』. 성공회대학교 박정희동원체제 연구팀 발표문(2003년 11월 1일).

이승만. 1949. 『일민주의의 개술』. 일민주의보급회.

이용원. 1999. 『제2공화국과 장면』. 범우사.

이정우. 2006. "한국 민족주의의 두 얼굴." 『시대와 철학』 17-1.

이준식. 2002. "일본 역사 교과서 왜곡 문제의 의미." 『황해문화』 여름호.

이창희. 2003. "민주화와 대북정책." 『한국동북아논총』 26.

임지현. 1999. 『민족주의는 반역이다』. 소나무.

임혁백. 1994. 『시장, 국가, 민주주의』. 나남출판.

_____. 1997. "지연되고 있는 민주주의의 공고화." 최장집·임현진 공편. 『한국사회와 민주주의』. 나남출판.

임현진·공유식·김병국. 1994. "한국에서의 민족 형성과 국가 건설 : 〈결손국가론〉 서설." 준봉 구범모 교수 회갑기념논총 편집위원회 편. 『전환기 한국정치학의 새 지평』. 나남출판.

전재호. 1997. "박정희 체제의 민족주의 연구 : 담론과 정책을 중심으로." 서강대학교 정치학 박사학위 논문.

_____. 2002a. "세계화시대 한국과 일본의 민족주의 : 지속성과 변화." 『한국정치외교사논총』 24-2.

_____. 2002b. "한국민족주의와 반일." 『정치비평』 9.

정택희. 2003. 『2002년 월드컵 이후 역동적인 국가경영과 국가이미지 제고를 위한 정책과제 개발연구』. 한국교육개발원

조희연. 2005. 『한국의 정치사회학적 저항담론과 민주주의의 동학』. 함께읽는책.

진덕규. 2000. 『한국현대정치사 서설』. 지식산업사.

진유범. 2001. "남북한 정치교육 비교연구." 인하대학교 교육학 박사학위 논문.

차기벽. 1992. "민족주의와 민주주의 : 한국의 경우를 중심으로." 『대한민국학술원논문집』 31.

천선영. 2003. "해석의 해석을 위하여 월드컵 거리 응원 현상에 대한 민족, 국가주의 담론 분석." 서강대학교 사회과학연구소 학술대회 발표문.

최갑수. 1999. "프랑스 혁명과 국민의 탄생." 한국 서양사학회 편 『서양에서의 민족과 민족주의』. 까치.

최상용. 1977. "한국민족주의와 이데올로기." 양호민 외. 『한국민족주의의 이념』. 아세아정책연구원.

최장집. 1996. "한국 민족주의의 특성." 『한국 민주주의의 조건과 전망』. 나남출판.

_____. 1997. 『한국사회와 민주주의 : 민주화 이후 10년』. 나남출판

_____. 2002. 『민주화 이후의 민주주의』. 후마니타스.

_____. 2005. 『민주화 이후의 민주주의 : 한국 민주주의의 보수적 기원과 위기』. 후마니타스.

최장집·박찬욱. 2003. "민간정부 10년의 실험과 한국 민주주의의 현 단계 : 민주화 이후의 민주주의를 사고하며." 『당대비평』 21.

탁석산. 2004. 『한국의 민족주의를 말한다』. 웅진닷컴.

한배호. 1993. 『한국의 정치과정과 변화』. 법문사.

한영우. 2004. 『다시 찾는 우리 역사』. 경세원.

한용 외. 1989. 『80년대 한국사회와 학생운동』. 청년사.

한홍구. 2002. "단일 민족의 신화를 넘어서." 『황해문화』 여름호.

함안희. 2002. "월드컵의 문화학 / 인류학자들은 말한다 / 신민족주의." 『조선일보』 6월 25일자.

헤이즈, 칼톤. 1981. 차기벽 옮김. 『민족주의 : 이념과 역사』. 한길사.

홉스봄, E. 1998. 강명세 옮김. 『1780년 이후의 민족과 민족주의』. 창작과비평사.

홍윤기. 2002. "이산과 집산의 민족 정체성 : 윤건차·박노자에게 묻는다." 『황해문화』 35.

황병주. 2003. "박정희 시대 축구와 민족주의 : 국가주의적 동원과 국민형성." 『당대비평』 19.

황상익. 2002. "레드 신드롬 : 월드컵과 붉은 악마 be the REDS 현상." 『황해문화』 36.

『대한매일신문』. 2002/06/20. "레드콤플렉스."

『동아연감』. 1981, 1982.

『서울신문』. 1993/12/10. "쇄국보다 개국이 우리의 나아갈 길." 김영삼 대통령 대국민 담화 전문.

『조선일보』. 1994/01/01. "어떻게 변신할 것인가?"

『한국일보』. 1993/11/18. "김 대통령 LA 도착 : APEC 참석, 세계 속 신한국 출발."

문화방송 〈100분 토론〉. 2002/06/20. "월드컵, 우리는 왜 열광하나."

민주통일민중운동연합. 1987년 1월. 유인물.

민주헌법쟁취국민운동본부. 1987년 5월. "발기문." 『국민운동』 창간호.

_____. 1987년 6월 24일. "경희대 수원 총학생회 성명서." 『국민운동』 창간호.

민통령 의장단 공동기자 회견문. 1987년 7월 10일.

한국외대 총학생회. 1987년 6월 10일. "경희대 수원 총학생회 성명서."

제1대 대통령~9대 대통령 취임사. 청와대 역사관 역대 대통령 자료실. http://www.president. go.kr/kr/cheongwadae/history/past_president/past_president_main.php.

Ben-Israel, Hedva. 1992. "Nationalism in historical perspective." *Journal of International Affairs* 45-2. winter.

Boltanski, Luc. 1993. *La Souffrance à distance : morale humanitaire, médias et politique*. Paris: Editions Métailié.

Edelman, Murray. 1988. *Constructing the Political Spectacle*. Chicago and London : The University of Chicago Press.

Gamson, William A. 1992. *Talking Politics.* Cambridge : Cambridge University Press.

Huntington, S. P. 1991. *The Third wave : democratization in the late twentieth century.* Norman and London: University of Oklahoma Press.

Keane, John. 1994. "Nations, nationalism and citizens in Euope." *International Social Science Journal* 40.

Kluver, Alan R. 1997. "Political Identity and the National Myth." Alberto González & Dolores V. Tanno eds. *Politics, Communication and Culture.* Thousand Oaks, London, New Delhi: Sage.

Motyl, Alexander J. 1992. "The Modernity of nationalism : nations, states and nation-states in the contemporary world." *Journal of International Affairs* 45-2. winter.

Norman, Wayne. 1999. "Theorizing Nationalism(normatively) : The First steps." Bonald Beiner ed. *Theorizing Nationalism.* State University of New York Press.

O'Donnell, G., Schmitter, P. and Whitehead, L. eds. 1986. *Transitions from authoritarian rule: prospects for democracy.* Baltimore: The Johns Hopkins University Press.

Smith, Anthony. 1995. *Nations and Nationalism in a Global Era.* Cambridge: Polity Press.

_____. 2000. "Theories of nationalism." Michael Leifer ed. *Asian Nationalism.* London and New York: Routledge.

Stepan, Alfred. 1973. "The new professionalism of internal warfare and military role expansion." A. Stepan ed. *Authoritarian Brazil.* New Haven & London: Yale University Press.

4장

강만길. 1982. "독립운동 과정의 민족국가 건설론." 송건호·강만길 편. 『한국 민족주의론 1』. 창작과비평사.

강수돌·황기돈. 1992. "노동운동의 위기인가, 노동운동론의 위기인가." 『사회평론』 17호.

강신철 편. 1988. 『80년대 학생운동사』. 형성사.

강정인. 1993. "보수와 진보 : 그 의미에 관한 분석적 소고." 『사회과학연구』 2. 서강대학교 사회과학연구소.

_____. 2004. 『서구 중심주의를 넘어서』. 아카넷.

고성국. 1989. "오늘의 정치정세를 어떻게 볼 것인가." 『사회와 사상』 4월. 한길사.

권희영. 1989. 『한국 혁신정당과 사회주의 인터내셔널』. 태양.

김남식. 1994. 『남로당 연구』. 돌베개.

김남식 편. 1974.『남로당 연구 자료집』. 고려대학교 아세아문제연구소.

김동춘. 1995.『한국사회 노동자 연구』. 역사비평사.

김세균. 1997.『한국민주주의와 노동자·민중정치』. 현장에서 미래를.

김장호. 1990. "한국사회변혁운동 성격의 재인식." 박현채·조희연 편.『한국사회구성체논쟁 IV』. 죽산.

김 정. 2000. "해방 직후 반공이데올로기의 형성과정."『역사연구』7 . 역사학연구소.

김종범·김동운. 1993.『해방전후의 조선 진상』. 돌베개.

김철순. 1989. "한국사회의 변혁이론에 대하여." 박현채·조희연 편.『한국사회구성체논쟁 II』. 죽산.

김형기. 1992. "진보적 노자관계와 진보적 노동조합주의를 위하여."『경제와 사회』15. 한울.

김호기·김정훈. 1997. "시민사회와 계급정치." 학술단체협의회 편.『6월 민주항쟁과 한국사회 10년 II』. 당대.

노중기. 1997. "6월 민주항쟁과 노동자 대투쟁."『6월 민주항쟁과 한국사회 10년 I』. 당대.

노회찬. 1992. "되조기의 민주노조운동과 전노협."『말』8월호.

동아일보사. 1990.『80년대 민족·민주운동』. 동아일보사.

민주노동당. 2000.『민주노동당 강령』. 민주노동당.

박승옥. 1992. "한국노동, 과연 위기인가."『창작과비평』여름호.

박우철. 1992. "민주주의 사회주의의 문제, 이병천류의 청산주의와 '현실과 과학'류의 교조주의를 비판한다."『사회평론』1월호.

박정수. 1989. "국가의 성격과 노동자계급의 전략." 박현채·조희연 편.『한국사회구성체논쟁 II』. 죽산.

박종린. 2003. "1920년대 전반기 사회주의사상의 수용과 물산장려운동."『역사와 현실』47호. 67-87. 한국연사연구회.

박현채·조희연 편. 1992.『한국 사회구성체 논쟁 I·II·III·IV』. 죽산.

박형준. 1988. "정세분석의 방법론." 박현채·조희연 편.『한국사회구성체논쟁 II』. 죽산.

박형준·정관용. 1989. "한국 보수야당의 계급적 성격과 정치적 위상."『창작과비평』여름호. 창작과비평사.

배성인. 2002. "5월 그날이 다시 오면."『진보평론』12.

배성찬 편. 1987.『식민지시대 사회운동론 연구』. 돌베개.

백남운. 1991. 하일식 엮음.『백남운 전집 4』. 이론과실천.

백욱인. 1990. "한국 자본주의와 민중생활." 한국사회학회 편.『한국사회의 비판적 인식』. 나남출판.

사회주의정치연합 준비모임. 2003.『사회주의 정치운동의 현황과 과제 토론회』. http ://www.theleft.or.kr(검색일 : 2005. 5. 10).

서노련 편. 1985.『서노련신문』2호(9월 19일). 서울노동운동연합.

세계편집부 편. 1986.『공안사건기록 : 1946-1986』. 세계.

손호철. 1992. "민주주의의 이론적 제 문제." 한국정치연구회 사상분과 편저.『현대 민주주의론 I』. 창작과비평사.

_____. 1993.『전환기의 한국정치』. 창작과비평사.

_____. 2003.『현대 한국정치 : 이론과 역사. 1945-2003』. 사회평론.

신상초. 1960. "사회주의운동 15년(上)."『사상계』8월호.

신주백 편. 1989.『1930년대 민족해방운동론 연구 1』. 새길.

양원태. 1991. "한국 사회성격논쟁의 성과." 박현채·조희연 편.『한국사회구성체논쟁 III』. 죽산.

엄주웅. 1990. "변혁적 노동운동의 대중화와 계급적 지평의 확대." 조희연 편.『한국사회운동사』. 죽산.

여운형. 1991.『몽양 여운형 전집 1』. 한울.

오창엽. 1999. "진보정당의 역사와 이념."『동향과 전망』43.

유범상. 2005. "한국 노동운동 이념의 풍경화."『동향과 전망』63.

유선영. 1997. "황색 식민지의 문화정체성."『언론과 사회』겨울호.

이강국. 1946.『민주주의 조선의 진로』. 조선인민사 후생부.

이광일. 2003. "진보정당과 새로운 정치 지형의 가능성." 학술단체협의회 편.『민주주의는 종료된 프로젝트인가』. 이후.

이병천. 1992. "포스트 맑스주의와 한국사회."『사회평론』17.

이병천·박형준 편저. 1992.『마르크스주의의 위기와 포스트 마르크스주의 I』. 의암.

이석태 편. 1946.『사회과학대사전』. 문우인서관.

이수일. 1997. "1930년대 사회주의자들의 현실인식과 마르크스주의의 이해 : 城大그룹을 중심으로." 이수일 외.『한국 근현대의 민족문제와 신국가건설』. 지식산업사.

이종호. 2002. "노동자 정치세력화를 위하여."『진보평론』13호.

이진경. 1986.『사회구성체론과 사회과학방법론』. 아침.

임영일. 1992. "한국의 산업화와 계급정치." 한국사회학회·한국정치학회.『한국의 국가와 시민사회』. 173-201. 한울.

임영태 편. 1985.『식민지시대 한국사회와 운동』. 사계절.

장상환. 2000.『진보정당을 말한다』. 책벌레.

정 민. 1989. "민족해방 민중민주주의변혁의 이론." 박현채·조희연 편.『한국사회구성체논쟁』. 죽산.

정성호. 1990.『자주·민주·통일을 여는 새날의 길잡이』. 사계절.

정승현. 2005. "민주주의론을 통해 본 한국 급진사상의 내재적 문제점(1945-1987)."『사회과학연구』14-1. 서강대학교 사회과학연구소.

_____. 2007. "한국 진보진영의 사회민주주의 논쟁 : 1987년 이후."『사회과학연구』15-1. 서강대학교 사회과학연구소.

조봉암. 1999. 정태영 외 엮음.『죽산 조봉암 전집 4』. 세명서관.

조희연. 1998a.『한국의 민주주의와 사회운동』. 당대.

_____. 1998b.『한국의 국가·민주주의·정치변동』. 당대.

_____. 1990. "50·60·70년대 민족민주운동의 전개과정에 관한 연구." 조희연 편.『한국사회운동사』. 죽산.

주대환. 1994.『진보정치의 논리』. 현장문학.

채장수. 2003. "한국사회에서 좌파 개념의 설정."『한국정치학회보』 37-2. 한국정치학회.

_____. 2004. "한국좌파집단의 인식과 지향."『한국정치학회보』 38-3. 한국정치학회.

최연구. 1990. "80년대 학생운동의 이념적·조직적 발전과정." 조희연 편『한국사회운동사』. 죽산.

최장집. 2002.『민주화 이후의 민주주의』. 후마니타스.

최형익. 1999. "1980년대의 정치, 그 구조의 전환과 전환의 구조." 이해영 편.『1980년대 혁명의 시대』. 새로운세상.

한국기독교사회문제연구소 편. 1986.『개헌과 민주화운동』. 민중사.

_____. 1987.『기사연 리포트』2. 한국기독교 사회문제연구.

한완상 외. 1983.『4·19 혁명론』. 일월서각.

홍석률. 2001.『통일 문제와 정치·사회적 갈등』. 서울대학교출판부.

황광우. 2000. "남한 민중운동의 과제와 노동자계급의 정치세력화에 관하여."『황해문화』 29.

찾아보기